U0450357

# 高质量推动现代化河南建设研究

王文莉 主编

中国社会科学出版社

## 图书在版编目(CIP)数据

高质量推动现代化河南建设研究／王文莉主编 . —北京：中国社会科学出版社，2024.4
ISBN 978-7-5227-3478-1

Ⅰ.①高… Ⅱ.①王… Ⅲ.①现代化建设—研究—河南 Ⅳ.①D676.1

中国国家版本馆CIP数据核字(2024)第081244号

| | |
|---|---|
| 出 版 人 | 赵剑英 |
| 责任编辑 | 许　琳 |
| 责任校对 | 苏　颖 |
| 责任印制 | 郝美娜 |

| | |
|---|---|
| 出　　版 | 中国社会科学出版社 |
| 社　　址 | 北京鼓楼西大街甲158号 |
| 邮　　编 | 100720 |
| 网　　址 | http://www.csspw.cn |
| 发 行 部 | 010-84083685 |
| 门 市 部 | 010-84029450 |
| 经　　销 | 新华书店及其他书店 |
| 印刷装订 | 北京君升印刷有限公司 |
| 版　　次 | 2024年4月第1版 |
| 印　　次 | 2024年4月第1次印刷 |
| 开　　本 | 710×1000　1/16 |
| 印　　张 | 25.5 |
| 插　　页 | 2 |
| 字　　数 | 367千字 |
| 定　　价 | 148.00元 |

凡购买中国社会科学出版社图书，如有质量问题请与本社营销中心联系调换
电话：010-84083683
**版权所有　侵权必究**

# 编 委 会

**主　编**　王文莉
**副主编**　高亚宾　李武军
**编　委**　王超亚　弋伟伟　闫　雷　王　梁
　　　　　王笑阳　许艺凡　范　翔　乔金燕
　　　　　尹　勇　李登辉　翁　珺　张亚凡
　　　　　冯书晨　郑修思　李芳远　徐夏楠
　　　　　陈佳丽　王庆国　李　猛　陈　玲
　　　　　高　峰　袁　伟　李　旭　韩林果
　　　　　高　巍

# 序　言

　　党的二十大擘画了全面建设社会主义现代化国家、夺取新时代中国特色社会主义新胜利的宏伟蓝图，鲜明提出以中国式现代化全面推进中华民族伟大复兴，是新时代新征程党和国家的中心任务。习近平总书记在党的二十大报告中强调，中国式现代化是中国共产党领导的社会主义现代化，既有各国现代化的共同特征，更有基于自己国情的中国特色；中国式现代化是人口规模巨大的现代化，是全体人民共同富裕的现代化，是物质文明和精神文明相协调的现代化，是人与自然和谐共生的现代化，是走和平发展道路的现代化。中国式现代化理论作为习近平新时代中国特色社会主义思想的重要组成部分，极大地拓展和深化了社会主义现代化理论体系，是全面建设社会主义现代化国家的理论指引和行动指南，也成为全球现代化理论的重大创新成果。

　　习近平总书记寄予河南"在中部地区崛起中奋勇争先，谱写新时代中原更加出彩的绚丽篇章"，这是为中国式现代化河南实践提供了总纲领、总遵循、总指引。河南作为全国重要的经济大省，也是全国人口大省、农业大省、文化大省、生态大省和内陆开放大省。党的十八大以来，全省上下坚持以习近平新时代中国特色社会主义思想为指导，全面落实习近平总书记考察河南时的重要讲话和指示批示精神，锚定"两个确保"，深入实施"十大战略"，全省经济总量2023年达到5.91万亿元，产业结构持续优化升级，城镇化进程不断加快，区域经济布局更加协调，城乡面貌发生了巨大变化，居民收入水平稳步提升，粮食保障能力持续增强，高质量发展迈出新步伐，为推动中国式现代化河南实践奠定了坚实支撑。但也要看到，近年来尤其是2020年以来，受国内外经济形势、新冠疫情、自然灾害等多种因素叠加影响，与其他GDP大省相比，河南经济增速有所放缓，主要原因在于当前国际形势复杂多变，国内经济面临下行压力，全省新旧动能转换较慢、新兴产业支撑不足、创新能力和市场主体竞争力不强、开放型经济发展不够、制度环境存在制约因素等矛盾和问题仍然比较突出，迫切需要深入开展中国式现代化河南实践的重大理论和重大实践等方面的研究。

高质量发展是全面建设社会主义现代化国家的首要任务，是中国式现代化的本质要求之一。新时代、新征程、新使命，河南进入新发展阶段，随着国内外环境发生深刻复杂变化，面临着更多新机遇新挑战，必须要在新征程上扛起新使命、谱写新篇章，奋勇争先、更加出彩。本书紧紧围绕高质量发展推动中国式现代化河南实践研究这一主题，通过"发展篇—人口大省高质量发展之路""城乡篇—农业大省统筹城乡发展之路""文化篇—文化大省以文兴业之路""生态篇—生态大省绿色低碳发展之路""开放篇—内陆大省开放带动之路""调研篇—加快开辟产业发展新赛道"等六篇，从实施扩大内需战略、人口变动下的县域经济发展、推进共同富裕、乡村演变趋势对策研究、文旅文创融合发展研究、协同推进降碳减污扩绿增长研究、新型储能产业发展研究、高水平制度性开放研究、枢纽经济高地研究、新能源汽车产业发展调研报告、电子信息产业发展调研报告、生物经济发展调研报告、预制菜产业新赛道调研报告和不动产投资信托基金问题研究等十五篇报告，着力破解创新能力薄弱、动能转换不足、新质生产力亟待培育、资源环境约束、民生领域短板等许多重大理论和现实问题，提出有针对性、可操作性的对策建议，以期为加快河南高质量发展、推动中国式现代化河南实践建言献策有所助益。

2024年2月

# 目 录

## ◇ 发展篇　人口大省的高质量发展之路

河南省实施扩大内需战略同深化供给侧结构性改革
　　有机结合的重大举措研究 / 3
河南省人口变动的特征、问题与对策研究 / 25
河南省推进共同富裕体系、路径和对策研究 / 67
新时期推动河南省公共服务高质量发展研究 / 85

## ◇ 城乡篇　农业大省统筹城乡发展之路

新时代河南省乡村演变趋势研究 / 115

## ◇ 文化篇　文化大省以文兴业之路

河南省文旅文创融合发展对策研究 / 155

## ◇ 生态篇　生态大省绿色低碳发展之路

河南协同推进降碳、减污、扩绿、增长的路径研究 / 191
河南省新型储能产业发展研究 / 217

## ◇ 开放篇　内陆大省的开放发展之路

河南建设枢纽经济新高地研究 / 245

新时代推动河南省开发区高质量发展研究 / 277

## ◇ 调研篇　加快开辟产业新赛道

河南省新能源汽车产业发展调研报告 / 305

河南省电子信息产业发展调研报告 / 323

河南省生物经济发展调研报告 / 342

河南抢滩占先预制菜产业"新赛道"调研报告 / 354

河南省不动产投资信托基金（REITs）问题研究 / 381

# 发展篇

## 人口大省的高质量发展之路

# 河南省实施扩大内需战略同深化供给侧结构性改革有机结合的重大举措研究

**摘要：** 本研究围绕"扩大内需战略与深化供给侧结构性改革"，系统梳理河南省近年经济治理过程中的"四大优势转变"，同时认为河南省供需有机结合的主要矛盾聚焦于"四元结构失衡"，即产品供给结构、流通效能结构、三次分配结构和消费支撑结构的失衡问题。基于此，提出河南省通过构建"四维体系"（消费供给体系、消费支撑体系、现代流通体系、完整内需体系），明确实施扩大内需战略同供给侧结构性改革有机结合的逻辑框架和总体思路。最后，基于"四维体系"框架，结合河南省实际研究提出具体对策建议。

**关键词：** 供给侧结构性改革　扩大内需　中国式现代化

党的二十大报告提出"要坚持以推动高质量发展为主题，把实施扩大内需战略同深化供给侧结构性改革有机结合起来"。河南省作为经济大省、人口大省、交通大省，要在未来一段时期内锚定"两个确保"，做好经济发展总量与结构、质量与效益、长期与短期等关系的文章，将实施扩大内需战略同供给侧结构性改革有机结合势在必行。本研究基于马克思主义社会再生产理论及其创新发展，从社会再生产过程中生产、分配、交换、消费等环节的相互关系出发，系统梳理了河南省实施扩大内需战略和推动供给侧结构性改革中的"四大优势转变",同时聚焦国内外经济形势变化和经济治理政策导向,认为河南省供需有机结合的主要矛盾聚焦于"四元结构失衡",即产品供给结构、流通效能结构、三次分配结构和消费支撑结构的失衡问题。基于此,提出河南省通过构建高质量的消费供给体系、财富分配体系、现代流通体系、完整内需体系,明确实施扩大内需战略同供给侧结构性改革有机结合的逻辑框架和总体思路。最后,结合经济发展一般规律、国家经济治理的政策框架以及河南省实际研究提出"4+2"的政策框架和重大举措及建议。

# 一 河南省实施扩大内需战略和推动供给侧结构性改革的优势与短板

党的十八大以来,在复杂多变的国内外形势下,河南省持续推动供给侧结构性改革、坚定实施扩大内需战略,产业结构持续优化、内需潜力逐步释放,同时仍然不同程度存在结构性失衡问题,需要更好地统筹供给侧结构性改革和扩大内需,更好地促进国内大循环、服务构建新发展格局。

**(一)河南省实施扩大内需战略和推动供给侧结构性改革中的"四大优势转变"**

河南省经济总量居全国前列,传统优势明显、市场腹地广阔,这为发挥强大产业基础、市场规模和开放通道优势,畅通生产、分配、流通、消费各环节提供了基础条件。目前,河南省正面临着"四大优势"的历史性转变。

1. 从市场规模看,规模性总量优势正在转化为结构性综合优势

"十四五"前两年,全省社会消费品零售总额年均增长5.4%,2022年全省社会消费品零售总额24407.41亿元、同比增长0.1%。从消费结构看,全省乡村社会消费品零售额增速连续10年快于城镇,文

化、体育、娱乐、旅游等反映居民消费升级类商品高速增长，结构持续优化。从新兴市场主体看，城市综合体、社区团购、直播带货等消费新业态方式发展迅速，新消费品牌纷纷起势，锅圈食汇、蜜雪冰城先后奔赴 IPO，锅圈食汇已在全国整合布局 17 大现代化区域中心仓和 1000 多个冷冻前置仓，以实现门店订货高效配送；蜜雪冰城已发展全球门店超 3 万家，全产业链带动就业超 50 万人。从新消费模式看，2022 年，河南全省实物商品网上零售额 3088.8 亿元、同比增长 16.7%，高于全省社会消费品零售总额 16.6 个百分点，其中，全省限额以上单位通过公共网络实现的零售额同比增长 15.7%，高于全部限额以上单位零售额 12.3 个百分点；2023 年上半年，河南商品、服务类电子商务交易额为 6467.8 亿元，居全国第 10 位，较上年同期增长 12.4%，线上线下、多业态融合成为流通业转型升级的重要方向。经济的规模优势正在向结构优化调整、质量效益提升方向转变。

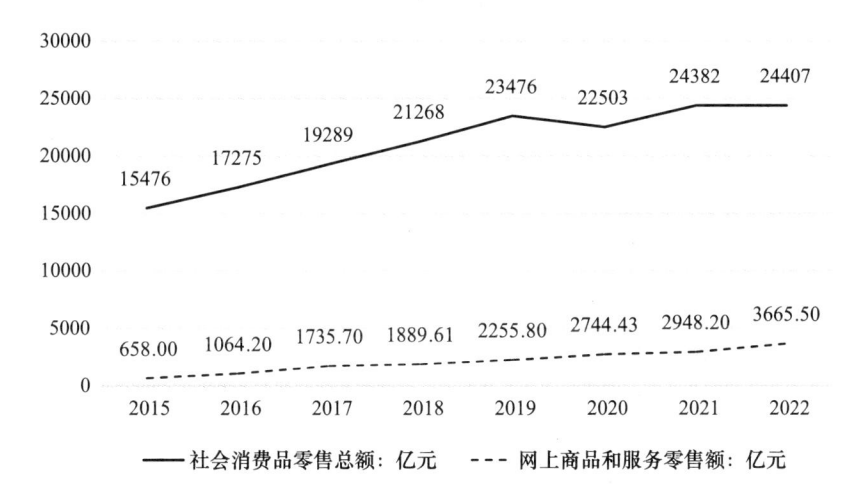

图 1-1 "十三五"以来河南省社会消费品零售总额及网上商品和服务零售额

数据来源：Wind。

## 2. 从供给能力看，产业品类优势正在转化为有效供给优势

河南省是全国第一粮食转化加工大省、国家粮食核心生产区，2022年，全省第一产业增加值5817.80亿元，主食产业多年稳居全国第一。工业总量长期居全国第5位、中西部第1位，工业门类齐全、体系完备，拥有41个行业大类中的40个、207个中类中的197个；制造业占规模以上工业比重超过85%，是很多产业循环的发起点、支撑点、结合点；战略性新兴产业增加值占规模以上工业增加值的25.9%、高技术制造业增加值占规模以上工业增加值的12.9%，新兴产业供给比例不断提升。第三产业增加值30062.20亿元、居中部第1位；社会物流总额、社会融资规模、数字消费总额等居中部前列。人力资源丰富，劳动适龄人口超过5800万；农村劳动力转移就业规模接近3000万、全国第一。随着河南省供给侧结构性改革深入推进、经济结构不断优化，提高供给侧对需求侧的适应性、扩大有效供给，将极大激发产业活力，使产业品类优势转化为有效供给优势。

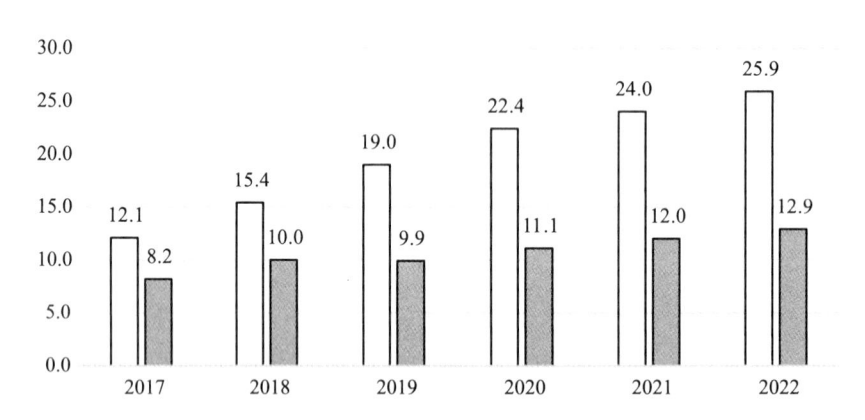

| 年份 | 工业战略性新兴产业增加值占规模以上工业增加值比重：% | 高技术制造业增加值占规模以上工业增加值比重：% |
| --- | --- | --- |
| 2017 | 12.1 | 8.2 |
| 2018 | 15.4 | 10.0 |
| 2019 | 19.0 | 9.9 |
| 2020 | 22.4 | 11.1 |
| 2021 | 24.0 | 12.0 |
| 2022 | 25.9 | 12.9 |

图1-2　2017年以来河南省工业战略性新兴产业增加值及高技术制造业增加值占规模以上工业增加值比重

数据来源：历年河南省国民经济和社会发展统计公报。

### 3. 从需求潜力看，空间潜力优势正在转化为显性市场优势

2022年，河南省经济体量突破6.13万亿元，居全国第五、中西部之首，以郑州为中心的4小时高铁圈、1.5小时航空圈覆盖全国主要经济区域，内需规模扩大的潜力空间广阔。全省常住人口接近1亿，现有约2200万中等收入群体、6500多万劳动力资源，提升消费需求品质、扩大消费需求市场、提高消费能力的潜力巨大。在双循环新发展格局下，未来内需内贸对经济的带动作用将会越来越强，河南省内需潜力将逐步释放为显性市场红利，有利于河南省利用超大规模市场空间，通过激活自身潜能、参与重大战略实施，引领消费结构升级，激发经济活力。

**图1-3 近10年河南省社会消费品零售总额与常住人口城镇化率**

数据来源：Wind。

### 4. 从流通动力看，区位交通优势正在转化为网络集成优势

河南承东启西、连南贯北，具有辐射全国的独特区位优势和良好的交通基础条件。截至2022年底，河南全省高速公路通车里程达8009公里，形成了"6纵11横5条放射线"覆盖全省的高速公路路网，以民航为先导、高铁为骨架、高速公路为支撑的现代综合交通体系基本形成，铁公机海多式联运、综合集疏能力大幅提升，东接长三角、北连京

津冀、南通粤港澳、西牵成渝的战略枢纽地位更加突出，为拓展合作通道、打造合作平台、提升合作层级提供了有力支撑。农村流通服务网络体系持续完善，全省2.6万个建制村实现客运班线公交化运营；因地制宜建设县乡村三级寄递物流服务网点，64.4%的行政村设立村级寄递物流综合服务站、72.8%的建制村开启邮快合作业务，全省行政村快递物流服务通达率100%；实现县城综合商贸服务中心县域全覆盖、乡镇商贸中心覆盖率81.1%。大数据支撑、网络化共享、智能化协作的智慧供应链体系不断完善，河南省的交通区位优势正在转化为连通境内外、辐射东中西、畅通国内大循环的枢纽网络集成优势。

**（二）河南省供需有机结合的主要矛盾聚焦于"四元结构失衡"**

当前，河南省实施扩大内需战略同深化供给侧结构性改革有机结合，仍面临不同程度的"四元结构失衡"。

1. 产品供给结构性失衡

当前制约河南省经济持续高质量发展的因素，供给和需求两侧都有，但矛盾的主要方面在供给侧，这主要表现在高品质产品和服务有效供给不足、工业品和消费品的科技创新能力还不强、供给结构不能适应需求结构变化等。受资源禀赋影响，长期以来河南省形成了以能源原材料为主的产业结构，传统产业"底盘"较大，新兴产业尚未形成有效支撑，多数行业处于产业链前端和价值链低端，产业链供应链韧性不强。与浙江、广东等发达省份相比，河南省主导产业集中度较低、产业轴带协作不紧密、行业同质化问题突出，高端产品品种少、产量低、品牌弱，难以形成有效的要素配置聚合效应。在消费品新兴领域，电商及网络零售龙头企业不强，难以形成龙头带动效应，中国连锁经营协会联合德勤共同发布的"2023中国网络零售TOP100榜单"无一家河南企业上榜。

2. 流通效能结构性失衡

经过多年发展，河南省流通现代化水平得到极大提高，但发展不平衡不充分仍然存在。一是区域城乡流通发展不平衡。城乡流通渠道不够通畅，引导生产和促进消费作用弱的问题依然存在，流通基础设施存在短板，公益性和农村流通体系建设投入相对不足，农村物流配送末端梗阻仍未全面打通。二是市场主体梯队仍需优化。总部企业和大型企业偏少，尚未形成在全国有较大影响力和竞争力的企业群体，在中国商业联合会、中华全国商业信息中心联合发布的"2022中国零售企业100强"以及中国连锁经营协会发布的"2022年中国连锁百强企业"榜单中，河南均仅有1家企业上榜，传统商贸流通企业"小而散"的问题依然存在，结构尚需进一步优化。三是体制机制还需进一步理顺。重要商品市场流通管理比较分散，与业态、模式、应用场景创新相适应的政策和监管体系需加快健全，基层管理队伍相对薄弱等制约发展的体制机制因素仍然存在。

3. 收入分配结构性失衡

改革开放以来，河南省人均GDP和人均可支配收入保持了持续增长，总体上看，人民生活大幅改善，居民消费的基础更加稳固，但结构上看，改革发展的成果分布不均衡，区域、部门收入差距依然较大，收入结构较为单一，收入分配结构性失衡问题依然较为突出。一是区域收入分化明显。18个省辖市的人均GDP和人均可支配收入分化为明显的三个梯队：郑州、济源的人均收入水平处于全省第一方阵；周口、商丘、驻马店、南阳等豫东豫南地市人均GDP、人均可支配收入均低于全省平均水平；洛阳、焦作、三门峡、鹤壁、漯河、许昌等豫西、豫北地市人均收入水平处于全省中间梯队。二是私营与非私营单位工资差异逐步扩大。2013—2022年，河南省城镇非私营单位与私营单位就业人员平均工资分别从23936元、38301元增长至47918元、77627元，十年分别增长了1.03倍、1.00倍，但是二者之间的差距则从14365元扩大至29709元，十年间扩大了1.07倍，城镇非私营单位与私营单位之间的就业人员平均工资差距始终较大，且有加速扩大趋势。三是居民收入水平较低且收入结构相对失衡。2021年，河南省全体居民人均可支

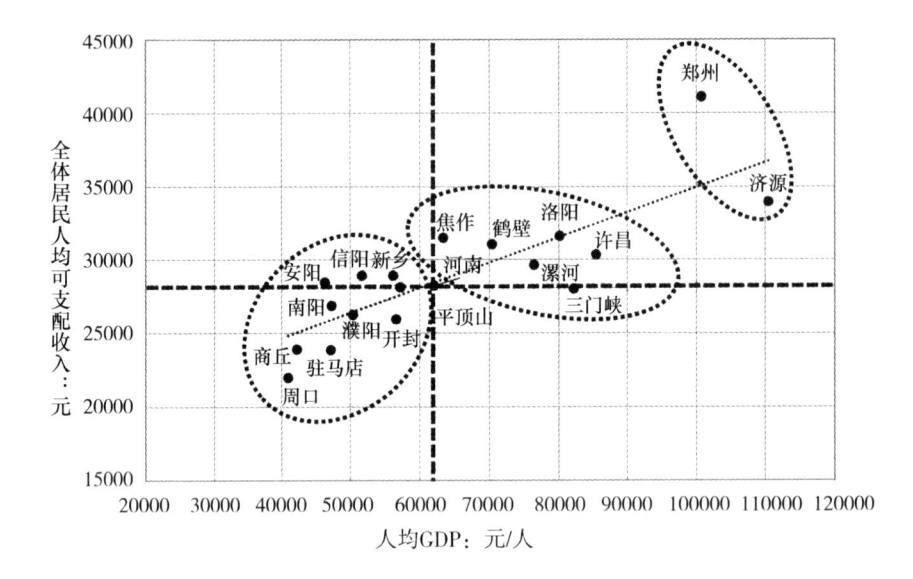

**图 1-4　各省辖市 2022 年人均 GDP 及全体居民人均可支配收入**

数据来源：Wind。

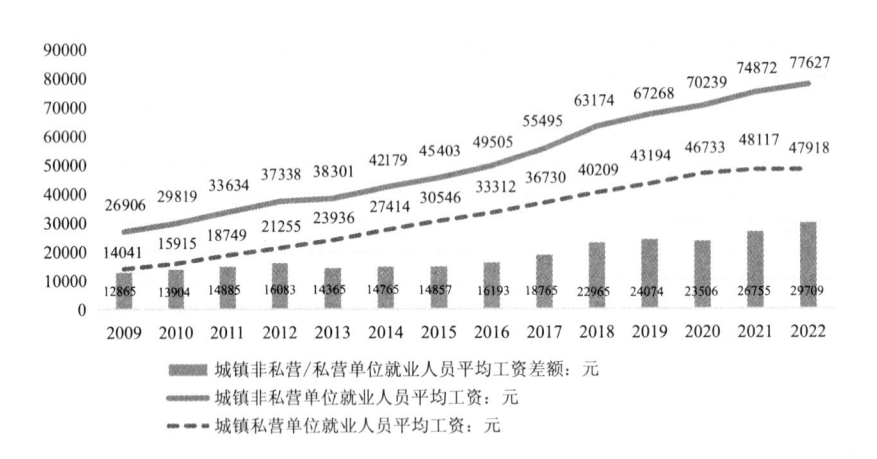

**图 1-5　2009 年以来河南省城镇非私营/私营单位就业人员平均工资**

数据来源：Wind。

配收入为 26811 元、位居全国 31 个省（市、自治区，港澳台除外）的第 24 位。从构成看，河南省人均可支配转移净收入占比较高（22.8%），位居全国第 7 位、中部第 1 位；而人均可支配财产净收入占比相对不足（6.29%），位居全国第 21 位、中部第 5 位，而北京、上海、广东、浙江、江苏、福建等先进省市全体居民人均可支配财产净收入占比均在 10% 以上。

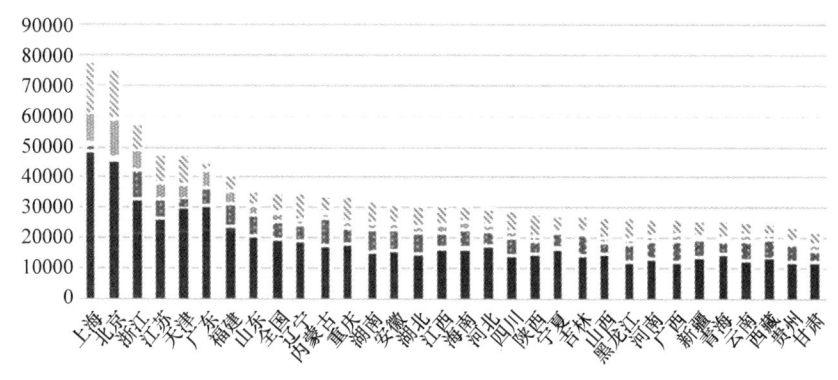

图 1-6　2021 年全国各省份全体居民人均可支配收入及其构成

数据来源：Wind。

4. 消费需求结构性失衡

在构建新发展格局背景下，特别是在建设全国统一大市场背景下，河南省消费市场还无法有效满足城乡居民多层次、多样化消费需求，消费品市场的巨大潜力尚需进一步挖掘，消费需求结构仍存在一定程度的失衡。从消费水平看，消费基础性作用发挥依然不足。居民人均可支配收入、人均消费支出分别相当于全国平均水平的 77%、76.1%，大量中高端商品和新兴服务消费外流明显。从城乡结构看，2022 年全省城镇人均消费品零售额 36091.64 元、乡村人均消费品零售额 9617.81 亿元，分别只有全国水平的87.34%和79.66%；城乡人均消费品零售额之比高达3.75∶1，高于全国平均水平。从消费渠道看，省统计局数据显示，2022年全年全省网上零售额3665.5亿元，比上年增长13.1%。其中，实物商品网上零售额3088.8亿元，占社会消费品零售总额的12.7%，不及全国平均水平（27.2%）的一半。

## 二 实施扩大内需战略同供给侧结构性改革有机结合的总体思路

习近平总书记指出："供给和需求是经济发展的一体两面，两者之间平衡是相对的，不平衡是绝对的。"新发展阶段，河南省把深入实施扩大内需战略同深化供给侧结构性改革有机结合，要以习近平经济思想为指导，坚持问题导向，深刻把握两者关系及其内在逻辑，并将其置于中国式现代化河南实践的历史方位中，从完善国家经济治理政策体系的高度，强化构建高质量消费供给体系、现代流通体系、财富分配体系和完整内需体系。

### （一）立足解决产品供给问题，构建高质量消费供给体系

马克思消费理论认为，"没有生产，就没有消费"。消费水平和结构归根到底是由生产力发展水平决定的。习近平总书记指出："要坚持供给侧结构性改革这条主线，使生产、分配、流通、消费更多依托国内市场，提升供给体系对国内需求的适配性，以高质量供给满足日益升级的国内市场需求。"因此，要把扩大消费同深化供给侧结构性改革有机结合起来，就要以创新引领高质量发展、深化供给侧结构性改革，提高生产供给体系的质量和效益，引导企业增加更具有市场竞争力、符合消费者需求的商品和服务供给，充分满足居民个性化多元化消费需求，以增加国内生产总值中可供分配和消费的份额，推动打造高质量消费供给体系。

## （二）立足解决循环效率问题，构建高质量现代流通体系

习近平总书记强调："构建新发展格局，必须把建设现代流通体系作为一项重要战略任务来抓"。现代流通体系是从生产到消费各环节有效衔接的纽带与通道，能够高效率、高质量、低成本地促进供需适配，有效畅通国民经济循环，在国民经济中发挥着战略性、基础性、先导性作用。因此，要充分发挥河南省在全国商品流通中的枢纽地位，顺应商业变革和消费升级趋势，提升重点产业链供应链集成程度和协同水平，推动构建特色突出、布局合理、多层多元、覆盖广泛、开放融合的现代市场体系，健全现代流通体制，提高流通服务保障能力和贸易设施通达能力，进一步增强现代流通体系对供给侧结构性改革、扩大内需的支撑能力。

## （三）立足解决消费基础问题，构建高质量财富分配体系

消费是收入的函数，收入和财产分配结构是决定消费增速、总量和结构的基本因素。党的二十大报告首次提出要"规范财富积累机制"，并强调要完善分配制度、规范收入分配秩序。因此，要努力提高居民收入在国民收入分配中的比重，坚定实施就业优先战略，通过人口集中、发展人力资本和技术密集型产业促进更充分的就业、更高水平的就业。完善按要素分配政策制度，多渠道增加低收入群体收入，扩大中等收入群体，多措并举增加居民财产性收入。强化公共服务有效供给，加大对教育、医疗、社会保障等公共服务领域的投资，推进基本公共服务均等化，改善居民对未来消费支出的预期，促进消费需求扩大。

## （四）立足解决内部需求问题，构建高质量完整内需体系

消费是生产的目的，并为新的生产创造新的需要，是再生产的前提和动力，也可以对经济发展起到稳定器和调节器的基础性作用。随着经济、科技和社会的发展以及收入水平的提高，消费需求的广度、深度和

高度都在不断深化拓展。因此，要把恢复和扩大消费摆在优先位置，加快城乡消费基础设施建设，强化标志性优质项目的前瞻谋划实施，不断提升消费便利度、舒适度、满意度。优化和完善城乡消费设施及载体平台，适应消费需求新特点，拓展消费新空间，打造消费新场景，丰富消费新体验，营造便利消费、放心消费的环境，完善扩大居民消费的长效机制，繁荣城乡消费市场。

## 三 河南省实施扩大内需战略同供给侧结构性改革有机结合的重大举措

立足于解决四大结构性失衡问题，要从社会再生产的四个环节入手，强化供给侧结构性改革、做好需求侧管理，着力畅通国民经济循环、扎实推动共同富裕，构建四大体系、增强"鱼""水"二力，形成推动实施扩大内需战略同供给侧结构性改革有机结合的"4+2"重大举措体系。

### （一）以构建消费供给体系为方向深化供给侧改革

在供给侧要围绕产业链转型升级核心内涵，坚持扩大增量和优化存量并举，构建基于现代产业体系和技术创新前沿的产业链闭环，促进产业链、创新链、供应链、要素链、制度链深度耦合，统筹推动产业链群、企业集群、载体平台和消费领域供给侧结构性改革。

1. 强化产业链群供给侧结构性改革

依托河南省产业基础优势，聚焦28个重点产业链的发展目标，落实产业链"链长制"，打造若干具有产业生态主导力和链主地位的"头部"企业，增强全产业链控制力，推动设立省创业投资引导基金和新兴产业投资引导基金，提高就业密集度和经济发展韧性。深入开展"两业"融合试点，大力发展现代物流、现代金融、商务咨询等生产性服务业。开展延链补链强链行动，推进新一轮技术、绿色、智能三大改造，提升全产业链核心竞争优势。强化竞争中性特征，完善产业政策退出机制，产业政策要从一般竞争性领域退出，同时聚焦新质生产力领域靠前发力。在开发区积极探索"标准地"制度供地，优先保障高新技术产业和科研用地需求。

### 2. 强化企业集群供给侧结构性改革

坚持市场主体抓大育小、梯度推进，育优做强"链主"企业，健全"链主"企业的识别、认定、培育、评估机制，引导其率先实现数字化、绿色化转型，提升自身的竞争能力与盈利能力，进而带动相关产业链群价值链条攀升。大力培育"专精特新"企业，结合地标产业链与特色优势产业链，绘制产业链上下游关键环节"图谱"定向引育专精特新企业，加快推动专精特新企业能力提升。推动中小微企业聚链成群，加快中小微企业治理结构和业务结构"双重优化"，有针对性地引导小微企业进入核心技术、潜在增长领域，向细分行业"专精特新"冠军企业方向迈进。同时，积极促进产业链企业协同创新、协同转型、协同治理，实现链群企业共生共赢。

### 3. 强化消费领域供给侧结构性改革

积极抢占消费"新赛道"，拓展生产生活消费疆界领域。充分发挥新型消费高效、便捷、智慧、融合等优点，加快布局数字化消费网络，积极发展在线教育、互联网医疗数字文创等线上服务新模式。加快发展新零售消费，扩大4K直播、AI零售、智能导购、VR/AR体验等零售科技场景覆盖，探索发展无人超市、智慧餐厅等新零售业态，推广"云逛街""宅经济"等无接触消费新模式。创新服务消费，鼓励发展精酿餐饮、时尚餐饮、"中央厨房+食材冷链配送"等餐饮新业态和新模式，加快豫酒振兴，积极拓展"银发经济""童经济""她经济"等消费领域，满足不同群体多层次、个性化消费需求，培育消费新增长点。借鉴北京"夜京城"、西安"大唐不夜城"等主题鲜明的夜经济示范区成功经验，依托特色街区、文化街区等载体，在郑州、洛阳、南阳、开封等特色"夜"经济亮点，打造一批"夜经济"特色品牌。把握国际消费新潮流，依托航空港实验区、自贸区、开发区、城市核心商圈等，探索建设RCEP经贸合作示范区，扩大"即买即退"试点范围，探索建立免税购物和离境退税机制，提升退税服务便利度，缩短"即买即退"商店开单时间。

**（二）以构建完整内需体系为基点强化需求侧管理**

河南是人口大省、经济大省，要想实现"两个确保"的目标，必须坚持扩大内需战略不动摇，发挥强大区域市场优势，着力释放内需潜力，强化供给与需求、投资与消费的长效互促机制。

1. 强化标志性项目前瞻谋划

抓住消费互联网向产业互联网交叉渗透的机遇窗口期，摆脱思维惯性和路径依赖，聚焦"两新一重"，加快新能源汽车充电桩、大数据中心、人工智能和工业互联网等新型基础设施和产业升级基础设施项目，并争取列入国家相关发展规划。实行用地、污染物排放、能耗等指标省级统筹调剂，全力推进5G基站、城镇老旧小区改造、郑州机场三期、郑济高铁郑州至濮阳段、沿太行山高速、西气东输三线中段、郑开同城东部供水等"两新一重"项目建设。

2. 创新优化投融资方式

发挥投资对促进经济增长的关键性作用，落实铁路、水利等领域投融资体制改革举措，针对河南省新型基础设施建设、新型城镇化、科技创新、战略性新兴产业和未来产业发展、公共服务均等化等短板领域，创新并优化投融资模式，积极稳妥发行地方专项债券，稳控总体债务率水平，更多地引入民间资本等投资新主体，加大PPP模式推广和股权融资力度，大胆探索基于资金侧的投拨、投贷、投募等投融联动模式，发挥有效投资的带动作用。聚焦行业、企业未来发展方向资金需求，支持"专精特新"企业通过上市融资、发行债券等形式拓宽融资渠道，并在知识产权质押贷款、股权融资及私行业务等方面加强银企对接与合作。

### 3. 培育建设消费中心城市

支持郑州、洛阳创建国际消费中心城市，培育建设一批区域性消费中心城市。积极发展城市商圈，指导各地改造提升一批特色步行街，打造消费市场、消费场景、消费模式新地标。依托城市商业街、特色街区以及其他有条件的景区等载体平台，积极策划推出富有地方特色的传统美食节、现代音乐节、城市艺术节等系列消费主题活动，打造一批网红打卡地，叫响消费文化品牌、集聚消费人气流量、强化消费供给，培育若干具有一定特色和影响的消费高地。

### 4. 繁荣农村消费市场

落实乡村振兴战略，实施"县域商业建设行动"，支持大型零售企业向县（市）、乡镇布局设点，促进县乡村商业网络连锁化，提供适合农村消费的商品和服务。改造提升若干乡镇商贸中心和农村传统商业网点，培育发展特色商贸小镇、县镇消费集聚区，吸引城市居民下乡消费，推动农村消费提质扩容。抢抓传统消费转型升级机遇，推动精品百货、智能家电、品质家居、新能源汽车等优质工业品下乡进村，推进农村消费基础设施建设升级，扩大电商、快递、品牌商超农村覆盖面，引导农村商业与休闲农业、特色产业、乡村旅游等有机结合。

## （三）以构建现代流通体系为抓手畅通国内大循环

紧密结合服务构建新发展格局和现代化经济体系，充分发挥区位交通、产业基础、市场规模、开放通道等比较优势，以现代流通体系建设为抓手，打通产销对接、要素流通的堵点，深度融入国内大循环。

### 1. 加快培育建设现代流通战略支点城市

围绕国家中心城市建设，持续巩固郑州国际物流枢纽地位，支持郑州依托现有产业基础、枢纽网络和基础设施优势创建国家现代流通战略支点城市。加强省域现代流通战略支点城市集群培育，围绕中原城市群和省域副中心城市建设，拓展洛阳、南阳国家物流枢纽和综合交通枢纽功能，打造重要的区域现代流通战略支点城市。支持商丘、信阳、安阳、漯河等地布局建设特色型区域现代流通战略支点城市，重点强化商丘、信阳内贸服务型国家物流枢纽和安阳陆港型国家物流枢纽承载能力，提升漯河全国性邮政快递枢纽功能，引导商流、物流、信息流和资金流向战略支点城市集聚。紧抓国家建设骨干流通走廊契机，加快全省城乡骨干流通网络升级改造，积极融入全国现代流通网络，提升流通网络通过能力和整体效率。

2. 加快打造现代供应链中心

充分依托产业基础、人力资源、交通区位等优势，发挥流通连接生产与消费的基础功能，聚焦河南省优势产业、重点产品领域，支持相关部门和有条件的市场主体积极打造一批跨行业、跨区域的供应链平台，实现各类要素资源在供应链上高效连接、顺畅流转，进一步强化各类商品的资源、货源组织调配能力。充分发挥焦作、商丘、许昌、中国（河南）自由贸易试验区等全国供应链创新与应用试点城市示范效应，开展供应链创新与应用示范城市和示范企业创建活动，完善重点产业供应链体系，积极探索具有河南特色的供应链治理新机制新模式，形成一批特色鲜明、模式先进、国际竞争力强的示范城市和示范企业。

3. 加快完善城乡内贸流通网络

加强县域内贸流通基础设施建设，合理规划农产品批发市场、产地加工中心等重点流通载体建设，支持各类内贸企业向县域发展营销网点和延伸服务网络，推动有条件的乡村建设内贸综合服务体。聚焦流通网络末梢堵点，加快县、乡、村三级物流网络节点建设，着力畅通城乡内贸流通"微循环"。改造提升商业物流配送中心，推广现代物流技术和装备，发展统一配送、共同配送、夜间配送等集约化配送模式，加快构建城乡一体产品配送网络，畅通工业品下乡和农产品进城双向流通渠道。

4. 加快建设应急保障体系

根据自然灾害、公共卫生事件和社会安全事件应急物资需求特点，统筹考虑重点物资需求、产能空间分布，优化粮食、能源、抢险救援、医疗用品等应急物资储备的空间布局和结构优化，确保储备物资随用随有、常储常新。探索分级、分类建立突发事件应急物流预案和响应机制，完善以企业为主体的应急物流队伍，健全物流企业"平急转换"机制，建立应急物流保障重点企业名单。依托物流枢纽、示范物流园区、冷链物流基地、邮政快递核心枢纽等，打造一批"平急两用"的物流基地和物资储备基地。

**（四）以构建财富分配体系为重点推动"共同富裕"**

让老百姓有消费能力是培育强大国内市场、构建新发展格局、推动共同富裕的最基本条件。要坚持人民至上理念，一方面提高居民可支配收入水平，使老百姓手里有钱消费；一方面扩大公共服务有效供给，解决老百姓消费的后顾之忧。

1. 推动人口向都市圈等优势区域集聚

按照2035年基本实现现代化的目标，河南城镇化率达到70%以上测算，未来河南将有近2000万人口由农民转为市民。需要进一步打开"城门"、放开"乡门"，加快推动户籍制度改革、公共服务均等化、人口城镇化和资本下乡，最大限度打破人员在城乡之间自由流动的制度藩篱。充分发挥服务业"就业容器""增收工具"的作用和制造业"技术密集""要素密集"的功能，在城市圈大力发展相关产业，并积极推动"两业融合"、加强人力资本积累，以促进广大从业人员深度参与城镇化、工业化历史进程来普遍提升就业人员工资水平，不断提高劳动报酬在初次分配中的比重。

2. 多措并举增加居民财产性收入

规范发展资本市场，加大货币基金、ETF基金、国债等较低风险型金融资产保值增值产品供给，不断丰富针对居民的各类投资理财产品，稳定各类市场的财产性收入预期，做好小散投资与金融大市场的对接。在依法依规的前提下，稳慎推进农村"三块地"改革，深入研究农村集体建设用地入市的推出时机、实施范围及具体办法，探索建立健全多种形式的农村集体产权交易市场和流转机制，逐步提高农村居民财产性收入。

3. 强化公共服务有效供给

健全公共就业服务体系，加强重点群体就业监测预警和针对性帮扶，积极发展基于共享经济、数字经济的新就业形态。构建覆盖全生命周期、满足多元化需求的健康服务体系，完善提升儿童、心血管国家区域医疗中心功能，加快紧密型县域医共体建设，推动优质医疗资源扩容下沉，推进省级重大疫情救治基地、省辖市传染病医院、县级公共卫生医学中心三级疾病预防控制体系建设。继续推进普惠性学前教育资源扩容计划，大力实施义务教育优质均衡行动，加快郑州大学、河南大学"双一流"建设，打造一批特色职教品牌，支持南阳建设张仲景国医大学。扩大养老育幼普惠供给，大力实施"幸福夕阳工程"，细化落实三孩生育政策配套支持措施，着力解决"一老一小"问题。

## （五）以培育壮大市场主体为关键增强"鱼"的生命力

充分发挥企业在推动经济高质量发展中的主体地位，在抓大、培特、扶小、稳链、育新上下功夫，求实效，完善企业发展生态圈，增强商贸流通企业引领生产、促进消费、配置资源能力。

1. 做大做强龙头企业

推进传统企业数字化改造、绿色化转型，培育若干品牌影响力大、特色优势明显的现代化商贸流通龙头企业，增强市场竞争力和产业链掌控力。加快发展商品市场混合所有制经济，鼓励国有、民营流通企业相互参控股，激发民营龙头企业活力。大力培育体现区域特色、文化特色和产业特色的商贸流通龙头企业，鼓励本土流通龙头企业通过战略合作、资本运作、市场共享、品牌共建等形式积极拓展营销网络、有效对接国内外产销地。鼓励龙头企业积极承担社会责任，通过建立产业联盟、强化协同创新、共建绿色供应链等方式带动产业链上下游企业尤其是中小企业实现数字化、绿色化转型。

### 2. 巩固提升中小企业

加快提升流通企业营销服务和内部管理数字化、智能化水平，通过多种手段提高其抗风险能力，着力孵化一批成长性好的新业态企业，推动中小企业转型升级。加强中小流通企业公共服务平台建设，为广大中小企业提供全程化、专业化、一站式服务，形成资源集聚、服务集成、多方互动的服务体系。鼓励传统中小微企业开发细分市场、拓展经营领域、提升服务供给能力，实现创新转型、培育竞争优势。以电子商务产业园、商业步行街、创新创业园等为依托，引导中小微流通企业集聚发展。

### 3. 加强企业品牌培育

大力推进企业品牌化建设，引导企业重视自有品牌打造和经营，培育一大批具有市场竞争力的品牌企业。积极培育地理标志，着力保护地理标志商标和产品品牌。挖掘河南历史底蕴形成文化豫菜、绿色豫菜、健康豫菜，支持省内豫菜企业连锁化、品牌化发展，打造豫菜"名品"。挖掘非物质文化遗产的商业价值，加强非遗产品品牌打造、资格认证和质量管控。着力引进世界高水平单项体育赛事和综合性运动会，谋划全国顶级电竞赛事，积极引进全国大型流动性展会，打造河南会展品牌。支持老字号企业加快适应新消费方式，实现产品、服务和品牌的创造性转化和创新性传承，滚动打造一批文化特色鲜明、品牌信誉显著、市场竞争力较强的"中华老字号""河南老字号"。

### 4. 厚植企业发展生态

鼓励流通企业通过股份制合作及资源互换等方式，与上下游企业和横向关联企业结成战略联盟，发展联合采购、联合营销，降低流通成本，提高流通效率。支持品牌连锁零售企业以特许、加盟、收购等形式整合改造传统零售网点，开放产品、渠道、数据资源，合力做强"大市场"。鼓励餐饮连锁企业发展"生产基地＋中央厨房＋直采集配"模式，促进行业上中下游融通、共享便利。引导电商平台企业发挥数据资源聚合优势，提供信息撮合、数据管理、广告营销、供应链金融等集成服务，在原材料采购、物流配送、产品营销、管理资源等方面提供多元服务，适度降低商户佣金费率，构建大中小企业资源共享、耦合共生发展生态。强化普惠金融服务，提升省金融服务平台功能，推广"信易贷"融资模式，健全贷款风险分担补偿机制，提高无抵押信用贷款比例。实施优质主体企业债券发行"破冰"行动，推动优质企业在科创板、主板上市。

## （六）以优化经济治理体系为根本增强"水"的再生力

坚持将供给侧改革、需求侧管理和流通环节畅通有机结合，围绕增供给、激需求、疏流通、推改革、畅循环，加强供需适配、产销互促，积极融入全国统一大市场，做好省际市场"内外兼修"，推动经济治理体系现代化，提升经济发展软实力。

### 1. 优化市场主体营商环境

加强数字政府建设，依托现代数字技术精准推送惠企政策，实现政策兑现直达直享，着力打造良好的"数智化"营商环境，为市场主体提供触手可及、全面丰富的全生命周期服务，最大化满足市场主体的合理需求。充分运用大数据技术，刻画市场主体信用画像、预测分析风险状况、及时提供市场指导，为企业营造低成本高效率的制度环境。全面推行政务服务"一网通办""一次办好"，深化投资项目审批制度、商事制度改革，加快构建以信用为基础的新型监管机制，推进营商环境评价和专项整改提升。持续开展民营经济"两个健康"百县提升行动，着力形成"亲""清"的政商关系，大力扶持民营经济发展，依法保护民营企业和民营企业家的合法权益。

### 2. 完善消费促进引导机制

优化消费促进服务方式，整合多方资源搭建线上线下促消费平台，鼓励商圈、商业街区与产品发布、赛事展演、论坛展会等项目结合，跨界融合联动促消费。积极贯彻落实国家统一部署的共同富裕相关政策举措，多措并举建立健全有利于促进消费的长效机制。推动跨部门、跨领域消费数据互联互通，探索数据开放共享机制，安全有序推进消费大数据商用。加强各领域、各环节的信用服务体系建设，不断拓展产品质量追溯范围，畅通消费维权途径，努力营造消费者敢消费的生产销售环境、愿消费的市场交易环境、能消费的收入分配环境。

3. 加强与国内主要增长极互动

率先在全省范围内破除地区间的利益藩篱和政策壁垒，打造全省统一市场。突出"东引、西进、南联、北通"，围绕打造中原—长三角经济走廊，积极融入淮河生态经济带建设，加快推进东向通道工程建设，共建一批产业链集群式专业园区；启动郑洛西高质量发展合作带建设，推动晋陕豫毗邻地区生态绿色一体化发展；推进汉江生态经济带建设，深化南阳与襄阳、武汉联动发展，积极参与长江经济带建设；深度对接京津冀协同发展战略，以南水北调对口协作为抓手，创新开展科教、医疗、产业等领域京豫战略合作。

（执笔人：王超亚　王梁　王笑阳）

**参考文献**

［1］刘鹤：《把实施扩大内需战略同深化供给侧结构性改革有机结合起来》，《人民日报》2022年11月4日第6版。

［2］张培丽：《扩大内需与深化供给侧结构性改革结合的逻辑与路径研究》，《中国特色社会主义研究》2021年第3期。

［3］周密、胡清元、边杨：《扩大内需战略同供给侧结构性改革有机结合的逻辑框架与实现路径》，《经济纵横》2021年第9期。

［4］孔祥利、谌玲：《供给侧改革与需求侧管理在新发展格局中的统合逻辑与施策重点》，《陕西师范大学学报》（哲学社会科学版）2021年第3期。

［5］庞明川、孟捷：《从需求管理到供给侧结构性改革——中国特色宏观调控理论研究》，《政治经济学报》2023年第1期。

［6］张平：《中国宏观经济叙事的转变与展望（1978—2025）：历史演进、共识逻辑和政策机制》，《北京工业大学学报（社会科学版）》2023年第5期。

［7］黄新华、马万里：《从需求侧管理到供给侧结构性改革：政策变迁中的路径依赖》，《北京行政学院学报》2019年第5期。

［8］陈小亮、刘玲君、陈彦斌：《创新和完善宏观调控的整体逻辑：宏观政策"三策合一"的视角》，《改革》2022年第3期。

［9］马万里：《国家经济治理政策变迁的政治经济学》，博士学位论文，厦门大学，2023年。

［10］习近平：《习近平谈治国理政》（第二卷），外文出版社2017年版。

［11］习近平：《习近平谈治国理政》（第三卷），外文出版社2020年版。

［12］胡鞍钢、张新：《习近平经济思想与政策框架》，《现代财经》（天津财经大学学报）2018年第3期。

［13］林兆木：《增强消费对经济发展的基础性作用》，《人民日报》2023年10月18日第13版。

# 河南省人口变动的特征、问题与对策研究

**摘要**：本研究以第六、七次人口普查数据为基础，聚焦河南省各区县人口的流动特征、自然属性发展特征、社会属性发展特征、对其空间格局演变进行分析，总结规律，发现问题，对河南省人口变动产生的社会影响进行剖析，并在产业发展、吸引人才、老龄化事业、人口市民化、婚育等方面提出对策建议，旨在促进河南省人口高质量发展。

**关键词**：河南省　人口变动　人口高质量发展

作为社会经济发展中基础性、关键性要素之一，人口时间与空间上的动态变化对社会经济的发展产生着重要影响。河南省是人口大省，研究河南省人口的动态变化、面临问题等对河南省人口的可持续发展有重要现实意义。本研究通过河南省 2010 年至 2020 年人口的变动情况进行分析，对河南省人口的变迁、社会属性、自然属性等方面的变化进行描述，发现河南省人口整体的变动特点。进而针对诸如老龄化、婚育、经济发展等方面存在的社会问题进行空间分析，识别其空间位置。在此基础上对河南省人口发展中对社会经济产生的影响进行总结并提出对应的政策建议。

# 一 河南省人口迁移的规律性特征

随着区域间经济联系的不断加深及交通条件的改善,人口迁移现象愈加突出。当前,河南省人口迁移呈现以下特征:

## (一)河南省人口的省内流动特征

### 1. 流动人口向省会城市集聚明显

人口向省会城市集聚态势明显,河南省省会郑州市作为人口过千万、生产总值破万亿的城市,其对河南全省人口的吸引强度正不断增强,郑州以其质量较高的城市公共服务,较为充足的就业岗位,让其在中部地区的地位更加凸显。根据第六、七次人口普查数据统计省会城市人口的流动情况,2010年郑州市人口流入规模为118万人,位列第九,2020年郑州市人口流入规模为397万人,位列第四,相比较,郑州市人口流入规模增加279万人。在河南省内跨市流动人口中,有60%的流动人口进入到郑州市,外省流入河南的人口中的40%流入到郑州市。

表2-1　　　　　　　　　省会城市人口流动统计

| 排名 | 六普 | 流入规模(万人) | 七普 | 流入规模(万人) |
| --- | --- | --- | --- | --- |
| 1 | 上海 | 890 | 广州 | 597 |
| 2 | 北京 | 700 | 成都 | 581 |
| 3 | 广州 | 464 | 西安 | 448 |
| 4 | 天津 | 304 | 郑州 | 397 |
| 5 | 成都 | 256 | 杭州 | 323 |
| 6 | 杭州 | 187 | 重庆 | 320 |
| 7 | 南京 | 168 | 长沙 | 300 |
| 8 | 武汉 | 142 | 武汉 | 254 |
| 9 | 郑州 | 118 | 北京 | 228 |

资料来源:根据第六次、第七次人口普查数据整理。

**2. 流动人口向近距离的地级市驻地流动明显**

河南省流动人口向近距离的地级市驻地流动的趋势正在明显增强，这既是经济社会发展的产物，也是人们对美好生活的追求。近距离的地级市迁移，让生活成本更低。一线大城市的高昂生活成本和激烈的竞争环境，使部分流动人口寻找更适宜的生活和发展空间，吸引较多人前来定居。相比县域城市，地级市在基础设施建设和公共服务方面有较大优势。在医疗、教育、交通等方面逐渐完善，提供了较好的社会福利和便利条件，为流动人口选择近距离地级市作为驻地提供了有力支持。地级市在产业转型升级中，高新技术产业、现代服务业等新兴产业，为流动人口提供了更多的就业机会和发展空间。

**3. 省内人口流动的结构性特点明显**

河南省县域人口省内流动的结构性特点主要表现在产业结构调整、城市化进程、人口年龄结构变化、教育资源分布不均等方面。高新技术产业、现代服务业等行业的兴起，吸引人才流入，传统行业逐渐向外转移导致部分劳动力流出，农村人口向城市转移的趋势明显，城乡二元结构发生变化。人口老龄化的加剧，年轻劳动力向城市集聚态势明显，老龄人口更多留驻县城，年龄结构发生显著变化。优质资源主要集聚在城市，教育资源结构不均衡发展，进一步体现人口流动的结构性特点，促使更多年轻人向往城市。

### （二）河南省人口的跨省流动特征

**1. 人口向发达地区流动态势保持稳定**

河南省人口的流向聚集在东部沿海城市，其中上海市、北京市、广东省、浙江省等省市为河南省人口主要流出地，这些省市经济较为发达，这种流出态势保持稳定。在单日迁出河南省城市目的地排名前百名城市中，列出前20名，各个地市中，人口流动占比超过4%的城市有一个，人口流向为江苏省苏州市；人口流动占比在3%至4%的城市有四个，分别为菏泽市、阜阳市、上海市、杭州市；人口流动占比在2%

至 3% 的城市有五个，分别为邯郸市、北京市、聊城市、西安市、亳州市；其他城市分布较为均衡均在 2% 以下。统计分析显示，30% 的河南人口流向社会经济更为发达的省市，在这部分流动群体中，江苏省占比 11%、浙江省占比 9%，广东省占比 8%，北京市和上海市占比共计 2%。

表 2-2　　　　2020 年春运单日迁出河南城市目的地排名情况

| 排名 | 所在省级区划 | 迁出河南目的地 | 占比（%） | 排名 | 所在省级区划 | 迁出河南目的地 | 占比（%） |
|---|---|---|---|---|---|---|---|
| 1 | 江苏 | 苏州市 | 4.85 | 11 | 广东 | 深圳市 | 1.95 |
| 2 | 山东 | 菏泽市 | 3.92 | 12 | 广东 | 东莞市 | 1.86 |
| 3 | 安徽 | 阜阳市 | 3.86 | 13 | 广东 | 广州市 | 1.85 |
| 4 | 上海 | 上海市 | 3.62 | 14 | 浙江 | 宁波市 | 1.82 |
| 5 | 浙江 | 杭州市 | 3.27 | 15 | 江苏 | 无锡市 | 1.79 |
| 6 | 河北 | 邯郸市 | 2.87 | 16 | 天津 | 天津市 | 1.73 |
| 7 | 北京 | 北京市 | 2.72 | 17 | 浙江 | 金华市 | 1.55 |
| 8 | 山东 | 聊城市 | 2.37 | 18 | 浙江 | 嘉兴市 | 1.42 |
| 9 | 陕西 | 西安市 | 2.26 | 19 | 浙江 | 温州市 | 1.32 |
| 10 | 安徽 | 亳州市 | 2.17 | 20 | 山西 | 晋城市 | 1.3 |

资料来源：根据百度指数数据整理。

**2. 人口向中长距离的产业集聚地转移**

河南省地处中部地区，拥有得天独厚的区位优势，郑州市是建立在交通枢纽之上的城市，便捷高效的出行方式大幅缩短了通行的时间，尤其是对中距离的人口流动有着明显的促进作用。位于河南省东部的长三角城市群、北部的京津冀城市群、南部的长江中游城市群和珠三角城市群均是河南省人口流向的主要区域，这些城市群社会经济更为活跃、产业集聚性更强，就业机会更多，居民收入更高，可以利用的资源更广泛，人口更乐意流向这些地区。统计分析 2020 年春运单日人口迁出各省、直辖市数据，在 31 个省、直辖市中，山东省为河南人口流入的主要省份，占比 12.8%，浙江省、江苏省、安徽省分别占比 12.46%、12.38%、11.08%，这些省份河南的人口流出占比累计接近 50%。

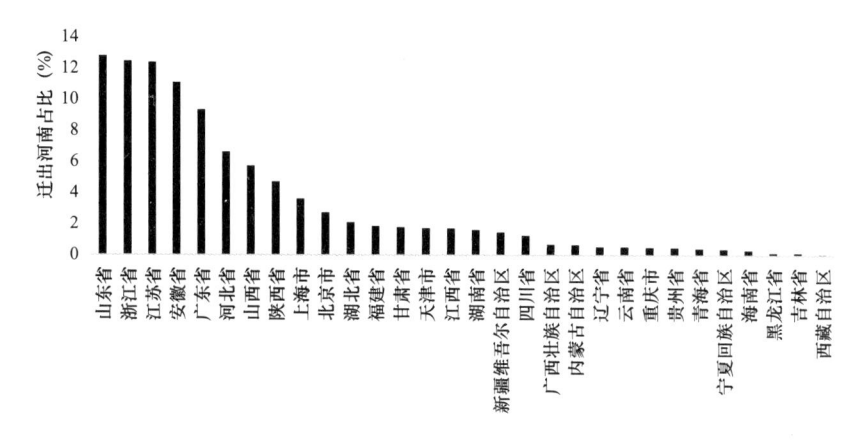

**图 2-1　2020 年春运单日人口迁出河南占比统计图**

资料来源：根据百度指数数据整理。

3. 中部地区是河南省流动人口主要来源地

流入河南省的人口分布在河南省周边，主要为中部地区。从单日迁入河南省城市来源地排名前百名城市中，列出前 20 名，各个地市中，人口流动占比超过 7% 的城市有两个，分别为菏泽市和阜阳市；人口流动占比在 5% 至 7% 的城市有一个，为河北省邯郸市；人口流动占比在 4% 至 5% 的城市有两个，分别为聊城市和亳州市；人口流动占比在 2% 至 4% 的城市有四个，分别为运城市、苏州市、上海市、宿州市；其他城市分布较为均衡均在 2% 以下。

表2-3　　　　2020年春运单日迁入河南城市来源地排名情况

| 排名 | 所在省级区划 | 迁入河南来源地 | 占比（%） | 排名 | 所在省级区划 | 迁入河南来源地 | 占比（%） |
|---|---|---|---|---|---|---|---|
| 1 | 山东 | 菏泽市 | 7.25 | 11 | 陕西 | 西安市 | 1.89 |
| 2 | 安徽 | 阜阳市 | 7.05 | 12 | 安徽 | 六安市 | 1.6 |
| 3 | 河北 | 邯郸市 | 5.6 | 13 | 山西 | 晋城市 | 1.58 |
| 4 | 山东 | 聊城市 | 4.59 | 14 | 江苏 | 徐州市 | 1.49 |
| 5 | 安徽 | 亳州市 | 4.1 | 15 | 浙江 | 杭州市 | 1.46 |
| 6 | 山西 | 运城市 | 2.37 | 16 | 山东 | 济宁市 | 1.29 |
| 7 | 江苏 | 苏州市 | 2.25 | 17 | 山西 | 长治市 | 1.2 |
| 8 | 上海 | 上海市 | 2.13 | 18 | 河北 | 石家庄市 | 1.09 |
| 9 | 安徽 | 宿州市 | 2.09 | 19 | 天津 | 天津市 | 1.04 |
| 10 | 北京 | 北京市 | 1.93 | 20 | 重庆 | 重庆市 | 1.03 |

资料来源：根据百度指数数据整理。

从全国省、直辖市累计流动人次占比看，山东省、安徽省为河南省人口流入的两大主要省份，分别占比18.94%和18.27%，从河北省流入河南省的人口占比为9.79%，这三个省份人口流动累计占比近乎50%，其主要原因是这些省份与河南临近。

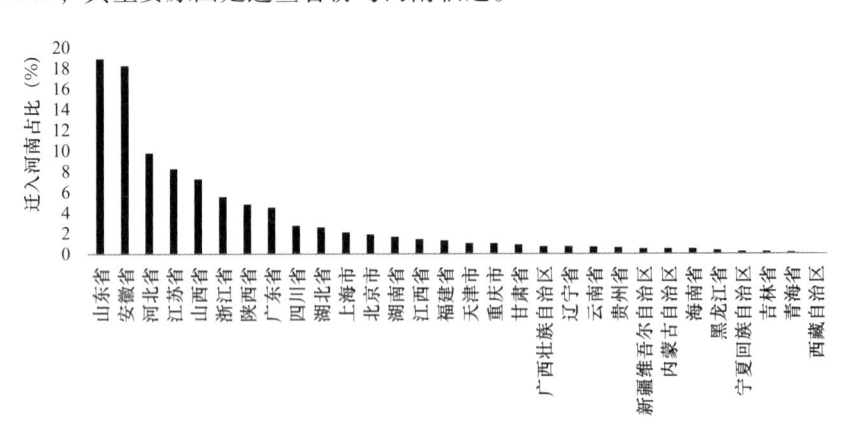

图2-2　2020年春运单日人口迁入河南占比统计图

资料来源：根据百度指数数据整理。

## 二 河南省人口发展特征

### （一）河南省人口自然属性的变化特征

**1. 河南省人口规模空间分布变化特征**

河南省人口总规模变大，各个地市占比变化较小。河南省人口规模呈现逐年递增态势，2010 年河南省常住人口达到 9402 万人，2020 年进一步增加到 9936 万人，共增长 534 万人。河南省各个地市人口占比存在变化，其中只有郑州市的人口比重在提升，由 2010 年的 20% 提升至 27%，新乡市、开封市、济源市的人口比重维持不变，其他城市的人口比重有轻微下浮。

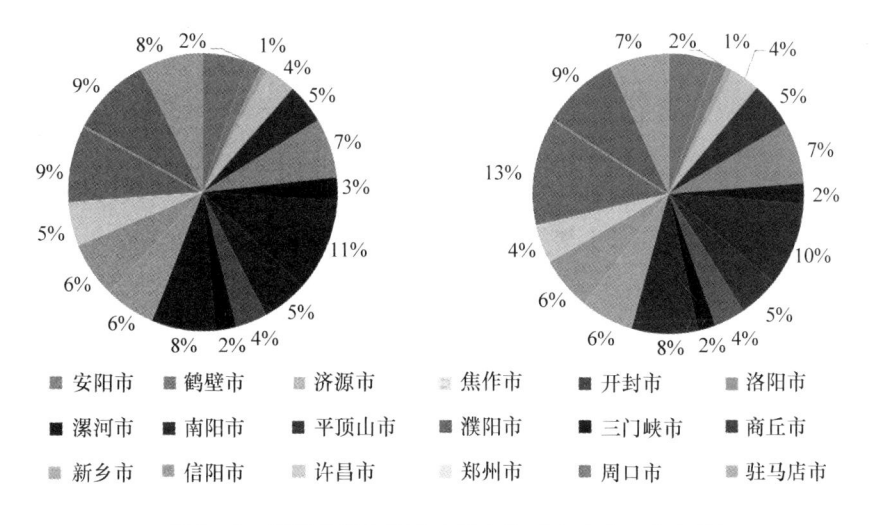

**图 2-3 河南省各个地市人口占比（左六普、右七普）**

资料来源：根据六、七次普查数据整理。

从 2010 年至 2020 年，河南省部分区县人口的规模等级有着明显的变化，为了将河南省各个区县之间的人口规模差异明显展示出来，本研究基 Arcgis10.3 平台，将各区县人口规模进行自然断点分类后，结合 2010 年和 2020 年的人口规模分布情况，将人口规模划分为 5 个等

■ 七普人口　■ 六普人口

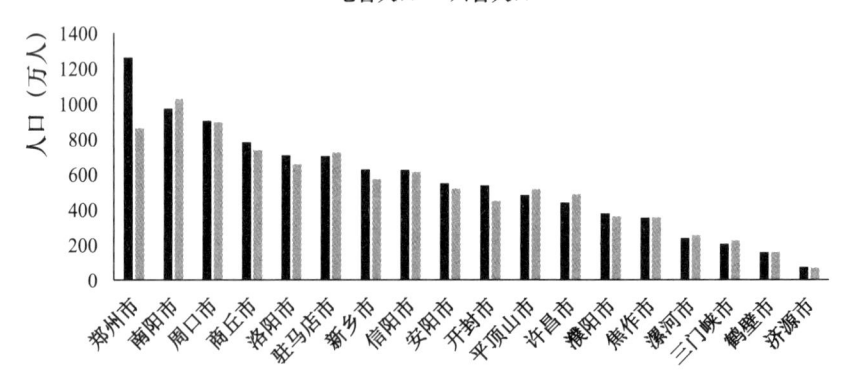

**图 2-4　河南省各地市人口数量**

资料来源：根据第六次、第七次人口普查数据整理。

级，分别为 0 至 40 万人、40 万至 60 万人、60 万至 80 万人、80 万至 120 万人以及 120 万人以上，进行空间可视化分析，结果如下：

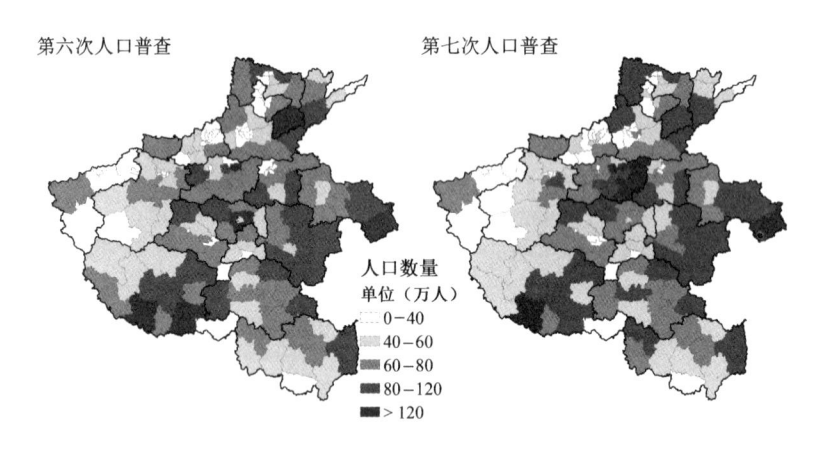

第六次人口普查　　　　第七次人口普查

人口数量
单位（万人）
0-40
40-60
60-80
80-120
>120

**图 2-5　河南省人口规模空间分布情况**

资料来源：根据六、七次普查数据整理。

从人口规模等级的划分来看，2020 年河南省人口规模小于 40 万人的区县数量有 40 个，占河南省所有区县的 25.47%，相比 2010 年的 41

个区县,少了1个;人口规模在40万人至60万人的区县数量有40个,占河南省所有区县的25.47%,相比2010年的37个区县,多了3个;人口规模在60万人至80万人的区县数量有35个,占河南省所有区县的22.29%,相比2010年的47个区县,少了12个;人口规模在80万人至120万人的区县数量有36个,占河南省所有区县的22.92%,相比2010年的26个区县,多了10个;人口规模在120万人以上的区县数量有6个,占河南省所有区县的3.8%,与2010年的区县个数持平。从空间上来看,河南省人口规模等级提高的区县有新郑市、中牟县、中原区、金水区、管城回族区、鼓楼区、龙亭区、洛龙区,主要是围绕郑州市、开封市和洛阳市。而沁阳县、临颍县、偃师县、息县、淅川县、汝南县、邓州市、唐河县等区县的人口规模等级降低,主要是围绕南阳市、信阳市、驻马店市分布。

由人口数量增减情况统计行政区划数量,与2010年相比,河南省有81个区、县、市辖区的人口呈现负增长,占比51.6%,其余地区的人口呈现正增长。一方面,各个地市人口减少的区县数量排名前五的地级市有:南阳市(10个)、驻马店市(9个)、焦作市(7个)、开封市(6个)、平顶山市(6个),分别占各自地级市行政区划数量的76.9%、90%、70%、66.6%、60%,除此之外,鹤壁市80%地区存在人口减少。另一方面,人口增加地区县数量排名前五的地级市有:郑州市(11个)、洛阳市(9个)、商丘市(8个)、新乡市(8个)、信阳市(6个),分别占各自地级市行政区划数量的91.6%、64.2%、88.8%、66.6%、60%。从空间上来看,前者主要集聚在豫南地区,后者主要分布在豫中及豫北地区,由此可以初步判断河南省南部地区城市的人口吸引力较低,而距离省会郑州及受京津冀城市群影响的北部区县城市的人口吸引程度较高,河南省人口的南北吸引程度存在区域差异。

计算2010年至2020年河南省人口规模增长率,对人口规模的增长情况进行分析,考虑到人口增长的正、负向关系以及组内数据的差异化

人口增长率

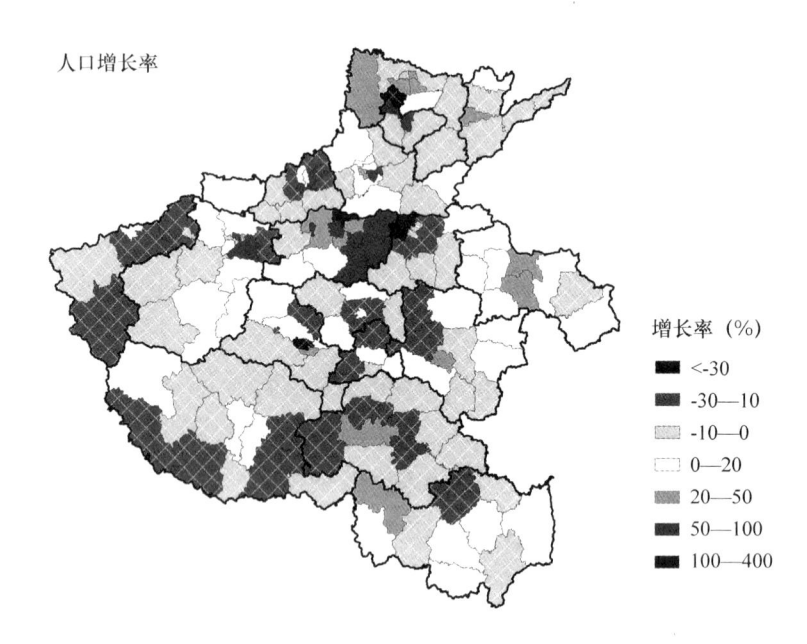

增长率（%）
- <-30
- -30—-10
- -10—0
- 0—20
- 20—50
- 50—100
- 100—400

图2-6　河南省人口增长率空间分布情况

资料来源：根据六、七次普查数据整理。

最大，本研究结合自然断点分类将河南省人口增长率划分为7个间隔，分别为小于-30%、-30%至-10%、-10%至0%、0%至20%、20%至50%、50%至100%、100%至400%，进行空间可视化分析，结果如下：

河南省各区县人口增长统计数据呈现"倒U"曲线，其中占比最高的人口增长率区间为-10%至0%，共计58个区县，占比36.94%，其次为0%至20%的人口增长率区间，共计47个区县，占比29.93%，人口增长率在-30%至-10%以及20%至50%的区间的区县分别为19个和16个，分别占比12.10%和10.19%。在空间上来看，以郑州为核心区的人口增长幅度最大，其原因是随着郑州国际中心城市的建设进程的不断推进，对人口的吸引不断增强。南阳市、三门峡市、驻马店市、濮阳市、安阳市人口的减少率在0%至30%之间，在这些城市中，除了中心城区的城市人口基本维持正增长，周边区县人口减少明显,其原因一方面是豫西、豫南地区地形较为复杂,不适合城市建设,人口集聚相对少,另一方面是这些区县位于省界交界处,存在人口的外流。

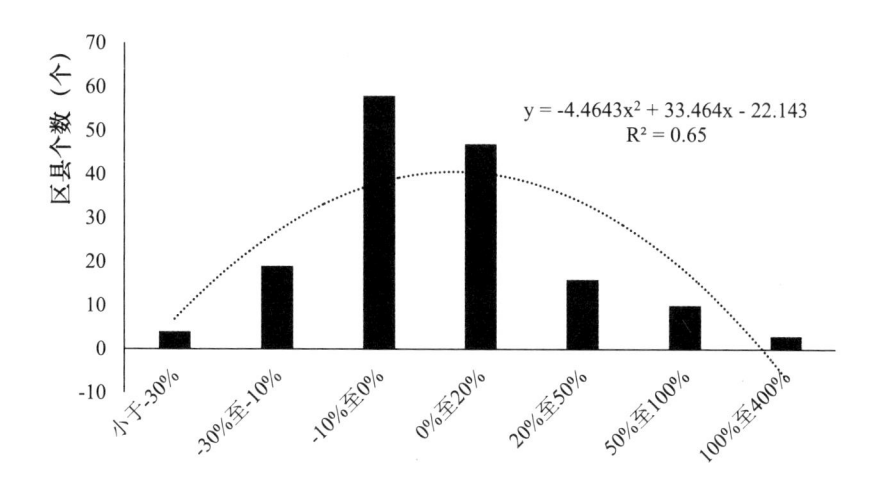

图 2-7 河南省人口增长率范围计数统计

资料来源:根据第六、七次普查数据整理。

## 2. 河南省人口密度空间分布变化特征

依据自然断点分级并结合两个截面数据对比,人口密度划分为8个等级,分别为每平方千米小于200人、200—400人、400—700人、700—1200人、1200—1800人、1800—3300人、3300—5200人和5200—8000人,结果是:

从中心城区对比来看,豫中和豫北地区的中心城市的人口密度较高,豫南片区的城市人口密度在1200人/$km^2$以下,人口聚集程度的差异非常明显。从河南省全域来看,人口密度从豫西南到豫东北呈现增加趋势。从时间变化来看,2010年至2020年间,豫中、豫北地级市中心城市的人口密度不断加大,集聚不断增强,"核心—边缘"结构更加稳定。

第六次人口普查　　　　　　　第七次人口普查

人口密度
单位（人/Km²）
- <200
- 200—400
- 400—700
- 700—1200
- 1200—1800
- 1800—3300
- 3300—5200
- 5200—8000

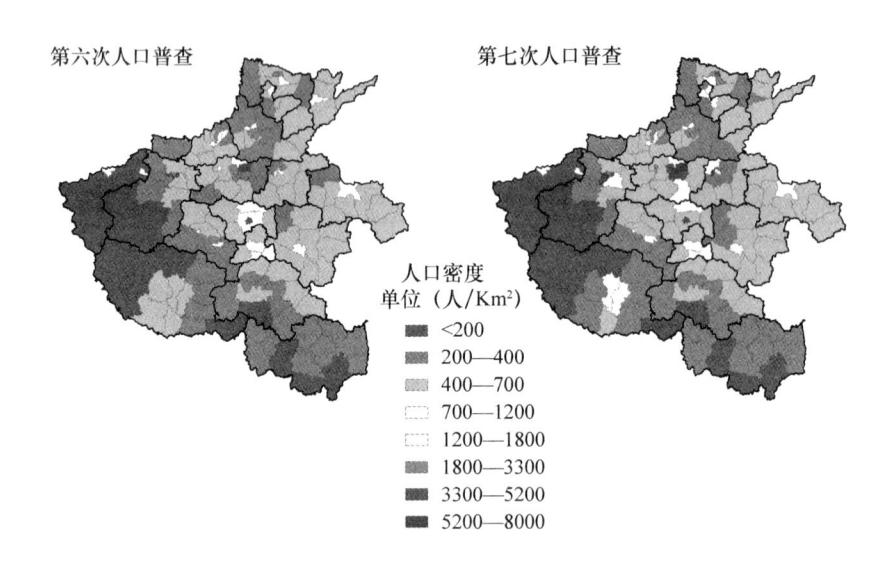

**图 2-8　河南省人口密度空间分布情况**

资料来源：根据六、七次普查数据整理。

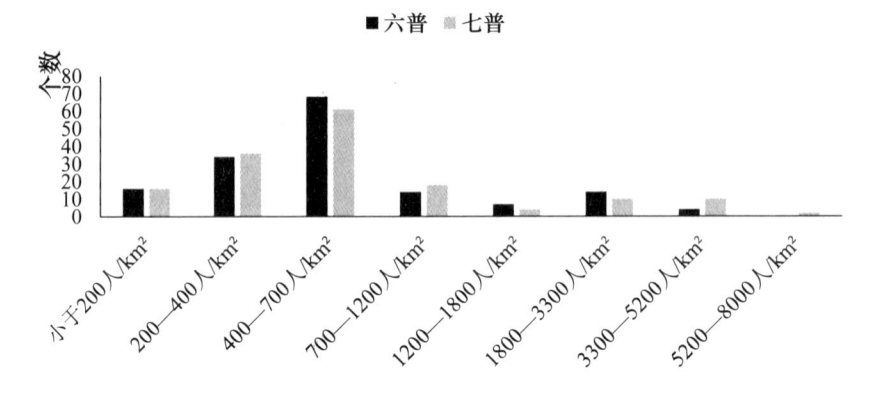

**图 2-9　河南省人口密度范围统计**

资料来源：根据六、七次普查数据整理。

统计不同人口密度等级的区县数量，2020 年河南省人口密度在小于 200 人/km² 的区县有 16 个，占比 10.1%，与 2010 年持平；人口密度在 200—400 人/km² 的区县有 36 个，占比 22.9%，相比 2010 年多了 2 个；人口密度在 400—700 人/km² 的区县有 61 个，占比 38.8%，相比 2010 年少了 7 个；人口密度在 700—1200 人/km² 的区县有 18 个，占比 11.4%，相比 2010 年多了 4 个；人口密度在 1200—1800 人/km² 的区县有 4 个，占比 2.54%，相比 2010 年少了 3 个；人口密度在 1800—3300 人/km² 的区县有 10 个，占比 6.36%，相比 2010 年少了 4 个；人口密度在 3300—5200 人/km² 的区县有 10 个，占比 6.36%，相比 2010 年多了 6 个；人口密度在 3300—5200 人/km² 的区县有 10 个，占比 2.54%，相比 2010 年多了 6 个；人口密度在 5200—8000 人/km² 的区县有 2 个，占比 1.27%，相比 2010 年多了 2 个。由此发现：河南省区县人口密度最多聚集在 200—700 人/km² 这个范围，占比超过 60%。

3. 河南省人口的空间集聚效应分析

空间自相关反映了研究对象的显著性分布状况。基于 Moran's I 指数可以检验和测度城市人口规模的集聚效应。在空间统计方法中，常用全局 Moran's I 指数（Global Moran's I）与局域 Moran's I 指数（Local Moran Index）来测度。

全局空间自相关反映的是人口规模空间关联程度的总体特征。计算公式为：

$$I = \frac{n \sum_i \sum_j w_{ij}(x_i - \bar{x})(x_j - \bar{x})}{(\sum_i \sum_j w_{ij}) \sum_i (x_i - \bar{x})^2}$$

其中 I 为全局 Moran's I 指数，n 为城市数量，wij 为空间权重矩阵，x 为人口规模。Moran's I 指数的取值范围为 -1—1。若统计量 < 0，则表示负相关，即高值与低值相邻、低值与高值相邻；若统计量为 0，则表示随机分布，即不存在空间自相关性；若统计量 > 0，则表示正相关，即该区域在全局尺度上具有高值与高值相邻、低值与低值相邻的整体态势，表明在全局尺度上的各空间单元间存在空间集聚效应。基于 Geoda 平台，对河南省人口规模进行全局空间自相关检验，检验结果如下：

从全局相关结果来看，第六及第七次人口普查 Moran's I 值均大于 0，2010 年 Moran's I 值为 0.3595，2020 年 Moran's I 值为 0.4072，十年

间，河南省人口的集聚指数增加了 0.0477，且 P-Value 均为 0.001，Z-Value 为 7.0779 至 7.6447。根据全局空间自相关统计正态分布对应表，在 99.9% 正向上显著水平上的 Z 得分应大于 2.58 或者小于 -2.58，因此，针对第六及第七次人口普查数据的全局空间自相关结果均通过了显著性检验。表明：2010 年至 2020 年，河南省县域人口存在明显的空间集聚效应，且这种集聚效应正在增强。

表 2-4  全局空间自相关检验表

| 普查 | Moran's I | P-Value | E [I] | Mean | Sd | Z-Value |
|---|---|---|---|---|---|---|
| 第六次人口普查 | 0.3595 | 0.001 | -0.0064 | -0.0043 | 0.0514 | 7.0779 |
| 第七次人口普查 | 0.407 | 0.001 | -0.0064 | -0.0049 | 0.0539 | 7.6447 |

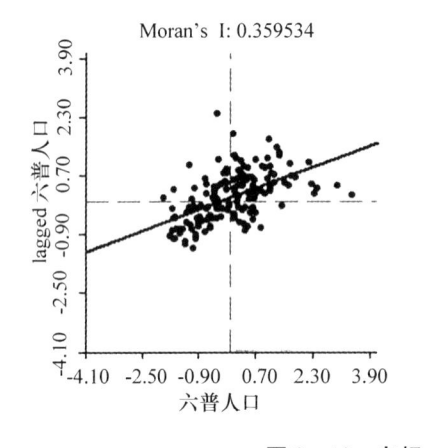

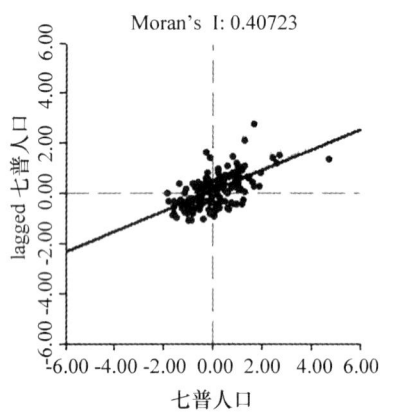

图 2-10  自相关 LISA 散点图

然而，全局 Moran's I 指数只能揭示河南省人口在整体空间上的集聚性强度，而不能揭示这种空间集聚的具体形式与分布情况，也就是无法判断河南省各地区具体是何种集聚模式。所以需要进行局部空间自相关分析，以识别出在空间上河南省人口集聚的四种模式，其计算公式为：

$$Ii = \frac{xi - \bar{X}}{S_i^2} \sum_{j=1, j \neq i}^{n} wij(xj - \bar{X}) \qquad S_i^2 = \frac{\sum_{j=1, j \neq i}^{n}(xj - \bar{X})^2}{n-1}$$

其中 Ii 为 i 城市的局部 Moran's I 指数，xi 为 i 城市的人口规模，xj 为其相邻城市 j 的人口规模，Wij 为空间权重矩阵，n 为城市的数量。同全局空间自相关分析类似，当 Ii 值大于 0 时，则存在局部的空间相关集聚，即在人口规模较大的城市，其周边区域的人口规模也是高值（H-H），或者在人口规模较小的城市，其周边区域的人口规模也是低值（L-L）；当 Ii 值小于 0 时，则存在局部的空间相异特征，即人口规模较小的城市被人口规模较大的城市包围（L-H），或者人口规模较大的城市被人口规模较小的城市包围（H-L）。由此可以识别和检验各个城市之间人口规模的空间关系，进而进行统计分析，分析结果如下：

首先，不考虑空间显著性问题，进行四种模式的统计，从 LISA 散点图中可以看出 2020 年的散点分布比 2010 年的散点分布更为集中，各个象限的散点有向中心原点集聚的趋势。其中，2020 年中高—高（H-H）集聚模式的区县共计 54 个，比 2010 年少 6 个，低—低（L-L）集聚模式的区县共计 56 个，比 2010 年多 1 个，低—高（L-H）集聚模式的区县共计 29 个，比 2010 年多 6 个，高—低（H-L）集聚模式的区县共计 18 个，比 2010 年少 1 个。

表 2-5　　　　　　　　　　自相关模式统计汇总表

| 模式 | 六普行政区划数量（个） | 六普人口数量（人） | 行政区划面积（km²） | 七普行政区划数量（个） | 七普人口数量（人） | 行政区划面积（km²） |
|---|---|---|---|---|---|---|
| H-H | 35 | 29216035 | 60772 | 28 | 28494491 | 12894 |
| L-L | 24 | 7057460 | 14767 | 20 | 7055569 | 28007 |
| L-H | 7 | 3519293 | 9223 | 4 | 2258624 | 4604 |
| H-L | 5 | 3660977 | 12342 | 6 | 4381355 | 12894 |
| No significance | 86 | 51127338 | 142854 | 99 | 57528701 | 153269 |

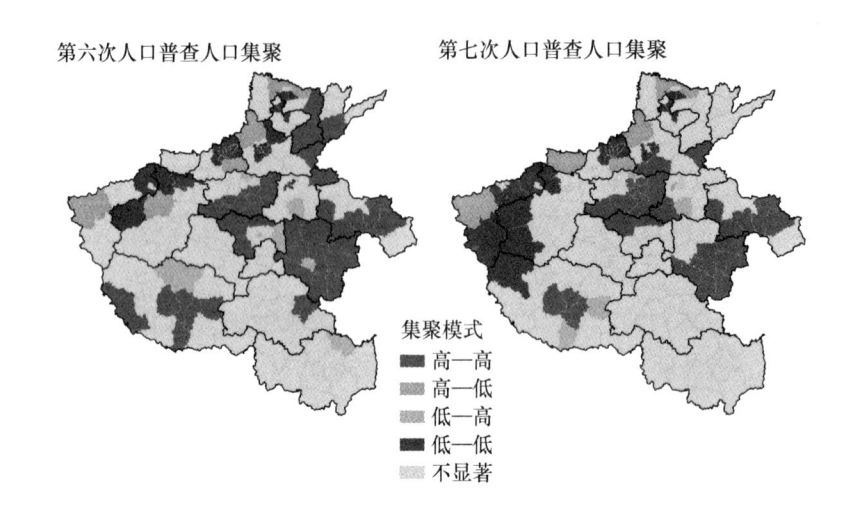

第六次人口普查人口集聚　　　　第七次人口普查人口集聚

集聚模式
■ 高—高
■ 高—低
■ 低—高
■ 低—低
□ 不显著

**图 2-11　局部空间自相关集聚地图**

其次，考虑到结果统计的不显著性，将 LISA 散点图中的各个区县进行空间可视化展示，河南省人口的空间集聚核心逐渐明朗，郑州市、周口市、商丘市的人口的空间集聚不断优化，低—低（L-L）集聚模式的区县共计 20 个，比 2010 年少了 4 个；低—高（L-H）集聚模式的区县共计 4 个，比 2010 年少了 3 个；高—低（H-L）集聚模式的区县共计 6 个，比 2010 年多了 1 个，不显著的区县数量增加了 13 个，具体结果如下：

高—高（H-H）模式。2010 年至 2020 年，通过显著性检验且一直保持为 H-H 人口集聚模式的城市有 23 个，分别为郑州市的登封市、二七区、管城回族区、新密市、新郑市、中牟县共 6 个；周口市的郸城县、淮阳区、鹿邑县、商水县、沈丘县、项城市共 6 个；南阳市的宛城区、卧龙区、镇平县共 3 个；商丘市的睢县、睢阳区、夏邑县、虞城县、柘城县共 5 个；许昌市的禹州市、长葛市共 2 个，以及新乡市的长远市。这些地区的人口增长会带动周边地区人口增长的态势常年稳定。

低—低（L-L）模式。2010 年至 2020 年，通过显著性检验且一直保持为L-L人口集聚模式的城市有16个，分别为焦作市的博爱县、解放区、马村区、山阳区、修武县、中站区共6个；新乡市的红旗区、牧野区、新乡县共3个；安阳市的龙安区、文峰区共2个；鹤壁市的淇滨区、山城区共2个；洛阳市的洛宁县、新安县共2个以及三门峡市的渑池县。这些地区的人口较少会带动周边地区人口减少的态势常年稳定。

高—低（H-L）模式。2010年至2020年，通过显著性检验且一直保持为H-L人口集聚模式的城市有4个，分别为安阳县、武陟县、灵宝县、辉县。这些地区的人口增加会带动周边地区人口减少的态势保持稳定。

低—高（L-H）模式。2010年至2020年，通过显著性检验且一直保持为L-H人口集聚模式的城市有2个，分别为通许县、惠济区。这些地区的人口减少会带动周边地区人口增加的态势保持稳定。

此外，一些城市的集聚模式发生了变动。主要表现在高—高（H-H）集聚和低—低（L-L）集聚的调整，其他集聚模式的转换占比较小。一方面，2010年至2020年，有10个地区由高—高（H-H）集聚模式转为不显著，分别为滑县、内黄县、兰考县、淅川县、濮阳县、襄城县、扶沟县、太康县、西华县、平舆县；有4个地区由不显著模式转为高—高（H-H）集聚模式，分别为尉氏县、原阳县、金水区、中原区。另一方面，2010年至2020年，有7个地区由低—低（L-L）集聚模式转为不显著，分别为顺河回族区、禹王台区、瀍河回族区、老城区、孟津区、卫滨区、卫辉市；有4个地区由不显著模式转为低—低（L-L）集聚模式，分别为栾川县、西峡县、卢氏县、陕州区。

**（二）河南省人口社会属性的发展特征**

1. 河南省人口婚姻情况

结婚情况方面，据第七次人口普查数据，河南省县域人口未婚率在35%以下，将河南省县域人口的未婚率划分为0%—15%、15%—20%、20%—25%、25%—30%、30%—35%五个间隔，进行空间可视化表达。

河南省县域人口未婚情况的空间分布有着"高—低—高—低"圈层结构,以郑州市为核心的高未婚率城市被其周边较低未婚率城市包围,向外扩散的是中高程度未婚率城市的过渡,最外圈层以省界边缘低未婚率的城市环绕。具体来看,在25%—35%的高未婚率区县共计8个,其中郑州市占5个,多分布在郑州市东部片区,这个片区为河南省内部高未婚率圈层的核心区。在0%—20%的区县共计113个,占比较高,这些区县一部分围绕郑州市高未婚率核心区,另外一部分分布在省界边缘地带。20%—30%的中高程度的未婚率城市共计41个,分布在二者之间。

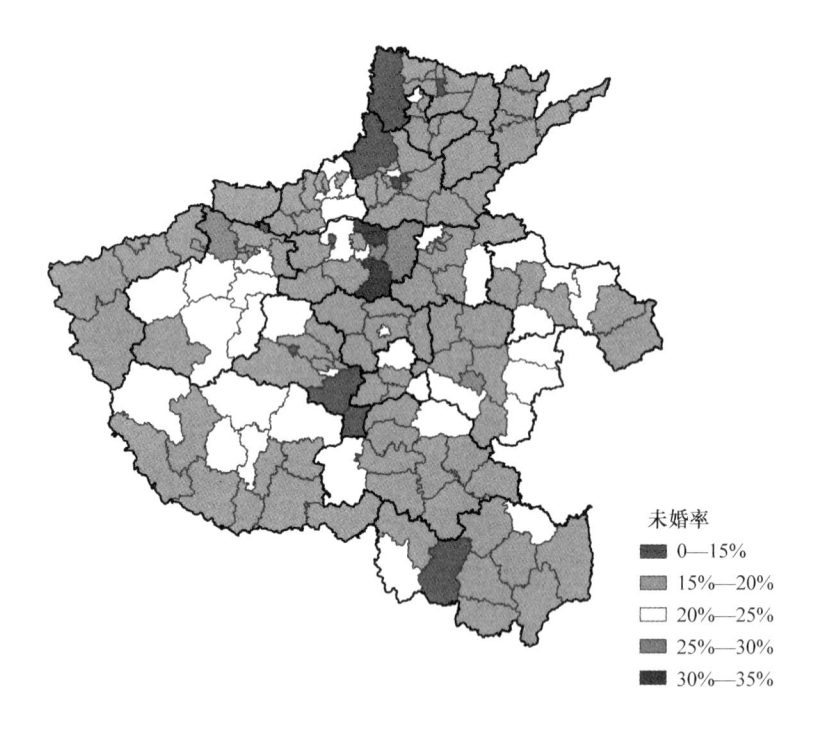

图2-12 河南省县域人口未婚率分布图

资料来源:根据第六、七次人口普查数据整理。

离婚率方面,据第七次人口普查数据,河南省县域人口离婚率在2.5%以下,将河南省县域人口的离婚率划分为0%—1%、1%—1.5%、1.5%—2%、2%—2.5%、2.5%以上五个间隔,进行空间可视化表达。

河南省市辖区人口离婚率较高,河南东部片区的离婚率较低。具体来看,离婚率在2%以上的地区共计35个,市辖区占90%以上。离婚率在0%—1.5%的地区共计83个,占比较大,大部分分布在豫东片区。离婚率在1.5%—2%的地区共计40个,分布在豫中和豫西片区。

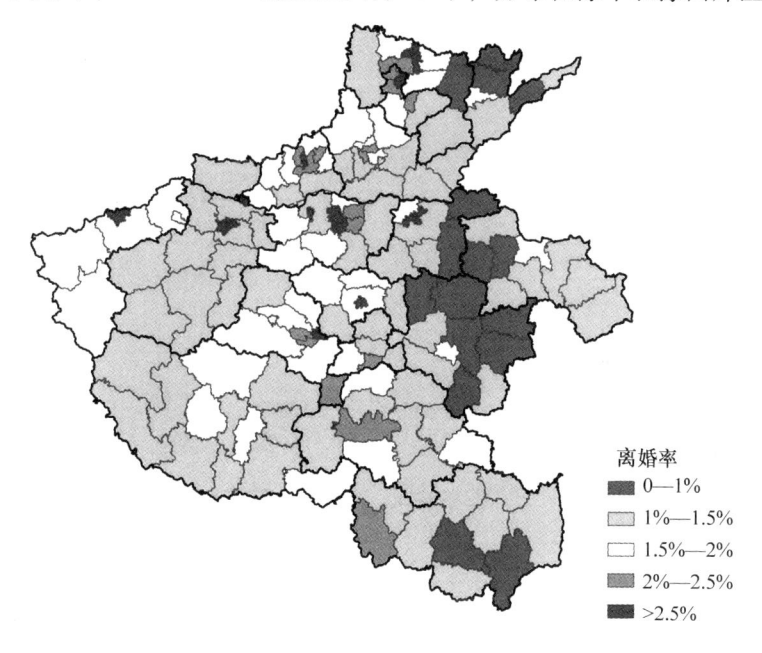

**图2-13 河南省县域人口离婚率分布图**

资料来源:根据第六、七次人口普查数据整理。

### 2. 河南省人口受教育情况变化

整体来看,河南省人口受教育程度明显提高、河南人力资本状况得到极大的改善,这对河南省经济发展的转变和结构性调整有巨大的提升作用。

第七次人口普查显示，全省 6 岁及以上未上过学的人口数量为 265.9 万人，相比第六次人口普查的 452.9 万人少了 186.9 万人，未接受教育的人群数量减少明显；在义务教育阶段，接受小学、高中教育的人数明显增加，分别增加了 144.9 万人和 271.8 万人，接受初中教育的人口群体最大，但其受教育人口数量减少了 264.5 万人；在高等教育阶段，接受大学专科和大学本科及以上教育的人口均有增加，分别增加了 276.8 万人和 288.5 万人。

表 2-6　　　　　　　　第六次人口普查统计表

| 地区 | 第六次人口普查（万人） | | | | | | | |
|---|---|---|---|---|---|---|---|---|
| | 6岁及以上未上过学 | 小学 | 初中 | 高中 | 大学专科 | 大学本科及以上 | 平均受教育年限（年） | 15岁及以上文盲人口 |
| 安阳 | 19.0 | 128.3 | 230.7 | 59.5 | 16.6 | 9.6 | 8.87 | 15.6 |
| 鹤壁 | 6.2 | 37.7 | 68.9 | 21.3 | 6.8 | 2.1 | 9.06 | 5.3 |
| 济源 | 1.3 | 11.4 | 26.5 | 17.0 | 5.1 | 1.5 | 10.18 | 0.9 |
| 焦作 | 8.8 | 66.0 | 163.6 | 64.2 | 18.4 | 8.5 | 9.69 | 7.2 |
| 开封 | 28.6 | 110.6 | 197.5 | 58.2 | 18.9 | 9.4 | 8.76 | 25.9 |
| 洛阳 | 20.6 | 144.8 | 287.0 | 100.4 | 33.2 | 18.2 | 9.43 | 17.1 |
| 漯河 | 11.7 | 49.4 | 117.8 | 39.7 | 12.3 | 3.6 | 9.16 | 9.8 |
| 南阳 | 47.3 | 268.0 | 438.5 | 111.6 | 33.7 | 14.0 | 8.65 | 40.3 |
| 平顶山 | 22.0 | 106.7 | 220.9 | 60.6 | 20.9 | 9.2 | 8.98 | 19.3 |
| 濮阳 | 22.3 | 95.6 | 147.6 | 39.4 | 13.0 | 6.2 | 8.52 | 20.3 |
| 三门峡 | 4.3 | 47.5 | 99.9 | 43.0 | 11.4 | 3.7 | 9.53 | 3.3 |
| 商丘 | 57.8 | 199.6 | 318.7 | 73.4 | 18.7 | 7.0 | 8.13 | 53.5 |
| 新乡 | 19.4 | 121.6 | 249.9 | 89.4 | 22.6 | 13.8 | 9.3 | 16.4 |
| 信阳 | 42.6 | 191.2 | 222.6 | 69.0 | 18.2 | 9.5 | 8.23 | 38.8 |
| 许昌 | 17.0 | 92.2 | 201.5 | 58.6 | 15.2 | 6.3 | 9.01 | 15.1 |
| 郑州 | 21.9 | 140.9 | 306.6 | 166.8 | 101.6 | 61.8 | 10.65 | 18.2 |
| 周口 | 65.4 | 257.2 | 378.5 | 89.2 | 18.5 | 7.2 | 8.12 | 59.1 |
| 驻马店 | 36.7 | 198.3 | 315.4 | 81.1 | 17.7 | 6.6 | 8.49 | 32.4 |

资料来源：根据第六、七次人口普查数据整理。

表 2-7　　　　　　　　　　第七次人口普查统计表

| 地区 | 第七次人口普查（万人） | | | | | | | |
|---|---|---|---|---|---|---|---|---|
| | 6岁及以上未上过学 | 小学 | 初中 | 高中 | 大学专科 | 大学本科及以上 | 平均受教育年限（年） | 15岁及以上文盲人口 |
| 安阳 | 13.2 | 142.5 | 224.3 | 72.1 | 29.6 | 21.3 | 8.9 | 10.9 |
| 鹤壁 | 3.5 | 36.7 | 63.6 | 23.8 | 10.9 | 6.1 | 9.2 | 2.9 |
| 济源 | 0.8 | 12.2 | 22.2 | 17.8 | 9.3 | 4.2 | 10.5 | 0.6 |
| 焦作 | 3.5 | 57.8 | 139.6 | 78.9 | 27.2 | 17.7 | 10 | 2.7 |
| 开封 | 18.8 | 119.6 | 186.1 | 67.6 | 29.3 | 19.1 | 8.9 | 16.1 |
| 洛阳 | 9.2 | 137.8 | 281.4 | 123.0 | 53.7 | 40.4 | 9.7 | 7.2 |
| 漯河 | 6.3 | 49.6 | 98.4 | 38.9 | 17.8 | 7.6 | 9.3 | 5.5 |
| 南阳 | 25.6 | 292.4 | 379.4 | 125.5 | 43.9 | 26.7 | 8.6 | 20.2 |
| 平顶山 | 11.3 | 120.5 | 206.9 | 67.9 | 30.0 | 18.2 | 9.1 | 10.1 |
| 濮阳 | 14.2 | 100.5 | 142.8 | 47.6 | 22.6 | 15.2 | 8.8 | 12.5 |
| 三门峡 | 2.1 | 42.6 | 80.7 | 38.6 | 16.1 | 7.9 | 8.8 | 1.5 |
| 商丘 | 30.9 | 214.4 | 303.3 | 94.0 | 38.9 | 21.4 | 8.5 | 26.7 |
| 新乡 | 8.1 | 129.6 | 236.9 | 126.3 | 41.6 | 31.9 | 9.6 | 6.1 |
| 信阳 | 29.7 | 200.8 | 202.3 | 87.8 | 29 | 23.8 | 8.5 | 25.2 |
| 许昌 | 6.1 | 98.7 | 194.4 | 64.2 | 25.7 | 14.2 | 9.2 | 4.96 |
| 郑州 | 14.5 | 194.8 | 346.8 | 232.3 | 190.3 | 175.1 | 11.1 | 11.1 |
| 周口 | 48.4 | 253.7 | 351.0 | 107.4 | 35.1 | 19.8 | 8.3 | 42.3 |
| 驻马店 | 19.8 | 207.4 | 268.3 | 100.7 | 29.4 | 15.9 | 8.6 | 15.6 |

资料来源：根据第六、七次人口普查数据整理。

各个地市受教育的人口数量均有不同程度的改善。在6岁及以上未上过学的人口中，商丘市未受过教育的人口减少数量最大，减少了26.8万人，紧跟其后的地市为南阳市（21.6万人）、周口市（17.1万人）、驻马店市（16.9万人），信阳市、新乡市、洛阳市、许昌市、平顶山市的减少量在10万人左右，其他地市的减少量低于10万人；需要注意的是在义务教育阶段，受初中教育的人口数量除了郑州市外均在减少，南阳市接受初中教育的人口数量减少量最大，减少了59.2万人、驻马店市（47万人)、周口市（27万人）、焦作市（23.9万人）、信阳市（20.3万人）紧跟其后，其他地市的接受初中教育的人口减少数量在20万人以下；各个地市接受高等教育阶段的人口增长量均为正值，郑州市、洛阳市中接受高等教育的人口数量最多。

3. 河南省人口就业情况变化

依据第六、七次人口普查数据中16岁及以上人口数量及对应的各种职业人口总计数量计算各地区的就业率，并以10%为间隔进行划分，绘制河南省16岁及以上人口的就业率分布地图。

据普查数据显示，第七次人口普查中河南省16岁及以上可用劳动力近738万人，比第六次人口普查多了94万人，各种职业的就业人口近422万人，比第六次人口普查少了近40万人，分析其原因，伴随高等院校及大中专院校的扩招，河南省可用劳动人口的就业时间向后推迟，有相当一部分可用劳动人口为在校大学生。此外，"学历贬值"现象的存在、社会就业需求与大学生供给不匹配、社会经济发展环境不景气、优质岗位不足等也是主要因素。

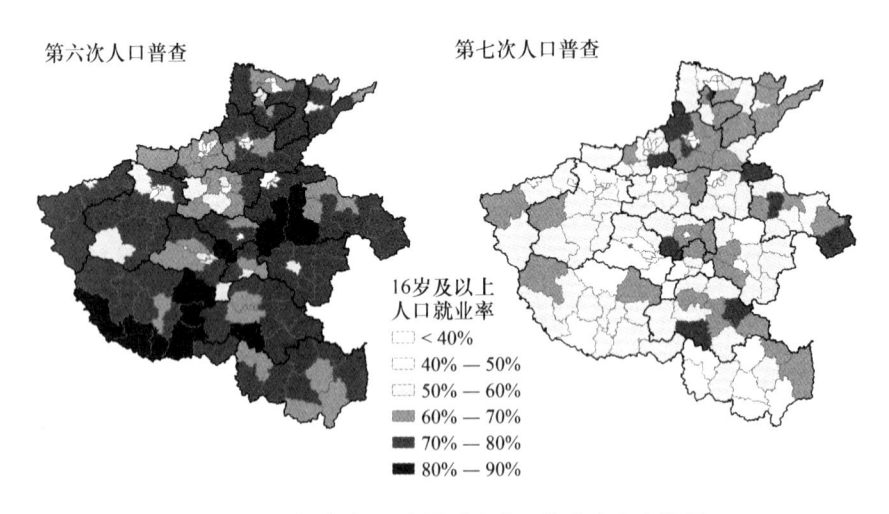

图 2-14 河南省16岁及以上人口就业率分布情况

资料来源：根据第六、七次人口普查数据整理。

### (三)河南省人口问题空间特征

1. 河南省人口与经济协调发展的空间识别

探索河南省县域人口与县域经济是否协调发展,采用不均衡指数、地理集中度、"人口—经济"协调系数来衡量,具体方法如下:

不均衡指数。从整体上衡量河南省人口与经济空间分布的一致性,引入不均衡指数来衡量河南省县域人口与经济的均衡分布状态,其计算公式为:

$$W = \sqrt{\frac{\sum_{i=1}^{n}\left(\frac{\sqrt{2}}{2}(Q_i - G_i)^2\right)}{n}}$$

式中:W 表示河南省人口与经济的不均衡指数,n 为河南省县域行政区数量,Qi 表示 i 地区人口占整个河南省人口总量的比重,Gi 表示 i 地区的 GDP 占河南省 GDP 总量的比重,W 的取值范围大于 0。不均衡指数越小,代表河南省县域人口与经济发展水平越均衡,反之越不均衡。

地理集中度。人口、经济的地理集中度指数是考虑了地区人口、经济、国土面积三者的关系,可以反映地区人口和经济在空间上的集中态势,其计算公式为:

$$POP_i = \frac{P_i \sum_{i=1}^{n} P_i}{L_i \sum_{i=1}^{n} L_i}$$

$$GDP_i = \frac{G_i \sum_{i=1}^{n} G_i}{L_i \sum_{i=1}^{n} L_i}$$

式中,Popi 和 GDPi 分别表示 i 地区人口地理集中度和经济地理集中度,n 为河南省县域行政区数量,Pi、Gi、Li 分别为 i 地区的人口数量、GDP、行政区划面积。地理集中度指数越大代表要素在空间上越集中,反之越分散。

"人口—经济"协调系数。用某区县的人口数量与 GDP 分别占河南省人口和GDP总量的比值来构建人口与经济协调系数以表征人口分布与经济格局协调发展的程度，其计算公式为：

$$C_i = \frac{P_i / \sum_{i=1}^{n} P_i}{G_i / \sum_{i=1}^{n} G_i}$$

式中：Ci 表示河南省人口经济的协调系数，n 为河南省县域行政区数量，Pi 和 Gi 为地区的人口数量和GDP。Ci 值的大小以 1 为临界点，Ci 等于 1 时代表人口经济要素协调性一致，Ci 大于 1 时代表人口集聚强于经济，Ci 小于 1 时代表人口集聚弱于经济。

本研究中的GDP数据为栅格数据，利用Arcgis软件，以河南省各区县行政区划为基本研究单元对栅格像元值进行提取，获得各区县对应的GDP值。本研究中涉及的GDP数据来源为中国科学院地理科学与资源研究所。分析结果如下：

人口方面。基于模型测算得到河南省人口地理集中度指数，并且以自然断点分类方法将其划分为五个等级，制作河南省人口地理集中度空间分布图。

2010年河南省人口集中度较高的地区为金水区、西工区、魏都区等，低值区为卢氏县、西峡县、栾川县、嵩县等，呈现"核心—外围"分布，这种态势在2020年仍然保持稳定。从等级上看，各个等级的数量基本保持稳定，2010年至2020年，第一等级的占比为27.3%到28.6%，第二等级占比为45.2%至48.4%，第三等级占比为8.2%至10.8%，第四等级占比为10.8%至12.1%，第五等级占比为2.5%至6.3%。

表2-8　　　　　　　　人口地理集中度等级分类

| 等级 | 2010年人口地理集中度 | 2020年人口地理集中度 |
| --- | --- | --- |
| 一 | 卢氏县、西峡县、栾川县、嵩县、洛宁县、新县等共计45个区县 | 确山县、泌阳县、汝阳县、鲁山县、正阳县、光山县等共计43个区县 |
| 二 | 新蔡县、虞城县、新野县、夏邑县、永城市、太康县等共计76个区县 | 封丘县、内黄县、镇平县、原阳县、西华县、平舆县等共计71个区县 |

续表

| 等级 | 2010年人口地理集中度 | 2020年人口地理集中度 |
|---|---|---|
| 三 | 凤泉区、建安区、义马市、源汇区、川汇区、湖滨区等共计13个区县 | 山城区、郾城区、龙安区、召陵区、凤泉区、淇滨区等共计17个区县 |
| 四 | 鼓楼、湛河、红旗区、卫东区、老城区、卫滨区等共计19个区县 | 卫东区、文峰区、殷都区、上街区、卫滨区、牧野区等共计17个区县 |
| 五 | 魏都区、瀍河回族区、西工区、金水区等共计4个区县 | 管城回族区、西工区、二七区、魏都区、瀍河回族区、中原区等共计10个区县 |

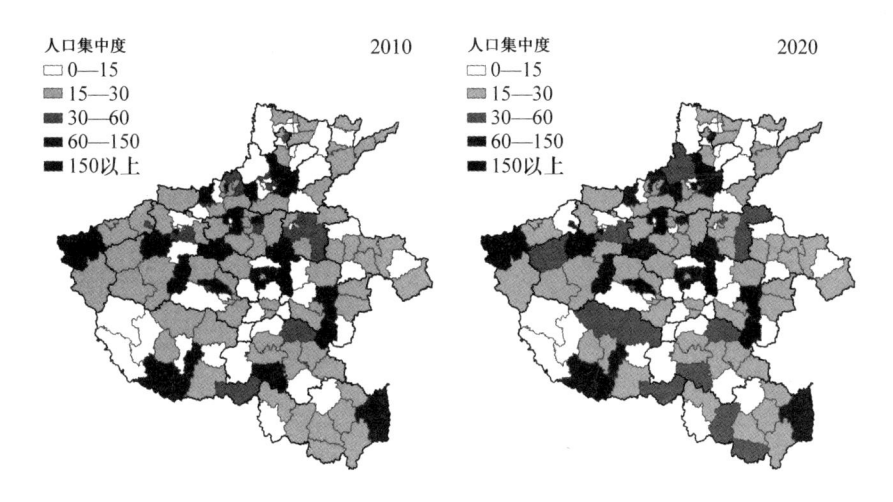

图2-15 河南省人口集中度空间分布

资料来源：根据第六、七次人口普查数据整理。

经济方面。基于模型测算得到河南省经济地理集中度指数，并且以自然断点分类方法将其划分为五个等级，制作河南省经济地理集中度空间分布图。

2010年经济地理集中度指数高值地区主要围绕在金水区、管城回族区、西工区等，经济地理集中度指数低值地区主要围绕在内乡县、方城县、确山县、淅川县等地区，至2020年，这种态势稍有变动。河南省经济集中度指数的峰值明显提高，经济地理集中度指数位于第一、二等级的城市数量增加，其他等级的城市数量减少。具体来看，第一等级城市数量占比由56%增加至63.6%，第二等级城市数量占比由15.9%增加至21%，第三等级城市数量占比由14%减少至8.2%，第四等级城市数量占比由7.6%减少至5.7%，第五等级城市数量占比由7%减少至1.9%。

表2-9　　　　　　　　经济地理集中度等级分类

| 等级 | 2010年经济地理集中度 | 2020年经济地理集中度 |
| --- | --- | --- |
| 一 | 商城县、内乡县、方城县、确山县、淅川县、栾川县等共计88个区县 | 鲁山县、西峡县、淅川县、洛宁县、桐柏县、方城县等共计100个区县 |
| 二 | 中牟县、宝丰县、伊川县、新安县、武陟县、襄城县等共计25个区县 | 郾城区、建安区、马村区、博爱县、孟津区、偃师区等共计33个区县 |
| 三 | 鹤山区、郾城区、召陵区、源汇区、禹王台区、顺河回族区等共计22个区县 | 禹王台区、湛河区、卫滨区、新华区、顺河回族区、山阳区等共计13个区县 |
| 四 | 洛龙区、华龙区、上街区、解放区、湛河区、凤泉区等共计12个区县 | 二七区、老城区、中原区、西工区、管城回族区、金水区等共计9个区县 |
| 五 | 牧野区、涧西区、管城回族区、金水区、瀍河回族区、老城区等共计11个区县 | 西工区、管城回族区、金水区等共计3个区县 |

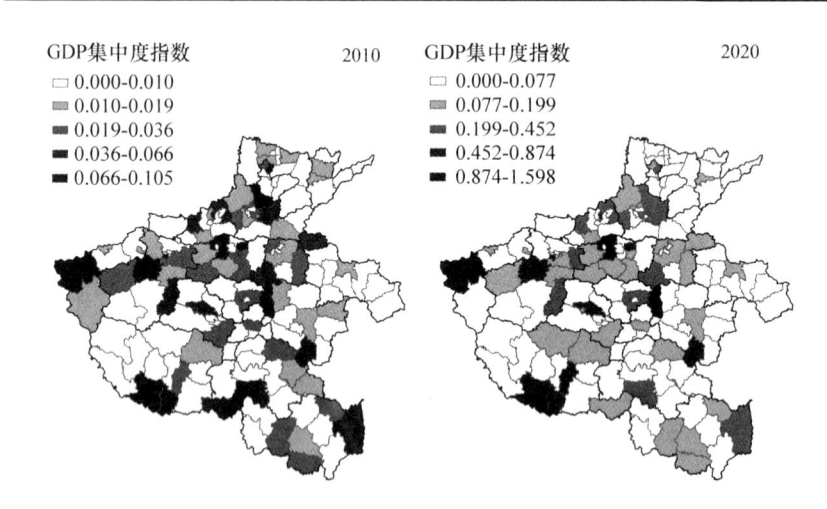

图2-16　河南省GDP集中度空间分布

资料来源：根据中科院资源数据中心数据整理。

总体而言，河南省县域人口与经济地理差异显著，高值区主要集聚在市辖区，低值区主要分布在偏远地区，呈现出明显的"核心—外围"结构。

那么人口与经济的空间发展是否协调？基于一致性指数模型，对人口与经济的协调发展进行评价。本研究将一致性指数位于（0，0.5）这一区间范围划分为人口集聚远低于经济集聚，（0.5，0.8）这一区间范围划分为人口集聚略低于经济集聚，[0.8，1.2]这一区间范围划分为人口经济基本一致，（1.2，2.0）这一区间范围划分为人口集聚略高于经济集聚，[2，+∞）这一区间范围划分为人口集聚远高于经济集聚。

由表可知，河南省人口、经济空间分布一致的区县数量大幅度增加，其他类型的区县数量均有所减少，但变化不大。其中2010年，河南省区县人口分布与经济发展基本一致的区县共计29个，占河南省区县总数的18.4%，2020年增加到48个，占全省区县数量的30.5%。人口集聚远低于经济集聚的区县数量由2010年的18个减少到7个，占比下降了7%，人口集聚略低于经济集聚的区县数量少了1个，占比下降了0.6%。人口集聚略高于经济集聚的区县数量少了1个，占比下降了0.6%。人口集聚远高于经济集聚的区县数量少了6个，占比下降了3.8%。

表2–10　　　　　　　人口与经济空间一致性分类

| 分类标准 | | 一致性分类 | |
| --- | --- | --- | --- |
| 类型 | C | 2010年 | 2020年 |
| 人口集聚远低于经济集聚 | (0，0.5] | 惠济区、龙亭区、凤泉区、洛龙区、中站区、龙安区等共计18个区县 | 管城回族区、殷都区、金水区、鹤山区、新华区、孟津区等共计7个区县 |
| 人口集聚略低于经济集聚 | (0.5，0.8) | 湛河区、华龙区、殷都区、陕州区、上街区、湖滨区等共计37个区县 | 陕州区、召陵区、红旗区、山城区、卫东区、上街区等共计36个区县 |

续表

| 分类标准 | | 一致性分类 | |
| --- | --- | --- | --- |
| 类型 | C | 2010年 | 2020年 |
| 人口经济基本一致 | [0.8, 1.2] | 武陟县、源汇区、桐柏县、山城区、平桥区、北关区等共计29个区县 | 临颍县、马村区、凤泉区、牧野区、北关区、顺河回族区等共计48个区县 |
| 人口集聚略高于经济集聚 | (1.2, 2.0) | 平舆县、西华县、社旗县、卢氏县、扶沟县、夏邑县等共计62个区县 | 原阳县、新蔡县、南召县、太康县、清丰县、延津县等共计61个区县 |
| 人口集聚远高于经济集聚 | [2, +∞) | 沈丘县、方城县、泌阳县、鼓楼区、上蔡县、新蔡县等共计11个区县 | 上蔡县、内黄县、鲁山县、安阳县、鼓楼区等共计5个区县 |

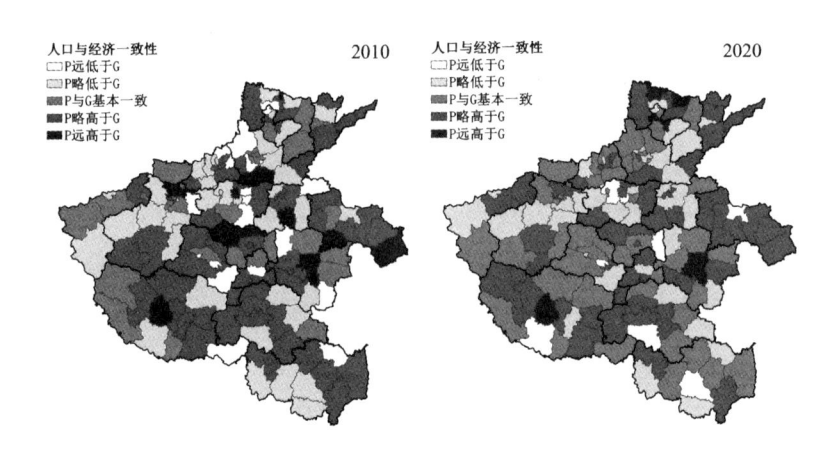

图 2-17 河南省人口与经济一致性空间分布

资料来源：根据第六、七次人口普查及中科院数据资源中心数据整理。

## 2. 河南省人口老龄化空间冷热点识别

根据老龄化国际标准，地区65岁及以上老年人口数量占总人口比例超过7%时，意味着该地区进入老龄化[2,3,4]。七普数据显示，老龄化率高于7%的区县共计156个，占比98.7%，相比六普数据，老龄化率高于 7% 的区县数量多了 20 个。2010 年，河南省不存在人口老龄化率大于 15% 的区县，十年间，河南省人口老龄化率大于 15% 的区县，新增至 47 个。整体上看，河南省人口老龄化率持续加深明显，空间上豫东南地区的人口老龄化率不断加大。

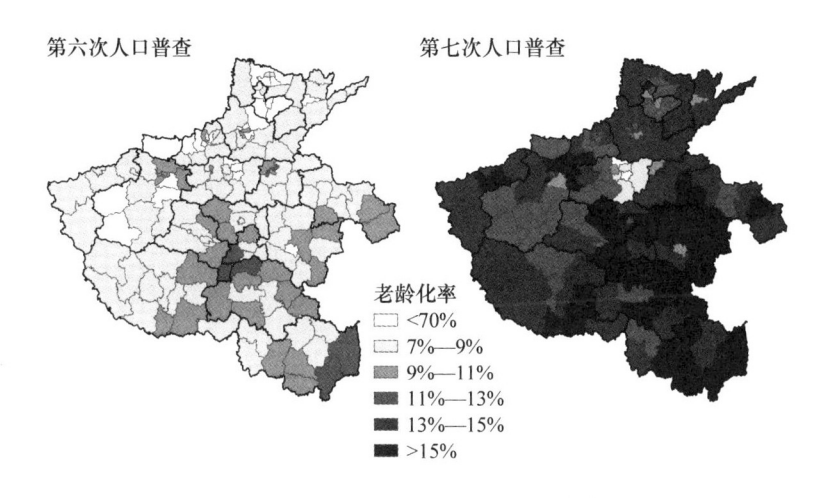

**图 2-18 河南省人口老龄化率分布情况**

资料来源：根据第六、七次人口普查数据整理。

运用 Arcgis 中的 G 指数分析方法进行河南省人口老龄化冷热点区的空间聚类，结果如下：

河南省人口老龄化分区明显，豫西南片区人口老龄化为热点识别区，豫西北片区为冷点识别区。其中热点地市有漯河市、驻马店市、信阳市、周口市，热点区域向豫东南方向转移，涉及的区县数量相较 2010 年有所增加。冷点地市有郑州市、新乡市、焦作市、鹤壁市、安阳市，冷点区域向豫南方向转移，涉及的区县数量相较 2010 年有所减少。

3. 河南省人口婚姻情况空间冷热点识别

运用 Arcgis 中的 G 指数分析方法对河南省人口未婚率以及离婚率指标进行冷热点区的空间聚类，结果如下：

第六次人口普查　　　　　第七次人口普查

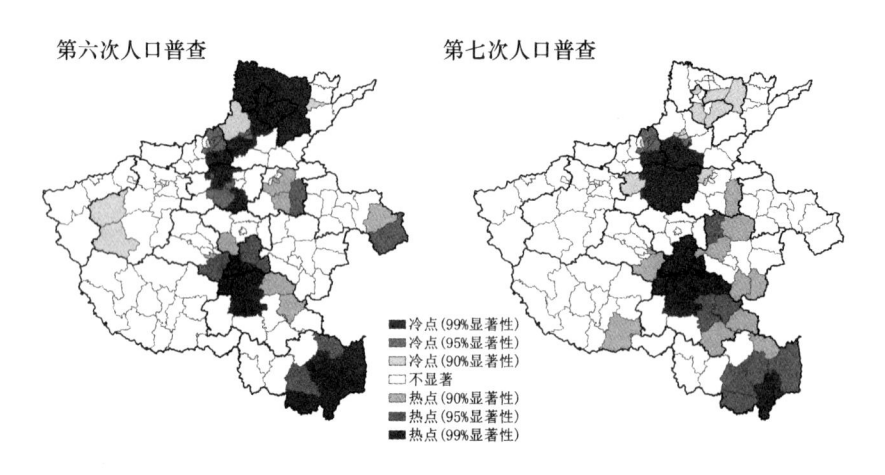

图例：
- 冷点(99%显著性)
- 冷点(95%显著性)
- 冷点(90%显著性)
- 不显著
- 热点(90%显著性)
- 热点(95%显著性)
- 热点(99%显著性)

**图2-19　河南省人口老龄化冷热点分布**

资料来源：根据第六、七次人口普查数据整理。

河南省未婚人口方面。河南省未婚人口的热点区域集聚在豫中片区，未婚人口的冷点区集聚在豫北片区。具体来看，郑州市、新乡市、焦作市、周口市中的部分区县为热点区，通过显著性检验的热点区域共计21个。豫北片区中的安阳市、濮阳市、鹤壁市、平顶山市中的部分区县为未婚人口冷点区，通过显著性检验的冷点区共计20个。

河南省离婚人口方面。河南省离婚人口热点区和冷点区空间集聚各有两大板块，整体来看，热点集聚区分布在豫西北，冷点集聚区分布在豫南。具体来看，安阳市、鹤壁市、焦作市、济源市、洛阳市、郑州市、新乡市为热点集聚区，通过显著性检验的热点区域共计41个。豫南片区中的濮阳市、商丘市、周口市、信阳市为冷点集聚区，通过显著性检验的冷点区共计27个。

4. 河南省人口重心迁移特征

标准差椭圆（Standard deviational ellipse，SDE）是分析地理要素的集中趋势、离散度和方向趋势的分析方法，该方法输出的参数包括标准差椭圆、平均中心、长轴、短轴、方位角、面积和周长等，分别测度了地理要素空间分布的主体区的空间变动、平均中心的空间移动、地理要

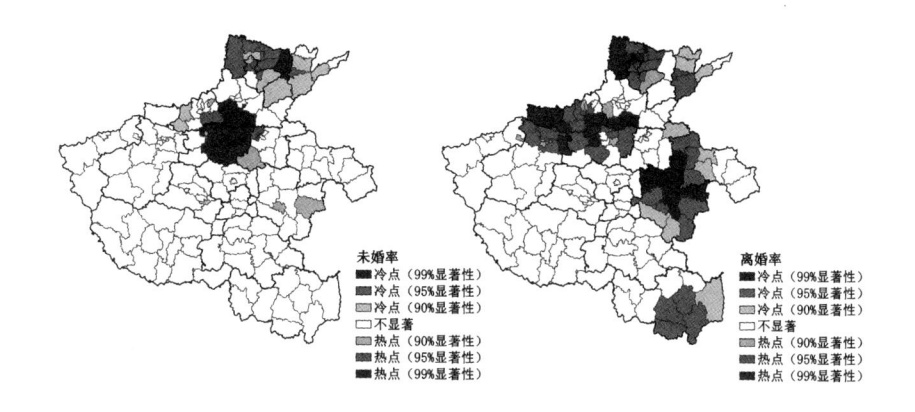

**图 2-20  河南省人口未婚与离婚情况冷热点分布**

资料来源：根据第六、七次人口普查数据整理。

素空间上的扩展或收缩、地理要素在空间方向上的变化等。其公式为：

$$SED_x = \sqrt{\frac{\sum_{i=1}^{n}(x_i-\overline{X})^2}{n}} \qquad SED_y = \sqrt{\frac{\sum_{i=1}^{n}(x_i-\overline{Y})^2}{n}}$$

$$\tan\theta = \frac{A+B}{C}$$

$$A = \left(\sum_{i=1}^{n}\overline{x_i}^2 - \sum_{i=1}^{n}\overline{y_i}^2\right)$$

$$B = \sqrt{\left(\sum_{i=1}^{n}\overline{x_i}^2 - \sum_{i=1}^{n}\overline{y_i}^2\right)^2 + 4\left(\sum_{i=1}^{n}\overline{x_i y_i}\right)^2}$$

$$C = 2\sum_{i=1}^{n}\overline{x_i}\ \overline{y_i}$$

$$\sigma_x = \sqrt{2}\sqrt{\frac{\sum_{i=1}^{n}(\overline{x_i}\cos\theta - \overline{y_i}\sin\theta)^2}{n}} \qquad \sigma_y = \sqrt{2}\sqrt{\frac{\sum_{i=1}^{n}(\overline{x_i}\sin\theta - \overline{y_i}\cos\theta)^2}{n}}$$

$SED_x$ 为长轴，$SED_y$ 为短轴，$X_i$ 和 $Y_i$ 是要素 $i$ 的坐标，（-X，-Y）为椭圆圆心，n 为区县总数，$\theta$ 为旋转角，A、B 和 C 为椭圆的方位角，$\sigma_x$ 和 $\sigma_y$ 分别为 X 轴与 Y 轴的标准差，结果表明：

第七次人口普查中，河南全省人口的重心发生轻微偏移，第六次人口普查结果中 X 中心为 12677560m，Y 中心为 4022679m，X 轴距离为

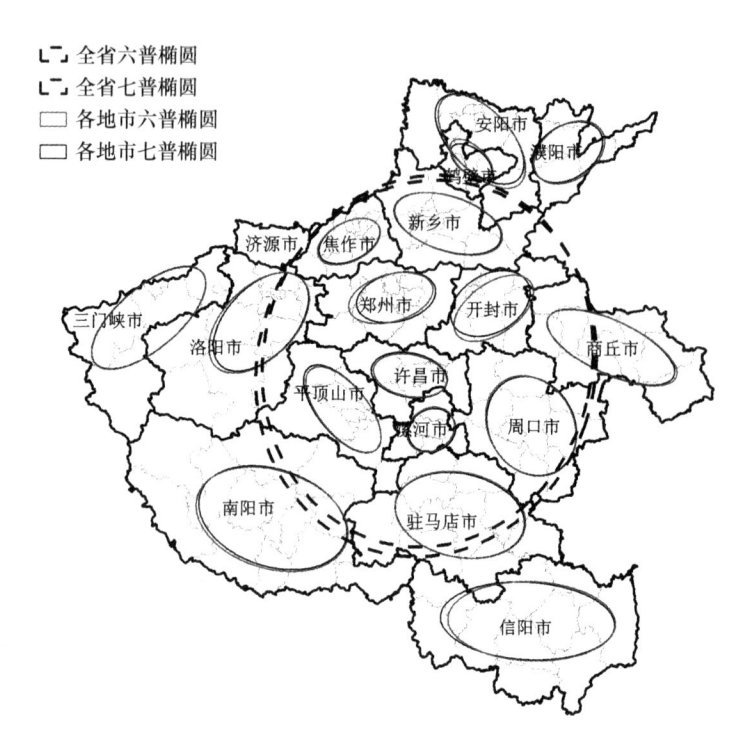

发展篇 人口大省的高质量发展之路

- 全省六普椭圆
- 全省七普椭圆
- 各地市六普椭圆
- 各地市七普椭圆

**图 2-21 河南省各地市人口标准差椭圆分布**

资料来源：根据六、七次普查数据整理。

180269m，Y 轴距离为 198979m，偏转角度为 19.02°；第七次人口普查结果中 X 中心为 12679244m，Y 中心为 4030399m，X 轴距离为 175830m，Y 轴距离为 196003m，偏转角度为 14.49°。具体到各个地市来看，结果如下：

表 2-11　　　　　　　各地市标准差椭圆参数统计

| 地市 | 第六次人口普查 | | | | | 第七次人口普查 | | | | |
| --- | --- | --- | --- | --- | --- | --- | --- | --- | --- | --- |
| | X (10km) | Y (10km) | X轴 (km) | Y轴 (km) | R (°) | X (10km) | Y (10km) | X轴 (km) | Y轴 (km) | R (°) |
| 安阳 | 1273.6 | 426.1 | 60.4 | 31.5 | 137.2 | 1273.3 | 426.3 | 59.1 | 31.7 | 134.3 |

续表

| 地市 | 第六次人口普查 | | | | | 第七次人口普查 | | | | |
| --- | --- | --- | --- | --- | --- | --- | --- | --- | --- | --- |
| | X (10km) | Y (10km) | X轴 (km) | Y轴 (km) | R (°) | X (10km) | Y (10km) | X轴 (km) | Y轴 (km) | R (°) |
| 鹤壁 | 1272.5 | 424.1 | 28.0 | 14.3 | 131.5 | 1272.5 | 424.0 | 25.2 | 13.3 | 124.8 |
| 焦作 | 1259.4 | 415.5 | 20.6 | 35.9 | 64.2 | 1259.5 | 415.6 | 20.1 | 34.9 | 64.0 |
| 开封 | 1274.9 | 408.6 | 26.6 | 48.2 | 56.4 | 1274.6 | 409.1 | 30.5 | 45.6 | 61.7 |
| 洛阳 | 1249.8 | 407.0 | 38.0 | 65.1 | 46.5 | 1250.0 | 407.1 | 36.7 | 62.7 | 44.3 |
| 漯河 | 1268.2 | 395.9 | 22.1 | 26.6 | 58.1 | 1268.3 | 395.8 | 22.1 | 25.8 | 67.7 |
| 南阳 | 1251.3 | 386.5 | 83.5 | 51.6 | 106.4 | 1251.3 | 386.6 | 81.7 | 50.9 | 107.6 |
| 平顶山 | 1258.9 | 397.9 | 54.4 | 25.5 | 139.6 | 1258.8 | 398.0 | 56.0 | 26.0 | 139.5 |
| 濮阳 | 1283.0 | 424.9 | 28.5 | 41.5 | 56.7 | 1282.8 | 424.9 | 27.7 | 40.9 | 59.1 |
| 三门峡 | 1237.8 | 407.5 | 32.9 | 75.6 | 51.4 | 1237.8 | 407.5 | 33.0 | 75.5 | 51.4 |
| 商丘 | 1287.7 | 404.4 | 75.5 | 28.0 | 114.1 | 1287.5 | 404.5 | 74.2 | 27.9 | 114.4 |
| 新乡 | 1270.1 | 417.4 | 59.8 | 29.0 | 107.6 | 1270.0 | 417.4 | 59.4 | 28.6 | 107.3 |
| 信阳 | 1279.1 | 375.8 | 90.1 | 41.5 | 92.1 | 1278.7 | 375.8 | 93.7 | 40.7 | 93.2 |
| 许昌 | 1266.0 | 401.5 | 39.7 | 21.8 | 100.7 | 1265.9 | 401.6 | 41.1 | 23.1 | 100.1 |
| 郑州 | 1263.9 | 409.6 | 24.7 | 46.0 | 74.7 | 1264.5 | 409.7 | 25.2 | 42.9 | 76.7 |
| 周口 | 1279.0 | 396.2 | 55.4 | 45.3 | 145.3 | 1279.1 | 396.2 | 54.1 | 45.7 | 146.7 |
| 驻马店 | 1271.4 | 386.9 | 71.0 | 44.5 | 101.0 | 1271.4 | 386.9 | 70.2 | 43.8 | 101.4 |
| 全省 | 1267.8 | 402.3 | 180.3 | 199.0 | 19.0 | 1267.9 | 403.0 | 175.8 | 196.0 | 14.5 |

资料来源：根据第六、七次人口普查数据整理。

受不同地市行政区划形状影响，其重心、长轴、短轴、偏转角之间的对比并没有太大的参考意义，只能对单独的地市进行时间维度的比较，对两个截面的重心之间的距离进行统计分析，得到各地市的人口转移路径、距离、方向，可以发现，转移距离在392.18米至6261.2米之间，其中开封市人口重心转移距离最大，为6261.2m，人口转移距离在2000m至6000m之间的地市有5个，分别有濮阳市（2046.9m）、洛阳市（2319.8m）、安阳市（3458.2m）、信阳市（4424.1m）、郑州市

(5754.7m),人口转移距离在1000m至2000m之间的地市有7个,分别为许昌市(1099.2m)、新乡市(1259.6m)、商丘市(1308m)、平顶山市(1428.7m)、漯河市(1440.5m)、鹤壁市(1484m)、南阳市(1890.8m),其余地市的重心转移距离均在1000m以下。从转移的方向上来看,有7个地市是向西北方向转移、3个地市向东北方向转移、2个地市向东转移、2个地市向西转移,整体来看河南省人口的重心是向北部转移的。

表2-12　　　　　各地市人口转移距离统计

| 市 | 距离(m) | 方向 | 市 | 距离(m) | 方向 |
| --- | --- | --- | --- | --- | --- |
| 三门峡市 | 392.18 | 西北 | 郑州市 | 5754.69 | 东 |
| 洛阳市 | 2319.79 | 东北 | 濮阳市 | 2046.88 | 西 |
| 平顶山市 | 1428.65 | 西北 | 安阳市 | 3458.19 | 西北 |
| 许昌市 | 1099.20 | 西北 | 鹤壁市 | 1484.02 | 南 |
| 开封市 | 6261.18 | 西北 | 新乡市 | 1259.58 | 西北 |
| 周口市 | 831.25 | 东 | 商丘市 | 1308.04 | 西北 |
| 驻马店市 | 713.03 | 西南 | 焦作市 | 874.35 | 东北 |
| 信阳市 | 4424.05 | 西 | 漯河市 | 1440.53 | 东南 |
| 南阳市 | 1890.84 | 东北 | 济源市 | — | — |

资料来源:根据第六、七次人口普查数据整理。

## 三　河南省人口变动的影响分析

### (一)人口流失下的城市发展动力不足

河南省人口流失状况已凸显,小城市人口规模显著缩小,虽然有不少县城的人口仍然处于集聚状态,大部分县城的人口开始向省会城市、其他大城市或是周边一些县城流动,人口流失的县城数量开始增加。其原因为更好的城市发展环境对人口的吸引力更大,更广阔的工作发展空间以及不同地域之间的收入差距导致人口流向更发达的地区,此外,位于传统的农业主产区、工业基地以及生态功能区的县城发展较为滞后，一些产业面临淘汰，与之相匹配的工作岗位减少，城市发展动力不足也会导致人口流失。河南省产业体系是在大规模人口背景下的产物，人口规模的缩小会导致结构性失衡，冲击河南省产业体系现代化发展，城市发展的后续动力就会不足。

**（二）人口缩减下的经济发展受限**

人口是社会经济持续发展的基本要素，其发展态势对社会经济发展有着深远影响，同时也决定了河南经济发展的路径、方式、速度。未来河南省人口将继续减少、人口年龄结构的变化、劳动力供给的不足，以解决温饱、促进剩余劳动力转移和实现就业、做大 GDP 为主要目的而形成的劳动密集型产业、投资扩张和外向出口拉动的粗放型和低技术型经济发展方式可能都将难以为继。人口空间分布的不均衡会影响区域经济发展的不均衡，对河南省经济的内部大循环造成不良影响。

**（三）人口结构变化下的老龄化加重**

河南省人口负增长下的老龄化将是人口发展的新常态，将对社会经济发展带来直接或间接的不利影响。"未富先老"的残酷现实，给年轻人带来极大的负担，人口老龄化加剧了用工难、用工贵等问题，劳动力供给量的骤减给社会经济的高质量发展带来困难，对劳动生产率的提升也带来了负面影响。在社会保障上，地区养老和医疗卫生的基础设施建设不完善无法满足养老需求，对如今的康养、医疗、社保等构成挑战。拥有较低文化素质的老龄化群体对新观念、新知识的吸纳能力有限，难以适应新时代下科技创新成果的应用，给产业调整带来困难，难以实现由劳动密集型为主体向以知识技术密集型为主体的方向转化。

**（四）人才结构改善下的就业形势更加严峻**

河南省高校毕业生规模持续加大，历年的高校毕业生屡创新高，总量压力不断加大，毕业生就业竞争持续激烈。社会的用工总体需求不太乐观，政策性岗位增长的空间已经有限，按照毕业生总量的增幅继续扩招的可能性大大减小。后疫情时代下经济的复苏对高校毕业生就业的传导存在滞后性，不同领域和行业存在差距，零售、餐饮、娱乐等就业吸纳能力强的消费服务业因疫情受冲击较大，地产、教培等行业招聘需求萎缩，市场化的岗位需求不明朗。毕业生就业求稳趋势凸显，民营企业发展的不稳定导致该领域就业人数较少，就业意向更倾向于党政机关及事业单位，而且缓就业慢就业、选择考研考公二战的毕业生群体也在持续扩大。

**（五）社会压力下的婚育情况不容乐观**

当今社会面临着多方面的压力，这些压力源于经济、教育、就业和传统观念等方面。在这些压力的影响下，越来越多的年轻人推迟结婚和生育，导致了婚育率的下降，同时也给家庭和社会带来了一系列的问题和挑战。结婚年龄推迟已成为一个普遍现象，伴随着的生育率也在下降，尽管政府推行了二孩政策，但其效果却有限，很多夫妇并没有选择再生育，婚姻状况也存在多样化，包括晚婚、未婚、离婚等，传统的家庭结构正在逐渐改变。

## 四　河南省人口发展对策

**（一）发展地方优势产业，拓宽大学生就业选择**

产业是地方发展的重要基础，可以衡量一个地区创造财富的水平。河南省的产业发展以及有限就业机会是影响人口流动的主要原因之一，这就要求地方不断推进现代化产业的发展，打造地方先进制造业集群，发展地方特色产业，以此作为吸引河南人口的主要动力。

1. 推动地方产业高级化

把发展先进制造业集群作为推动产业迈向中高端、提高产业链韧性水平的重要手段，加快发展先进制造业产业集群有利于各企业协同创新、有效降低生产成本、不断提高生产质量、发挥产业规模效应，形成人才集聚高地。河南省要抓住时机，在智能设备、新材料、新技术上做文章，在新产业、新模式、新业态上搞创新，紧紧围绕地方优势产业，支持地方电子信息产业、汽车产业、生物技术产业等产业的升级，推动地方产业的高级化转型，为高端人才提供相匹配的岗位，不断吸引省内外高端人才就业。

2. 加大地方特色产业扶持

坚持全省一盘棋，引导各区县发挥地方的比较优势，在产业的专业化、差异化、特色化上着手，针对地方有特色、发展快的产业，设立专项扶持资金，加大地方特色产业的投资力度，促进金融与技术的融合，把地方传统产业的改造升级作为产业持续发展的实现路径，统筹推进传统产业改造升级和新兴产业培育壮大，在资金链上帮助中小企业渡过难关，同时，将劳动密集型产业就业作为岗位供给的主要方向，不断吸纳专业技术型人才，发挥地方中小型企业在劳动力上的吸纳作用。

3. 引进先进地区的产业、技术与装备

加快推动河南省产业现代化进程，提高河南省人口与产业的空间匹配，促进人口与制造业相互强化，缩小区域间的经济发展差距。承接外省产业落地，以省内各地市的开发区、产业园区、国家自主示范区、科技创新园等为载体，招引外省企业入驻。学习他省先进生产制造经验，设立研发机构、创新培育中心，培育出一批具有河南省本土特色的新型产业集群，引进国内外先进制造装备，实现自动化生产。

## （二）吸引人口留驻，释放"人才红利"

人口是经济社会运行的基础变量，是地区蓬勃发展的动力源泉，人口高质量发展是经济社会高质量发展的重要基石和基本支撑。低生育水平下，河南省必须转向依靠劳动力质量驱动经济发展，不断提升劳动者技能素质，变人口大省为人力资源大省、人力资源强省，留住人才，形成"人脑红利"和"人才红利"，为地区社会经济发展注入活力。

1. 提升工资收入保障水平

收入差距是影响人口流动的主要因素之一，一般而言，收入越高的地方，其对人口的吸引力越强，工资水平成为当下影响人口能否驻留的关键指标。从全国来看，河南省的平均工资水平较低，人口之所以外流，转移向周边以及发达地区，是因为社会经济发展更好的东部沿海城市的薪水水平远远高于省内，这就形成了外出打工后返乡的高潮，因此，适当地提升河南省整体劳动人口的薪资水平，有助于缓解地区人才流失问题，同时也可以促进人口回流，吸引人才群体留驻河南。

2. 加强现代化人力资源布局建设

人才，未来地区竞争所争夺的主阵地，对区域崛起有关键作用。需大力培育创新创造型人才，强化基础研究、打造河南省高层次基础研究人才培养平台，积极适应河南省发展需要，倾注优势资源引导人才发展以支持产业发展。要大力发展职业教育，培养技能型应用人才，生产一线是问题产生和解决，以及技术创新产生的场所，应提高人才解决实际问题的能力，为打通技术堵点给予支撑。营造良好的人才成长环境，建立健全激励制度，激发创新内生动力，使更多人才投身河南省现代化建设的事业中。

3. 挖掘人口内部潜力

人口数量的庞大意味着市场的存在，从供给侧和需求侧考虑，需加快河南省人力资本积累，提高全要素生产率，实现劳动力素质对数量的替代。加大收入分配改革力度，完善社会福利保障制度，培育壮大中等收入群体和消费市场。优先投资于人的教育、健康和全面发展，形成人口发展与经济发展的良性互动。

**（三）积极应对人口老龄化，推动老龄事业高质量发展**

"十四五"时期，河南省进入中度老龄化阶段，这不但是挑战，也是积极应对人口老龄化、做好养老服务准备的机遇。应实施应对人口老龄化战略,不断完善基本养老服务体系建设,发展银发经济,努力实现老有所养、老有所为、老有所乐,持续推进老龄事业高质量发展。

1. 健全高龄人口照护服务体系,强化多元供给

健全老年健康服务体系,完善对老年人疾病的治疗、康复工作,制定实施有针对性的疾病早期干预措施,以减少发病率。落实老年人健康管理项目,提高老年人健康体检覆盖率。提升老年人医疗服务能力,强化老年人健康、医疗服务、照看等的供给,促进医疗康养相结合,让医疗服务向基层深处延伸,发挥中医在老年医疗中的优势,对失能失智老人的照护服务不断强化。

2. 发展老龄产业,激活银色经济

在老年人的消费、失能老年人的刚性照护需求上,扩大相关服务产品以及服务的供给,利用智能化技术,在商业模式上进行创新,拓展大众养老消费市场,开发特色养老消费,提供个性化、分众化的养老产品和服务,培育新的养老消费增长点。

3. 推进老年友好型社会建设,营造老年友好型社会环境

推动老年友好型基础设施建设,加大适应老年人生活的无障碍环境建设的投入,对城市道路系统、出行工具进行适老化改造。建设兼顾老年人需求的智能社会,积极开展"智慧助老行动",加强老年人数字技能教育和培训,提升数字素养,努力解决老年人面临的"数字鸿沟"问题。

## (四)促进流动人口市民化,做好公共服务基础保障

1. 继续深化户籍改革制度

适度降低城市尤其是小城镇户籍准入门槛,对符合落户条件的农村转移人口解决户口迁移问题,相应给予市民待遇,对尚未具备条件或没有户口迁入意愿的农村转移人口,实行居住证制度,将居住证与基本公共服务待遇挂钩,实行以证服务管理,使之享受"准市民"待遇,逐

步实现市民化,提高对新市民和流动人口的公共服务供给。

2. 强化住房保障

加强税收、住房等支持政策。加快完善住房保障体系,落实增加保障性租赁住房的政策,加快发展保障性租赁住房,促进解决新市民、青年人等群体住房困难。住房政策向多子女家庭倾斜。落实城市政府主体责任,加快发展长租房市场,鼓励市场力量参与,加强金融支持,多渠道增加长租房供应,增加供给租金低于市场水平的小户型保障性租赁住房,推进租购权利均等,推动租赁住房市场规范发展。

3. 促进教育资源均衡

以流入地全日制公办中小学为主,提供免费九年义务教育和普惠性学前教育,并开通接受义务教育在当地参加升学考试的路径,将家庭经济困难的农村转移人口子女纳入扶困助学范畴。

## (五) 为单身青年"减负",让婚育环节健康发展

1. 加强引导正确的婚恋观

加强正确的婚恋观的引导,倡扬尊重生育、适龄婚育、优生优育、夫妻共育,破除高价彩礼,弘扬家庭美德,让健康的婚育新风深入人心。鼓励创作一批形式多样、积极向上的影视文化精品,大力开展群众喜闻乐见的婚俗文艺作品展演展播,讲好新时代美好爱情、幸福婚姻、和谐家庭故事。推动婚育教育进社区、进单位、进家庭,通过开设婚姻家庭课程、组织婚姻辅导讲座等,出台有利于家庭发展的政策体系,营造促进家庭发展的文化氛围,积极营造婚育友好社会氛围。

2. 推动房地产平稳健康发展

人口的流入与流出,对地区房地产影响较大,人口的集聚会造成地区住房成本的提高。一方面,高素质年轻人口向省会城市聚集和安家落户,对房地产需求较大,房价易升难降,下行概率不大。另一方面,城市吸引力的不断上升将给楼市产销带来新一轮繁荣。在此背景下,应让房地产平稳健康发展,满足当下年轻人住房刚需,不哄抬房价,坚持房

子是用来住的,不是用来炒的,让青年人的买房需求得到妥善解决。

3. 加强生育保障基本制度建设

不断完善生育保险制度建设,落实女性生育后的就业、经济保障工作。将灵活就业人员纳入生育保险保障范畴,探索婴幼儿的照看补贴制度,为有新生婴幼儿家庭给予经济补贴,将婴幼儿照护服务和学前教育纳入社会基础公共服务,推进制定以家庭为单位的优惠、福利政策,营造良好的育儿环境。

(执笔人:李登辉　乔金燕　李猛)

**参考文献**

[1] 李永乐:《人口城镇化与土地城镇化互动发展分析》,硕士学位论文,重庆大学,2016年。

[2] 夏玲:《刍议"互联网+"视域下养老模式创新》,《中国商论》2018年第5期。

[3] 王菁:《老龄化背景下太原市老旧社区公共空间适老性改造研究》,《未来城市设计与运营》2022年第10期。

[4] 刘欢:《甘肃省社会养老服务体系建设研究》,硕士学位论文,兰州财经大学,2015年。

[5] 邱海峰:《人口流失县城,转型发展成重点》,《人民日报·海外版》2022年6月1日第11版。

[6] 郭晋晖、宋淑洁:《少子老龄化如何支持现代化:稳定人口规模、提高人口素质》,《第一财经日报》2023年5月11日第A01版。

[7] 尤方明:《为支撑中国式现代化创造高质量人口环境》,《21世纪经济报道》2023-05-23(003)1.

[8] 王钦池:《"十四五"及中长期人口与经济形势和策略》,《人口与健康》2020年第8期。

[9] 贺丹:《完善人口发展战略和生育支持政策 以人口高质量发展支撑中国式现代化》,《人口与健康》2023年第6期。

［10］汤可可、左剑锋：《无锡农村转移人口市民化存在问题及对策研究》，《无锡商业职业技术学院学报》2014年第5期。

［11］王梅婷、周景彤：《我国人口流动的新特征新变化》，《宏观经济管理》2022年第6期。

# 河南省推进共同富裕体系、路径和对策研究

**摘要**：围绕"富裕性""差异性"构建河南共同富裕一二三级指标体系，采用熵权法和菲尔德法对指标体系进行综合赋值，客观分析当前河南共同富裕水平和存在问题。在借鉴先进发达地区共同富裕经验的基础上，从产业发展、党的建设、政策创新、市场共享和公共服务等方面，探索河南推进共同富裕的思路和路径，提出河南塑造共同富裕新优势、开创共同富裕新格局、培育共同富裕新动能、构建共同富裕新机制的对策建议，为河南推进中国式现代化提供有力支撑。

**关键词**：共富指标 发展路径 对策建议

共同富裕是建设中国特色社会主义的本质要求，是中国式现代化的基本内容之一。十八大以来，河南脱贫攻坚取得了决定性胜利，历史性地解决了绝对贫困问题，为实质性推进共同富裕奠定了坚实基础。但是，作为农业大省、人口大省，河南经济发展质量不优，人均收入不高，区域差异、城乡差异、人群差异广泛存在，实现共同富裕任重道远。从全国范围看，长三角、珠三角、成渝乃至中部一些省区推进共同富裕起步早，起点高，在思路上有创新，在实践上有突破，为河南提供了诸多可以复制的经验。本文立足河南经济社会发展实际，聚焦共同富裕重点领域关键指标，通过构建共同富裕指标体系，分析河南共同富裕

发展水平，提出扎实推进共同富裕的路径和对策，为政府相关政策的制定提供可资参考的依据。

# 一 客观评判河南共同富裕的发展水平

近年来，河南坚持把推进共同富裕作为维护社会公平正义，增强人民幸福感、获得感和安全感的重要抓手。群众的感受、政府的统计数据、各地生动活泼的共富案例，表明河南推进共同富裕、防止两极分化成绩不菲。但是，随着以人为本中国式现代化在全省的深入实施，这种主观的、定性的、零碎的描述不利于全面客观评价河南共同富裕发展现状，不利于监测今后共同富裕实施效果，不利于引导共同富裕未来发展方向和目标。先进发达省份相关经验启示我们，通过构建共同富裕指标体系评判共同富裕发展水平和存在问题，更具客观性、可操作性。以下，我们以构建共同富裕河南指标体系为基础，分析评判河南共同富裕的发展现状和存在问题。

## （一）合理构建共同富裕指标框架体系

从字面上看，共同富裕的核心，包含"共同"和"富裕"两方面内容。学术界关于共同富裕的框架体系虽然各不相同，但多半围绕以上两个维度展开。也有学者为了方便数据统计，将"共同性"更替为"差异性"，这实际上是同一个维度的两种统计办法。参照学术界常用统计方法，结合河南实际，构建包含一二三级指标的共同富裕框架体系。

1. 一级指标。借鉴学界通行做法和发达省份的相关经验，河南的共同富裕体系的一级指标应设置为"共同性"和"富裕性"指标。考虑到河南作为欠发达省份的基本省情，我们本着先做大蛋糕再寻求公平分配的思路，将"富裕性"置于"共同性"之前。同时，考虑到学界关于"共同性"指标的选取，城乡、区域差距对比数据，因此我们也将"共同性"替换为"差异性"。这样,关于河南共同富裕的两个一级指标,本研究设置为"富裕性"和"差异性"。

2. 二级指标。二级指标是一级指标内涵的细分。作为财政穷省、文化大省、生态大省,河南一级指标"富裕性"的内涵,应包括物质富裕、精神富裕、生长环境。物质富裕主要体现为生产能力(经济发展水平),精神富裕主要体现为文化和社会活动丰富度,生长环境主要体现为生态宜居水平。因此本研究"富裕性"之下的二级指标,主要围绕生产发展水平、文化生活丰裕度、生态环境宜居度展开,概括为"三生"指标。框架体系中"差异性"之下的二级指标,则应从城乡二元结构、区域协调水平、人群收入分配差距中综合衡量,即聚焦城乡差距、区域差距、人群差距"三大差别",选择相应指标。综合上述,河南共同富裕框架体系的二级指标,由物质生产能力、精神生活丰裕度、生态环境质量,以及城乡差别、区域差别、人群差别6个指标组成。

3. 三级指标。"三生"和"三大差别"之下的三级指标,应重点选取反映区域经济发展水平、财富增长质量和人民群众最直接、最关心的公共服务指标。选取原则一是注重相关数据的客观性,避免主观虚估、缺乏科学依据的指标。二是注重可操作性,避免过于复杂、重叠指标。三是注重典型性,避免偏颇、非主流指标。四是注重可比性,选择能够与其他省份相比较的指标。综合以上四大原则,我们遴选了18个三级指标。本研究关于河南省共同富裕三级指标体系框架结构,则如下表所示。

**(二) 科学测算共同富裕影响因素**

科学评判河南共同富裕发展水平,需要量化各级各项指标权重(权值)。表1所示的2个一级指标、6个二级指标和18个三级指标,相对于共同富裕的权重各不相同,有的甚至差别很大。例如,城乡差别对共同富裕影响很大,有的学者甚至认为现阶段贫富差距多半应归因于

表 3-1　　　　　　　　河南推进共同富裕指标体系

| 一级指标 | 二级指标 | 三级指标 | 三级指标选取说明 |
|---|---|---|---|
| 富裕性 | 物质生产能力 | 人均GDP | 衡量区域经济发展水平和居民富裕程度的重要指标,是促进共同富裕的物质基础和前提 |
| | | 人均可支配收入 | 衡量居民实际财富和生活水准 |
| | | 居民财产性收入 | 反映居民财富积累和潜在增长度 |
| | | 居民恩格尔系数 | 反映居民消费结构 |
| | | R&D经费占GDP比重 | 代表科学和创新研发强度,反映社会财富创造力和发展质量 |
| | | 劳动人口平均受教育年限 | 反映公共服务发展水平的重要指标,表现劳动者素质和财富创造能力 |
| | | 养老保险参保率 | 反映社会保障能力的重要指标,是居民福利水平高低的集中体现 |
| | | 转移支付率 | 反映地方财政收支状况和财富自给能力,是地方富裕程度的重要标志 |
| | 精神生活丰裕度 | 旅游业增加值占GDP比重 | 反映居民工作和生活享受平衡程度的重要指标 |
| | | 文化消费占总消费比重 | 反映居民精神生活水平和质量的重要指标 |
| | | 每万人参加社会组织数 | 反映居民社会生活参与度的重要指标 |
| | 生态环境质量 | 单位GDP碳排放 | 揭示经济增长与生态环境相互关系,是反映生态环境是否可持续的重要指标 |
| | | 城镇棚户区改造率 | 反映城镇人居环境的重要指标 |
| | | 农村生活用水处理率 | 反映农村生态环境是否改善的重要指标 |

续表

| 一级指标 | 二级指标 | 三级指标 | 三级指标选取说明 |
| --- | --- | --- | --- |
| 差异性 | 城乡差异 | 城乡居民收入比例 | 反映城乡之间收入差距，是衡量城乡二元结构的程度最重要指标 |
| | 区域差异 | 区域居民收入差距 | 反映区域之间居民人均可支配收入差别程度 |
| | 人群差异 | 中等收入群体比例 | 反映社会总人口中收入分配平均程度 |
| | | 基尼系数 | 衡量地区居民收入差距的常用指标 |

城乡二元结构。为了便于量化对比，我们借鉴学界通常采用的熵权法，对表1第三层级的指标进行了数据处理，得到每个指标的熵权（具体步骤略）。相加后得出一、二级指标权值。熵权法属于比较客观的赋权方法，基本原理是根据指标的变异性来计算权重[1]。变异性越大，相应的权值越高，对共同富裕的影响越强；反之，变异性越小，相应的权值就越低，对共同富裕影响越小。这里需要说明两点：一是数据来源问题，本研究的数据绝大多数来自公开的统计年鉴、统计公报等。个别指标如中等收入群体比例，利用劳动力动态调查数据计算得到，基尼系数参照权威刊物研究成果，总体上看数据来源比较可靠。二是计算方法问题。本研究主要采用熵权法，同时辅之以德尔菲法[2]对各项指标的权重进行微调。课题组通过征询省内外经济、社会研究领域知名专家意见，对依据熵权法得出的数值进行微小调整，以提高各项指标权重的适用性。

---

[1] 熵权法是客观赋权方法，表述的是数据间的差异程度，数据变异幅度大的指标对应更高的权重系数，具有更加重要的影响力。熵权法的第一步是数据预处理，在标准化后的数据基础上经过以下三个步骤：一是计算概率矩阵，得出相关样本所占的比重。二是计算每个指标的信息熵。相关指标的信息熵越大，则对应的信息量越小。最后计算信息效用值，得到每个指标的熵权。

[2] 德尔菲法，也称专家调查法。该方法是由研究机构组成一个专门的预测机构，其中包括若干专家和行业预测组织者，按照规定的程序，背靠背的征询专家对相关权值的意见或者判断，然后进行评测的方法。

表 3-2　　河南共同富裕指标权重综合测算（2021 年）

| 一级指标 | 二级指标 | 三级指标 | 综合测算权重 |
| --- | --- | --- | --- |
| 富裕性 0.698 | 生产发展水平 0.446 | 人均 GDP（万元） | 0.070 |
| | | 人均可支配收入（元） | 0.065 |
| | | 居民财产性收入（元） | 0.054 |
| | | 居民恩格尔系数 | 0.055 |
| | | R&D 经费占 GDP 比重（%） | 0.053 |
| | | 劳动人口平均受教育年限（年） | 0.045 |
| | | 养老保险参保率（%） | 0.047 |
| | | 转移支付率（%） | 0.057 |
| | 精神生活丰裕度 0.135 | 旅游业增加值占 GDP 比重（%） | 0.050 |
| | | 文化消费占总消费比重（%） | 0.045 |
| | | 每万人参加社会组织数（个） | 0.040 |
| | 生态环境质量 0.117 | 单位 GDP 碳排放（吨标准煤/万元） | 0.041 |
| | | 城镇棚户区改造率（%） | 0.038 |
| | | 农村生活用水处理率（%） | 0.038 |
| 差异性 0.302 | 城乡差异 0.098 | 城乡居民收入比值（%） | 0.098 |
| | 区域差异 0.079 | 区域居民收入比值（%） | 0.079 |
| | 人群差异 0.125 | 中等收入群体比例（%） | 0.068 |
| | | 基尼系数 | 0.057 |

## （三）对比评判河南共同富裕发展现状

一般来说，在富裕性和差异性权值总和一定的情况下（即总和为 1），富裕性权值越高，差异性权值就越低。高富裕性和低差别性，表明该地区共同富裕发展水平较高。反之，富裕性权值越低，差异性权值就越高，低富裕性和高差别性，则表明该地区共同富裕发展水平较低。为了较为客观地了解河南共同富裕现状，我们遴选部分省区，通过对比"富裕性"和"差异性"权值，评判河南共同富裕发展水平。选择的省（市、区）有东部地区的上海、北京、江苏、浙江、广东，中部地区的湖北、湖南、安徽、江西、山西，西部地区的陕西、宁夏、新疆、云南、甘肃等 15 个省（市、区）。为了便于比对，我们构建相同的三级指标体系，同样利用熵权法进行测算。数据表明，在总共 16 个省（市、区）中，河南共同富裕指标综合排名仅居第 11 位，不仅低于东部省市京、沪、江、浙、粤，也低于大部分中部省份，甚至低于西部的陕西省。相关对比数据如表 3 所示：

表 3-3　　　　16 个省（市、区）共同富裕指标对比（2021 年）

| 省份 | 富裕性权重 | 差异性权重 | 共同富裕水平综合排名 |
| --- | --- | --- | --- |
| 北京 | 0.872 | 0.138 | 1 |
| 浙江 | 0.855 | 0.145 | 2 |
| 上海 | 0.838 | 0.162 | 3 |
| 江苏 | 0.820 | 0.180 | 4 |
| 广东 | 0.801 | 0.199 | 5 |
| 湖南 | 0.753 | 0.247 | 6 |
| 湖北 | 0.728 | 0.232 | 7 |
| 安徽 | 0.717 | 0.283 | 8 |
| 江西 | 0.706 | 0.294 | 9 |
| 陕西 | 0.702 | 0.298 | 10 |
| 河南 | 0.698 | 0.302 | 11 |
| 山西 | 0.685 | 0.315 | 12 |
| 宁夏 | 0.585 | 0.415 | 13 |
| 云南 | 0.566 | 0.434 | 14 |
| 甘肃 | 0.525 | 0.475 | 15 |
| 新疆 | 0.516 | 0.484 | 16 |

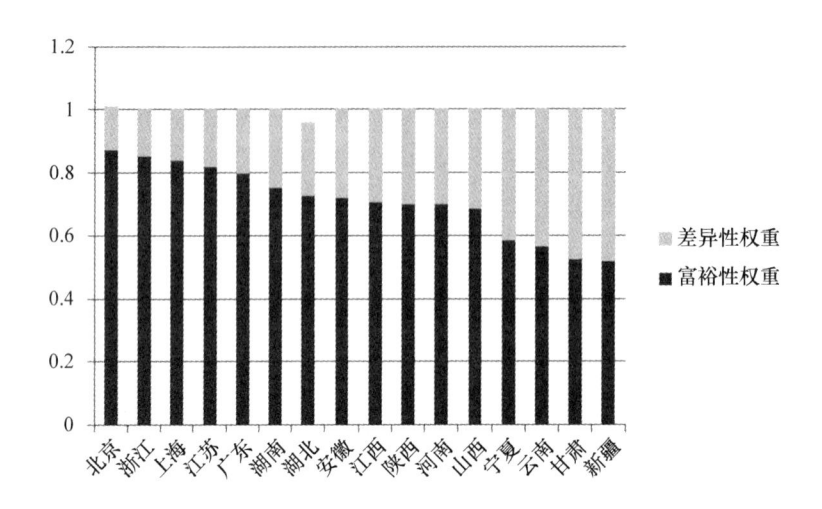

图 3-1 16省（市、区）富裕性、差异性权值比较

#### （四）客观分析河南共同富裕水平偏低原因

河南共同富裕总体水平偏低，与建设现代化河南目标不相符合，与人民群众日益增长的美好生活需求不相符合。综合表2、表3相关数据分析，导致河南共同富裕水平较低的原因主要是：

1. 总体富裕程度不高。表3数据显示，河南富裕性权重为0.698，分别低于发达省市北京、上海、浙江1.74、1、62、1.57个数值，低于同为中部省份的湖南、湖北、安徽、江西0.55、0.30、0.19、0.08个数值，甚至低于西部省份陕西省0.04个数值。这表明河南物质生产能力、群众精神生活丰裕度、生态环境宜居度总体水平不高，启示我们今后推进共同富裕，首先要在发展经济、提升公共服务能力、优化生态环境方面下功夫。

2. 城乡、区域发展不平衡现象严重。表2数据显示，河南城乡差别、区域差别权值分别为0.098、0.079，城乡居民收入差异、区域居民收入差异权重在18项三级指标中高居前两位，表明现阶段河南城乡二元结构、区域发展不均衡问题突出，严重影响了全省共同富裕发展水平，启示我们今后推进共同富裕，要将城乡、区域一体化发展提上

3. 不同人群收入差距较大。表 2 数据显示，河南不同人群收入差别权重高达 0.125。加上城乡、区域差距，三大差别权重总和为 0.302，高于表 3 中所有东部省份和大部分中部省份。如前所述，在共同富裕框架指标体系中，差别性权重越高，表明共同富裕发展水平越低。这就启示我们今后在推进共同富裕的进程中，要特别注重不同人群公共服务、社会保障、社会福利不均衡问题，千方百计缩小收入差距。

河南省共同富裕三级指标权重比较

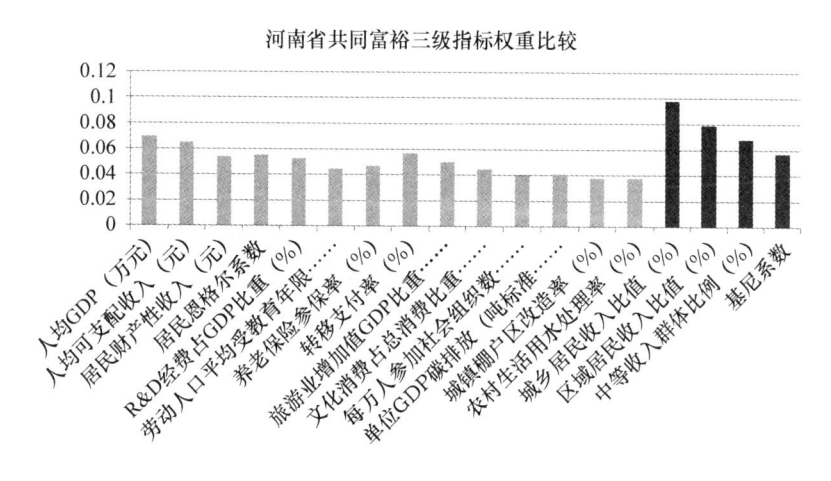

图 3-2　河南共同富裕三级指标权重比较（2021 年）

## 二　国内先进省份推进共同富裕的经验借鉴

综上所述各省（市、区）共同富裕指数排名比较中，京、浙、沪、苏、粤名列前五。京沪两市政治、经济地位特殊，河南不具备可比性。名列第二的浙江，有沿海和山区差别；名列第四的江苏，有苏南和苏北差别；排名第五的广东，有珠三角"富广东"和粤西北"穷广东"差别，这些省份在缩小区域、城乡、人群收入差距，推进共同富裕过程中的一些经验做法，对河南具有较强的借鉴性。值得注意的是，这些省份关于共同富裕的政策设计，均立足特色、全域谋划、整体推进，特别值得河南学习。

### （一）浙江省党建引领"共富工坊"建设经验

浙江省推进共同富裕走在全国前列，党建引领"共富工坊"是最典型、最具有推广价值的案例。"共富工坊"姓"党"名"工"为"民"，主要由各级党委牵头，精准衔接各地资源禀赋、产业布局、村情民情、社会需求等，组织协调知名企业等优势资源与农村地区结对，促进农民家门口就业增收。具体做法是由各级党组织引导，利用闲置房屋土地等创办工坊，引导有条件的企业把生产加工环节布局到农村，实现送项目到村、送就业到户、送技能到人。一方面，企业生产用工用地成本大大降低，实现企业增效，另一方面，农村集体经济财富增加，实现农民就近增收。实践成效显著，截至2021年底，浙江全省共建成"共富工坊"5599家，累计吸纳农民就业27.8万人，人均月增收约2600元，合计年增收约87亿元。预计到2024年底，全省"共富工坊"达到10000家，浙江将在共同富裕实践中继续领跑全国。

### （二）江苏省"共同富裕·百村实践"经验

江苏省"共同富裕·百村实践"主要由省委农办和省农业农村厅牵头，在全省范围内遴选100个有亮点、有特色、新型集体经济组织，根据资源禀赋、产业基础、交通区位等分类施策，打造新型农村集体经济共富发展"江苏品牌"。目前共富集体经济组织划分为党建引领型、农旅融合型、生产服务型、产业发展型、"飞地"抱团型、资产盘活型、村企共建型和电子商务型8个类型。例如将位于南京郊区生态资源条件较好的芝山村和曹庄村划分为农旅融合型，通过发展富硒农业产业链实现年增收3200余万元，2021年该村集体年终分红2900万元。又如将村集体经济基础较弱、自然资源禀赋一般、人才资源短缺的"三无村庄"苏州市乔庄村划分为生产服务型，通过拓展市政、运输、绿化保洁等经营业务，实现村集体收入1899万元，2021年该村人均可支配收入超过 7 万元。"共同富裕·百村实践"的成功实践,使江苏省成为继浙江之后全国第二个共同富裕先进典型地区。

**(三) 广东省"五个共同"推进区域共富经验**

广东是全国经济第一大省,但区域发展不平衡问题制约着共同富裕进程。近年来广东省以强化区域协调发展助推共同富裕,成效显著。主要做法:一是聚焦"全域共进",出台较为优惠的经济发展和民生改善政策向粤西北等欠发达地区倾斜。二是加强"要素共联",重点推动交通基础设施一体化,鼓励省内高水平医院、双一流大学在粤西北地区建设分校。三是推进"产业共建",引导重点产业项目向粤西北迁移,避免可就近转移的产业项目大量"蛙跳"出省。四是强化"发展共享",创新生态功能区经济补偿模式,构建医疗、教育、住房、娱乐"首善体系"。五是推进"协同共治",健全全省区域发展与共同富裕建设联席制度,围绕区域、城乡和人群三个差距完善资源分配制度体系。"五共"模式实现了区域协调发展和共同富裕建设双向赋能。2017 年,广东省最穷的肇庆市与最富的东莞市居民可支配收入比值为 1∶3.2,2022 年则为 1∶2.3,"富广东""穷广东"差距不断缩小。

**(四) 发达省份共同富裕经验借鉴**

综合归纳浙江、江苏、广东共同富裕经验,总体上可以得到以下三点启示。一是党的领导是基础。共富之路需要各级党组织发挥方向引导和综合协调作用,特别是要调动基层政府和社区的积极性和群众内生动力,汇聚成共同富裕的磅礴力量。二是发展经济是前提。共同富裕要优先发展经济,先富带动后富,在不断做大蛋糕的基础上再进行合理分配。三是"请进来,走出去"是关键。相对贫困地区自身创富能力有限,充分借力外部资金、智力,同时积极与外部市场联结,培育本地产品品牌,将本地资源优势转化为经济优势,才能实现较快速度脱贫致富。在具体推进过程中,要注重分类施策,以创新政策供给,优化资源配置，加快公共服务一体化等为重点，推动先进带动后进，持续缩小城乡、区域和人群收入差距，形成全民共建共治共享共富的良性循环大格局。

## 三　河南扎实推进共同富裕发展路径

结合河南共同富裕发展水平，借鉴先进省份共富道路经验，新的历史时期河南推进共同富裕发展路径是：

### （一）以产业发展夯实"共富"基础

如前所述，在推进共同富裕进程中河南"富裕性"指数不高，而物质富裕是推进共同富裕的第一动力。河南要消弭城乡、区域和人群差距，首先要在发展壮大新型集体经济，加快产业创新方面加强攻坚。借鉴江苏省"共同富裕·百村实践"经验，一是要科学定位地域特别是农村地区集体经济发展方向，因势利导培育主导产业，宜农则农、宜工则工、宜游则游。二是要积极推进产业供给侧改革。结合省、市经济社会发展战略和社会发展需求积极培育新产业、新模式、新业态，不断优化产业结构，延伸产业链、提升价值链、优化供应链。三是积极发展县域经济，促进城乡需求对接、资源互补、产业互通，打造以县带乡、以乡带村的城乡融合发展格局。

### （二）以强化党的建设激活"共富"动力

共同富裕的重点在于乡村，乡村发展的重点在于发展产业，而农村产业的发展离不开党组织引领和带动。加强党的组织建设，是激发乡村内生动力，扎实推动农村群众共同富裕的重要抓手。现阶段河南推进乡村振兴实现城乡共同富裕，一是抓好乡、村党组织带头人建设，培育一批德才兼备、眼界开阔的"领头雁"，引领带动群众共富。二是支持将党组织建到产业链上，按照产业发展到哪里、支部就设到哪里的思路，将党组织建立在各级各类农村集体经济组织和农村社会化服务组织中，实现党的建设与农村集体经济双向发展。

**（三）以政策创新吸引外部帮扶**

相对于城市，乡村在工业化、信息化时代处于边缘地位。发展乡村产业，促进城乡公共服务设施共享共建，推进城乡共同富裕，关键在于能否吸引社会资金的投入。而吸引外部资金和企业的帮扶，离不开各级政府的政策支持。从河南的实际情况看，今后5到10年，河南要积极创新政策吸引外部资金涌向乡村。一是创新财政政策，通过对农村项目的扶持和倾斜，培育优质高效的集体经济产业；二是创新农村集体经济组织的税收政策，为新进外部资本和企业减负增效；三是搭建农村产权流转交易平台，拓展集体资源转化途径。四是强化土地等政策支持，为外部资本和企业的进入提供良好的要素支撑。

**（四）以利益联结提升"共富"能力**

十八大以来，河南龙头企业通过与小农户建立多种形式的利益联结机制，为推进农村共同富裕作出了巨大的贡献。农企利益调节机制、利益保障机制、利益分配机制尚待完善。立足共同富裕的远景目标强化利益联结机制，让农民更多享受到改革开放成果。一是创新农企利益联结模式，包括新型订单模式、股份合作模式、服务带动模式、一二三产业多层次融合模式。二是支持龙头企业主动创新产业组织模式，打造综合运营平台，带动农民合作社、家庭农场和广大小农户各展所长、形成共创共享、共荣共生产业生态圈。三是提升农民市场参与能力，支持各类新型农业主体大户带领农民参加农业产业化联合体，打通一二三产业环节连接路径。

**（五）以完善公共服务保障共富共享**

公共服务和社会保障在强化互助共济，体现社会公平，调节收入分配方面发挥重要作用，是促进共同富裕的重要抓手。现阶段重点完善三类群体公共服务保障。一是聚焦城乡鳏寡孤独和困难群众，主要完善基本养老保险、医疗保险待遇确定机制，让社会弱势群体公平享有社会保障权利。二是脱贫和欠发达地区群众。主要集聚行业和社会保障帮扶资源，整体提升偏远和特殊类型地区群众保障水平，让群众获得感成色更足、幸福感更可持续、安全感更有保障。三是瞄准新型就业群体和特殊边缘人员，主要将农民工、灵活就业人员、新业态从业群体和残疾人等全面纳入社会保障体系，确保共同富裕道路上不落下一个人。

## 四 河南推进共同富裕对策建议

结合河南经济社会发展总体战略，按照习近平总书记关于共同富裕的要求，"共同富裕是社会主义的本质要求，我国现代化坚持以人民为中心的发展思想，自觉主动解决地区差距、城乡差距、收入分配差距，促进社会公平正义，逐步实现全体人民共同富裕，坚决防止两极分化。"进一步构建有厚度、有温度、有梯度、有精度、有法度、有尺度的现代化共同富裕体系，高质量推进河南民生事业发展。

### （一）加强"三个结合"，塑造共同富裕新优势

准确把握共同富裕与河南优势行业、领域的内在关系，主动融入全省重大发展战略，提高统筹谋划和协调推进能力，形成协同推进共同富裕的强大合力。一是与制造业强省、服务业强省等重大战略相结合，以产业的高质量发展夯实共同富裕的物质基础。二是与枢纽经济、数字经济、生态经济、文旅文创、农业强省战略相结合，依托优越的区位条件、资源禀赋和新兴业态抢占共同富裕新赛道。积极推进乡村振兴，补齐共同富裕"三农"短板，塑造新发展优势。三是与区域经济发展战略相结合。鼓励基础较好、优势突出和相对发达地区，率先进行共同富裕探索。支持发展水平高、支撑强、设施完善的中原城市群和信阳、南

阳等省辖市中心城区周边，参照浙江等地经验先行探索，因地制宜探索有效路径；鼓励各部门从分管领域特点出发，积极探索单项突破、整体突进的工作办法，在先发领域扩大优势，在落后环节抓紧赶超，打造更多的河南共同富裕样板经验。

**（二）推进"三个统筹"，开创共同富裕新格局**

按照全人群互助共济、全社会共享共建、全领域公平正义的要求，以推进公共服务均等化、标准化和城市转型发展为抓手，针对重点人群、领域和区域的不同需要，因地制宜、因时施策，推进区域经济协同发展和公共服务一体化，实现社会财富再分配，最大限度减少区域、城乡发展差距和不同人群收入不平衡、不充分问题。一是统筹城乡，聚焦城乡统筹发展中的薄弱环节，增强中心城市对县、乡发展的辐射带动，引导支持县域积极承接产业转移，引导要素、产业、人口向县城和农村集聚，积极提升城乡困难群众社会保障标准和待遇。二是统筹区域。提升中原城市群发展能级，推动全省同步发展，集聚中央和河南、政府与企业、行业与部门帮扶资源，关注转型发展较慢或困难的地区，支持焦作等资源型城市拓展产业链，推动"工业老城"向"产业名城"转变，关注城市中低收入人群的提质培优，推进人人持证、技能河南建设，进一步拓展城市产业工人职业发展机会、增强收入提升潜力；三是统筹人群，重点保障进城农民工、新型就业群体和特殊、边缘人员经济收入，推动实现社会保险应保尽保、社会救助应救尽救、社会福利及相关服务应享尽享，让边缘和特殊类型地区群众幸福感更可持续。

**（三）加快"三个创新"，培育共同富裕新动能**

坚持共同富裕是"共富"而不是"均富"，是普遍富裕基础上的差别富裕。在完善省域统筹机制的同时，推进共同富裕特色化、差别化。一是在政策上，注重"创新赋能"。制定更多符合河南发展阶段和规律的共同富裕政策，重点加快建立制度化、常态化政企沟通渠道，帮助解决企业发展的痛点、堵点和难点，在项目审批、财税政策、土地使用、公共资源交易等方面，加大民营企业产权和自主经营权保护。创新解决融资难问题，盘活民营企业"无形资产"，激活龙头企业带动共同富裕的内生动力。二是在地域上，鼓励"各显神通"。因地制宜探索共同富裕有效路径，尽快形成经验做法。积极支持许昌市建设城乡融合共同富裕先行试验区，信阳市美好生活看信阳共同富裕示范区、兰考县打造共同富裕县域城市典型样板。三是在举措上，坚持"精准发力"。实施单项突破、整体突进的工作办法，努力在文化、旅游、康养等先发领域增优势，在医疗、养老薄弱环节强弱项，念好新时代河南"共富经"。

### （四）坚持"三个并举"，绘制共同富裕新图景

立足河南农业大省、人口大省、经济欠发达的省情，合理把握推进共同富裕方向、节奏、力度，尽力而为量力而行，稳步将人民群众的美好愿望变为现实。一是坚持效率与公平并举。坚持在做大"蛋糕"的基础上，鼓励先富地区、先富人群帮扶"三山一滩"和城乡困难群众发展生产，逐步实现共同富裕。迭代编制好"三山一滩"共同富裕重点任务清单、突破性抓手清单、重大改革清单、实践案例清单，并将纳入年终综合考核。二是坚持"富口袋"与"富脑袋"并举，激发后富群众干事创业的主动性、积极性和内在潜力。畅通社情民意反映和表达渠道，营造人人齐参与、全面抓落实、共奔致富路的浓厚氛围。三是坚持有为政府和有效市场并举。政府通过完善数字化服务平台推进公共服务和社会保障普惠共享，市场通过资源优化配置拓展富民惠民新路径，政府、社会、企业、个人各尽其能，形成全域一体、全面提升、全民富裕均衡图景。

### （五）强化"三个保障"，构建共同富裕新机制

从组织、立法、土地、人才等各环节加强共同富裕监管工作，防范化解共同富裕工作流于形式，推动共同富裕事业在法治的轨道上行稳致

远。一是加强组织保障。完善顶层设计,成立由省委、省政府牵头的领导小组,负责对全省共同富裕建设工作进行统筹协调、督促指导、整体推进,在各市县(区)均成立相应小组和专班,承担属地抓总工。探索完善体现权利公平、机会公平、规则公平的制度安排,尽快构建河南版的共同富裕指标体系,制定促进共同富裕的地方性法规,将共同富裕推进情况纳入高质量发展考核范畴。二是强化要素保障。出台财政、金融、土地等支持政策,在项目审批、财税政策、土地使用、公共资源交易等方面,向能明显促进共同富裕的工程项目倾斜。三是完善人才保障。围绕"共创、共担、共享、共富"目标,加快人才的育、引、用、励,让各类人才特别是企业家权利有保障,地位有尊严,创富带富有激情。

(执笔人:尹勇　陈玲　翁珺)

**参考文献**

[1] 黄敏、任栋:《中国人类发展指数体系创新与区域比较》,《经济社会体制比较》2020年第1期。

[2] 陈宗胜、杨希雷:《中国城乡差别状况与加速推进乡村振兴战略》,《理论与现代化》2021年第5期。

[3] 陈宗胜:《综合运用经济发展、体制改革及分配举措推进共同富裕》,《经济学动态》2021年第10期。

[4] 杨耀武、张平:《中国经济高质量发展的逻辑、测度与治理》,《经济研究》2021年第1期。

[5] 章上峰、陆雪琴:《中国劳动收入份额变动:技术偏向抑或市场扭曲》,《经济学家》2016年第9期。

[6] 孙来斌:《更加重视人的全面发展》,《人民日报》2021年4月2日。

[7] 徐辉、范志雄:《集体经济组织化治理的逻辑和路径启示》《经济学家》2022年第3期。

[8] 任政:《新时代全体人民共同富裕的双重向度及其实践逻辑》.《理论导刊》

2021年第8期。
［9］赵德起、沈秋彤：《我国农村集体经济"产权—市场化—规模化—现代化"发展机制及实现路径》，《经济学家》2021年第3期。
［10］苑鹏、刘同山：《发展农村新型集体经济的路径和政策建议——基于我国部分村庄的调查》，《毛泽东邓小平理论研究》2016年第10期。
［11］郑瑞强、郭如良：《促进农民农村共同富裕：理论逻辑、障碍因子与实现途径》，《农林经济管理学报》2021年第6期。
［12］杜志雄：《农业农村现代化：内涵辨析、问题挑战与实现路径》，《南京农业大学学报》（社会科学版）2021年第2期。
［13］杨时云：《在新型集体经济高质量发展中促进农民农村共同富裕》《农村工作通讯》2021年第8期。

# 新时期推动河南省公共服务
# 高质量发展研究

**摘要：**"民惟邦本，本固邦宁"，民生是人民幸福之基、社会和谐之本，公共服务关乎民生、连接民心。河南省已构建形成覆盖全生命周期的基础性兜底性公共服务体系，公共服务状况明显改善，民众获得感显著增强，但从总体发展来看，公共服务发展不平衡不充分问题依然突出。新时期推动河南省公共服务高质量发展需要顺应新形势新要求，坚持以人民为中心的发展思想，以增进人民福祉、满足人民群众日益增长的美好生活需要为目标，统筹经济和社会发展，正确处理基本和非基本、政府和市场、供给和需求的关系，持续提升公共服务质量水平，满足多样化民生需求，全面建设供给更加充分可及、质量标准更加完善、运行保障更加高效、综合监管更加健全、人民群众更加满意的公共服务体系，充分发挥公共服务对保障和改善民生的重要支撑作用，让人民群众获得感更加充实、幸福感更有保障、安全感更可持续。

**关键词：**新时期 民生 公共服务 高质量发展

公共服务是政府为满足公民生存和发展需要，运用法定权力和公共资源，面向全体公民或特定群体，组织协调或直接提供的产品和服务。党的十八大以来，习近平总书记对加强新时代公共服务体系建设、保障和改善民生作出了一系列重要指示，强调践行以人民为中心的发展思想,满足人民群众对美好生活的向往。河南省围绕生命全周期加强基础性、兜底性、普惠性民生建设,建立健全公共服务体系,人民群众获得感、幸福感、安全感不断增强。党的二十大对社会民生事业发展提出了"着力解决好人民群众急难愁盼问题,健全基本公共服务体系,提高公共服务水平,增强均衡性和可及性,扎实推进共同富裕"要求,这一要求内含了公共服务高质量发展的新命题。面向新时代新征程,健全完善公共服务体系,持续提高公共服务水平,加快推动公共服务高质量发展,对于河南省改善人民生活品质,让改革发展成果更多更公平惠及全体人民、促进全体人民共同富裕,扎实推进现代化河南建设具有十分重要的意义。

# 一 河南省公共服务发展基本情况

## (一)河南省公共服务体系发展历程

党的十八大以来,以习近平同志为核心的党中央,坚持以人民为中心的发展思想,着力加强基本公共服务制度建设,稳步推进基本公共服务均等化,逐步建立起中国特色的社会公共服务制度框架体系。我国公共服务制度按照中央统筹、分省实施的原则推进,河南省公共服务的制度设计和体系建设紧随国家要求作出适应性调整,不断完善公共服务体系,在发展中保障和改善民生。

1. 2012—2016 年:构建基本公共服务体系

早在 2006 年,十六届六中全会就提出要逐步形成惠及全民的基本公共服务体系。2007 年,党的十七大提出,加快推进以改善民生为重点的社会建设,努力使全体人民学有所教、劳有所得、病有所医、老有所养、住有所居。2012 年 5 月,国务院印发首部基本公共服务专项规划《国家基本公共服务体系"十二五"规划》,实现了基本公共服务顶层制度的从无到有,强调由政府主导提供的与经济社会发展水平和阶段相适应,旨在保障全体公民生存和发展基本需要的公共服务,首次明确提出基本公共服务范围和国家基本标准，涵盖了公共教育、劳动就业服务、社会保障、基本社会服务、医疗卫生、人口计生、住房保障、公共文化等8大领域44类80项服务项目。2012年11月，党的十八大提出"加快形成政府主导、覆盖城乡、可持续的基本公共服务体系"，进一步强调了基本公共服务体系的发展方向。

2012年12月，河南省人民政府印发《河南省基本公共服务体系"十二五"规划》，主要阐明河南省基本公共服务制度安排，明确基本范围、标准和工作重点，引导公共服务资源合理配置。"十二五"时期，河南省坚持把基本公共服务制度作为公共产品向全民提供，以保基本、兜底线、促公平、可持续为准则，持续加大投入力度，初步构建覆盖全民、以基本公共服务项目及标准为核心的制度体系，有力推动了国家基本公共服务项目和标准得到全面落实，为民生保障奠定了坚实基础。

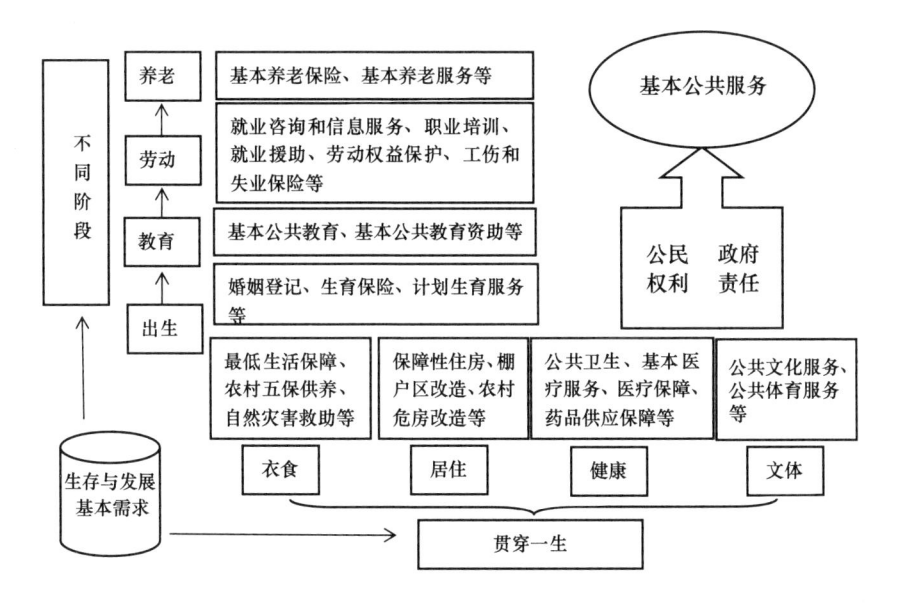

图4-1 "十二五"时期基本公共服务范围内涵

资料来源：根据《国家基本公共服务体系"十二五"规划》整理。

## 2. 2017—2020 年：推进基本公共服务均等化

2017 年 1 月，国务院正式印发《"十三五"推进基本公共服务均等化规划》，紧扣"到 2020 年基本公共服务均等化总体实现"目标，将"十三五"基本公共服务建设任务聚焦为全面推进均等化，制定了包括公共教育、劳动就业创业、社会保险、医疗卫生、社会服务、住房保障、公共文化体育、残疾人服务等 8 个领域基本公共服务项目清单，明确了国家向全民提供基本公共服务的底线范围。2017 年 10 月，党的十九大进一步提出"到 2035 年基本公共服务均等化基本实现"的政策目标。随着均等化范围、重点任务、目标等不断明确，完善标准化体系被提上日程。2018 年 7 月，中共中央办公厅、国务院办公厅印发《关于建立健全基本公共服务标准体系的指导意见》，提出以标准化促进基本公共服务均等化、普惠化、便捷化。2019 年 10 月，党的十九届四中全会提出，健全幼有所育、学有所教、劳有所得、病有所医、老有所养、住有所居、弱有所扶等方面国家基本公共服务制度体系，基本公共服务要求由"五有"调整为"七有"，更加注重加强普惠性、基础性、兜底性民生建设。

2017 年 1 月，河南省人民政府办公厅印发《河南省"十三五"基本公共服务均等化规划》，在国家基本公共服务内容框架基础上，根据河南实际，结合国家确定的基本公共服务主要领域、服务项目和指导标准的同时，尽力而为、量力而行地增加了服务项目数量，形成了 8 个领域 82 个项目的基本公共服务清单。"十三五"时期，河南省紧扣以人为本，围绕人生的各个阶段和基本生存发展需求的不同领域，以涵盖教育、劳动就业、社会保险、医疗卫生、社会服务、住房、文化体育等领域的基本公共服务清单为核心，以促进城乡、区域、人群基本公共服务均等化为主线，以统筹协调、财力保障、人才建设、多元供给、监督评估等五大实施机制为支撑，河南省基本公共服务体系不断健全。

## 3. 2021 年至今：加强公共服务体系建设

党的十九大报告指出，我国社会主要矛盾已经转化为人民日益增长

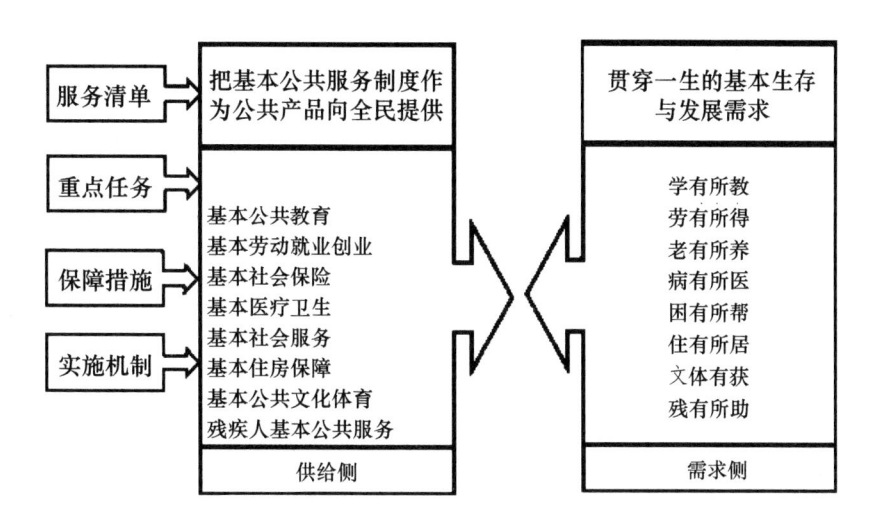

```
┌─────────┐    ┌──────────────────────┐  ┌──────────────────┐
│ 服务清单 │──→│ 把基本公共服务制度作  │  │ 贯穿一生的基本生存│
└─────────┘    │ 为公共产品向全民提供  │  │ 与发展需求        │
┌─────────┐    ├──────────────────────┤  ├──────────────────┤
│ 重点任务 │──→│ 基本公共教育          │  │ 学有所教          │
└─────────┘    │ 基本劳动就业创业      │  │ 劳有所得          │
┌─────────┐    │ 基本社会保险          │  │ 老有所养          │
│ 保障措施 │──→│ 基本医疗卫生          │  │ 病有所医          │
└─────────┘    │ 基本社会服务          │  │ 困有所帮          │
┌─────────┐    │ 基本住房保障          │  │ 住有所居          │
│ 实施机制 │──→│ 基本公共文化体育      │  │ 文体有获          │
└─────────┘    │ 残疾人基本公共服务    │  │ 残有所助          │
               ├──────────────────────┤  ├──────────────────┤
               │        供给侧         │  │      需求侧      │
               └──────────────────────┘  └──────────────────┘
```

**图4-2 "十三五"时期基本公共服务制度框架**

资料来源：根据《"十三五"推进基本公共服务均等化规划》整理。

的美好生活需要和不平衡不充分的发展之间的矛盾。2019年，国家发展改革委等18个部门联合发布了《加大力度推动社会领域公共服务补短板强弱项提质量 促进形成强大国内市场的行动方案》，提出要"补齐社会领域基本公共服务短板，增强非基本公共服务弱项，提升公共服务质量和水平"，从基本公共服务兜底保障到提升公共服务质量和水平，公共服务的内涵和外延在不断拓展。2021年3月，国家发展改革委等21个部门联合印发了《国家基本公共服务标准（2021年版）》，涵盖了幼有所育、学有所教、劳有所得、病有所医、老有所养、住有所居、弱有所扶、优军服务保障和文体服务保障共9个方面、22个大类、80个服务项目。在认真落实国家基本公共服务标准、持续推进均等化发展目标的基础上，2021年12月，国家发展改革委等21个部门联合印发了《"十四五"公共服务规划》，首次将非基本公共服务和高品质多样化生活服务同步纳入规划范围，全面统筹"七有两保障"，明确政府责任边界和公共服务发展方向，稳步有序提升公共服务体系的范围、水平和质量，提出了系统提升公共服务效能的支持政策，让各类公共服务能够惠及更多人群。

2021年12月,河南省印发《河南省基本公共服务实施标准(2021年版)》,对照《国家标准2021》进一步细化充实河南省的相关服务标准和服务流程,共涵盖了82项服务项目。2022年2月,河南省印发《河南省"十四五"公共服务和社会保障规划》,全面对接国家规划,围绕公共教育、就业创业、医疗卫生、托育、养老、住房保障、社会保障、优军服务保障和文体服务保障九大领域,阐明"十四五"时期河南省公共服务和社会保障总体思路和重点任务。"十四五"规划实施以来,河南省公共服务体系日益健全完善,基本民生底线不断筑牢兜实,公共服务供给水平全面提升,多层次多样化需求得到更好满足。

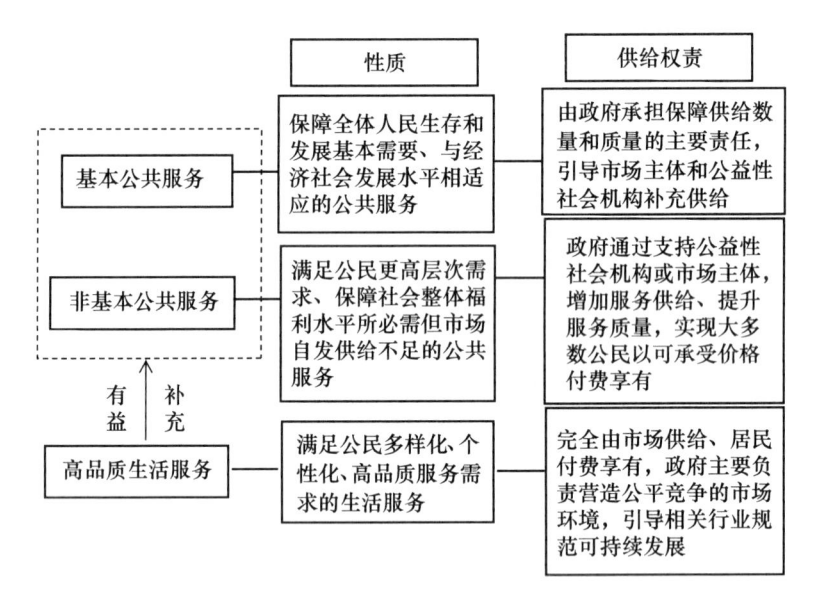

| | 性质 | 供给权责 |
|---|---|---|
| 基本公共服务 | 保障全体人民生存和发展基本需要、与经济社会发展水平相适应的公共服务 | 由政府承担保障供给数量和质量的主要责任,引导市场主体和公益性社会机构补充供给 |
| 非基本公共服务 | 满足公民更高层次需求、保障社会整体福利水平所必需但市场自发供给不足的公共服务 | 政府通过支持公益性社会机构或市场主体,增加服务供给、提升服务质量,实现大多数公民以可承受价格付费享有 |
| 高品质生活服务 | 满足公民多样化、个性化、高品质服务需求的生活服务 | 完全由市场供给、居民付费享有,政府主要负责营造公平竞争的市场环境,引导相关行业规范可持续发展 |

图4-3 "十四五"时期公共服务体系框架

资料来源:根据《"十四五"公共服务规划》整理。

综上所述,从"十二五"开始,国家和河南省连续编制公共服务领域重点专项规划,通过制度建设持续推进基本公共服务体系建设,不断提升基本公共服务均等化水平，在此基础上，适应社会主要矛盾转变和治理能力现代化的需要，加快普惠性非基本公共服务发展，同时丰富高品质生活服务供给，多管齐下，确保公共服务可持续发展，根据经济发展和财力状况逐步提高人民生活水平，不断满足人民群众的美好生活需要。

表 4-1　　十八大以来河南省公共服务体系发展历程

| 阶段 | 重点 | 基本公共服务范围 | 非基本公共服务范围 | 供给主体 | 意义 |
| --- | --- | --- | --- | --- | --- |
| 2012—2016 年 | 构建基本公共服务体系 | 公共教育 劳动就业服务 社会保障 基本社会服务 医疗卫生 人口计生 住房保障 公共文化 | 未明确划定 | 政府兜底提供 | 面向全体居民，提供保障生存权、发展权的基本公共服务，体现了公平正义、全民共享 |
| 2017—2020 年 | 推进基本公共服务均等化 | 公共教育 劳动就业创业 社会保险 医疗卫生 社会服务 住房保障 公共文化体育 残疾人服务 | | | |
| 2021 年至今 | 加强公共服务体系建设 | 幼有所育 学有所教 劳有所得 病有所医 老有所养 住有所居 弱有所扶 优军服务保障 文体服务保障 | 普惠托育服务 普惠学前教育 县域普通高中 普惠养老服务 均衡优质医疗 改善住房条件 | 政府、社会、市场多元化供给 | 既实现了基本民生的兜底保障，又弥补了部分公共服务产品不足的问题，还能满足少部分群众对高质量、个性化公共服务的需求 |

资料来源：根据"十二五""十三五""十四五"公共服务规划整理。

## (二) 河南省公共服务主要领域发展成效

河南省不断健全基本民生保障，大幅度增加公共服务财政投入总量，仅"十三五"时期，全省各级财政就累计投入 3.64 万亿元用于增进民生福祉，占财政支出的 80% 左右，公共服务保障水平稳步提升，普惠性可及性进一步提高，人民群众幸福感获得感不断增强。

### 1. 妇幼保健水平稳步提升，幼有所育不断完善

2021 年，全省新生儿访视率为 91.5%，比 2015 年提高 3.1 个百分点；3 岁以下儿童系统管理率和 7 岁以下儿童健康管理率分别为 89.9% 和 91.4%，比 2015 年分别提高 4.1 和 4.8 个百分点；适龄儿童国家免疫规划疫苗接种率持续保持在 90% 以上。孕产妇产前检查率、产后访视率和系统管理率分别为 95.2%、91.3% 和 86.9%，比 2015 年分别提高 0.3、1.2 和 0.9 个百分点。

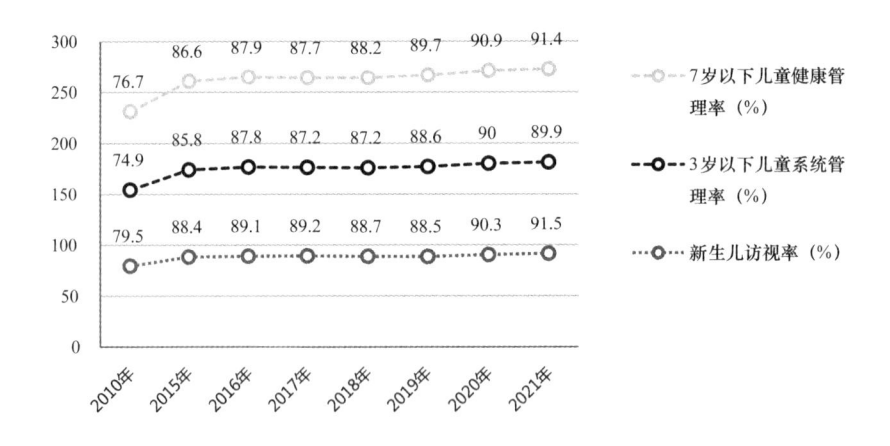

**图 4-4 河南省幼有所育主要指标情况**

数据来源：根据《国家公共服务统计概览 2022》整理。

### 2. 义务教育发展更加均衡，学有所教持续优化

"十三五"期末，全省 158 个县（市、区）全部达到国家义务教育

基本均衡发展验收标准。2021年，九年义务教育巩固率为96.1%，高于全国0.7个百分点，比2015年提高2个百分点。义务教育阶段师资短缺问题得到有效缓解，小学阶段生师比为16.7，比2015年降低了2个百分点；初中阶段生师比为13.66，比2015年降低了0.5个百分点。义务教育专任教师95.7万人，比2015年增长17万人，其中小学和初中阶段专任老师中本科及以上学历比重分别达到65.1%和85.7%。适龄残疾儿童义务教育入学率达到97.13%，贫困家庭失学辍学儿童由"动态清零"实现"常态清零"，依法保障随迁子女平等接受义务教育，进城务工人员随迁子女在公办学校（含政府购买服务）就读率达到92.2%。

**图4-5 河南省学有所教主要指标情况**

数据来源：根据《国家公共服务统计概览2022》整理。

3. 劳动就业支持力度加大，劳有所得保障有力

2017—2021年，全省累计城镇新增就业669.73万人，年均133万人以上，约占全国的1/10，为全国就业局势稳定作出了积极贡献；累计帮助67.9万就业困难人员实现就业；累计帮助1.09万户零就业家庭实现每户至少一人就业，2021年末城镇登记失业率稳定在3.4%，低于

全国0.6个百分点。实施"人人持证、技能河南"建设，不断加强劳动者技能培训，2017—2021年五年间全省累计参加补贴性职业技能培训1170.3万人次，累计接受职业指导500.9万人次，累计接受创业服务117.7万人次，累计参加创业培训155.4万人次。全省居民收入持续稳定增长，2021年全年人均可支配收入达到26811元，比2017年增长32.9%。

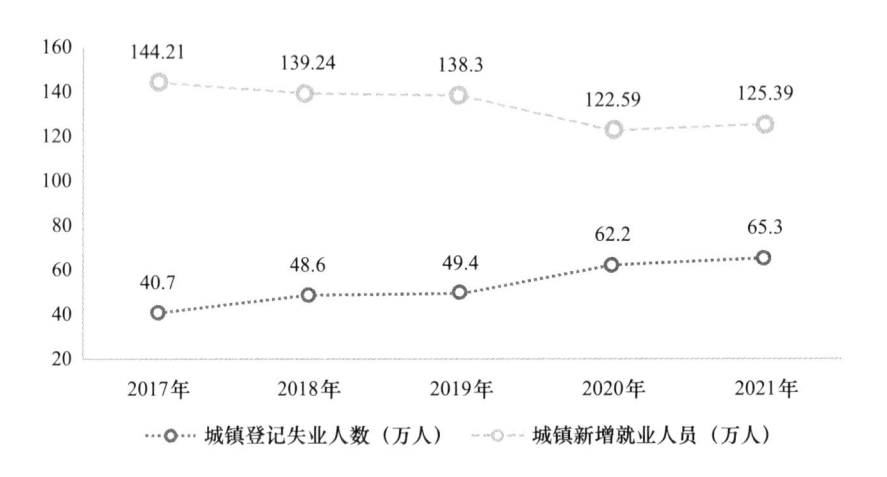

**图4-6 河南省劳务所得主要指标情况**

数据来源：根据河南省国民经济和社会发展统计公报整理。

**4. 医疗卫生服务不断增强，病有所医普惠便捷**

2021年，全省每千人口医疗卫生机构床位数7.3张，比2015年增长41.47%，其中每千人口中医类医疗卫生机构床位数1.21张，比2015年增长72.85%。每千人口执业（助理）医师3.01人，比2015年增长43.33%，其中每千人口中医类执业（助理）医师数0.52人，比2015年增长67.74%。每千人口注册护士3.32人，比2015年增长50.9%。持续深化基层卫生综合改革，推进县域医疗卫生服务均等化，2021年河南城乡基层医疗机构门急诊人次占比达到60.8%，高于全国平均水平8.4个百分点；每千人口基层医疗卫生机构床位数1.53张，比 2015 年增长 31.89%。全省基本医疗保险参保率稳定在 96% 以上，基本实现应保尽保，2021 年全省个人医疗卫生服务费用支出 1224.8 亿元，占卫生总费用的比重由 2015 年的 35.16% 下降为 29.99%。

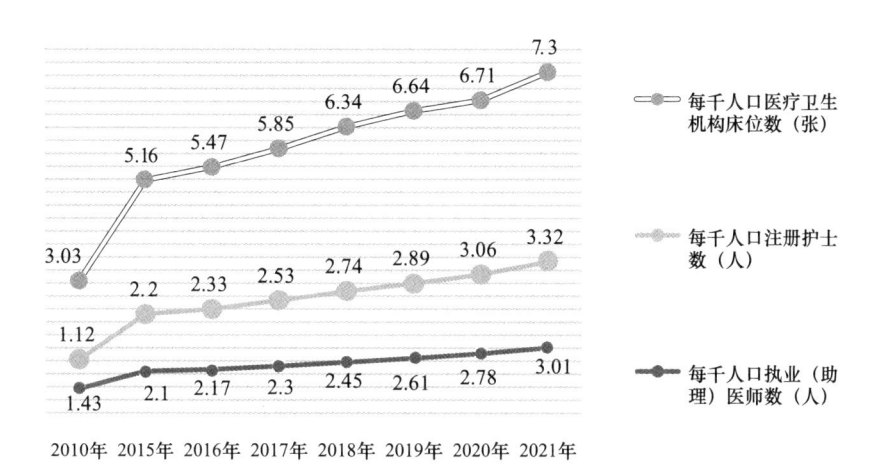

**图 4-7　河南省病有所医主要指标情况**

数据来源：根据《国家公共服务统计概览 2022》整理。

5. 养老服务能力保持平稳，老有所养不断改善

截至 2021 年底，全省共有各类养老机构和设施 1.4 万个，比 2015 年增长近 4 倍；养老服务床位①44.7 万张，每千老年人口拥有养老床位 25.1 张，分别比 2015 年增长 24.86% 和 3.7%。机构养老服务快速发展，全省共有养老机构 3397 个，比 2015 年增长 2.16 倍；养老机构床位数②34.1 万张，比 2015 年增长 1.9 倍，其中护理型床位占比达 42.6%，比 2020 年增长 5.3 个百分点。社区养老服务稳步推进，全省 157 个县（市、区）、673 个街道、7334 个社区养老服务设施建成率达到 100%。建立统一的城乡居民基本养老保险制度，企业职工基本养老

---

① 包括养老机构床位和社区养老服务床位。
② 包括社会福利院、特困人员供养机构和养老公寓等其他养老机构床位。

保险实现全国统筹,城镇职工基本养老保险和城乡居民基本养老保险参保人数分别由 2015 年的 1508.7 万人、4855.2 万人提高到 2021 年的 2377.2 万人、5306.3 万人。

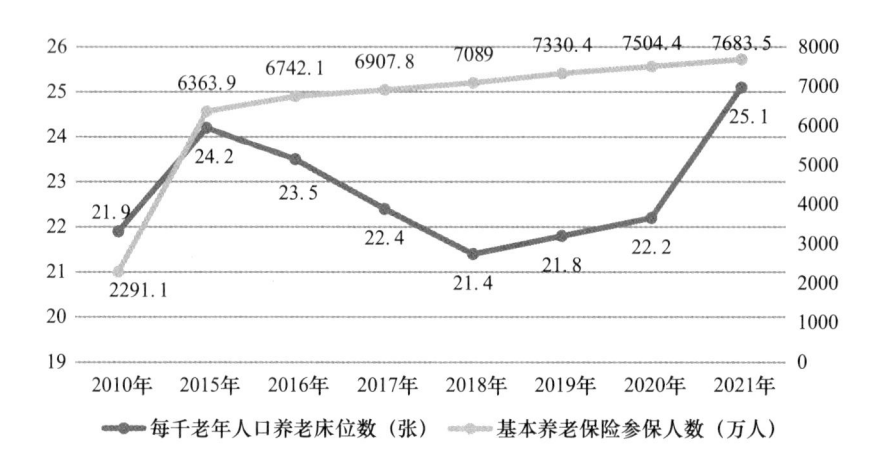

**图 4-8　河南省老有所养主要指标情况**

数据来源:根据《国家公共服务统计概览 2022》整理。

6. 群众文化生活日益丰富,文化服务惠民可及

截至 2021 年底,全省共有公共图书馆 169 个,比 2015 年末增长 6.96%;公共图书馆总流通人次 3090.6 万人次,比 2015 年度增长 38.39%;每万人拥有公共图书馆建筑面积 84.2 平方米,比 2015 年增长 45.42%。全省共有文化馆(站)2692 个,比 2015 年末增长 6.27%;全年每万人口接受文化馆(站)服务 0.45 次,比 2015 年增长 79.42%。全省共有博物馆 367 个,比 2015 年末增长 47.98%,其中免费开放博物馆占比达 87.73%;每万人口拥有博物馆基本陈列展览数 0.16 个,比 2015 年增长 45.45%。全省共有艺术表演场馆 222 个,比 2015 年末增长 48%;全年共有 466.5 万人享有艺术表演服务,比 2015 年增长 71%。全省广播节目和电视节目综合人口覆盖率分别为 99.7% 和 99.6%,分别比 2015 年提高 1.4 个百分点和 1.2 个百分点。

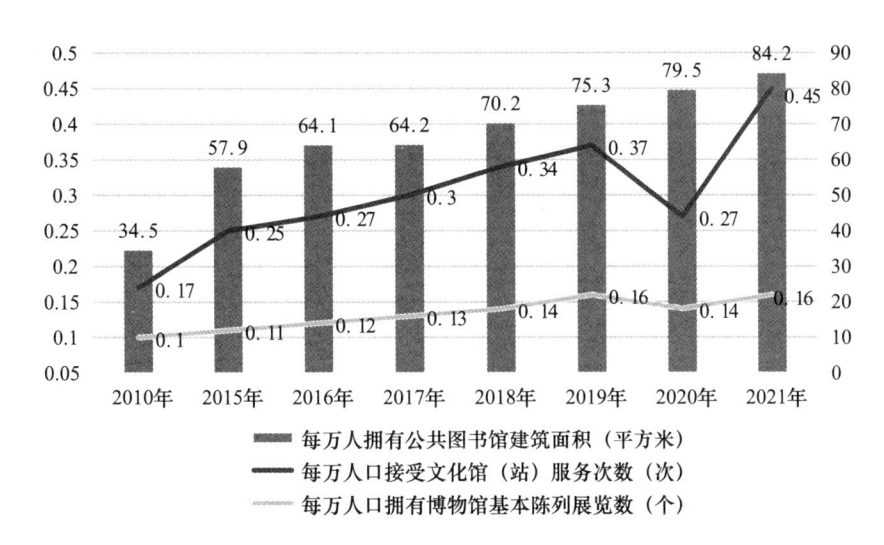

**图 4-9 河南省公共文化服务主要指标情况**

数据来源：根据《国家公共服务统计概览 2022》整理。

## 二 河南省公共服务高质量发展需关注的问题

虽然河南省已经构建形成覆盖全生命周期的基础性、兜底性公共服务体系，公共服务状况明显改善，民众获得感显著增强，但公共服务仍存在不少薄弱环节和发展短板，主要表现在人均基本公共服务标准偏低、优质公共服务资源分布不均衡等方面，推动公共服务高质量发展还存在一些困难，需要着力解决这些突出问题。

### （一）供给投入有限，公共服务标准相对偏低

由于河南省是人口大省，财力相对薄弱，加之公共服务涉及多个领域，基本囊括个人一生的生老病死和衣食住行，虽然公共服务支出稳步增长，财政投入持续增加，但现行公共服务底线标准仍然偏低，对基本民生综合保障能力有限。以基础教育经费支出为例，2021 年河南省一

般公共预算教育经费支出占全省一般公共预算支出的 17.8%，高于全国 3 个百分点。但是河南省是财力弱省办大教育，生均一般公共预算教育经费支出大大低于全国平均水平，幼儿园、普通小学、普通初中、普通高中和中等职业学校分别是全国平均水平的 47.52%、62.16%、65.02%、66.20% 和 56.96%，生均一般公共预算教育经费不仅低于中部 6 省水平，与发达省份之间更是相差甚远。以最低生活保障为例，2021 年河南省最低生活保障支出总计 85.6 亿元，居全国第 5 位，但由于保障基数较大，城乡居民最低生活保障水平偏低。2021 年河南省城市居民最低生活保障人数 35.8 万人，居全国第 6 位，城市居民最低生活保障平均标准为 7255 元/人年，比全国平均水平低 1282 元，居全国倒数第 3 位；农村居民最低生活保障人数 289.1 万人，居全国第 2 位。农村居民最低生活保障平均标准为 4781.8 元/人年，比全国平均水平低 1580 元，居全国倒数第 2 位。

表 4-2　　　　　2021 年生均一般公共预算教育经费对比

| 区域 | 幼儿园 | 普通小学 | 普通初中 | 普通高中 | 中等职业学校 |
| --- | --- | --- | --- | --- | --- |
| 全国 | 9411 | 12330.6 | 17803.6 | 18671.8 | 17446.9 |
| 河南省 | 4473 | 7665.5 | 11575.7 | 12360 | 9937.7 |
| 湖北省 | 7127 | 11426.3 | 18547.6 | 19001.1 | 16199.2 |
| 湖南省 | 5170 | 9810.4 | 14633.8 | 15588.3 | 13930 |
| 江西省 | 10281 | 10970.3 | 14196.3 | 14943.2 | 15840.6 |
| 安徽省 | 7581 | 11428.2 | 17415.9 | 15241.3 | 15764 |
| 山西省 | 5277 | 11382.6 | 16600.2 | 17212.8 | 18515.1 |
| 江苏省 | 10007 | 15257.9 | 25071.5 | 30964.7 | 21723 |
| 浙江省 | 15516 | 18715.9 | 27258.2 | 33189 | 27006.2 |
| 上海市 | 30943 | 30765.9 | 45036.5 | 58846.5 | 62184.5 |
| 广东省 | 9521 | 14654.9 | 21708.6 | 23769.1 | 20377.7 |

数据来源：根据《国家公共服务统计概览 2022》整理。

表 4-3　　　　2021 年城乡居民最低生活保障平均标准对比

| 区域 | 城市居民 | 农村居民 |
| --- | --- | --- |
| 全国 | 8537 | 6362 |
| 河南省 | 7255 | 4782 |
| 湖北省 | 8090 | 6058 |
| 湖南省 | 7092 | 5256 |
| 江西省 | 9223 | 6519 |
| 安徽省 | 8236 | 8219 |
| 山西省 | 7380 | 5683 |
| 江苏省 | 9639 | 9491 |
| 浙江省 | 11224 | 11224 |
| 上海市 | 15960 | 15960 |
| 广东省 | 10978 | 8807 |

数据来源：根据《国家公共服务统计概览 2022》整理。

**（二）供给总量不足，人均享有服务有待提高**

河南省人口众多，部分民生领域存在历史欠账过多，虽然增长速度不低，但整体上公共服务供给总量仍显不充分。以普通高中阶段教育为例，2021 年河南省普通高中在校生 237.7 万人，居全国首位，但生均校舍建筑面积仅为 17.8 平方米，低于全国平均水平 23.5 平方米；生均教学仪器设备值仅为 1849.7 元，低于全国平均水平 3117.8 元，两项生均指标均落在全国末位。以公共文化服务为例，公共图书馆是"三馆一站"建设的重要组成部分，2021 年河南省公共图书馆 169 个，仅次于贵州、河北，居全国第二位，但人均拥有公共图书馆藏量仅 0.42 册，低于全国平均水平 0.47 册；每万人拥有公共图书馆建筑面积仅 84.2 平方米，低于全国平均水平 51.3 平方米，两项公共文化服务指标也均处在全国末位。

表4-4　　2021年普通高中生均校舍面积和教学设备值对比

| 区域 | 生均校舍建筑面积（平方米） | 生均教学仪器设备值（元） |
| --- | --- | --- |
| 全国 | 41.3 | 4967.5 |
| 河南省 | 17.8 | 1849.7 |
| 湖北省 | 25.8 | 3632.6 |
| 湖南省 | 33.2 | 3924 |
| 江西省 | 40 | 3743.5 |
| 安徽省 | 36.3 | 4021.5 |
| 山西省 | 40.1 | 4495.7 |
| 江苏省 | 48.3 | 5921.1 |
| 浙江省 | 64.2 | 8956.8 |
| 上海市 | 87 | 26420.1 |
| 广东省 | 58.5 | 6874.2 |

数据来源：根据《国家公共服务统计概览2022》整理。

表4-5　　2021年人均拥有公共图书馆设施情况对比

| 区域 | 人均拥有公共图书馆藏量（册） | 每万人拥有公共图书馆建筑面积（平方米） |
| --- | --- | --- |
| 全国 | 0.89 | 135.5 |
| 河南省 | 0.42 | 84.2 |
| 湖北省 | 0.80 | 128.2 |
| 湖南省 | 0.73 | 106.6 |
| 江西省 | 0.69 | 129.8 |
| 安徽省 | 0.62 | 104.0 |
| 山西省 | 0.66 | 167.2 |
| 江苏省 | 1.31 | 191.0 |
| 浙江省 | 1.62 | 238.9 |
| 上海市 | 3.30 | 177.9 |
| 广东省 | 1.00 | 138.7 |

数据来源：根据《国家公共服务统计概览2022》整理。

## （三）供给水平不高，优质服务资源较为短缺

随着居民收入持续增加，人民群众对美好生活的需要不断升级，但

教育、医疗、养老、托育、文化等诸多公共服务领域主要还是以兜底线和保基本为主，优质资源总体供给不匹配。以"一老一小"为例，老有所养方面，根据2021年全省人口抽样调查结果显示，65岁及以上老年常住人口1383万人，占常住人口的比重为13.99%，老年抚养比达到21.95，人口老龄化继续加深，社会对养老服务的需求与日俱增，但养老服务供需缺口较大，2021年河南省每千老年人口养老床位数25.1张，低于全国平均水平5.4张，在中部地区居于末位；养老机构护理型床位占比42.6%，低于全国平均水平8.8个百分点，在中部地区仅高于山西省。幼有所育方面，随着人口生育政策的调整，家庭对育儿服务的需求不断增长，2021年河南省新生儿访视率、3岁以下儿童系统管理率和7岁以下儿童健康管理率分别为91.5%、89.9%和91.4%，分别低于全国平均水平4.7、2.9和3.2个百分点，居中部地区末位，这种状况也不利于现行生育政策的有效落实。

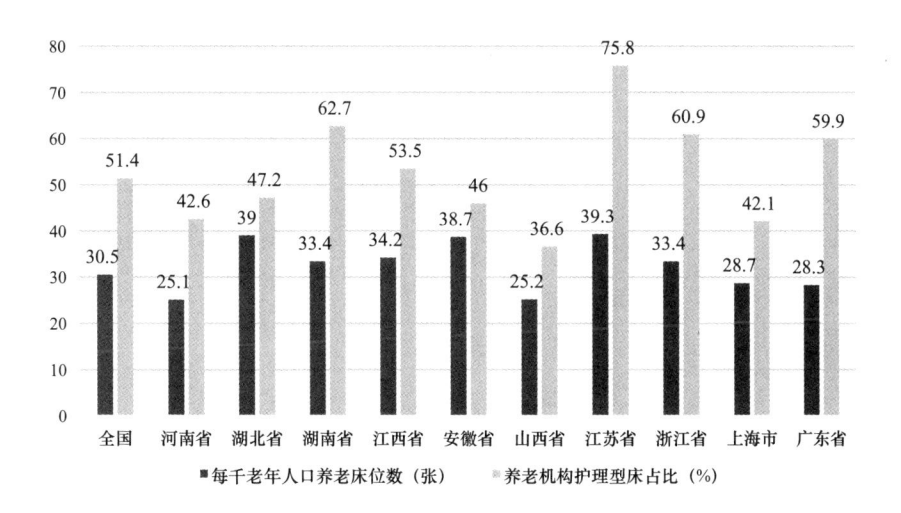

图 4-10 2021年老年人口养老床位情况对比

数据来源：根据《国家公共服务统计概览2022》整理。

表4-6　　　　　　2021年儿童健康管理情况对比

| 区域 | 新生儿访视率 | 3岁以下儿童系统管理率 | 7岁以下儿童健康管理率 |
| --- | --- | --- | --- |
| 全国 | 96.2 | 92.8 | 94.6 |
| 河南省 | 91.5 | 89.9 | 91.4 |
| 湖北省 | 95.5 | 91.6 | 94.1 |
| 湖南省 | 97.7 | 93.9 | 94.8 |
| 江西省 | 96.4 | 92.9 | 93.7 |
| 安徽省 | 96.1 | 90.7 | 93.3 |
| 山西省 | 96.1 | 92.7 | 93.7 |
| 江苏省 | 98.1 | 96.3 | 95.6 |
| 浙江省 | 99 | 97.1 | 98 |
| 上海市 | 97.7 | 97.3 | 99.6 |
| 广东省 | 95.9 | 92.3 | 96.1 |

数据来源：根据《国家公共服务统计概览2022》整理。

## （四）供给结构不均，区域城乡群体差距较大

受经济社会发展水平差异性的影响，资源配置和布局结构不尽合理，区域、城乡、群体之间公共服务发展不均衡依然突出，保障水平差距明显，不利于有效实现社会公平正义。区域不均衡方面，主要体现在地方财力较为充裕地区公共服务投入较多、发展较快，财力有限地区公共服务投入较少，发展相对缓慢。以医疗卫生服务为例，河南省优质医疗资源区域分布严重不均衡，郑州市及邻近的焦作、新乡、许昌、开封中心城区，国土面积仅占全省的9.6%，却聚集了全省62%的三甲医院和35%的医疗床位。城乡不均衡方面，主要体现在城市公共服务制度优于农村，公共资源配置多于农村，公共服务质量水平高于农村。以城乡最低生活保障为例，城市低保的保障标准涵盖内容要比农村低保多一些，除了共同的保障维持基本生活所必需的吃饭、穿衣、用水、用电等费用以外，城市低保制度还适当考虑加入了住房、燃煤（燃气）以及未成年人义务教育费用。2010—2021年，河南省城乡居民最低生活保

障平均标准的差距从每人每年 1411.2 元扩大到 2473.2 元,虽然城乡低保标准的比值在不断提高,但 2021 年河南省农村低保标准还是仅相当于城市低保标准的 65.91%。群体不均衡方面,主要体现在流动人口、弱势群体等享有的公共服务质量偏低,以农业转移人口为例,河南省已经建立以居住证为载体的城镇常住人口基本公共服务提供机制,但是户籍制度隐性障碍依然存在,比如随迁子女能够就近进入的学校大部分教学质量偏低,"上好学"的教育需求难以得到满足。

表 4-7　2015—2021 年河南省城乡居民低保平均标准对比

(单位:元/人年)

| 年份 | 2010 | 2015 | 2016 | 2017 | 2018 | 2019 | 2020 | 2021 |
| --- | --- | --- | --- | --- | --- | --- | --- | --- |
| 城市居民低保 | 2430.0 | 4489.1 | 5101.7 | 5515.4 | 5914.3 | 6469.2 | 7006.7 | 7255.0 |
| 农村居民低保 | 1018.8 | 2232.3 | 3084.4 | 3356.4 | 3617.4 | 4089.4 | 4555.6 | 4781.8 |
| 城乡标准差距 | 1411.2 | 2256.8 | 2017.3 | 2159.0 | 2296.9 | 2379.8 | 2451.1 | 2473.2 |
| 农村/城市 | 41.93% | 49.73% | 60.46% | 60.86% | 61.16% | 63.21% | 65.02% | 65.91% |

数据来源:根据《国家公共服务统计概览 2022》整理。

## 三　推动河南省公共服务高质量发展的对策建议

推动河南省公共服务高质量发展,必须直面公共服务领域现存的突出问题,针对体制机制等诸多方面存在的发展障碍,积极全面践行以人民为中心的发展理念,以推动高质量发展为主题,以深化供给侧结构性改革为主线,牢牢抓住人民群众最关心、最直接、最现实的利益问题,正确处理基本和非基本、政府和市场、供给和需求的关系,持续推进基本公共服务均等化,多元扩大普惠性非基本公共服务供给,推动生活性服务业高品质多样化升级,稳步提升公共服务保障能力和水平,共建共享改革成果,扎实推进共同富裕。

## （一）构建多元供给格局，促进公共服务供需平衡发展

党的二十大提出"构建政府保障基本、社会多元参与、全民共建共享的社会公共服务供给格局"，一方面，要充分发挥政府部门在公共服务供给领域的主导作用，另一方面，要着力优化政策环境与生态系统，有效调动各类社会资源积极参与多层次、多样化公共服务供给，促进形成政府、市场、社会协同发展与良性共治格局。

1. 厘清政府和社会力量提供公共服务边界

依据基本公共服务实施标准，研究论证标准范围内的服务事项，对政府依法依规提供、市场保障力不足的基本公共服务，严格履行政府承担责任，由政府部门机构提供，有效发挥政府在基本公共服务中兜底职能。在强化政府财政投入保障的基础上，对法律无禁止进入、盈利能力、市场化配置效率更优的服务事项，创新公共服务供给方式，更多地引入市场机制和市场化手段，积极培育市场组织、社会组织公平参与到各领域、各类型、各层次公共服务中去，不断提升公共服务供给质量和效率。

2. 支持公共服务社会组织（社会企业）发展

加强社会组织培育，重点发展城乡社区服务类、公益慈善类、行业协会商会类、科技类等社会组织。着力提升社会组织承接政府购买公共服务能力，对于民生保障、社会治理、公益慈善等领域公共服务项目，同等条件下政府优先向社会组织购买。广泛动员志愿服务组织和志愿者参与公共服务提供，定期发布志愿服务项目需求和岗位信息，鼓励企事业单位提供公益慈善服务，落实慈善捐赠相关优惠政策。积极探索鼓励和支持社会企业发展，社会企业兼具营利性企业和传统非营利性组织部分特征，更适合庞大规模中低收入者的需求层次与支付能力。

3. 大力培育公共服务供给市场主体

加快推进统一的公共服务供给市场建设，进一步放宽公共服务领域的行业准入，清除市场壁垒，优化营商环境，完善市场监管，实现

"放管"有机结合，保护市场主体和消费者合法权益，最大限度地激发市场主体创新创造活力，促进市场资源和要素高效配置。鼓励社会力量通过公建民营、民办公助、政府购买服务、政府和社会资本合作（PPP）等方式参与公共服务供给。在引进社会力量的同时，发挥国有经济作用，创新可经营公共服务领域国有企事业单位资源配置方式，推动国有资本向投资体量大、经营周期长、收益率较低的重要领域和关键环节集中布局，建立高水平专业化市场运作平台，更好地服务于社会事业领域长远战略、宏观调控以及保障基本民生的需要。

## （二）统筹优化资源配置，实现公共服务均衡共享发展

以标准化推动基本公共服务均等化，补齐基本公共服务短板，促进基本公共服务资源向基层延伸、向农村覆盖、向生活困难群众倾斜，持续缩小城乡、区域、人群之间公共服务差距，推进公共服务均衡共享发展。

### 1. 持续推进城乡基本公共服务均等化

加强城乡基本公共服务制度统筹，加快基本公共服务制度城乡一体设计、一体实施，推动城乡服务内容和服务标准统一衔接，逐步健全城乡一体覆盖、全民普惠共享的基本公共服务体系。促进城乡基本公共服务资源公平配置，加大农村基本公共服务支持力度，完善配套政策，强化政策协调，鼓励和引导城镇基本公共服务资源向农村延伸，促进城市优质资源向农村辐射，健全城市支援农村公共服务建设的长效机制。充分利用流动性服务、现代信息技术等手段，促进城乡公共服务资源共享，扩大优质服务资源辐射覆盖范围，不断提升农村地区基本公共服务质量。

### 2. 大幅缩小区域基本公共服务差距

加强省级政府推进省域内基本公共服务均等化的统筹职能，建立健全基本公共服务均等化协调机制，着力完善投资、财税、产业、土地和人口等相关配套政策。政府基本公共服务投资项目优先对特殊困难地区

倾斜，加大财政投入和公共资源配置力度，推动形成对口协作、定向援助等长效机制，逐步提高落后地区的基本公共服务保障水平，不断缩小地区间差距。强化跨行政区域统筹合作，促进基本公共服务项目和标准水平衔接，加强毗邻地区公共服务设施共建共享，相关信息数据互联互通，率先推动郑州都市圈等具备条件的区域探索实现公共服务一体化发展。

3. 推动基本公共服务常住人口全覆盖

健全以流入地为主的流动人口基本公共服务供给制度，逐步实现基本公共服务由户籍人口向常住人口拓展，有序实现流动人口在常住地便捷享有基本公共服务。结合户籍管理制度和农村"三权"制度改革，推动基本公共服务各领域的法规政策逐步与户口性质相剥离，探索建立农村"三权"退出和享受城镇保障房、社会保障等公共服务相挂钩的激励机制，加大对农业转移人口市民化的财政支持力度并建立动态调整机制。完善钱随人走、异地结算等相关制度安排，探索研究个人权益资源可携带制度，保障符合条件的外来人口和本地居民享有平等的基本公共服务，帮助流动人口提高融入城市的能力。

## （三）推动供给模式创新，提高公共服务便利可及水平

依托大数据、互联网、区块链、人工智能等现代数字技术，有序推动公共服务数字化、智能化和精细化转型，不断创新公共服务供给方式，提高服务的便捷性、可及性与有效性，进而实现供给与需求更好的匹配。

1. 深化政务信息建设

结合政务信息整合，组织整合公共服务数据资源，完善基础信息资源和民生领域信息资源建设，搭建公共服务数据资源共享平台，推进公共服务数据资源跨部门、跨领域融合共享、统筹利用，提升公共服务信息获取便利性，助力政府决策科学化、社会治理精准化和公共服务高效化。持续构建实体政务大厅、网上办事大厅、移动客户端、自助终端等

多种形式相结合、相统一、相补充的公共服务平台，提升公共服务智能化水平。深化民生领域场景应用，持续将具备条件的服务事项纳入公共服务平台，推广"一网通办""一网统管"等一体化政务服务创新实践，让数据多跑路、群众少跑路，促进公共服务事项办理便利化。

2. 加强数字技术应用

推进信息技术在教育、医疗、卫生、养老、社保、就业等公共服务领域的普及应用，借助科技力量扩大服务资源覆盖范围，改进资源供需匹配程度，提高单位资源利用效率。推动社区、学校、医院、图书馆、体育场馆等公共服务主体数字化转型，实施管理信息化建设，加快服务智能化升级，构建数字新型社区、慕课、互联网医院、数字图书馆、虚拟体育场馆等智慧化生活场景。利用数字技术发展培育壮大公共服务新产品新业态，促进新型穿戴设备、智能终端、服务机器人、虚拟现实、增强现实等在公共服务领域集成应用，推动同步课堂、远程手术指导、沉浸式运动、数字艺术等智能化交互式产品服务创新发展，为人民群众提供更加智能、便捷、优质的公共服务。

3. 建立主动服务机制

主动采集公共服务需求信息，利用新技术手段搭建公共服务需求信息智能采集平台，及时掌握公共服务需求表达和反馈，并实施供需精准匹配，不断提高资源配置效率和服务供给效率。建立困难群众主动发现机制，运用大数据等现代信息技术，加强教育、民政、人社、残联、医保、公安、乡村振兴等相关部门数据比对和信息共享，实现民生保障领域问题早发现、早干预，优化服务流程、缩短办理时限，确保符合条件的困难群众及时尽早得到救助。主动方便群众就近获取公共服务，引导各地统筹本地区各类公共服务资源，结合居民分布和服务半径，推出"线上＋线下"公共服务平台和服务设施地图。

### （四）健全财力保障制度，确保公共服务供给有效运行

坚持财力可负担、服务可持续的底线要求，河南省在财力有限的情

况下，对于基本公共服务，政府要注重整合政策，精准施策，集中力量补短板赋效能；对于非基本公共服务，政府要优化政策供给，通过科学引导机制激活社会资本参与，增加公共服务产品总量。

1. 明确各级政府之间不同权责

明确公共服务体系中政府的权责边界，政府是基本公共服务保障的责任主体，同时引导市场主体和公益性社会机构补充供给。明确各级政府之间基本公共服务财权事权，建立各级政府分类别、按比例合理负担基本公共服务机制，进一步强化省级政府在基本公共服务领域的支出责任。充分发挥省级财政转移支付有效调节基本公共服务财力差距的功能，强化一般性转移支付"促均衡、保基本"功能，突出专项转移支付重大决策保障功能，继续完善分类分档转移支付制度。在《河南省人民政府关于印发深化省与市县财政体制改革方案的通知》基础上，研究细化公共服务领域改革方案，进一步增强落地可操作性。

2. 强化基本公共服务稳定投入

明确基本公共服务在公共财政投入中的优先地位，根据基本公共服务具体实施标准，明确政府承诺兜底保障范围，各级政府对现阶段保障基本民生"重点保什么""保到什么程度"做到心里有数，把有限的政府财力投入到最急需、最困难、最迫切的领域，引导各地更加注重加强普惠性、基础性、兜底性民生建设。深化基本公共服务预算管理制度改革，依据"无预算、不支出"的原则把各项公共服务支出按照其功能纳入预算编制，明确各类公共服务财力保障标准，推动公共服务项目预算执行硬约束，保障财政资金及时下达拨付，并确保预算增长幅度与地方财力增长相匹配、同公共服务需求相适应。

3. 提高县级财政基本保障能力

明确县级基本公共服务财力保障范围和保障标准，并根据相关政策和因素变化情况适时实施动态调整。省、市级财政按照本行政区划内基本公共服务均等化的要求，逐步提高县级财政在省以下财力分配中的比重，帮助困难县（市、区）弥补基本财力缺口。推动省以下支出责任划分改革，上移县级公共基础设施建设等部分事权，减轻县级支出责任和财政压力。通过政府一般债券、专项债券和再融资债券等增强县级筹资能力，引导加强对县域基本公共服务补短板项目的资金保障。完善县级政府保障基本公共服务的激励约束机制，根据基层工作实绩实施相应奖励。强化县级政府自我约束，科学统筹财力，规范预算管理，严格财力评估，指导地方避免落入福利陷阱。

**（五）完善评估监管机制，切实提升公共服务惠民实效**

紧紧抓住人民群众最关心最直接最现实的利益诉求，系统构建符合公共服务发展规律的质量监测体系，定期分领域开展公共服务优质化发展态势监测评估，并将其纳入地方绩效考核的重要指标，构建以人民为中心的评估监管体系。

1. 健全绩效评估机制

全面实施绩效管理导向，将公共服务优质化发展纳入绩效评价范围，推动政策评价与项目评价相结合，内部评价与外部评价相结合，客观成效与主观感受相结合。参照《河南省基本公共服务实施标准（2021年版）》和"十四五"公共服务规划中设定的指标体系，科学设计公共服务绩效评价指标体系和测量方法，完善基本和非基本公共服务标准达标评价制度，充分考虑河南实际情况，做到因时制宜、因地制宜。相关部门要及时跟踪各地的实施进展，了解各行业发展水平，对各地落实情况开展年度监测和中期评估。注重借助政府外部力量来推动政府更加注重公共服务绩效，健全第三方评估机制，积极培育第三方评估机构，系统评估公共服务供给主体的资金使用、生产绩效等，进一步完善公共服务绩效评价的工作实践。

2. 完善分类监管机制

根据公共服务供给主体的不同，政府充分运用发展规划、行政指导等方式以及间接管理、动态管理和事后监管等手段，逐步建立统一公平的公共服务行政监管机制，加强分类监管。对于公办机构生产的公共服务，对服务生产的决策阶段、服务过程和服务结果要进行全方位监督，防止政府和公办机构在供给决策中的主观随意和不负责任，以及生产过程中的违法、失职和滥用权力。对于市场和社会供给的公共服务，政府相关部门依法依规对具体组织服务生产的行业协会、社会组织、企业部门等加强监管。

3. 健全相关配套机制

探索建立更加有效的激励约束机制，坚持动力与压力双轮驱动，通过有效激励和有序问责，促进各级政府及相关部门适应新时期经济社会发展形势，及时更新公共服务理念。加强公共服务行业自律和社会监督，加快社会信用体系建设，将公共服务机构及从业人员诚信服务情况纳入信用信息共享平台，对严重失信行为采取失信惩戒及强制退出措施。建立政府主导与社会参与的良性互动机制，定期开展基本公共服务需求分析和社会满意度调查，及时掌握民生诉求，畅通居民反馈渠道，加强人民群众的监督，妥善回应社会关切。

（执笔人：翁珺 尹勇 李旭）

**参考文献**

[1] 习近平：《高举中国特色社会主义伟大旗帜 为全面建设社会主义现代化国家而团结奋斗——在中国共产党第二十次全国代表大会上的报告》，《中华人民共和国国务院公报》2022年第30期。

[2] 习近平：《把握新发展阶段，贯彻新发展理念，构建新发展格局》，《当代党员》2021年第10期。

[3] 做好"十四五"规划编制和发展改革工作系列丛书编写组：《加强社会公共服务体系建设》，中国计划出版社2020年版。

[4] 邢伟著：《国家治理现代化背景下的公共服务体系建设》，人民出版社2021年版。

[5] 《国务院关于印发"十三五"推进基本公共服务均等化规划的通知》，《中华人民共和国国务院公报》2017年第8期。

[6]《国务院关于印发国家基本公共服务体系"十二五"规划的通知》,《中华人民共和国国务院公报》2012年第21期。

[7]《河南省人民政府办公厅关于印发河南省基本公共服务实施标准(2021年版)》的通知》,《河南省人民政府公报》2022年第4期。

[8]《河南省人民政府办公厅关于印发河南省"十三五"基本公共服务均等化规划的通知》,《河南省人民政府公报》2017年第10期。

[9]《河南省人民政府办公厅关于印发河南省基本公共服务领域省与市县共同财政事权和支出责任划分改革方案的通知》,《河南省人民政府公报》2019年第3期。

[10]张启春、杨俊云:《基本公共服务均等化政策:演进历程和新发展阶段策略调整——基于公共价值理论的视角》,《华中师范大学学报》(人文社会科学版)2021年第3期。

[11]王皓田、徐照林:《"十四五"时期推进社会领域公共服务高质量发展的对策建议》,《中国经贸导刊》2022年第7期。

[12]孙莹:《新发展阶段推进公共服务高质量发展的路径探究》,《党政干部学刊》2021年第1期。

[13]高传胜:《"十四五"时期推动公共服务高质量发展研究》,《武汉科技大学学报》(社会科学版)2021年第5期。

[14]高传胜:《"十四五"时期推进非基本公共服务高质量发展研究》,《经济研究参考》2021年第1期。

[15]孙鸿鹤:《增强均衡性和可及性:构建社会主义现代化公共服务体系》,《理论探讨》2023年第2期。

[16]王震:《共同富裕目标下促进公共服务高质量发展的重点问题》,《经济纵横》2023年第2期。

[17]《牢牢把握高质量发展这个根本要求》,《人民日报》2017年12月21日第1版。

[18]欧晓理:《健全基本公共服务体系 完善共建共治共享的社会治理制度 扎实推动共同富裕》,《社会治理》2020年第12期。

[19]中共中央文献研究室《中国特色社会主义社会建设道路》课题组:《十八大以来习近平关于民生建设的新思想新举措》,《党的文献》2015年第3期。

# 城乡篇

## 农业大省统筹城乡发展之路

# 新时代河南省乡村演变趋势研究

**摘要：** 乡村振兴是实现中华民族伟大复兴的一项重要任务，是推进中国式现代化的必然要求。新形势下，河南紧抓乡村振兴发展机遇，扛稳粮食安全重任，深化农业供给侧结构性改革，持续推进乡村建设行动，完善农村公共服务，积极探索乡村振兴建设河南实践。本项目围绕"人口""产业""村庄""公共服务和基础设施"，深入探究乡村演变特征和发展规律，通过剖析生产力大解放时期、探索时期、优化时期乡村功能变迁及其影响因素，研判未来乡村演变趋势和村庄功能演变，并立足河南省乡村演变过程中存在的问题，提出打造高素质乡村振兴人才队伍、建设宜居宜业和美乡村、着力发展富民产业、深入推进农村改革、构建多元化投入机制等政策建议。

**关键词：** 乡村振兴　乡村演变　乡村发展

"全面推进乡村振兴"是党的二十大报告提出的对乡村振兴的最新论述，意味着乡村振兴进入了新阶段。乡村振兴的对象及空间载体是乡村[①]，在全面推进乡村振兴的进程中，乡村的功能作用、产业形态、人口结构、村庄布局等将发生更加深刻的调整，城乡关系将发生更加深刻的转型。深入分析河南省乡村演变规律，综合解析乡村发展演化的过

---

① 乡村是指城市建成区以外具有自然、社会、经济特征和生产、生活、生态、文化等多重功能的地域综合体，包括乡镇和村庄等。

程、格局和机理，预判未来乡村发展趋势和乡村功能提升，勾勒推进乡村全面振兴路径，有助于实现农业高质高效、乡村宜居宜业、农民富裕富足，有助于探索中国式现代化河南实践的乡村发展范式。

# 一　河南省乡村演变特征和发展趋势

## （一）河南省乡村人口变动趋势分析

农民是乡村振兴的主体，乡村人口的变动趋势影响着乡村振兴的进程，河南乡村人口整体呈现出总量减少、老龄化凸显等特征。

1. 农村人口总量减少。1978年全省总人口为7067万人，其中，城镇人口为963万人，乡村人口为6104万人，城镇人口比重为13.63%。2022年全省常住人口为9872万人，其中，城镇人口为5633万人，乡村人口为4239万人，城镇人口比重为57.07%，乡村人口总量及其占比两个指标均呈下降趋势。分阶段看，全省乡村人口经历了先增长后下降两个阶段。1978年到1995年，乡村人口呈增长态势，于1995年达到峰值7536万人。随后，随着乡村人口大规模外流，乡村人口①呈现出下降趋势。

2. 乡村人口结构发生了较大变化。一是农村人口性别比降低。由于乡村人口的外流，造成乡村人口结构的变动。从历次人口普查看，随着乡村外出人口的增加，人口性别比呈降低趋势，并且乡村人口性别比由高于全省平均水平发展到低于全省平均水平。二是农村进入"深度老龄化"阶段。据第七次全国人口普查数据统计，2020年全省农村60岁及以上人口为1005.36万人，占乡村常住人口比重为22.7%，与2010年第六次全国人口普查数据相比，增加了203.48万人，上升8.83个百分点。其中，农村65岁及以上人口为769.48万人，占全省乡村常住人口的比重达到17.37%，与2010年第六次全国人口普查相比，增加了243.3万人，占

---

① 从2005年开始，发布常住人口数据，城乡人口、城镇化率按常住人口口径统计。

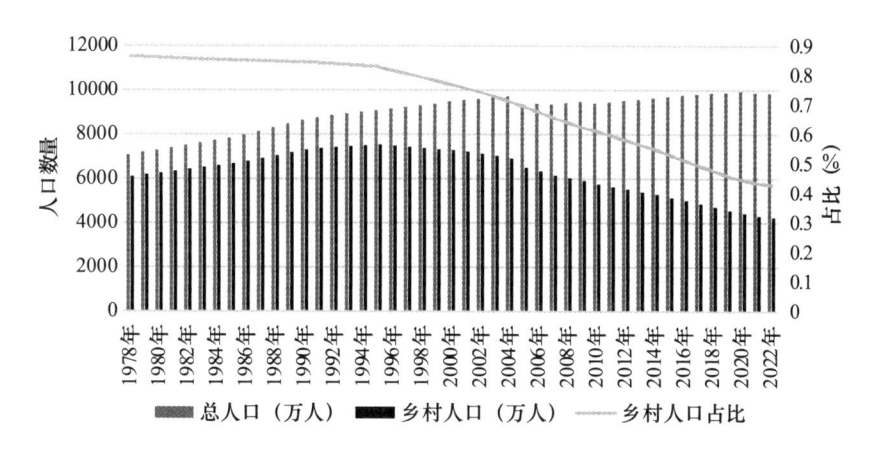

**图 5-1  1978—2022 年河南省人口统计图**

数据来源：河南省统计局。

比上升 8.27 个百分点。从数据分析，可以看出河南省农村老龄人口规模较大，且老龄化速度较快。根据联合国关于人口老龄化的界定，河南省农村已经进入"深度老龄化"阶段。三是农村平均家庭户规模缩小。由于乡村人口的外流和家庭的小型化，平均家庭户规模也在缩小，乡村家庭户规模由高于全省平均水平到低于全省平均水平。

表 5-1  **历次普查人口性别比（女 = 100）**

| 普查年份 | 全省人口性别比 | 全省乡村人口性别比 |
| --- | --- | --- |
| 2000 年（五普） | 106.46 | 106.85 |
| 2010 年（六普） | 102.05 | 101.36 |
| 2020 年（七普） | 100.60 | 100.54 |

表 5-2  **历次普查平均家庭户规模（人/户）**

| 普查年份 | 全省户规模 | 全省乡村户规模 |
| --- | --- | --- |
| 2000 年（五普） | 3.68 | 3.80 |
| 2010 年（六普） | 3.47 | 3.57 |
| 2020 年（七普） | 2.86 | 2.84 |

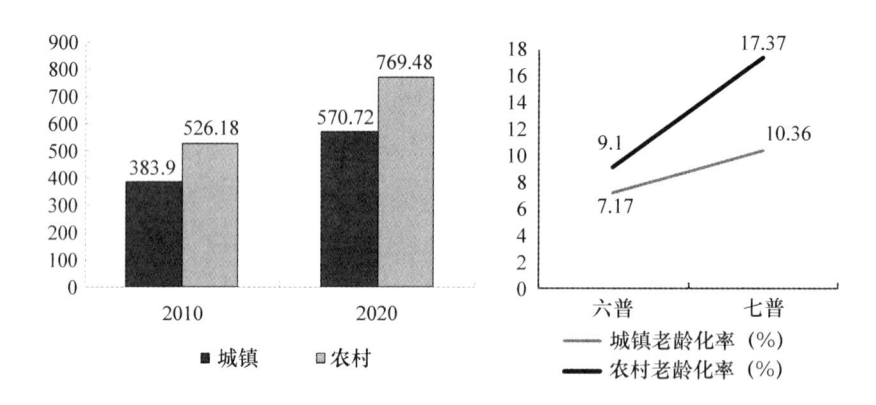

图 5-2　河南省"六普""七普"城镇和农村老龄人口及其老龄化率

数据来源：河南省"六普""七普"统计数据。

3. 乡村人口受教育程度低于全省平均水平。在不断加大教育投入的背景下，河南省整体受教育程度不断提高，然而由于乡村地区的教育资源相对匮乏，教育质量不高，以及人们对教育的重视程度不够等因素，乡村人口的受教育程度提升速度相对较慢。截至 2000 年，全省农村 15 岁及以上人口的平均受教育年限为 7.41 年。2020 年增长到 8.31 年，尽管有所提升，但仍明显低于全省的平均水平。

表 5-3　历次普查 15 岁及以上人口平均受教育年限（年）

| 普查年份 | 全省 | 全省乡村 |
| --- | --- | --- |
| 2000 年（五普） | 7.99 | 7.41 |
| 2010 年（六普） | 8.95 | 8.02 |
| 2020 年（七普） | 9.79 | 8.31 |

数据来源：河南省"五普""六普""七普"统计数据。

4. 农村劳动力转移规模不断增大。河南省农村劳动力转移规模呈现不断增长的趋势。据统计，2012 年河南省累计农村劳动力转移人数为 2570 万人，2022 年，这一数字已经增长到 3182.02 万人，10 年内增长了612.02万人。一方面说明了河南省在促进农村劳动力转移方面取得了积极的成果，另一方面也表明了城市和工业发展对劳动力的需求在不断增长，为农村劳动力提供了更多的就业机会。

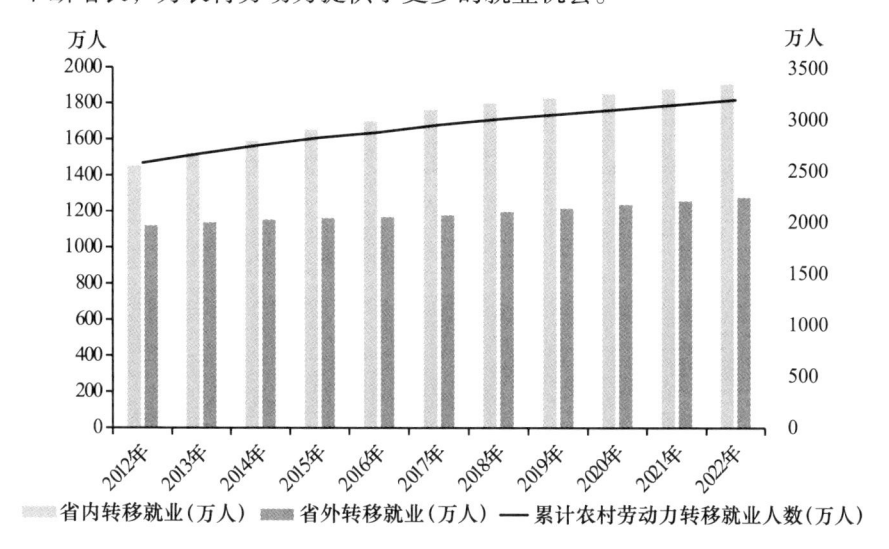

图5-3 2012—2022年河南省农村劳动力转移统计图

**（二）河南省乡村产业变动趋势分析**

产业是推动乡村振兴的关键。改革开放以来，河南省以"产业"为抓手，有序推进家庭土地承包，稳步提高农业综合生产能力，持续优化农业结构，在保证粮食生产的同时鼓励各地大力发展特色产业，传统农业大省正在逐步向现代农业强省转变。

1. 第一产业产值有序增长，占比稳定在10%左右。1978年第一产业产值为64.86亿元，2021年增加到5620.82亿元，产值快速增长。在家庭联产承包责任制政策驱动下，1983年河南第一产业占比（43.7%）达到历史新高。随着工业化和新型城镇化发展，第一产业占比从1984年的41.96%，下降到2022年的9.5%，并连续8年稳定在10%左右。

2. 农林牧渔业稳定增长，产业结构持续优化。2022年农林牧渔业总产值10952.24亿元，比1995年增加9647.99亿元。分产业看，农林

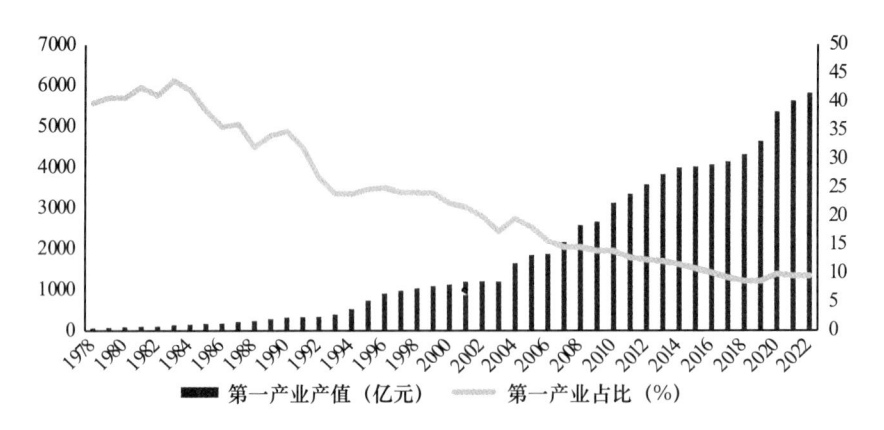

图 5-4 河南省第一产业产值及占比

数据来源：河南省统计年鉴。

牧渔各业均保持稳定增长，其中农业产值增加最多，渔业产值年均增长率最大。2022 年，农业产值 6948.30 亿元，比 1995 年增加 6082.48 亿元，年均增长 26%；林业产值 149.55 亿元，增加 111.23 亿元，年均增长 10.8%；牧业产值 2832.30 亿元，增加 2441.21 亿元，年均增长 23.1%；渔业产值 147.45 亿元，增加 138.42 亿元，年均增长 56.7%。

表 5-4　　　　　　　1995—2022 年农林牧渔业产值情况

| 年份 | 农业总产值（亿元） | 农业 产值（亿元） | 农业 占比（%） | 林业 产值（亿元） | 林业 占比（%） | 牧业 产值（亿元） | 牧业 占比（%） | 渔业 产值（亿元） | 渔业 占比（%） |
|---|---|---|---|---|---|---|---|---|---|
| 1995 | 1304.25 | 865.82 | 66.38 | 38.32 | 2.93 | 391.09 | 29.98 | 9.03 | 0.69 |
| 2000 | 1981.5 | 1264.3 | 63.8 | 56.2 | 2.83 | 641.6 | 32.37 | 19.5 | 0.98 |
| 2005 | 3309.7 | 1790.4 | 54.09 | 83.9 | 2.53 | 1251.6 | 37.81 | 35.3 | 1 |
| 2010 | 5734.2 | 3540.8 | 61.74 | 115.3 | 2.01 | 1805.9 | 31.49 | 71.2 | 1.24 |
| 2015 | 7641.3 | 4610.7 | 60.33 | 134.3 | 1.75 | 2445.3 | 32.00 | 123.6 | 1.61 |
| 2020 | 9956.3 | 6244.8 | 62.72 | 126.7 | 1.27 | 2855.8 | 28.68 | 117.6 | 1.18 |
| 2021 | 10501.2 | 6564.8 | 62.51 | 134.0 | 1.27 | 2942.06 | 28.01 | 143.41 | 1.36 |
| 2022 | 10952.2 | 6948.3 | 63.44 | 149.5 | 1.36 | 2832.3 | 25.86 | 147.45 | 1.34 |

数据来源：《中国农村统计年鉴》。

3. 特色农业高质高效，产值占比逐步提升。河南省深入推进农业供给侧结构性改革，构建以小麦、花生、草畜、林果、蔬菜、花木、茶叶、食用菌、中药材、水产品为代表的十大优势特色农业高质量发展格局，已获批豫西南肉牛、伏牛山香菇、强筋小麦、怀山药、花生、奶业集群6个优势特色产业集群。2016年河南省优势特色农业产值为3837.52亿元，占农林牧渔业比重为51.8%，2018年、2020年、2021年优势特色农业产值依次突破4000亿、5000亿、6000亿大关，截至2021年，河南省优势特色农业产值为6063.35亿元，占比增加到57.7%。

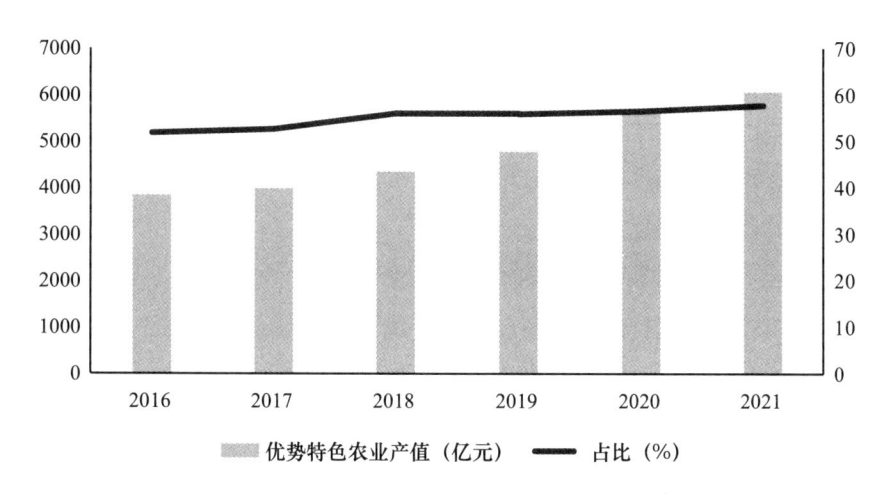

图5-5 河南省优势特色农业产值及其占比

数据来源：河南省统计年鉴。

4. 产业链条拓展延伸，融合发展互促共进。河南省以"一群多链、聚链成群"为导向，通过搭建现代农业产业园、农村产业融合发展示范园等方式，推进农业全产业链高质量发展，河南省农产品加工业已发展成万亿级产业。近些年，河南农产品冷链物流设施持续优化，电子商务、农村物流融合发展，农村生产性服务业发展成效显著。休闲农业、乡村旅游、乡土文化、健康养生等富民产业蓬勃发展,农民增收路径进一步拓展。2022 年河南省农村居民人均可支配收入为 18697 元。

**(三) 河南省村庄规模演变分析**

基于资源环境科学与数据中心(https://www.resdc.cn/)获取中国多时期土地利用遥感监测数据集(CNLUCC),该数据是以美国陆地卫星 Landsat 遥感影像为主要信息源,通过人工目视解译构建的中国国家尺度多时期土地利用/土地覆盖专题数据库,精度为 30m。为探讨河南省乡村居民点空间数量变化,采用土地利用数据中第五大类"城乡、工矿、居民用地"类型中的 51 小类"农村居民点"进行分析,本数据中的农村居民点指的是独立于城镇以外的农村居民点。利用 Arcgis10.3 平台,运用"Spatial Analyst 工具"下的提取分析中的"按属性提取"对河南省农村居民点数据进行提取后,对河南省各个地市的居民点的面积以及数量进行统计。

1. 乡村区划调整更加合理

河南省乡镇农村区划调整较大,经统计年鉴数据分析可知,河南省乡镇农村区划变化有以下特征:一是村级行政区划数量呈倒"U"形曲线,整体趋势为逐年减少;二是乡级行政区划数量持续下降;三是镇级行政区划数量正稳步增加。

具体来看,河南省村级行政区划在 1995 至 2000 年间出现"小高峰",数量上存在极值,村级行政区划在 48000 个左右,在 2000 年之后开始出现降低,且降低速度逐年加大,2015 年至 2020 年降低速度最大,于 2020 年降低至 45000 个左右,河南省的村庄区划个数在不断优化减少;乡级行政区划在 1995 年前后出现"小高峰",数量上存在极值,乡级行政区划数量在 2000 个左右,1995 年至 2000 年降低速度最快,随后逐年降低,在 2020 年降低至 600 个左右;镇级行政区划数量稳步上升,其原因为并村为乡,撤乡划镇。

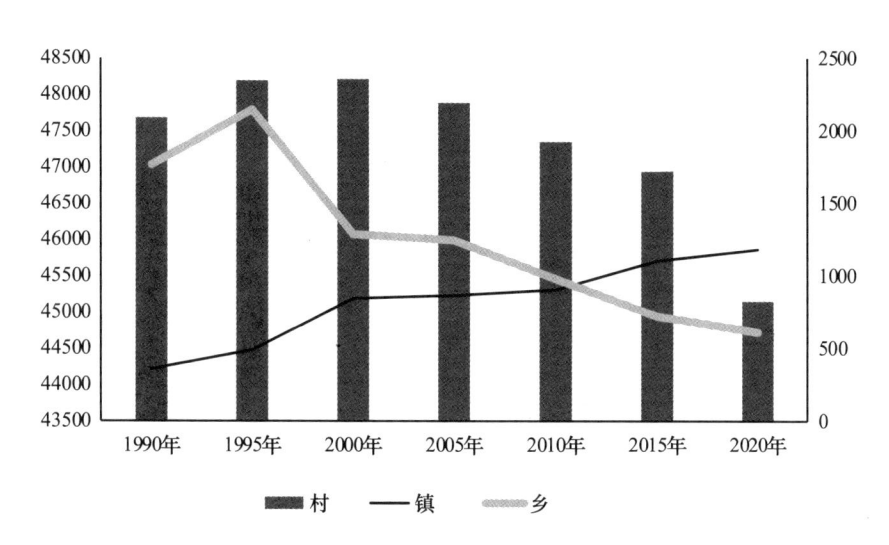

图 5-6 河南省乡镇农村区划变化数量统计

**2. 农村居民点空间联动发展**

对河南省居民点的土地利用数据进行分区统计，分析全省农村居民点的时空分布特征，1980 年至 2020 年间，各个地市的居民点建设增长情况存在不同。一是以郑州市为核心的农村居民点增幅最大；二是河南省外围城市的农村居民点建设表现为负增长；三是以"三门峡市—洛阳市—焦作市—郑州市—开封市"为轴带的横向农村居民点建设联动增长态势明显。

具体来看：一方面，农村居民点面积减少排名靠前的地市为济源市（5.28），相比 1980 年减少了 8.1%；周口市（99.1），相比 1980 年减少了 4.9%；商丘市（87.6），相比 1980 年减少了 4.7%。另一方面，农村居民点面积增加排名靠前的地市为郑州市（481.7），相比 1980 年增加了 111.3%；三门峡市（179.7），相比 1980 年增加了 19.3%；洛阳市（508.4），相比 1980 年增加了 14.3%。

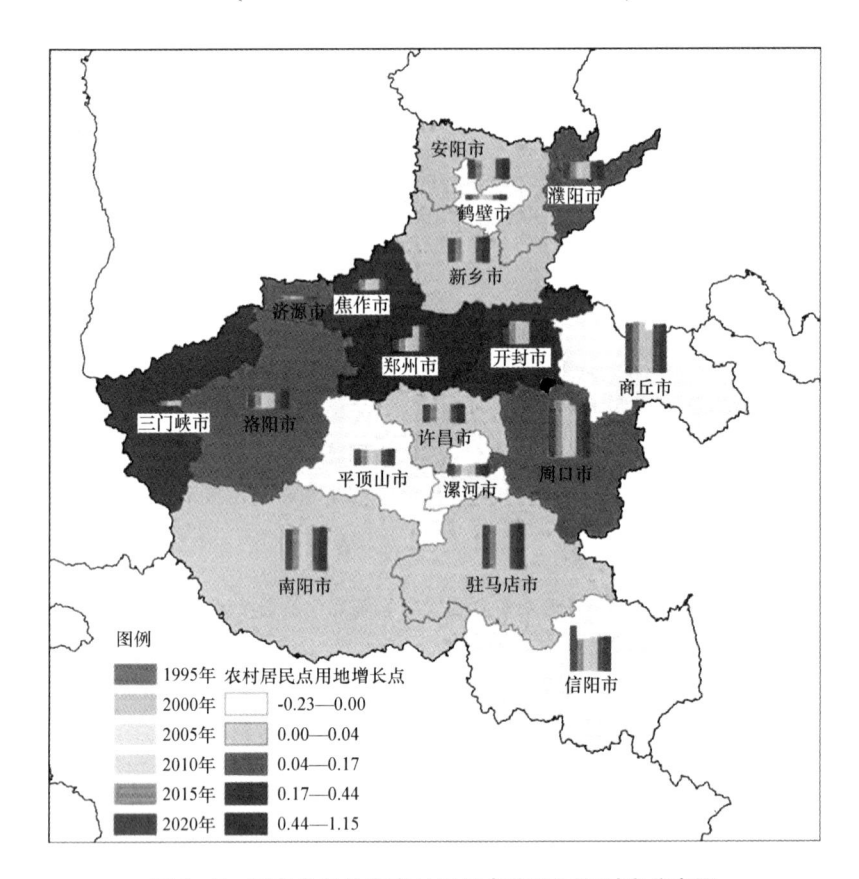

图 5-7　河南省各地市农村居民点建设面积时空分布图

表 5-5　　　　　河南省各地市农村居民点面积统计表

| 市 | 1980年面积（km²） | 1980—2020年面积增长（km²） | 市 | 1980年面积（km²） |
|---|---|---|---|---|
| 周口 | 2022.4251 | -99.1188 | 平顶山 | 554.5323 |
| 商丘 | 1861.4142 | -87.696 | 安阳 | 707.3001 |
| 许昌 | 656.6841 | -13.7709 | 三门峡 | 179.7624 |
| 南阳 | 1544.6835 | -7.5636 | 驻马 | 1590.494 |
| 济源 | 65.0988 | -5.2812 | 濮阳 | 592.8624 |
| 鹤壁 | 192.1293 | -3.2526 | 焦作 | 378.0594 |
| 漯河 | 404.6652 | 7.9785 | 洛阳 | 508.4793 |
| 新乡 | 896.3019 | 12.7971 | 信阳 | 1163.183 |
| 开封 | 849.6432 | 13.5243 | 郑州 | 481.761 |

各个城市农村居民点建设面积增加或者减少现象的原因为：一是乡村的自然发展形成的乡村建设规模不断扩大；二是乡村自然凋亡下的规模缩小；三是城市化进程中农村发展迅速，撤乡划镇后的农村居民点消失，这部分农村居民点用地演变为城市建设用地。

3. 农村居民点规模小、建设快、呈零散分布

从居民点的规模来看，全省农村居民点平均用地规模较小。根据河南省农村居民点斑块平均面积统计，河南省农村居民点斑块的平均用地规模在 0.1485 平方公里到 0.1674 平方公里之间，其规模变化存在波动，但波动较小。从居民点规模增长来看，较大面积的居民点建设速度更快。由于不同乡村发展基础不同，其发展速度也存在差异，因此各个农村居民点之间的用地规模差异逐渐拉开，数据显示从 1995 年的 9.3 平方公里增长至 2020 年的 16.76 平方公里，增长了 7.4 平方公里。从地块的破碎化程度来看，全省农村居民点呈零散分布。农村居民点土地利用集中性或可提高，根据斑块计数统计，2020 年河南省农村居民点近九万五千个，比 1995 年增加一千个左右，斑块数量在不断增加。

表 5 - 6　　　　　　河南省乡镇居民点斑块属性统计表

| 年份 | 平均面积（km²） | 最大面积（km²） | 斑块计数（个） | 总面积（km²） |
| --- | --- | --- | --- | --- |
| 1995 年 | 0.1485 | 9.3627 | 94042 | 13967.08 |
| 2000 年 | 0.1674 | 19.404 | 88421 | 14807.16 |
| 2005 年 | 0.1686 | 20.3616 | 87698 | 14794.16 |
| 2010 年 | 0.1586 | 18.8739 | 92962 | 14751.61 |
| 2015 年 | 0.1609 | 18.9648 | 95168 | 15312.59 |
| 2020 年 | 0.1622 | 16.7256 | 95032 | 15422.22 |

**（四）河南省乡村公共服务和基础设施发展特征分析**

聚焦人民群众急难愁盼问题，全省各地区各部门加快推动城乡基本

公共服务均等化建设，补齐农村公共服务短板，城乡公共服务均等化、优质化水平不断提高。

1. 基本公共服务供给有效提升

乡村教育资源显著提升①。乡村教育与改革开放初期相比，一是数量规模进一步优化。2022年，全省乡村学校共有学校5.76万所，其中，全省小学30677所，教学点5053个，初中阶段学校4946所，普通高中920所，教育人口2815.6万人，占总人口的28.67%。全省小学净入学率达100%，高中阶段毛入学率为92.7%。二是着力体现教育均衡、公平发展。从经费投入看，1978年，全省中学人均教育经费仅为40元，小学仅为12元，学校严重危房比例高达33%。为促进乡村教育事业又好又快发展，河南省不断加大乡村教育投入，特别是2002年以来，全省每年新增教育经费用于农村教育，先后通过改造中小学校舍，建立起了覆盖全省农村中小学的远程教育网络；开展农村寄宿制学校建设，实施农村初中食堂改造、第二期国家贫困地区义务教育、农村初中校舍改造等工程，有效促进了义务教育办学条件的改善。

农村医疗服务逐渐完善。一是乡村医疗基础设施结构优化。从卫生院床位数量看，1995年河南省农村卫生院床位数为54446张，2020年增长至111495张，年均增加床位数2280张。从卫生人员数量看，1995年河南省卫生人员数达69860人，2020年增长至122162人，年均增加2092人。整体呈现布局更加优化、服务水平、服务能力不断上升之势。二是服务能力不断提升。深入实施健康中原行动，乡村医疗卫生机构服务能力得到有效提升。建立村（居）民委员会公共卫生委员会4.46万个，覆盖率达到99.99%。组建179个医共体，实现紧密型县域医共体建设全省全覆盖，累计2548所乡镇卫生院和社区卫生服务中心达到服务能力基本标准，实现乡镇卫生院、社区卫生服务中心服务能力全面达标，累计建成社区医院879所、基层中医馆2255个，基本实现乡镇卫

---

① 本段数字来源：河南省教育厅。

生院和社区卫生服务中心中医馆设置全覆盖。

社会保障服务不断健全。一是农村养老服务体系建设不断推进。1995年河南省农村养老机构数为1717个，2020年增长至3168个，年均增加58个，实现县级特困供养机构实现全覆盖。二是社会保障覆盖率稳定增长。全省城乡居民基本养老保险参保人数5285.39万人，基本医疗保险参保人数8698.17万人，符合条件的县域城镇和农村居民参加基本养老和基本医疗保险参保率稳定在96%以上。三是基层社会救助服务水平有效提升。2576个乡镇（街道）全部将社会救助审核确认权下放至乡镇（街道），打通服务困难群众"最后一公里"。

表5-7　　　　　　1995—2020年河南省农村养老机构数量

| 年份 | 养老机构数（个） |
| --- | --- |
| 1995 | 1714 |
| 2000 | 2044 |
| 2005 | 2051 |
| 2010 | 2470 |
| 2015 | 3913 |
| 2020 | 3168 |

数据来源：《中国农村统计年鉴》。

2. 农村基础设施更加完善

乡村道路[①]。改革开放以来，河南省农村公路建设经历了从无到有的发展阶段，农村公路里程位居全国前列，总体规模基本符合经济社会发展需求，目前已经步入了从有到优的发展阶段。1978年至1998年，全省农村公路里程达到44085公里，年均增加里程1210公里。截至2005年底，农村公路57217公里。特别是2005年河南省人民政府印发《关于进一步加强农村公路建设的意见》，开始了全省"村村通"工程

---

① 本段数据来源：河南省交通运输厅。

建设，河南省农村公路正式进入高速发展阶段。2008 年全省农村公路通车里程位居全国第一位，达到 21.66 万公里，是改革开放前的 10.9 倍。截至 2022 年底，全省农村公路总里程达到 23.8 万公里，位居全国第 5 位，面积密度 142.5 公里/百平方公里，居全国第 6 位，全省 88% 的乡镇通二级及以上公路、98% 的乡镇通三级及以上公路、100% 的建制村和 20 户以上的自然村通硬化路，以县城为中心、乡镇为节点、村组为网点，"外通内连、畅乡通村"的农村公路网络基本形成，农村地区交通运输条件明显改善。

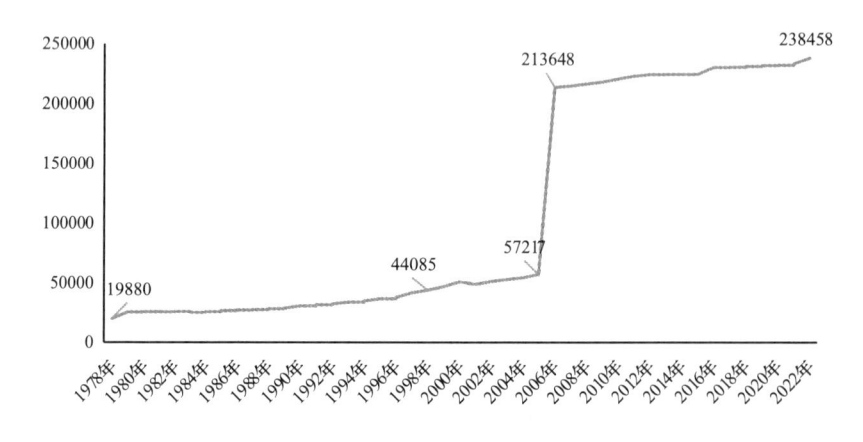

**图 5-8 河南省农村公路里程变化情况**

数据来源：河南省交通运输厅。

灌区工程[①]。省委、省政府高度重视灌区建设，全省历经建设灌区（中华人民共和国成立初期至 1998 年）、续建配套改造（1998—2020 年）、现代化改造（2021 年至今）三个阶段，从没有灌区到新建灌区，再到有效解决灌区病险、"卡脖子"及骨干渠段严重渗漏等突出问题、提高灌溉水利用率。特别是"十四五"期间国家启动了灌区现代化建设，在完善骨干灌排工程及配套设施的基础上，利用现代数字技术，从

---

① 本段数据来源：河南省水利厅。

根本上打造"设施完善、用水高效、管理科学、保障有力"的现代化灌区,河南省有 12 处大型灌区进入"十四五"期间投资范围,项目总投资为 55.2 亿元,同时启动了中型灌区续建配套与节水改造项目,有 38 个中型灌区进入"十四五"国家投资计划,项目总投资为 30.06 亿元(2021—2022 年 15 处投资 12.55 亿元,2023—2025 年 23 处投资 17.51 亿元)。

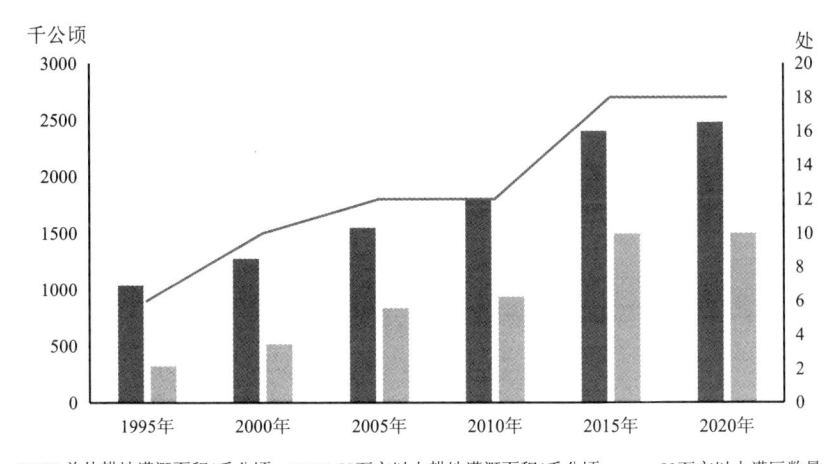

**图 5-9　河南省 1995—2020 年大型灌区及灌溉面积变化图**

数据来源:《中国农村统计年鉴》。

农村饮水①。20 世纪 70 年代以来,河南先后实施了人畜饮水解困、农村饮水安全工程、巩固提升农村饮水工程标准,从分散饮水到单村集中供水、到规模化集中供水,到目前的农村供水工程规模化、建管市场化、水源地表化、城乡一体化工作,实现了从拉水到自来水、从地下水到地表水的转变,提升农村集中供水率、自来水普及率,利用地表水置换地下水,减少对地下水尤其是深层承压水的开采,彻底结束高氟水、

---

① 本段数据来源:河南省农业农村厅。

高砷水、苦咸水的历史。截至2022年底，农村集中供水率94%、自来水普及率92%，全省共60个县开展了农村供水"四化"工作。

能源建设①。积极推进农村电网建设，推动风电、光伏发电等可再生能源项目建设，全省新增可再生能源发电装机885万千瓦，全年可再生能源装机占总装机比重达到41%，非化石消费比重达到14.2%。农村天然气用户370万户。随着平原地区农田机井通电、中心村改造、村村通动力电、煤改电电网配套、电网脱贫攻坚等工程的实施，农网建设滞后局面有效改善，农村供电水平和供电质量大幅提高，供电服务能力持续增强，有力服务了农村经济社会发展。河南农村用电量1995年为85.1亿千瓦时，2020年已达426.5亿千瓦时，平均每年增加13.65亿千瓦时。

表5-8　　　　　　1995—2020年河南农村用电量情况

| 年份 | 农村用电量（亿千瓦时） |
| --- | --- |
| 1995 | 85.1 |
| 2000 | 125.8 |
| 2005 | 172.1 |
| 2010 | 269.4 |
| 2015 | 321.1 |
| 2020 | 426.5 |

信息化建设②。持续开展数字乡村试点，加强农村信息基础设施建设，发展智慧农业，建立农业农村大数据体系。加快实施151个农业农村数字化应用项目，建设乡村振兴直播产业基地143家。全省累计完成农村地区网络投入75亿元，农村5G基站新增1.4万个，农村固定宽带接入端口新增102.3万个，实现全省乡镇以上和农村热点区域5G网络

---

① 本段数据来源：河南省农业农村厅。
② 本段数据来源：河南省农业农村厅。

和千兆光网全覆盖,行政村5G通达率达到83%。

农村人居环境建设①。重点实施农村人居环境整治提升五年行动,推进农村厕所革命,新改建农村无害化卫生厕所100万户,全省无害化卫生厕所普及率达到69%。农村生活垃圾收运处置体系已覆盖所有行政村、97%的自然村,农村生活污水治理率达到36%,乡镇政府所在地村庄生活污水集中处理覆盖率达到72.6%。

## 二 河南省不同阶段乡村功能变迁及影响因素分析

党的十一届三中全会拉开了中国经济体制改革的序幕,农村率先成为改革重点,国家陆续出台了一系列有关农村改革的政策,随着政策取向和实施力度的不断调整,乡村功能也从单一的农业功能向农业、文化、生态等多功能演进,并呈现出明显的阶段性特征。梳理40余年河南乡村发展历程,可以从三个阶段来把握乡村功能演进轨迹。

### (一)生产力大解放时期(1978—1992年)

以农村经济发展为中心,主要解决农民温饱。重点是废除人民公社,确立以家庭承包经营为基础、统分结合的双层经营体制,改革农产品统购制度,发展乡镇企业,探索市场化取向的农村改革,整体呈现为单一型农业功能。

河南改革的浪潮率先从农村掀起并取得突破性进展。党的十一届三中全会之后,河南广大农民积极投身农村改革,以"五定一奖""联产到组"为主要形式的生产责任制在全省农村迅速推广,以家庭联产承包责任制为主体与集体统一经营相结合的双层经营体制不断完善和稳定,农业基础地位得到强化,农业生产实现较大飞跃,农民生活有了初

---

① 本段数据来源:河南省农业农村厅。

步保障，乡镇企业异军突起，农产品流通体制的市场化改革探索开始起步，奠定了农业农村从计划封闭转向自由开放的基石。

1. 主要特征

农民温饱得到解决。河南省在全国率先进行了以家庭联产承包责任制为主的农村经济体制改革，显著提高了农业全要素生产率，农业生产水平大幅跃升，1983年全省农业总产值达到203.92亿元，相当于1978年的2.06倍；粮食总产量由1978年的419.5亿斤增长到580.8亿斤。主要农产品人均占有量逼近全国平均水平，基本解决农民温饱问题，河南由粮食调入省变为粮食调出省。随后，河南省又提出了树立大农业的思想，大力发展各种专业户，积极办好农村经济联合社，积极调整种植业结构，大力发展养殖业和食品加工业，努力搞好粮食转化、增值。到1990年底，河南农业总产值突破500亿元，结构调整也初见成效。

乡镇企业异军突起。乡镇企业是在改革中迅速崛起的新生事物。1978年，河南全省乡镇企业（社队企业）仅7.60万个，从业人员140多万人，年总产值30亿元，利润7亿多元。1984年5月，省委、省政府发出《关于发展乡镇企业的决定》，提出了"大、中、小一起上，集体、联合体、个体齐发展"的方针，全省农村迅速掀起了大办乡镇企业的热潮。1988年4月，省委、省政府制定出台了《关于支持、搞活乡镇企业的若干规定》等文件，提出了"狠抓乡、村集体经济，大力发展户办、联户办企业"的发展方针，河南乡镇企业走上了健康发展的轨道。出现了第一次以乡镇企业为就业目的地的"民工潮"，体现了"离土不离乡、进厂不进城"的特点。1992年，全省乡镇企业的总产值达到1248.7亿元，在中西部地区率先突破千亿元大关，成为全国第五个乡镇企业大省，涌现出了刘庄、回郭镇、南街村、竹林镇等一大批依靠乡镇企业发展起来的明星乡镇。

农产品流通体制改革稳步推进。在农村经济体制改革的推动下，从1979年开始，河南启动了农村商品流通体制改革。1990年，河南又适时调整了农产品价格，对粮食实行最低保护收购价格。同时，河南还逐步建立了粮食等重要农产品专项储备制度和风险基金制度，实行"菜篮子""米袋子"工程等，初步形成了政府对农产品市场的宏观调控体系。与此同时，农村城乡集贸市场迅速发展，到1991年底，河南全省集贸市场发展到5000个，成功地创办了中国郑州粮食批发市场，驻马店、开封、新乡、周口、南阳等区域性粮油批发市场，国有商业"一统天下"的局面被打破，农民及多种形式的市场中介组织开始成为独立的市场主体，出现了国家、集体、个人一起上的商品流通格局，初步形成了遍布城乡的集市贸易流通网络。

"乡政村治"的治理格局初现雏形。改革开放后，家户成为独立的生产经营单位，这一时期农村社会的主要矛盾是收缴农业税、执行计划生育等，以及相关的突发群体性事件，部分地方由于处理不善还引发了更大的矛盾，甚至影响到农村社会的稳定，但与之相配套的乡村治理体系并未确立，导致农村社会出现了短暂的"治理真空"。1982年宪法确立基层群众自治制度，标志着村民自治制度建立，明确以"村民自治"形式将"政社分设"的探索宪法化、规范化和制度化。1987年，全国人大常委会制定并通过了《中华人民共和国村民自治组织法（试行）》，明确乡镇是国家政权的基础性单位，乡镇以下实行村民自治，由此形成"乡政村治"的治理格局。

农村传统价值观念动摇。乡镇企业的迅猛发展，造成农村的生产方式和经济基础发生巨变，农村传统的宗法伦理和家族意识观念被动摇，乡村文化的封闭性因此被打破，城乡文化得以交流和融合，城市文化被带进了农村，计划经济体制下形成的农村封闭、僵化的文化理念逐步被抛弃，农村历史上长期形成的农耕文化传统有逐步弱化趋势。

农村污染隐蔽积累。改革之始，国家政策更加聚焦于农业发展本身而忽略了对环境资源的负面作用，乡镇企业的兴起成为农村环境的主要污染源。乡镇企业一哄而上，同时由于技术落后，又片面追求经济利益，忽视生态环境，给当地环境带来了巨大压力。而受到知识水平的限制和农村普法工作不到位，农民对环境问题和环境污染潜在危害的认知比较模糊，环保意识和维权意识淡薄。这一时期的农村环境政策主要是为适应农业农村经济社会的发展做出的适当调整，并在农业农村环境保护中发挥出激励和正面导向作用，没有起到应有的约束力。

2. 主要影响因素

这一时期对乡村发展影响较大的因素主要是体制创新，其他政策对河南乡村发展的影响度较低。

农村制度创新给农民带来了获得感。家庭联产承包责任制使农民获得生产自主权和农产品的收益权，农村生产力得到大发展，农业全要素生产率显著提高，制度创新成为农业农村发展的重要驱动力，这一时期也是农民获得感最强的时期之一。

以农补工政策减缓了农业快速发展势头。由于1984年之后相当长的时期内，改革的重点从农村转到城市和国有企业，城市经济体制改革逐渐展开，以农补工偏向城市的社会经济政策的推行，一定程度上消减了农村改革的前期成果。使得对农村和农民索取的多投入的少，造成农民享有的较低层次的教育、卫生合作医疗等社会保障已近崩溃，工农业产品价格的"剪刀差"加剧。

城镇化政策没有在河南乡村发挥应有作用。1978年召开的第三次全国城市会议制定了"控制大城市规模、多搞小城镇"的城市发展方针，1980年国务院批转了《全国城市规划工作会议纪要》，进一步提出了"控制大城市规模，合理发展中等城市，积极发展小城市"的城市发展思路，1984年中央又颁布了新的户籍管理制度即允许农民自带口粮进城镇务工经商落户，诸如此类的政策松绑基本是围绕发展小城镇和农民进乡镇来展开的。河南省也确定了优先发展小城镇的战略。但由于河南省在短期内难以跳出"农业思维"模式，同时又缺乏足够多的小城镇作为载体，这一阶段河南省城镇化水平与全国平均水平的差距不仅没有缩小反而呈逐步扩大趋势。

### （二）探索时期（1993—2011年）

深化农村改革，坚持市场化导向，全面放开粮食购销价格，有序推行第二轮家庭土地承包，以免征农业税为抓手，进一步释放农民生产的积极性，强化政策引领，推动粮食生产从产量型向质量效益型转变，农村生产、生活功能持续优化，生态、文化功能有所展现。

1. 主要特征

农业产业化水平稳步提升。初步形成以基地建设推进农业产业化发展格局。通过引导农业产业化经营项目向优势产业和优势区域集中、龙头企业向工业园区集中，强化产业集聚，河南初步形成以豫北、豫中南为主的优质小麦生产基地和黄河滩区绿色奶业示范带、豫东平原奶业养殖基地、中原肉牛肉羊、京广铁路沿线瘦肉型猪、豫北肉鸡、豫南水禽等一批优势农业产业带。"科技兴农"更加凸显。通过增加科技投入、稳定科技队伍，实施"丰收计划""沃土计划""种子工程""绿色证书"等，加强了农业科学研究和技术推广普及工作，广泛应用农作物间作套种、小麦精播、水稻旱育稀植、配方施肥、测土施肥等先进适用技术，农产品科技含量增加，农业经济效益不断提高。打造了一批农产品品牌。通过扶持龙头企业，河南创出了一批如"华英鸭""大用鸡""金苑面粉""三全凌汤圆""思念水饺""莲花味精""双汇火腿肠"等在国内外有一定影响力的名牌农产品，农产品竞争力显著增强，已成为名副其实的中国"粮仓"和"厨房"。

农村改革不断深化。河南积极探索建立农村社会主义市场经济体制的新路子，不断深化以市场为取向的农村改革。1998年，全省农村第一轮土地承包均已到期。按照中央关于土地承包期再延长30年的政策，河南各地精心组织、扎实推进，顺利完成第二轮土地延包，全省95%以上的农户与集体签订了延包合同，赋予农民长期而有保障的土地承包经营权，进一步安定了民心。2002年以来，省委、省政府坚决贯彻落实中央关于农村税费改革的各项政策，扎实推进农村税费改革。在部分县区开展农村税制改革试点的基础上，2005年河南在全国率先取消农业税，延续了几千年的"皇粮国税"成为历史。2009年，国务院印发实施《河南省粮食生产核心区建设规划》，全省以粮食生产核心区建设为契机，在高标准农田建设、重大水利工程、农业科研创新和公共服务体系建设方面取得突出成效，河南粮食总产量不断刷新纪录，为国家的粮食安全作出了重要贡献。

农民生活水平有序增长。收入渠道更加多元化。河南一批有胆识、会经营的农民从狭隘的小农经济环境中走出来，农村剩余劳动力广泛分布在国民经济的各个行业，广大农民工成为建筑业、加工制造、采掘业，以及环卫、家政、餐饮等领域的重要组成部分。2011 年，农村居民人均纯收入 6604.03 元，是 2000 年的 3.3 倍，农村居民消费 26931 元，是 2000 年的 4 倍。住房由土坯结构到砖木结构进而向钢筋混凝土结构转变。在人均居住面积增加的同时，居住质量也明显改善。

农村公共服务持续强化。人居环境稳步推进。2010 年，中央一号文件提出要"搞好垃圾、污水处理，改善农村人居环境"。重点实施以"改院、改水、改厕、改厨、改线"为重点开展农家庭院整治，农村人居环境明显改善。对道路建设、饮水工程、电网改造、通信设施、环境治理等各种基础设施投入不断增加，基础设施持续加强。县级文化基础设施建设得到加强，初步建立农村义务教育救助体系，农村低保"提标扩面"开始实施，社会事业全面进步。

2. 主要影响因素

城镇化是推动农业农村稳定发展的重要力量。河南立足自身实际，探索出一条农业大省特色城镇化的实现之路，即在绝不放松粮食生产的前提下，全面发展农村的商品经济，把大力发展城乡集体工业作为振兴河南的战略措施来抓。

社会保障改革、城乡收入差距推动农村人口向城镇迁移。河南省积极探索城乡户籍、社会保障等改革，完善以低保制度为核心的城乡社会救助制度，大规模推进保障性住房建设，着力解决进城务工人员就业、住房、子女就学、医疗、养老等突出问题，促使社会保障从效率取向走向维护公平正义，推动农村人口有序转移。

南水北调工程加速人口迁移。南水北调中线工程河南段既有渠道工程，又有水源工程，还有移民工程和配套工程，任务十分艰巨。在河南境内途经南阳、平顶山、许昌、郑州、焦作、新乡、鹤壁、安阳8个省辖市的21个县（市），全长731公里，占南水北调中线工程全长1277公里的57%，全省共搬迁安置丹江口库区移民16.54万人，干线征迁安置5.5万人。

新农村建设是引领农业农村发展的重要抓手。河南围绕"生产发展、生活宽裕、乡风文明、村容整洁、管理民主"，建立健全以工促农、以城带乡的长效机制，以县域经济为载体，加快农村工业化进程，提升城镇化建设步伐。以农业基础设施、农业科技服务为手段提升粮食综合生产能力，推进现代农业建设。以村庄规划和人居环境整治为导向，完善农村基础设施，提升农村宜居条件。深化农村改革，发展农村社会事业，提高农民幸福指数。2011年农村居民人均可支配收入6989元，是2002年的3.1倍。

**（三）优化时期（2012—）**

从社会主义新农村建设、乡村振兴向宜居宜业和美乡村建设演进，乡村发展从过去重视物质环境建设逐渐转变为综合考虑乡村社会经济、文化传承以及生态环境等各个方面，乡村功能从单一向融合转变。重点是推进农村综合改革，不断巩固和完善农村基本经营制度，加快农业发展方式转变，着力破解城乡二元结构，加快推进农业农村现代化。

1. 主要特征

农业供给侧结构性改革促进农业高质量发展。在农业生产矛盾由总量不足向阶段性供过于求和有效供给不足并存的结构性矛盾转变背景下，河南深入推进农业供给侧结构性改革，加快优势特色农业发展，不断提高农业质量效益，河南农业经济全面稳定协调发展，农业经济总量实现跨越发展。2012年全省农林牧渔业总产值6473.70亿元，2021年跨过万亿元大关，达到10501.20亿元，年均增速4.3%。2021年全省农林牧渔业总产值居全国第2位，其中农业总产值6564.83亿元，居全国第1位；牧业总产值2942.06亿元，居全国第2位。

积极扛稳粮食安全重任。深入推进藏粮于地、藏粮于技战略，不断提升粮食综合产能，努力让中国人的饭碗装上更多的优质河南粮。2012年全省粮食产量1179.68亿斤，2013年跨越1200亿斤大关，2017年跨越1300亿斤大关。2022年，面对夏秋特大洪涝灾害，全年粮食产量达到1357.87亿斤，连续六年稳定在1300亿斤以上，稳居全国第二位，为保障国家粮食安全发挥了"压舱石"作用。

农村改革不断深化。先后推出了关于农村土地经营权流转、土地"三权"（所有权、承包权、经营权）分置、农业规模经营、农村集体产权制度等一系列改革举措，2016年，省委、省政府出台了《关于完善农村土地所有权承包权经营权分置办法的实施意见》等，积极放活承包地经营权，加快发展适度规模经营。2017年底，全省基本完成农村土地承包经营权确权登记颁证工作任务。2018年，全省开展并完成了农村集体资产清产核资，2020年完成了农村集体产权制度改革。同步进行的还有第二轮土地承包到期后再延长三十年、农村宅基地等其他土地改革等试点工作，农村综合改革协同性得到提升。

新型农业经营主体蓬勃发展。培育发展新型农业经营主体成为发展现代农业、推进乡村振兴的重要举措，为现代农业发展撑起"保护伞"。2021年，河南省乡镇共有88个涉农产业园区、2.12万个农业企业、4.08万个家庭农场。有实际经营活动的农民专业合作社达到8.27万个，比2012年增加了2.76倍。2021年，河南省行政村中，农产品加工企业达到9942个。规模经营的耕地面积达到111.17万公顷，占行政村耕地面积的16.2%。行政村种植规模户13.83万户，畜禽养殖规模户9.54万户。农民专业合作社、家庭农场、规模经营组织成为现代农业发展的重要力量。

积极发展乡村新产业新业态。积极推动休闲农业和乡村旅游发展，加快推进农村电子商务发展，带动传统产业转型升级。2021年河南省开展休闲农业和乡村旅游的行政村有1737个，占行政村总数的3.9%；

开展休闲农业和乡村旅游的户数达1.89万户；开展网上销售农产品的户数达4.17万户。农业与休闲、旅游以及电商等行业的融合不断深化，日益成为农民增收的有效途径。

乡村生态环境持续改善。河南省出台了《河南省乡村建设行动实施方案》《河南省乡村生态振兴五年行动计划》《河南省"十四五"生态环境保护和生态经济发展规划》等重要政策举措，以农村垃圾、污水治理、面源污染和村容村貌提升为主攻方向，扎实推进美丽宜居乡村建设，农村人居环境不断改善，乡村面貌发生巨大变化。一是村庄规划覆盖率提高。截至2023年2月，全省4.58万个行政村中，已有1.95万个村庄形成了"多规合一"的实用性村庄规划，为村容村貌改善提供了重要依据和保障。二是生活垃圾治理效果明显。经全面推进生活垃圾集中处理，助力美丽乡村建设，农村生活垃圾治理取得明显成效。生活垃圾集中处理村为4.40万个，占行政村总数的98.8%，农村生活垃圾乱堆乱放情况明显改善。三是污水处理取得新成效。河南省全面推进农村生活污水治理，不断探索污水治理新模式新路径。截至2021年，1.73万个村实现了生活污水集中处理，占行政村总数的38.9%。四是厕所改造进程加快。农村改厕是农村人居环境整治的重中之重，河南省全力加快推进"厕所革命"，因地制宜确定改厕技术和模式。截至2021年，河南省70.0%的村有公共厕所。

厚植乡村文化自信。2012年以来，党和国家高度重视农村精神文明建设，把"乡风文明"作为乡村振兴的紧迫任务，强调"农村精神文明建设是滋润人心、德化人心、凝聚人心的工作，要绵绵用力，下足功夫"。河南省高度重视开展农村精神文明建设工作，切实提升农民精神风貌，不断提高乡村社会文明程度。河南省提出并大力发展乡村文化合作社，制定《河南省乡村文化振兴五年行动计划》，稳步推进乡村文化振兴。加大农村文体设施建设，夯实乡村文化振兴基础。2021年河南省乡镇拥有体育馆702个，图书（室）馆5966个，电影院116个，公园2279个；行政村拥有5.21万个体育休闲健身场所，3.78万个图书馆、文化站，3.94万个农民业余文化组织。95.3%的村有综合性文化服务中心。

2. 主要影响因素

城镇化进程促进传统农村生产和生活方式加快转变。2012年以来，河南相继出台了关于户籍制度改革、"三个一批人"城镇化、居住证管理等有关人口流动和管理的一系列改革举措，在充分尊重农民意愿的基础上，因地制宜地分大、中、小城市和小城镇四个层次实施相应的落户政策。2014年，河南在全国率先全面实行居住证制度，率先实行无户口登记与计划生育政策脱钩办法，解决了群众因超生无法入户的难题。2016年，河南全省进城落户的农民数量达到300万人，占当年全国进城落户农民总人数的20%左右。2017年年底，河南城镇常住人口数量超过农村人口数量，全省有过半数人口进入了城镇生活，河南经济社会发展实现了由传统农村文明到现代城市文明的历史性跨越，河南也由此正式迈入城市型社会。

扶贫开发带动了整个农村的发展。河南省坚持以人民为中心的发展思想，坚持精准扶贫精准脱贫基本方略，坚持省负总责、市县抓落实、乡村组织实施的工作机制，全力攻坚克难，不仅改善了贫困地区面貌，实现了全面小康路上一个都不掉队，而且带动了整个农村的发展，补齐了短板。全省实现现行标准下718.6万农村贫困人口全部脱贫、9536个贫困村全部出列、53个贫困县全部摘帽，"三山一滩"区域性整体贫困得到解决，绝对贫困在中原大地上得到历史性消除。全省建档立卡贫困人口人均纯收入由2015年的3033.8元增长到2020年的13036.8元，工资性收入和经营性收入占比逐年上升。58.13万户贫困群众危房得到改造，25.97万贫困人口通过易地扶贫搬迁摆脱了"一方水土养活不了一方人"的困境，50.62万孤老残弱贫困人口享受到养护照料服务，生活质量明显提高。

城乡融合成为发展方向。2012年以来，城乡关系从"以工促农、以城带乡、工农互惠、城乡一体"向"工农互促、城乡互补、全面融合、共同繁荣"转变，政策方向从城乡统筹、城乡一体化逐步调整为城乡融合发展，河南省深入贯彻落实党的十八大、十九大、二十大精神和习近平总书记的重要讲话精神，始终坚持把解决好"三农"问题作为工作的重中之重，在充分尊重农民意愿、保障农民权益的基础上，从农业结构到生产方式，从乡村环境到乡村文化，从产权制度改革到发展培育新动能，不断加大体制机制改革力度，化解城乡之间的深层次矛盾，不再以牺牲农民财产权益为代价推动农业人口转移，而是通过城乡的良性互动推动实现城乡一体化发展。城乡差距不断缩小，城乡关系不断改善，城乡整体面貌发生根本性变化，工农互促、城乡互补、全面融合、共同繁荣的新型工农城乡关系正在形成。

## 三　河南省乡村演变过程中存在的问题

河南乡村演变是中国乡村演变的缩影，随着"三农"改革深入推进，河南乡村的生产、生活、生态功能协同发展，产业、人才、文化、生态、组织取得了显著成效，但也存在人才、组织、治理、产业、收入、集体经济、规模经营等方面发展不平衡不充分的问题。

### （一）乡村振兴的人才和组织需求更加迫切

人才振兴、组织振兴是激发乡村全面振兴内生动能的关键。人才培育和组织建设互为依托、密不可分。劳动力持续流失，人口老龄化、农村"空心化"形势愈发突出。农村老龄化在带来农村养老服务迫切需求的同时，也使得人才培育和组织建设难度更大，拉大了推动乡村全面振兴的人才和组织缺口。大部分村庄返乡回乡创业就业人数较少，很少有高校毕业生回乡创业就业，缺少乡村发展带头人。与乡村人才振兴缺乏相伴而生的问题是组织建设滞后。目前，城乡发展差距仍然较为明显，乡村对人才吸引力不足，人才仍然整体呈现外流趋势。如村干部工资待遇较低，收入低于外出务工所获得的收入。这导致村干部队伍老化严重，青壮年不愿意参与村庄治理，不利于村级组织发展。一些农民合作社因经营不善而处于停滞状态，主要是因为缺乏专业的经营管理人才。人才短缺、组织缺位已经成为制约乡村全面振兴的重要因素。

**（二）村庄治理难度较大**

乡村规划新范式仍在探索，村庄消亡问题等造成村庄治理难度大。一是乡村规划的科学合理性还不够，特色不够鲜明。镇、村两级缺乏规划引领发展建设的理念，各乡镇的国土空间规划编制工作才刚刚启动，村庄布局规划严重滞后，现有村庄规划编制进展缓慢且村庄规划特色不够突出，发展定位不明确，特色不够鲜明，运用"多规合一"推进乡村振兴战略较为滞后，影响了农民居住环境改善和乡村面貌提升。二是农村集约化建设任重道远。虽然农村"空心化"带来人口稀少的村庄撤并和自然消亡，但是农业固定资产投资回收期长、租用农民土地为主成本较高，土地流转仍在探索，大规模集约化建设较难。三是农村生活陋习依然存在。部分农村存在重生产、轻发展的落后认识，文明卫生意识、环境保护意识薄弱，乱堆乱放、乱搭乱建、乱贴乱挂现象比较普遍。四是农村生活垃圾和污水处理长效机制不健全。多数村庄的生活垃圾、污水处理运行等经费主要依靠地方财政，没有形成专业化、市场化的运行管护机制。

**（三）产业带动能力不足**

乡村经济发展动力不足。一是产业链条延伸不够。河南省是小麦、棉花、油料等农产品生产基地，储运成本高、农产品附加值低，农业资源无法就地转化升值。二是产业结构相对单一。有知名度品牌的产品较少，农业产业与市场不匹配，乡村旅游、休闲农业发展处于萌芽阶段，电子商务、休闲农业等新业态发展较慢，一二三产业融合发展空间较大。三是农业龙头企业辐射作用不明显。形成了面品、肉类加工等主导产业，但大多数企业产品精深加工能力弱，增值比例低，辐射带动作用不明显。四是新兴产业基础薄弱。农村产业发展体系不健全，各项服务于旅游的基础设施缺乏，缺少具有影响力的乡村文旅项目和精品乡村旅游线路，具有旅游优势的乡村，其旅游发展还不完善，一些新兴产业在市场竞争中优势不突出，旅游经济总量低。

### （四）农民持续增收压力增强

农民持续增收是农民农村共同富裕的基础。多数农户多元收入有了明显增长，但保持持续增长的难度加大，部分群体、部分区域、部分产业的减收风险增加。近年来，农民家庭就业结构发生变化，返乡农民越来越多，就近就地就业增多，外出务工就业相对减少，使农民的家庭收入结构也发生了变化。一是留守家庭和返乡的以老年农民为主，大多数全职务农，就近就地就业较少，农业收入的重要性增强。二是经济下行影响，农民外出务工就业机会、就业时间明显减少，外出务工收入增速明显下滑，尤其是部分年龄偏大农民工因就业机会少而返乡转为就近就地就业，务工收入有所下降。三是处在乡村的小微经营主体和留守劳动力，就业创业机会减少，非农经营和就业收入增长困难。

### （五）新型集体经济亟待创新

多数农村自我"造血"能力不足，集体经济收入相对单一，经济实力有限，存在发展新型集体经济的机制尚待创新等问题，导致集体经济发展后劲不足。一是新型集体经济实现形式单一。多数村庄发展集体经济的形式以物业经济、出租经济为主，收入形式是较为单一的租金收入，缺乏自主经营项目。二是新型集体经济政策依赖性强。不少村庄的集体经济是政府扶持项目形成的资产收益，主要是光伏、设施农业等扶贫项目形成资产，缺乏自主拓展的产业项目。三是新型集体经济发展掣肘较多。在部分村庄，集体资源资产低效无效利用，不少是在以前被不规范出租、转包，难以有效利用。四是联村发展机制亟待破题。调研中发现少数村庄通过集体经济跨村联合发展，实现了以强带弱，共同发展，但这尚局限在极少数村庄，需要总结提炼模式，加快推广。

**（六）农业规模经营需要提质增效**

农业集约化、规模化经营是保障未来农业发展的必然趋势。一是土地流转发生较少，农户土地细碎程度较高，农业规模经营水平较低。大部分农户经营的土地仅为自家承包地，转入土地的农户转入规模也比较小，只有少数转入土地面积达到了规模经营标准。多数农户经营的土地比较细碎，地块分散，不能集中连片，不利于开展机械化作业。二是农业机械化水平低。多数农户在耕地、播种和收获三个环节购买机械作业服务，但在施肥、打药、灌溉等环节依然依靠人工为主。这使得多数农户农业生产劳动投入过多，无法精准进行要素投入，造成了农业资源浪费，增加了农业生产成本。三是农业社会化服务不到位。农业社会化服务供给有但质量不高，不能有效发挥节本增效提质作用。

## 四 推动乡村发展的政策建议

促进乡村全面振兴，要以农村人口和劳动力素质的现代化为"魂"，农村居民生活品质的现代化为"本"，农业现代化为"根"，协同促进农业高质高效、乡村宜居宜业、农民富裕富足。

**（一）打造高素质乡村振兴人才队伍**

人才是实现新时代乡村发展的生力军和主力军，是乡村振兴的内生动力。

培育高素质农民。一是注重对原住农民、乡居家庭农民进行技能培训教育，加快实施高素质农民培育工程和百万高素质农民学历提升行动计划，由单一的技术培训拓展向技能培育和经营管理并重转变，提升原住居民的技能。二是深入实施农村实用人才带头人素质提升计划，坚持需求导向，围绕当地主导产业和优势产业，聚焦"头雁"，开展农村实用人才带头人示范培训和乡村企业家群体及致富带头人等人才资源开发培育，从生产技能、风险防控到市场营销，有计划地对新型农业经营主体进行培训，注重为农村培养一批留得住、用得上、干得好的带头人，形成专业化的职业农民队伍。

促进本土外出人才返乡就业创业。聚焦"归雁"，制定激励政策，加大宣传力度，提升外出人才返乡创业、献身乡村振兴的责任意识，鼓励大学毕业生回原籍就业创业、外出农民工及经商人员回乡创业兴业。打造相对良好的就业平台，加大返乡就业大学生的政策补贴力度，给予回乡创业人才免税、免息贷款等优惠政策，全面激发其创新创业活力。

引进优秀人才。聚焦"鸿雁"，完善农村人才引进政策，健全大学生下乡政策机制，继续优化选调生、"村官"选拔培养模式，鼓励高校大学生下乡支教。建立乡村地区人才晋升制度，破解有关待遇问题，保证优秀人才留得住、干劲足。

建立城乡人才合作交流机制。鼓励专业人才为农服务，探索通过岗编适度分离等多种方式，推进城市教科文卫体等工作人员定期服务乡村。完善专业人才职称评定制度，将农村基层工作成绩作为城市科技工作者、教师、医生职称评定的加分项，让到农村基层工作的专业人才获得更多的职称晋升机会。

### （二）建设宜居宜业和美乡村

以提高乡村基础设施完备度、公共服务便利度、人居环境舒适度为主攻方向，坚持物质文明和精神文明一起抓，打造基本功能完备又保留乡味乡韵的宜居乡村。

注重规划引领。一是同步推进县、乡、村规划编制，在三线划定基础上，基本完成县级国土空间总体规划编制及乡镇国土空间规划初步方案编制。充分利用"多规合一"改革成果，突出差异性，避免"千村一面"。二是在规划中尊重村庄原有格局和形态，保护历史文化资源和特色风貌，注重村庄形式与自然风貌的有机统一。三是在村庄规划实施过程中，广泛征询并听取乡镇政府、村委会意见和村民想法，禁止随意撤并村庄搞大社区、违背农民意愿大拆大建。

改善生产生活条件，促进农民"生活美"。一是优先建设既利于农业生产又方便农民生活的设施，推动农村基础设施提档升级。加强通村公路与村内道路连接，促进"四好农村路"高质量发展，实施农村公路现存危桥"消危"行动。以推进饮用水水源地表化工作为突破口，推进城乡供水保障一体化。增强农村电网保障能力，推进城乡配电网智能化建设；围绕优化农村人居环境整治，加快推动秸秆、畜禽粪污等农村生物质能开发利用。加大农村5G建设，丰富拓展5G、物联网等新一代信息技术在农业农村领域的融合应用。依托融媒体中心建立乡村振兴直播产业基地，提升消费帮扶能力，补齐农村地区电商服务短板。推进县域城乡物流体系建设，健全县乡村三级物流配送体系，深化交通运输与邮政快递融合发展，实现行政村快递物流服务通达率100%。二是推进城乡基本公共服务均等化，提高农村教育水平，多渠道增加农村普惠性学前教育资源供给，改善农村义务教育办学条件，全面提高农村学生接受高中阶段教育比例。进一步扩大"戏曲进乡村"等文化惠民项目覆盖范围。推动优质医疗卫生资源扩容下沉，实现乡镇卫生院、社区卫生服务中心服务能力全面达标。适度提高城乡低保、特困人员标准及补助水平，稳定城乡居民基本养老和医疗保险县域内参保率。

继续整治提升农村人居环境，促进乡村"生态美"。一是从农民实际需求出发推进农村改厕，探索改厕与农村生活污水治理有效衔接、厕所粪污与畜禽养殖废弃物一并处理并资源化利用的技术模式，推进农村生活污水资源化利用，因地制宜推广适合农村特点的垃圾就地分类和资源化利用方式，促进生活垃圾源头分类减量。二是纵深开展农村人居环境整治工作，整体提升村容村貌，推动农村人居环境实现整体提升。三是加大对古镇、古村落、古建筑、民族村寨、文物古迹、农业遗迹的保护力度，大力提升农村建筑风貌。

加强和创新乡村治理，促进"乡风和"。一是健全完善党组织领导的自治法治德治相结合的乡村治理体系，以"五星"支部创建为抓手，推进村民自治组织规范化发展，完善农村法治服务，完善乡村治理体系。二是推广应用积分制、清单制、网格化等治理方式，拓展数字化应用场景，解决农民参与乡村治理积极性不高和村级组织运行不规范、负担重、小微权力监督难等问题。三是发挥农村"一约四会"作用，推进婚俗改革，开展高价彩礼、大操大办等突出问题专项治理，推动农村殡葬改革。维护农村社会平安稳定，扎实开展"三零"创建，最大限度把风险隐患防范在源头、化解在基层、消灭在萌芽。

加强农村精神文明建设，促进"人心和"。一是提升农村精神文明建设，利用新时代文明实践中心、融媒体中心等开展对象化分众化宣传教育，教育践行社会主义核心价值观。二是深入推进"乡村文化合作社"建设，支持农民自发组织开展唱村歌、办"村晚"、举办趣味运动会等群众文化体育活动，保护传承优秀农耕文化，不断丰富农民精神文化生活。三是持续推进农村移风易俗，弘扬婚事新办、丧事简办、孝老爱亲、勤俭节约等文明风尚，加快培育文明乡风、良好家风、淳朴民风。

### （三）着力发展富民产业

产业是发展之基、财税之源、富民之本。乡村产业发展要依托当地资源优势、产业发展基础，聚焦市场需求，着力发展能体现乡村价值、可提供更多就业机会和增加收入的成长性产业。

发展现代种养业。保障粮食和重要农产品稳定安全供给，服务国家粮食安全。一是落实"藏粮于地"战略。守牢耕地红线，确保粮食种植面积稳定，粮食产能稳步提升。不断提升耕地质量，加快实施新一轮高标准农田建设，加强耕地地力保护，提升耕地环境质量。建设新时期国家粮食生产核心区，打造国家粮食安全产业带。二是落实"藏粮于技"战略。建设现代种业强省，推动建设国家区域性农作物种质资源保护利用中心。开展种源"卡脖子"技术攻关，重点围绕小麦、玉米等优势农作物以及发展设施农业、林果、畜牧等急需优良品种，选育高产稳产、多抗广适、优质高效新品种。三是发展现代畜牧业。做强生猪产业，做大草畜产业，做精家禽产业，做优饲草产业，大力发展现代畜牧业。提高生猪养殖规模化、标准化、装备化水平，加快发展牛羊等草畜，推进水产绿色健康养殖。

发展特色产业。坚持因地制宜，突出差异化定位、专业化生产、特色化发展，调整优化农业生产结构、区域布局和产品结构做足做活"土特产"大文章。加快建设优势特色农产品生产基地，壮大国家级特色农产品优势区，做强生猪产业、做大牛羊产业、做优家禽产业。实施冷链食品、休闲食品、特色功能食品等升级行动，大力培育具有地域特色和市场竞争力的优质品种、优势产品、地域品牌，积极发展优势特色产业集群。

发展"文化+""生态+"产业。拓展农业多种功能，以乡村休闲旅游业为重点拓展农业多种功能，培育生态环保产业，开发可再生能源，做到保护与开发并重、传统与现代融合，推动乡村农文旅一体化发展。保护生态资源和乡土文化，发掘生态涵养产品，坚持生态优先、绿色发展。依托乡村资源打造乡村休闲体验产品，围绕多功能拓展、多业态聚集、多场景应用，开发乡宿、乡游、乡食、乡购、乡娱等综合体验项目，推动乡村休闲旅游业高质量发展。保护好传统村落、民族村寨、农业遗迹等农业物质遗产，传承好民俗文化、传统手工艺等非物质遗产，利用好稻田、茶园、花海、牧场等田园风光，推动休闲观光农业转型升级。

优化现代乡村产业体系。推动种养业向前后端延伸、上下游拓展，由卖"原字号"农产品更多向卖制成品转变，推动产品增值、产业增效。推进县域、镇域产业的集聚，促进镇村联动发展，围绕县域农业主导产业，引导县域农业产业化龙头企业牵头组建农业产业化联合体，前端联结农业研发、育种、生产等环节，后端延展加工、储运、销售、品牌、体验、消费、服务等环节，突破农村只能参与最初生产和初加工的限制，促进农户增收。强化农业品牌建设，打造区域公用品牌，加强农产品地理标志管理和品牌保护，引导龙头企业与农户等共创品牌。

加快城乡产业融合。积极打破城乡之间、工农之间的制度障碍和政策壁垒，强化产业链与创新链融合，有序引导资金、技术、人才等下沉农村，推动城乡要素自由流动、深度融合。建立全产业链运营模式，改变生产、流通、深加工和销售之间相互脱节的状态。大力发展农产品加工、乡村休闲旅游、农村电商等新业态、新产业，促进农业与休闲、旅游、康养、养老等产业融合发展，不断延长产业链、提升价值链、提高附加值。

提高产业经营效益。强化市场导向，从传统的"重生产"转向"重市场"，加强营销策划和品牌推广，注重搭建流通平台和销售渠道，更好地把科技、产品、服务、产业和市场衔接起来，实现乡村产业持续健康发展。同时，积极引入产业资本，充分发挥龙头企业的辐射带动作用，加大对农业技术研发推广和商业模式创新的投资，推动乡村产业在顺应消费升级中做强做优做大。

发挥好涉农龙头企业"链主"作用。在生产、加工、购销等产业链上培育引领扶持龙头企业，实施现代农业产业园、预制菜研发、主食产业化、休闲食品深加工等重大项目。在县域形成以订单种植为载体的"专种、专收、专储、专用"，构建从种子到餐桌的全产业链发展格局。

坚持科技赋能。促进乡村产业和科技互促联动，助力农业全产业链发展。引导平台企业、物流、商贸、供销等主体到农村布局，大力发展农村电商，积极发展新型流通业态，加快培育农商产业联盟、农业产业化联合体等新型产业链主体，提升产加销一体化水平。依托现代农业产业园、农业科技园区、农产品加工园区、农村产业融合发展示范园等，打造农村产业融合发展的平台载体，形成多主体参与、多要素聚集、多业态发展、多模式推进的融合格局。

## （四）深入推进农村改革

聚焦重点领域和关键环节，激发农村资源要素活力，在推动改革中不断取得新突破。

推进农村重点领域和关键环节改革。稳慎改革农村宅基地制度，推动宅基地"三权分置"和盘活利用。深化农村集体经营性建设用地改革，健全城乡统一的建设用地市场。培育壮大新型农村集体经济，探索多种集体经济发展模式。推动各类改革系统集成，促进各项制度相互衔接、形成合力，激发农村资源要素活力。

健全城乡融合发展机制。强化以工补农、以城带乡，推动形成工农互促、城乡互补、协调发展、共同繁荣的新型工农城乡关系。把县域作为城乡融合发展的重要切入点，促进县乡村资源统筹配置、功能衔接互补。以完善产权制度和要素市场化配置为重点，打通资金、人才、文化、科技等要素进入农业农村领域的通道，破除城乡要素市场化配置体制机制障碍。

促进小农户和现代农业有机衔接。加快构建现代农业经营体系，通过改善小农户生产设施条件，提高个体农户抵御自然风险能力。因地制宜探索"小田变大田"多种实现形式，通过发展多样化的联合与合作，提升小农户组织化程度。鼓励新型经营主体与小农户建立契约型、股权型利益联结机制，探索"村集体经济组织+经营主体+农户"的农业生产"大托管"模式，带动小农户专业化生产，提高小农户自我发展能力。健全农业社会化服务体系，大力培育新型服务主体，加快发展"一站式"农业生产性服务业，把千家万户的小农带起来。

**（五）构建多元化投入机制**

持续加大支农力度，灵活应用多种政策工具，加快形成财政优先保障、金融重点倾斜、社会积极参与的多元化投资格局。

加大对粮食生产经营的奖补力度。作为粮食生产大省，河南不仅满足近亿河南人自己的吃饭问题，而且每年外调600亿斤原粮及其制成品，为保障国家粮食安全、重要农产品有效供给作出了突出贡献，在粮食比较收益偏低、发展机会成本高企的背景下，这既是河南的贡献，也是河南的奉献，更是作为国家粮食生产核心区推进现代化河南建设必须扛稳扛牢的必选任务。建议国家继续加大对粮食主产区的转移支付力度，保障地方政府基本需求。一是加大中央财政对粮食主产区的均衡性转移支付力度，以粮食产量、播种面积等为主要因素进行测算，对粮食主产区给予均衡性转移支付，使粮食主产区公共服务达到全国平均水平，从根本上改变农业大县、财政穷县的状况。二是加大产粮大县奖励、产油大县奖励、商品粮大县奖励、生猪调出大县奖励等政策支持力度，完善奖励资金管理办法，参照均衡性转移支付使用相关奖励资金，增强县级政府使用这些奖励资金的自主权，发挥奖励资金的激励作用，调动基层政府支持粮食生产的积极性、主动性。三是研究横向转移支付机制，探索粮食产销区利益补偿办法，粮食调入区按每吨200—300元向调出区给予补偿，或者按调入量或区域内粮食产量与消费量的差额向中央上解国家粮食安全基金，再由中央转移到粮食主产区。四是完善专项转移支付资金分配办法。改变财政支农项目、资金按行政单位数量（省、市、县）分配的办法，充分考虑粮食主产区的需求，按耕地面积、人口、粮食产量等因素分配相关专项资金，提高项目资金分配的科学性、合理性。对农业大县减少配套要求，避免农业大县因无力配套资金而不敢主动争取项目，避免因配套资金不到位而影响项目建设质量。

提高各类主体的种粮积极性。建立健全"谁种补谁""多种多补、不种不补"的机制，提升补贴政策效能，最大限度弥补农民因增粮减经带来的效益损失，逐步使种粮农民获得不低于种植经济作物的平均收益。

建设多层次的农业风险管理体系，利用金融、保险、期货、再保险、担保等政策工具，释放其在规避农业各种自然、经济、市场和社会风险方面的功能作用。

强化金融资源回流农村的激励约束机制。落实涉农贷款业务差异化监管制度，适度下调农户和农村经营主体贷款、农村资产抵押贷款的风险权重，建立涉农信贷保险制度，拓展对农村金融机构涉农信贷的税收优惠，促进县域金融机构对农信贷投放。

（执笔人：乔金燕　李猛　李登辉　王笑阳　冯书晨）

**参考文献**

［1］李建业、韩广富：《乡村振兴视域下河南省发展现代农业的实践路径》，《当代农村财经》2023 年第 7 期。

［2］《扎实稳妥推进乡村建设——中央农办负责人就〈乡村建设行动实施方案〉答记者问》，《中国农业会计》2022 年第 7 期。

［3］张天佐：《我国乡村治理模式变迁及发展》，《乡村振兴》2021 年第 6 期。

［4］张红宇：《加快构建现代乡村产业体系》，《中国发展观察》2021 年第 Z1 期。

［5］李鑫、李丽：《现代农业大发展 农村农民展新颜——新中国成立 70 周年河南"三农"发展成就综述》，《市场研究》2019 年第 11 期。

［6］王建国、易雪琴：《河南城乡关系 70 年的历史演变与展望》，《区域经济评论》2019 年第 5 期。

［7］中共中央 国务院印发《乡村振兴战略规划（2018—2022 年）》，《云南农业》2018 年第 11 期。

［8］张建秋：《河南城镇化的发展历程、空间演变与模式总结》，《河南牧业经济学院学报》2018 年第 1 期。

# 文化篇

## 文化大省以文兴业之路

# 河南省文旅文创融合发展对策研究

**摘要：**"十四五"时期是河南省文化和旅游发展的重要战略机遇期，文化和旅游融合发展已经具备弯道超车的优势和条件。河南省要建设文化强省，必须深刻认识到实施文旅文创融合战略对于河南省文化和旅游业高质量发展以及提升中原文化软实力的重大意义。本文首先分析了文旅文创融合发展的趋势特征；其次，分析外省文旅文创融合发展的成功做法，并得出经验启示；再次，分析河南省文旅文创融合发展的基础与面临的形势，梳理现阶段发展现状、存在的问题，整体对河南省文旅文创融合阶段进行研判；最后，结合河南省实际情况，提出文旅文创融合高质量发展的对策建议。

**关键词：**文旅文创　融合发展　数字化

文旅文创融合是指文化和旅游产业及相关要素之间相互渗透、交叉汇合重组，逐步突破原有的产业边界或要素领域，彼此交融而形成新的共生体的现象与过程。疫情的全面放开为文旅行业带来了全面复苏的东风，文旅市场多样需求全面释放，文旅文创产业正在成为我国经济转型升级中的新动能和增长极，因此实施文旅文创融合战略有助于加快塑造"行走河南·读懂中国"品牌，推动文旅文创产业成支柱，为推进中国式现代化建设河南实践注入新动能。

# 一 文旅文创融合发展趋势特征

在新经济常态下,人们对文旅文创的需求更加注重品质化、个性化、多元化,对旅游体验性、互动性等方面提出了更高的要求,随着人们生活水平的提高和旅游消费的不断升级,人们将旅游重心更多放在追求精神文化享受,文旅文创融合不断呈现出新的趋势和特征。

## (一) 文旅融合的发展阶段

我国文旅融合发展思路最早可以追溯到 20 世纪 90 年代左右,文旅融合理念一直贯穿于我国旅游业的发展过程,大体经过了紧密联合、深度融合与全面耦合三个阶段。

1. 文旅融合 1.0 阶段:文化旅游的紧密联合

旅游和文化具有天然的关联性和相融性,从文旅发展之日起,融合便在两者之间自然而然地开展。随着旅游业的发展,人们对旅游也提出了新的需求,更多的人不仅想要欣赏美景,还想了解学习当地的历史文化,文化和旅游两个领域开始紧密互动,比如文化主题旅游、文化体验旅游等形式,这便有了文化和旅游融合的雏形。

2. 文旅融合 2.0 阶段:文旅文创的深度融合

随着经济发展,文化地位不断提升,文化旅游开始向深度融合发展,这一阶段,文旅融合程度更深、涉及面更广,文化旅游业态更多元化。一些主题乐园不断出现在大众视野里,还有历史文化街区、演艺节目等新形式层出不穷,另外,在文旅融合发展中更加注重对中华文化遗产的传承保护、加强中华文化影响力。

3. 文旅融合 3.0 阶段:文旅要素的全面耦合

文旅产业迈入 3.0 时代,是新业态、新消费、新技术、新媒介四大驱动力共同推动的结果,这四大驱动力也是未来一段时间内决定文旅项目兴衰成败的核心力量。这一阶段文旅融合发展的新特征为：文化和旅游全方位、多角度和深层次融合，依靠创意、科技、设计、艺术等元素充分融入文化旅游发展全链条，推动传统文化的创造性转化和创新性发展，打造更多高品质文旅文创产品。充分利用数字及信息技术，突出文化展示和体验，打造文创园区、研学、创意市集等文旅新业态。

**（二）当前文旅文创融合发展呈现五大"新"特征**

当前，文旅文创融合迅速发展，总体上呈现出以下五大"新"特征。

1. 沉浸式新业态成为"新热点"

随着信息技术发展、体验经济兴起，沉浸式文旅成为关注热点，新业态、新模式、新产品不断涌现，游客在身临其境的新奇体验中领略文化的魅力。沉浸式剧本娱乐行业、沉浸式电影潮玩、多元化沉浸式剧情体验主题娱乐场馆、全景式全沉浸戏剧主题公园等越来越多的沉浸式文旅项目纷纷在全国各地上马落地，呈现出多点开花的发展态势。文旅产业由传统被动式参观游览向主动探索式的体验化、专业化沉浸式文旅发展转变，是我国文旅产业发展的必然途径。过去"你演我看"的单向灌输模式已经无法满足当下的消费需求，沉浸式玩法通过双向互动让游客参与其中，由被动接受转为主动参与，更有身临其境感，人们不再是简单的游览者，而是全身心参与，能够在参与过程中最大程度调动个人情感。各种类型的沉浸式项目层出不穷，不管是文旅演艺类项目，还是创新创意类项目，抑或是展示展览类项目都以独特的体验方式和文化内涵，让游客们能够身临其境地体验到各种不同的场景和氛围。

表6-1　　　　2021—2022沉浸式产业精品项目名单

| 2021—2022沉浸式产业精品项目（文旅演艺类） | | 2021—2022沉浸式产业精品项目（创意创新类） | | 2021—2022沉浸式产业精品项目（展示展览类） | |
| --- | --- | --- | --- | --- | --- |
| 1 | 重庆1949 | 1 | 长安十二时辰主题街区 | 1 | 2021北京国际光影艺术季"万物共生"户外光影艺术沉浸式体验展 |
| 2 | 不眠之夜 | 2 | 大湘西记忆 | 2 | 画游千里江山 |
| 3 | 建业电影小镇 | 3 | 花山谜窟 | 3 | teamLab无界美术馆 |
| 4 | 梦境光雾山 | 4 | 融创乐园"飞跃系列"飞行影院 | 4 | 上海电影博物馆 |
| 5 | 奇妙夜德天 | 5 | 沈阳中街 | 5 | 上海天文馆（上海科技馆分馆） |
| 6 | 天酿 | 6 | 兔果AR沉浸式主题乐园 | 6 | 丝路山水地图 |
| 7 | 寻梦牡丹亭 | 7 | "文立方"数字展览空间 | 7 | 新四军江南指挥部纪念馆 |
| 8 | 又见平遥 | 8 | 西安曲江大唐不夜城 | 8 | 扬州中国大运河博物馆 |
| 9 | 遇见大庸 | 9 | 夜游锦江 | 9 | "亿年进化——植物历险记"沉浸体验探索展 |
| 10 | 知音号 | | | | |

数据来源：沉浸式文旅产业发展报告（2021—2022年度）。

## 2. 打造文旅新IP成为"新主流"

近年来，随着媒介种类增多，IP的来源也越来越丰富。在当下，除了文学、动漫、影视、游戏等传统的IP来源之外，社交媒体平台、文博机构，以及不少地方政府等也纷纷加入打造网红IP的潮流之中，成为助推文旅文创高质量发展中不可或缺的新兴力量。一是塑造城市IP赋能文旅文创发展。我们对城市IP的概念并不陌生，从世界范围来看，很多知名城市都有其代表性的形象人物，城市IP往往承担着推广城市旅游、吸引流量的任务，最为典型的一个代表就是日本熊本县的熊本熊。城市 IP 就是一个城市的"文化芯片",能够有效增加地域辨识度,带来大量游客,也为旅游产业带来流量和海量消费数据。例如西安的不倒翁小姐姐,长沙的茶颜悦色,成都的大熊猫等,这些 IP 的走红迅速为当地文旅文创市场带去持续不断的流量。近年来,各个城市纷纷打造富有特色的城市 IP 吸引全国,甚至全球各地的游客前来打卡体验。淄博凭借"烧烤"走进大众视野,成为新晋网红城市,根据网上公布的 2023 上半年中国网红城市指数显示,淄博超越西安、上海、成都、重庆等地升至第一。

表 6-2　　　　　　2023 上半年中国网红城市指数 TOP 20

| 排名 | 城市 | 网络热度指数 | 同比增长 | 排名 | 城市 | 网络热度指数 | 同比增长 |
| --- | --- | --- | --- | --- | --- | --- | --- |
| 1 | 淄博 | 212.46 | 975% | 11 | 杭州 | 88.34 | -3% |
| 2 | 西安 | 149.42 | 15% | 12 | 青岛 | 88.17 | 23% |
| 3 | 上海 | 138.62 | -50% | 13 | 武汉 | 82.51 | 15% |
| 4 | 成都 | 126.16 | 8% | 14 | 香港 | 76.25 | -32% |
| 5 | 重庆 | 125 | -1% | 15 | 哈尔滨 | 72.84 | 7% |
| 6 | 北京 | 121.93 | -19% | 16 | 大连 | 72.2 | 18% |
| 7 | 南京 | 117.9 | 9% | 17 | 天津 | 71.08 | -8% |
| 8 | 苏州 | 93.12 | 3% | 18 | 洛阳 | 66.83 | 24% |
| 9 | 广州 | 92.96 | -5% | 19 | 长沙 | 65.06 | -1% |
| 10 | 深圳 | 92.76 | -10% | 20 | 厦门 | 64.99 | 13% |

数据来源:鸥维数据(ovo.com.cn)。

二是文博 IP 之风助推文旅文创融合。文博 IP 是新文创概念内重点发展领域,不论是河南博物院,还是故宫博物院,抑或是敦煌博物馆,博物馆文创已经脱离过去高冷的定位,逐渐生动起来,变成可爱呆萌的产品。博物馆充分挖掘与发挥社交媒体的传播优势,积极打造宣传展示的线上窗口,运用诙谐幽默的语言,设计频频出圈的"文物表情包",缩短与游客之间的距离。另外,在博物馆文创领域,如北京故宫博物院的联名美妆、河南博物院的考古盲盒以及四川三星堆的"青铜面具"冰淇淋等爆款文创产品，收获广大参观者的青睐，同时，文博IP还加大和其他品牌的合作。文博旅游是我国旅游业现在和未来发展的重要方向，国民的文化需求是文博旅游发展的前提和基础，从发展趋势上看，文博游会继续趋热。

3. 数字科技赋能文旅融合成为"新引擎"

随着文旅融合的深入，当前以数字化、网络化、智能化为特征的智慧旅游走进大众日常，其蓬勃发展为游客提供了多元化、高质量和精细化的体验和服务，也成为文旅产业转型升级的重要推手。近年来，我国文化、旅游和科技逐渐融合，形成叠加效应，发展呈现出新的特点，从传统的实景观光，到虚实结合的沉浸式体验，新技术在文化内容创造和传播、文旅交互方式等场景业态方面不断创新突破，为人们带来全新的视听体验。未来，元宇宙涉及的游戏、零售、社交等都可以与文旅消费结合，随着元宇宙和人工智能技术越来越多应用于文旅，沉浸式景区也将迎来进一步升级，成为文旅业态融合创新发展的新动力。如今，数字经济浪潮正在渗透到文旅产业链的各个环节，为文旅产业的发展注入创新动力和强大助力。数字文旅从初创阶段到现在的发展过程中，运用科技为文旅赋能，成为推动文旅深度融合发展的新引擎。

4. 文旅消费分层分级加速成为"新现象"

近几年，消费升级和消费降级同时爆发。文旅行业同样呈现出消费两极分化现象，高端及低端消费市场同时发力。一方面，高端游市场持续火爆。携程发布《2023暑期预订趋势洞察报告》表示，2023年暑假全国高端旅游消费复苏明显，人均3万元旅游专列、飞机包机预订紧俏。另一方面，低消费行为在微度假风潮下凸显。以周边休闲度假为主的微度假是旅游消费的一个长期趋势，也是我国旅游业新发展阶段的重要趋势之一。微旅游之下，宅酒店、营地露营、乡村旅居、户外运动、亲子研学都成为新的发展热点。露营相关产业的供给和需求正在不断增长，根据《2021年—2025年中国户外露营行业市场行情监测及未来发展前景研究报告》显示，户外露营行业市场规模有望持续增长，或将于 2026 年达到 150 亿元。

5. 文博看展、文化演艺等成为"新风尚"

我国文旅市场的消费重心逐渐发生变化，例如过去"冷清"的博物馆，现在一票难求。一是新兴旅游业态逐步兴起。在文旅融合背景下，"博物馆 + 旅游"作为体验式文化教育与旅游跨界融合的新业态，是文旅市场的新蓝海。"旅行 + 演艺""旅行 + 看展""旅行 + 刷博物馆"受到市场青睐，各地相继推出看展式社交、国风汉服、围炉煮茶、音乐雅集等活动，穿传统服饰、逛国潮市集，消费者更倾向于在旅途中深度体验传统文化。二是周边消费场景的溢出效应愈发明显。后疫情时代，演出市场强劲复苏。随着人民文化消费理念和消费水平的提高，到剧场看演出、听音乐会已经成为大众日常生活内容。演唱会、音乐节所在地周边的酒店预订量同比升高，2023 年端午假期，国内演唱会、音乐节周边商圈的酒店订单量同比涨幅超过 300%（同程旅行数据）。三是新潮玩法亮点频出。从味蕾游、赛事游到展演游，从城市骑行、Hotel Tour 到 Mountain Walk，新形式新玩法不断更新迭代，为人们出游提供多元化选择，刺激消费市场焕发活力。2023 年五一假期新潮玩乐相关的订单量较春节假期增长超过 200%（美团平台数据）。2023 年"十一"假期，受亚运热带动，浙江服务消费订单量较 2019 年增长超 195%（美团、大众点评数据）。

## 二 文旅文创融合案例分析

### （一）外省文旅文创融合的主要做法

近年来，国内发达省份或城市依托自身文旅游资源禀赋、区位条件、产业基础等独特优势，文化事业、文化和旅游产业得到稳步发展，文旅融合成效初显，这为河南省文旅文创融合发展提供了示范作用。

1. 重庆市——打造国际知名的文旅消费高地

重庆市出台《重庆市文化和旅游发展"十四五"规划（2021—2025年）》，提出到"十四五"期末，文化强市建设取得重大进展，文化软实力大幅度提升，文化和旅游深度融合发展，国际旅游枢纽城市建设全面推进，世界知名旅游目的地加快建成。一是大力培育世界级休闲旅游胜地。构建以长江、嘉陵江为主轴的"一核一带"旅游发展格局。立足中心城区，聚焦"山水之城·魔幻之都"主题，深度挖掘巴渝文化、抗战文化、统战文化聚集地的丰富人文资源，充分整合"山城""江城"美丽山水资源，提升和新建一批展现城市山水格局、彰显城市文化底蕴、具有世界震撼力的核心景区。二是积极开展文化交流与宣传推广行动。深度融入文化和旅游部"部省合作""欢乐春节""美好中国（华）"等机制平台，深化实施巴蜀"百媒推广行动"；采取"文旅+经贸""文旅+教育"等融合推广模式，持续提升"最宠游客城市"品牌感召力。实施广播电视和网络视听节目精品工程，优化完善精品创作指导扶持政策。成立"川渝非遗保护联盟"，共建川渝文物保护与利用国家级示范区。推进川渝文艺院团、演艺中介机构合力打造文旅节会和巴蜀文艺品牌，实施"成渝地·巴蜀情"区域品牌培塑和巴蜀文创产品开发工程。三是不断推进文化艺术创新发展。开展文化传播交流，加强文艺人才互动；强化文艺精品创作，创作一批反映巴蜀地区历史风貌和当代实践的优秀作品；创新文化演艺形式，推动文化艺术繁荣发展。支持文化单位、文化科技企业对馆藏文化等文化资源进行数字化开发，鼓励线下文艺资源、文娱模式数字化，支持文化场馆、文娱场所开发数字化产品和服务，大力发展数字演艺、数字影音、数字阅读、数字场馆等数字文化业态。

2. 西安市——营造特色沉浸文旅体验

西安"十四五"文化和旅游发展规划提出，牢牢把握高质量发展的根本要求，创新"1123"文旅融合发展新路径。坚持高质量发展一条主线，用好改革创新关键一招，畅通国内国际双循环，全力实施

"坚定文化自信、文旅融合发展、文化共建共享"三大示范工程。一是注重打造文旅品牌。西安市委、市政府高度重视文旅产业发展,不断加大对文旅品牌的打造力度。丰富"夜游、夜购、夜演、夜娱、夜餐、夜展"等夜间消费业态,打造一批夜间经济示范街区,建设国家级夜间文旅消费集聚区,塑造西安夜游经济品牌。实施以文化游、山水游、红色旅游、休闲游、乡村游为主,以节庆文化旅游、赛会文化旅游、演艺文化旅游、时尚文化旅游、餐饮文化旅游等为支撑的品牌打造工程,依托节会活动和各类媒介,广泛宣传推广"千年古都·常来长安"文旅品牌。例如,西安秦岭国家森林公园已成为国内知名的生态旅游目的地,西安城墙文化旅游区也成了国内知名的文化旅游品牌。这些品牌的打造,不仅提高了西安的知名度,更增加了游客的兴趣和信任度。二是营造沉浸式体验。沉浸式"唐潮"之旅实力"出圈",以"西安样板"殊荣火爆全国,"长安十二时辰"主题街区平均每天吸引上万名游客前来观光。大唐不夜城篁唐楼沉浸式市井文化街区、陕西大剧院沉浸式悬疑互动剧场作品《大剧院Ⅱ:折叠层》、大唐芙蓉园《寻梦·芙蓉里》大唐仕女空间站等特色文化街区和文化演艺,通过积极发掘自身旅游项目的特色与亮点,不断吸引市民游客前来打卡,激发文旅消费新潜力。三是加大创新发展力度。西安在文旅产业的发展中,不断推陈出新,加强创新。弘扬好历史文化、传承好丝路文化、继承好秦岭文化、发扬好红色文化,通过文化赋能,用好秦创原创新驱动平台,使资源的文化脉络更加清晰,文化基因绵延,遗产保护和开发利用有机融合,文化传承与城市发展和谐共生,文化资源的创造性转化和创新性发展取得新成效。通过数字赋能文化演出业,推创演出新业态,开发演出新形式,实现演出从形式到内容的升级优化,推动文化演艺进景区、进街区、进社区、进乡村,持续打造西安"中国演艺之都"。比如,在传统文化的基础上,结合现代科技,推出了"数字西安"等新型旅游产品。这些创新性的举措,不仅提高了游客的体验感和趣味性,更为西安文旅产业的发展注入了新的活力和动力。

### 3. 长沙市——突出影视文化产业

2022年，长沙市《政府工作报告》指出，未来五年，长沙要加快重大文化设施建设步伐，大力发展文创重点产业，推动国家公共文化服务体系示范区创新发展，扮靓国家历史文化名城、世界媒体艺术之都名片，建设国际旅游中心城市，打造国际文化创意中心。一是不断推进文旅消费。注重打造特色商圈，太平老街获评为首批"国家级旅游休闲街区"。无论是五一商圈扎堆的网红品牌，还是智慧创新的黄兴南路步行街，或是青石地板上人流熙攘的太平老街，热闹红火的解放西酒吧一条街，人气持续火热的长株潭商圈，都给游客无穷想象与独特体验。例如，人气爆棚的五一商圈，具有20多条商业街、2万多个商业网点，以及文和友、茶颜悦色等网红品牌，构成完整的吃喝玩乐购产业链。二是立足红色资源优势，打响历史文化名片。长沙深耕红色沃土，以红色文化为本色和精华，立足橘子洲头等红色资源推动文旅融合，紧紧围绕"生态、文化、旅游、休闲"这一主题，充分利用、保留和保护建筑，突出历史文化特色。积极营造"红色旅游"的浓厚气氛，建立起"红色文化＋传统文化＋历史文化"为一体的"新时代橘子洲精神"，同时把历史背景、特色园林和人文景观相结合，突出人与自然的和谐。三是实施"影视＋文旅"模式，打造城市"娱乐性"特质。观察类真人秀《守护解放西》，在B站成功出圈，深受追捧与喜爱，从线上引流到线下打卡，坡子街成为网红打卡点，为长沙城市形象增添了更多的烟火气。此外，"媒体湘军"芒果TV、马栏山视频文创产业园等打造的多款综艺作品、爆款节目，衍生出众多线下娱乐产业，促进了影视IP与文旅行业的多元融合。利用新媒体传播手段，充分发挥"城市＋媒体"协作优势，做足城市营销。四是坚持传承与创新结合。坚持守正与跨界相结合，将城市悠久深厚的文化传承与现代媒体艺术和城市可持续发展深度融合。抢抓跨界融合风口，推动文化与科技、旅游、金融等深度融合，特别是注重用现代科技改造提升传统文化产业、注重在旅游产业发展中打好"文化牌"、注重鼓励银行加大对文创企业的信贷力度，有力助推文创产业集群迅速崛起、文化产业发展做大做强。坚持开放与开拓相结合。主动服务国家"一带一路"倡议,开文化展示之"窗",搭文化交流之"台",拓文化贸易之"市"。

4. 杭州市——打造数字文旅第一城

杭州把握数字经济优势,大力发展数字文旅产业,抢先布局元宇宙文旅产业,通过场景牵引、业态融合、数据驱动、生态赋能等路径,抢占新赛道,为文化旅游发展提供新动能。一是杭州数字文旅发展迅猛。杭州的数字文旅起步早,在城市旅游服务上走在全国前列,已经成为城市旅游产业必不可少的基础设施。结合人工智能、虚拟现实等新兴技术打造的全国首个城市数字人"杭小忆",可以通过手机 APP、小程序等多种入口为游客提供"伴你同行"式的旅行服务。电商直播产业、电竞产业、数字内容产业都是杭州的优势产业,能够极大地赋能文旅,有助于构建以数字文旅产业为核心的经济发展新赛道,积极打造数字文旅第一城。二是深化文旅康体融合。将亚运赛事"高流量"转换为支撑文旅持续火热的"高留量",整合打造集运动场馆、火种采集、火炬传递等为一体的主题线路,让每一处亚运场馆、景观小品都成为旅游地标,打造杭州文旅新亮点,实现体旅 IP 持续发酵。三是塑造文旅融合样板。杭州市加大对文旅的推广力度,创新性提出杭州文旅千人推广计划,该计划遴选了首批 100 位专家,包括文物考古、遗产保护、城市规划、艺术创作、建筑设计、生态保护、风景园林、宋韵文化、旅游休闲、教育等领域。选拔出的专家不仅带领市民游客体味杭州文化底蕴,还为杭州设计了一大批适合自行探寻的 Citywalk 路线,让深厚的杭州历史文化"活"起来。

### (二)经验启示

通过分析国内文旅文创融合发展的成功做法,可以总结以下几点启示,对促进河南省文旅文创融合发展具有重要意义。

一是强化数字赋能。顺应数字化发展大势,切实利用数字科技为文旅文创产业发展赋能增效。着力打造数字文旅产业链、价值链，开展多样化的云直播、云展览、云互动，不断开发文旅沉浸式体验型文化，丰富沉浸式公园、沉浸式演艺、沉浸式展览、沉浸式娱乐等文旅新业态，满足消费者多元化需求。推进数字文旅高质量发展，加大5G、人工智能、物联网、大数据、云计算、北斗导航等在文化旅游领域的有效应用，同时，要加强现代科技在非物质文化遗产传承发展中的运用，促进文化遗产的科学保护、合理利用、产业开发。

二是聚焦创新驱动。创意经济的时代已经到来，创新是文旅文创产业发展的发动机，高品质的文化产品和服务少不了创意。创新文旅消费模式，培育网络消费、定制消费、体验消费、智能消费、互动消费等新型消费。鼓励景区、文博单位、主题公园、园区街区与虚拟消费、社交电商、粉丝经济、订阅经济等新经济模式相结合。依托河南特色文化资源，开发文化IP，是文化赋能旅游业的重要抓手。通过多种途径，提升创意设计和市场营销能力，将文化IP转化为旅游产品，实现其市场价值。

三是塑造文旅品牌。升级品牌层次，提升河南文旅整体品牌影响力。深入挖掘河南丰富的历史文化资源，将其融入现代旅游产业中，打造独特的文旅品牌形象。通过举办一系列文化活动、展览和演出，展示河南的历史文化和民俗风情，吸引更多游客前来观光旅游。加强与国内外知名文旅品牌的合作与交流，推出特色旅游线路和产品，提升河南文旅品牌的知名度和美誉度。加大宣传力度，利用互联网、社交媒体等新媒体渠道，广泛传播河南文旅的品牌形象和特色产品。

四是激发文旅消费。鼓励将旅游消费嵌入各类消费空间，建设新型文旅消费空间。支持旅游景区与博物馆、图书馆、文创商店、特色书店、小剧场、文化娱乐场所等融合发展，催生消费潜力。在提升景区品质、完善公共服务设施、丰富文旅活动等方面发力，持续优化文旅体验，提振文旅消费。

# 三 河南省文旅文创融合发展的现状和问题

从整体看,河南省文旅文创融合发展工作正在稳步持续推进,文旅市场总体势头强劲、保护传承弘扬黄河文化,加快建设国际文化旅游目的地、文旅资源与健康产业融合不断加深、文旅品牌影响力逐步扩大、政策环境持续优化,文旅市场消费潜力巨大。然而,依旧存在着制约河南文旅文创高质量融合发展的深层次问题,迫切需要解决。

## (一)发展现状

### 1. 文旅市场总体势头强劲

全省文化及相关产业增加值从 2011 年的 454.37 亿元增加到 2021 年的 2590.66 亿元,增长了 5 倍多;文化及相关产业增加值占 GDP 的比重由 2011 年的 1.73% 提高到 2021 年的 4.46%。数字出版、动漫游戏、文化数字内容服务等文化新业态特征较为明显的 16 个互联网文化行业小类呈现较快增长,以数字文化产业为代表的文化新业态成为文化产业发展的新"引擎"。2023 年 1 至 7 月份,河南省接待游客 5.87 亿人次、旅游收入 5644 亿元,分别为 2019 年同期的 109.35%、100.69%。上半年,全省接待游客量和旅游收入分别高于全国平均水平 10.77 和 5.72 个百分点。2023 年"五一"假期期间,河南省全省共接待游客 5518 万人次,较 2019 年增长 21.3%;全省旅游收入 310.1 亿元,与 2019 年相比,增长 7.69%。截至 2023 年 10 月 7 日 21 时,25 省份公布双节旅游成绩单可以看出,河南接待游客量居首位,达 8480.1 万人次,旅游收入 587.6 亿元,均创新高。与 2022 年十一假期相比,接待游客人次同比增长 112.2%,旅游收入同比增长 206.4%,文旅市场显现积极信号,总体趋势回暖向好。从近几年的产业发展态势看,文旅产业已成为河南省产业结构调整、转型升级、迈向高质量发展的重要推动力量。

表6-3    2011—2021年河南文化及相关产业增加值情况

| 年份 | 文化及相关产业增加值（亿元） | 文化及相关产业增加值占GDP比重（%） |
|---|---|---|
| 2011 | 454.37 | 1.73 |
| 2012 | 670.00 | 2.31 |
| 2013 | 815.69 | 2.58 |
| 2014 | 984.66 | 2.85 |
| 2015 | 1111.87 | 3.00 |
| 2016 | 1212.80 | 3.01 |
| 2017 | 1349.23 | 3.01 |
| 2018 | 2142.51 | 4.29 |
| 2019 | 2251.15 | 4.19 |
| 2020 | 2202.99 | 4.06 |
| 2021 | 2590.66 | 4.46 |

数据来源：Wind。

表6-4    2011—2021年河南旅游市场发展情况

| 年份 | 游客人数（亿人） | 同比增长（%） | 旅游总收入（亿元） | 同比增长（%） |
|---|---|---|---|---|
| 2011 | 3.07 | 19.04 | 2802.06 | 22.1 |
| 2012 | 3.6 | 18.07 | 3364.1 | 20.06 |
| 2013 | 4.1 | 13 | 3875.5 | 15.2 |
| 2014 | 4.58 | 11.6 | 4366.2 | 12.7 |
| 2015 | 5.18 | 14 | 5035 | 15.8 |
| 2016 | 5.83 | 12.55 | 5763 | 17.14 |
| 2017 | 6.65 | 14.07 | 6751 | 17.12 |
| 2018 | 7.86 | 18.15 | 8120.21 | 20.28 |
| 2019 | 9.02 | 14.72 | 9607.06 | 18.31 |
| 2020 | 5.51 | -38.91 | 4812.85 | -49.9 |
| 2021 | 7.93 | 43.92 | 6078.87 | 26.3 |

数据来源：《河南省国民经济和社会发展统计公报》。

表6-5　　　　2023年中秋国庆部分省份旅游数据情况

| 省份 | 游客人数（万人次） | 同比增长 | 较2019年增长 | 旅游收入（亿元） | 同比增长 | 较2019年增长 | 旅游收入/游客人数（元/人次） |
|---|---|---|---|---|---|---|---|
| 河南 | 8480.1 | 112.20% | 27.90% | 587.6 | 206.40% | 117.10% | 692.92 |
| 广东 | 6386.2 | 44.70% | 1.60% | 571.6 | 148.70% | 7.70% | 895.05 |
| 辽宁 | 5596.2 | 139.10% | / | 369.3 | 158.30% | / | 659.91 |
| 云南 | 4507.7 | / | / | 455.3 | / | / | 1010.05 |
| 浙江 | 4372.4 | 6.80% | 5.10% | 486.4 | / | / | 1112.43 |
| 福建 | 3949.41 | 18.00% | 恢复至106.1% | 323.86 | 33.20% | 恢复至104.7% | 820.02 |
| 湖南 | 3068.2 | 82.87% | 25%左右 | 317.5 | 78.65% | 30%左右 | 1034.81 |
| 甘肃 | 2480 | 172.70% | 恢复至105.6% | 148 | 221% | 恢复至90.3% | 596.77 |
| 黑龙江 | 2039.1 | 221.30% | / | 75.27 | 286.29% | / | 369.13 |
| 天津 | 1612.42 | 264.80% | 35.20% | 121.85 | 480% | 67% | 755.70 |
| 新疆 | 1511.08 | / | 9.61% | 209.11 | / | 7.86% | 1383.84 |
| 北京 | 1187.9 | 48.90% | 12.90% | 155.7 | 108.20% | 21.90% | 1310.60 |
| 海南 | 426.86 | 181.50% | / | 64.88 | 256.20% | / | 1519.94 |
| 四川 | 5691.02 | 79.45% | 11.18% | 361.53（旅游消费总额） | 116.06% | 14.24% | / |

数据来源：各地文旅部门及地方媒体。

2. 保护传承黄河文化，建设国际文化旅游目的地

近年来，河南省全力打造中华文化传承创新中心、世界文化旅游胜地，黄河文化保护传承弘扬取得丰富成果。一是在讲好黄河故事上持续发力。大力推介老家河南、天下黄河、华夏古都、中国功夫等文化IP，发掘黄河文化的当代价值，讲好新时代黄河故事，以实际行动促进文明交流交融、展现中国形象。坚决扛稳保护传承弘扬黄河文化

的历史责任，立足河南作为华夏文明主根、国家历史主脉、中华民族之魂的战略地位，构建"一核三极引领、一廊九带联动、十大标识支撑"的发展格局，高标准打造黄河国家文化公园重点建设区。二是推动黄河文化设施建设。积极推进建成汉魏洛阳故城遗址博物馆、殷墟遗址博物馆、开封黄河悬河文化展示馆等黄河沿线的重大文化设施，黄河沿线会有一大批黄河文化博物馆、纪念馆、陈列馆陆续建成开放，方便游客前来学习感受黄河文化，领悟黄河精神，传承黄河文明。三是用心开发黄河文化研学旅行精品课程。以打造重大黄河文化品牌为载体，研发一批主题鲜明、意义深远的黄河文化研学旅行精品课程、精品线路，遴选一批各有特色、示范引领、安全适宜的黄河文化研学旅行基地（营地），培养一批志在研学、专业过硬的黄河文化研学旅行专业人员，共同推动河南省黄河文化研学旅行快速健康发展。

3. 文旅资源与健康产业融合不断加深

疫情过后，人们对生活的认知发生了改变，健康、自由的价值进一步凸显出来。康养运动游、亲子健康游、温泉康养、中医药康养游等将成为发展方向。一方面，建设全国重要的康养旅游目的地。推进大文旅、大健康和乡村振兴有机融合，积极发展原乡、旅居、民宿等多种业态，重点打造以伏牛山、大别山、太行山为主的康养产业集群，加快建设全国重要的康养旅游目的地。每年在"三山"区域建设 100—150 个康养旅游示范村，整合美丽乡村、打造高品质休闲康养度假单元。另一方面，乡村民宿加速发展。乡村民宿承担起了提供乡村公共文化服务的职能，深入挖掘文化文物资源，充分展示地域特色文化，丰富乡村民宿文化内涵。例如，河南镇平打造了二龙乡老坟沟村乡村康养旅游项目、鲁冰花园精品民宿区、石佛寺镇全家岭村小仵庄民宿、老庄镇红岭山地运动公园等特色旅游产业。

4. 文旅品牌影响力逐步扩大

河南省在塑造品牌方面持续发力，宣传推介力度不断加大，品牌影响力逐步提高。河南卫视《唐宫夜宴》的文创产品"唐宫小姐姐"与世界500强企业沃尔玛梦幻联动,通过一场从唐宫穿越至现代沃尔玛商场的奇妙之旅,完成了品牌的价值输出。宋都皇城旅游度假区成功入选"国家级夜间文旅消费集聚区",其中,以夜游清园为代表的景区夜游,以大宋御河为代表的夜间游船,以《大宋东京梦华》为代表的夜间演艺等受到游客的欢迎,并且打造了"大宋不夜城"这一夜游品牌,影响力大幅提升。南阳市叫响"四圣故里·渠首南阳""避暑康养福地·世界月季名城"等文化旅游品牌。宝泉景区成功创建河南省五钻级智慧景区,"卫辉古村探索之旅"上榜全国乡村旅游精品线路,郭亮村作为特色旅游乡村入选文旅部、中央广播电视总台联合摄制的大型探访类节目《山水间的家》。郑州市整合黄帝故里拜祖大典、中国(郑州)国际旅游城市市长论坛等郑州特有文化资源,统筹全流域、联动国内外,向全球推介了"山""河""祖""国"郑州文旅卫,"黄河文化月""山河祖国""三座城三百里三千年"成为代表郑州的全新热词成功出圈、强势输出,吸引了国内外大量游客前来打卡体验,俨然成了"网红"IP。

5. 政策环境持续优化

近年来,国家出台了一系列政策,从纾困惠企、旅游业发展目标定位、文化产业创新以及文旅融合等方面作了顶层设计和系统部署。河南省委省政府充分发挥河南省文旅资源优势,强化政策有效供给,先后出台了一系列关于文化和旅游发展的规划意见。围绕提升旅游文化内涵,促进文旅产业高质量发展和转型升级目标,河南省提出了"文旅文创融合发展战略",全力塑造"行走河南·读懂中国"品牌,加快建设文化强省,为河南省文旅产业转型升级指明方向,极大促进河南省文旅文创产业的发展。2022年,河南省人民政府正式发布《河南省"十四五"文化旅游融合发展规划》,明确加快文化旅游资源大省向文化旅游强省进军的路线图、任务书和时间表。为加快文旅产业复苏,扩大居民消费,2022年4月,河南省文化和旅游厅印发《2022年文化和旅游市场管理工作要点》，加强行业监管，不断提升市场治理能力，推动转型升级，着力促进行业高质量发展；下发《关于抓好促进旅游业恢复发展纾困扶持政策贯彻落实工作的通知》，着力推动旅游业恢复发展纾困扶持政策的贯彻落实。

表6-6  我国文旅文创融合发展文件及主要内容

| 时间 | 政策名称 | 主要内容 |
| --- | --- | --- |
| 2022年2月 | 关于促进服务业领域、困难行业恢复发展的若干政策 | 文件共包括八个部分内容，涉及旅游业的为第四部第24—30条，共7条：聚焦旅行社旅游服务质量保证金扶持；对旅游企业阶段性实施缓缴失业保险与工伤保险费政策；对重点文化和旅游市场主体加大信贷投入，适当提高贷款额度；鼓励银行业金融机构合理增加旅游业有限信贷供给等 |
| 2022年3月 | "十四五"旅游业发展规划 | 提出"十四五"旅游业发展目标，围绕七方面重点任务作出系统部署，对于保障规划实施也提出了强有力的措施 |
| 2022年3月 | 关于抓好促进旅游业恢复发展纾困扶持政策贯彻落实工作的通知 | 通知内容共10条，主要是针对普惠性减税降费政策、普惠金融政策在旅游行业的落实，用好旅游服务质量保证金扶持政策、加快推进保险替代保证金试点工作等 |
| 2022年8月 | "十四五"文化发展规划 | 提出"文化事业和文化产业更加繁荣，公共文化服务体系、文化产业体系、全媒体传播体系和文化遗产保护传承利用体系更加健全，文化创新创造活力显著提升，文化和旅游深度融合，城乡区域文化发展更加均衡协调，人民精神文化生活日益丰富"等目标任务，并做出了十余个方面的系统部署 |

资料来源：根据国家有关文件整理。

表6-7　　　　河南省文旅文创融合发展文件及主要内容

| 时间 | 政策名称 | 主要内容 |
| --- | --- | --- |
| 2022年1月 | 河南省政府工作报告 | "传承创新发展优秀文化""塑造"行走河南、读懂中国"品牌""实施文化惠民工程,深化群众性精神文明创建,建设书香河南""建设一批文旅文创融合项目,培育壮大沉浸式文旅、研学旅游、考古旅游等新业态。" |
| 2022年2月 | 河南省文化和旅游工作会议 | 总结2021年文化和旅游工作,安排部署2022年重点任务。要把文旅文创融合战略落到实处。要塑造"行走河南 读懂中国"品牌体系。会议还提出了加强艺术精品创作、提升公共文化服务效能、传承弘扬优秀传统文化、促进文旅产业发展、深化文化和旅游资源开发、加强文化和旅游市场管理、强化文化旅游传播推广、持续提升治理能力、抓好灾后重建等方面任务 |
| 2022年4月 | 关于抓好促进旅游业恢复发展纾困扶持政策贯彻落实工作的通知 | 推出十条措施,要求全省各地把旅游业纾困帮扶作为当前的重要工作任务,着力推进促进旅游业恢复发展纾困扶持政策贯彻落实 |
| 2022年11月 | 河南省委十一届四次全会 | "加快文化强省、美丽河南建设""繁荣发展文化事业,深入实施文旅文创融合战略"。 |

资料来源:根据河南省有关文件整理。

## (二) 存在问题

近年来,河南省为促进文旅文创融合开展大量工作,文旅文创产业发展迅速。但是,当前文旅文创产业发展环境日益复杂,中国有很多旅游大省,其他省份也具备独特的文化和特色景区。特别是在新冠肺炎疫情后,全国各地积极出台各项措施推进文旅文创产业繁荣发展,竞争激烈,河南省面临巨大挑战,依旧存在制约文旅文创高质量融合发展的问题。

### 1. 创新创造活力不足

文旅文创方面的营销创意不够,在挖掘故事、讲好故事等方面缺乏创新意识。创新创意氛围较为欠缺，在一定程度上较难打造出文旅文创融合新业态。一是缺乏文化创意人才。目前，河南省文旅文创产业缺乏高素质领军人才带动项目落地和发展。缺乏文旅文创策划、推广、营销、经营管理人才，致使产品服务、经营收入、产品升级难以为继。同时，缺乏优质独特的文旅文创产品设计、研发人才，使得科技在文旅文创产业发展中的作用没有充分发挥，高端研发、创意产业相对滞后。二是文旅文创融合深度不够。河南省文旅文创资源丰富，但对文化内涵挖掘及开发利用不足，各地的本土文化还未有效转化为文化资本进行输出。文旅文创的融合方式以产品简单叠加为主，未能实现各领域、多方位、多层次的深度融合，在资源共享、优势互补、协同并进的高质量发展方面还存在不足。文化内涵与旅游载体未能充分融合，文化的社会效益和旅游的经济效益未完全展示出来，文旅融合的合力尚未充分发挥。在要素整合、全民参与、产业联动的新型文化业态生成方面还需继续优化。三是景区创新开发力度不足。新乡南太行、嵩山少林寺、信阳鸡公山等一批资源禀赋较好的景区，旅游创新发展活力不足，河南旅游始终未能走出一条独具特色的发展道路。太行山、伏牛山、大别山等旅游景区密集分布的区域，山水资源相似性强，同质化竞争十分激烈，导致这些地区的民营企业规模普遍较小，且自身实力不足，资源开发品位较低，造成同质化产品遍地开花。

2. 市场主体不强，缺乏龙头企业带动

文旅龙头企业的数量与质量是一个省份文旅实力的真正彰显，也是当地文旅影响力的重要因子。近年来，河南依托厚重的历史文化资源，在优秀传统文化创新性发展方面多方发力，频频出招，极大提升了河南的文化形象和文化地位。但是河南省存在着文旅文创企业总量较少、规模较小，品牌吸引力不强，影响力较弱等问题，特别是数字、创意等新型企业发展滞后，文旅资源的整体优势还远没有得到充分发挥。目前河南进入中国旅游集团20强和中国文化企业30强的企业均只有1个，不仅落后于上海、北京、浙江等省市，也排在安徽、湖南等省份之后。目前，河南尚没有一家上市的本土文旅企业。银基文旅、建业文旅、洛阳文旅与新组建的河南省文化旅游投资集团 4 家龙头企业虽然进入"全国文旅集团品牌影响力百强榜"，但从数量上来看屈指可数。河南省的高成长型文化旅游企业数量偏少，中小文化旅游企业培育不足。省内主要涉旅企业集团仍处于探索阶段，虽然建业、银基、天瑞、瑞贝卡、春江等一系列大型企业集团不断转型，加快投资布局高等级景区、文旅小镇、旅游演艺等新业态，但尚未形成与中原特色文化相匹配的旅游产业格局，产品竞争力和品牌影响力亟待突破性提高。

3. 文旅产业数字化程度较低

当前文化产业数字化已成为推动文化产业发展的核心动力，技术和新业态投资也成为文化产业发展的重要引擎。河南省在数字文旅建设方面也取得了优异的成绩，虽然拥有《只有河南·戏剧幻城》、建业电影小镇、郑州方特和银基国际旅游度假区等成长性强、广受市场追捧的项目，但新型文旅项目占比仍然较低，整体水平依然有较大提升空间。具体问题表现在：一是文旅数字化规模小。河南省 19 家 5A 级景区、4 万多个旅游单体资源中，真正实现数字化开发和智慧化运营的景区数量十分有限。二是文旅文创科技应用程度低。以服务类智慧平台和 APP 建设为主，体验式、沉浸式文旅项目和产品较少，虚拟现实景区和数字博物馆建造还未形成常态化。从景区的数字化程度来看，河南很多景区虽然开始了数字化的建设和运营，但客观上讲，无论是从技术路线选择，还是实际的运营效果，现阶段还较为初级，尚有很大发展空间。数字文旅不仅仅体现在网上预约、刷脸进园、智能停车、5G 覆盖等内容，与故宫相比，河南省数字化程度高的景区依旧存在较大差距，尤其在数字化营销和相关的数字产业开发方面。三是数字化宣传力度弱。从网站到微信、微博、抖音等传播平台，故宫已建立较为完备的全媒体传播体系，截至目前，故宫微博粉丝 1031.2 万，抖音故宫博物院粉丝达到 170.6 万，而龙门石窟的微博粉丝仅有 5.5 万，抖音粉丝 20.0 万。根据 2023 年 3 月文旅产业指数实验室发布的《全国省级文化和旅游新媒体传播力指数报告》，河南省尚未入围综合传播力前10。

4. 高品质文旅文创品牌较少

河南省目前缺少响亮的城市名片、超级文化IP、国人公认的文创产品。文旅产业链系不完整，产业龙头缺位，存在"有义化、无产业""有名气、无效益"等现象，尚未形成全国叫响的品牌，缺乏规模体量大、综合收益高、知名度高、带动力强的龙头景区。对外推介传播渠道还不够广，力度还不够大，致使文旅文创品牌的传播力、影响力较弱。一是高品质文化产品供给不足。创新是推动文旅文创融合发展的重要引擎，河南文化旅游产业起步不晚，科技创新能力和文旅文创精品却相对不足。尽管有《唐宫夜宴》《洛神水赋》和沉浸式戏剧主题公园《只有河南·戏剧幻城》等文旅IP，但是依旧存在缺乏高品质的主题乐园、演艺节目和休闲度假区，对年轻人和高端消费人群吸引力不足，产品同质化、低质化开发问题严重。放眼当前旅游市场，多数文创产品仍以书签、钥匙扣、折扇等为主，同质化现象严重，缺乏超级文化IP的注入，难以满足游客的多元审美需求，在市场上的竞争后劲不足。如何挖掘文化资源内涵，打造文旅文创精品，仍是目前文化产业发展面临的普遍问题。二是文化旅游服务难以满足多元化需求。在新经济常态下，人们对文化产品的需求更加个性化、理性化、多元化，对旅游观赏性、体验性、互动性等方面要求更高，这就要求文旅市场及时作出积极转变和应对。当前，河南正在全力打造"行走河南·读懂中国"品牌体系，但仍然存在"有说头、缺看头，有资源、缺转化，有建筑、缺场景，有形态、缺业态"等问题，在基础设施"硬件"和文化服务"软件"上还无法真正全方位满足人民群众的消费需求，需要进一步提质升级。三是文化品牌的国际影响力不够高。2019年，河南接待入境过夜游客和国际旅游收入分别为180.35万人次、9.47亿美元，与同属中部地区的安徽379.74万人次、33.88亿美元，湖北450.02万人次、26.54亿美元，湖南

466.95 万人次、22.51 亿美元相比，仍有很大提升空间，需要在"双循环"思想指导下进一步思考并解决拓展国内国际消费市场、扩大文艺精品出口、助推优质文旅资源"走出去"等问题。

**（三）阶段研判**

目前，基于河南省文旅文创发展现状，需要结合时代趋势，学习发达省份或城市成功经验做法，做出正确的路径选择，才能最大化发挥优势，抓住机遇实现文旅文创高质量融合。通过对现状和问题的分析，河南省文旅文创融合发展呈现出三个阶段性特征。

1. 总体上处于文旅 2.0 向文旅 3.0 的发展过渡期

文旅 2.0 时代是从市场需求的驱动到文化旅游体系的合并管理，标志着旅游升级为文旅，文旅开始以内容和服务主导产业的发展。文旅 3.0 时代是新业态、新消费、新技术、新媒介四大驱动力共同推动的结果，这四大驱动力也是未来一段时间内决定文旅项目兴衰成败的核心力量。现阶段河南省文旅文创融合发展处于由文旅 2.0 时代向文旅 3.0 时代迈进的过渡期，河南文旅市场在文旅 2.0 时代蓬勃发展，文化和旅游实现较好融合，但是在新文旅 3.0 阶段的表现动力不足，还存在着一定差距。一是新消费高品牌供给不足。文旅消费需求呈现明显升级趋势，文旅消费升级新趋势，需要河南省不断提供文旅产品新供给，推出更多符合游客口味的优质产品和服务。二是新业态更新迭代较慢。"旅游＋"产业融合创新的新业态不断形成，河南省虽在新兴旅游赛道持续发力并做出一定成绩，但是还需持续迭代更新保持文旅项目的活力。三是新技术开发应用程度较低。河南省新技术在文旅领域的应用与发达省市还存在差距，例如主题公园、文化展览、虚拟旅游、元宇宙购物等，缺乏具有科技感、沉浸感和互动性的文旅体验。四是新媒介运营还需加强。当前旅游客群已转变为以散客为主，而传统的旅游传播媒介大多是基于团客人群，无法精准触达消费者，这就需要专业的新媒介迭代传播运营。抖音、视频号、小红书、B 站等基于短视频、直播的个性化内容平台已成为旅游企业品牌传播的重要渠道，河南省在内容创新、推广方面还需进一步提升。

2. 环境上处于文旅文创大发展的政策机遇期

近年来，各项利好政策持续出台，为文旅文创融合发展营造良好外部环境。一方面，国家层面政策不断推出。国家重视文旅产业发展，将文旅产业作为国民经济战略性支柱产业。中共中央办公厅、国务院办公厅印发了《关于实施中华优秀传统文化传承发展工程的意见》（以下简称《意见》），《意见》提出：到2025年，中华优秀传统文化传承发展体系基本形成，在研究阐发、教育普及、保护传承、创新发展、传播交流等方面协同推进并取得重要成果，具有中国特色、中国风格、中国气派的文化产品更加丰富，文化自觉和文化自信显著增强，国家文化软实力的根基更为坚实，中华文化的国际影响力明显提升。习近平文化思想总体阐释了传统文化的历史意义和当代价值、推动中华优秀传统文化创造性转化和创新性发展、提炼贯穿其中的价值观和精神标识，到整体呈现中华文明的五大突出特性，提出造就新的文化生命体、建设中华民族现代文明。另一方面，河南省政策环境不断优化。河南省委提出的文旅文创融合战略是"文旅融合3.0"的具体表现形式，是河南省委立足河南省文化特征和旅游大省实际，在深刻理解文化和旅游融合共生、文化和旅游内在统一性基础上作出的重大战略设计。

3. 发展上处于产业融合创新的集中爆发期

河南文旅市场的确在近年来取得了显著的发展，接待游客数量和旅游收入的增长都证明了其市场潜力的释放。河南省具有得天独厚的历史和文化资源优势，为文创产业持续发展提供了源源不断的动力，也为文旅文创融合发展奠定了良好基础。未来，积极开发利用河南省文化资源，科技赋能发展数字文旅，依靠文化创意打造特色品牌，获得持续流量。截至目前，河南推广颠覆性创意、沉浸式体验、年轻化消费、移动端传播新文旅经验，在全省建成58个智慧旅游沉浸式体验新空间，推出100个文旅消费新场景，评选了16个省级旅游休闲街区。

# 四 河南省文旅文创融合发展对策建议

推进河南实施文旅文创融合战略，应坚持以黄河文化和中原文化为基础，以传承创新为手段，以建设文化强省为旨归，充分发挥资源优势、区位优势、品牌优势，选准适合河南文化旅游融合发展的方法路径，有针对性地提升河南文化的影响力、竞争力和软实力，真正推动文化旅游产业成为河南经济的重要支柱产业。

**（一）以文旅融合数字化为引领，构建数字文旅新高地**

文化和旅游数字化已成为文化和旅游产业升级、创新和融合的重要抓手。数字技术不仅在赋能文旅行业和促进产业升级方面发挥着重要作用，而且"数字+文旅"模式还将产业的消费潜力和市场价值进一步释放。利用数字化技术赋能文旅文创产业，推动文旅文创产业资源的数字化、文化消费的数字化、文化遗产保护的数字化、文化品牌推广的数字化、文化市场管理的数字化等，全力推动数字文旅文创产业发展。

1. 重点培育数字文旅新场景

利用数字技术、VR、AR、AI等的剧院、演艺厅、剧场打造的沉浸式场景，如沉浸式展览、沉浸式游乐场、AR/VR主题乐园、全息主题餐厅等。依托大数据、云计算、互联网，深化旅游景区大数据应用，以旅游展示、营销网络建设，提高全省旅游网络营销水平。着力培育适应市场需求和消费升级的新产品、新业态、新模式，把握市场新动态，积极整合星罗棋布的旅游资源，推动打造全域旅游发展格局。盘活闲置低效旅游资产，重点打造精品旅游线路、建设智慧旅游平台，推动经营业务提质增效。依托历史街区和工业遗产，打造一批文旅消费新场景，重点推出"洛阳古都夜八点""夜开封欢乐宋""博物馆奇妙夜""深夜食堂""24小时书房"等夜游、夜宴、夜购、夜读品牌。

2. 完善文化和旅游产业新基建建设

文化旅游景区等文化和旅游企业应加强智慧化服务管理，包括智慧酒店、智能客房、景区无人商店、无人售卖车等高度智能化为特征的旅游产品和服务，以及以无接触酒店的入住自助办理、景区的扫码入园服务为特征的智能服务。各文化和旅游景区要利用已有大数据中心或重新搭建数字化服务平台，接入企业、消费者的交易记录、身份信息、位置信息等数据，设置游客信息服务与投诉监督入口，实现技术、业务与数据的全方位融合；利用平台推行景区预约制，合理控制核载量，收集、分析并预测游客高密度聚集、拥堵、排队等情况，就是采取措施疏导客流，实现文化和旅游管理、运营、体验智慧化发展。补齐城市休闲、乡村微度假相关基础设施和公共服务设施短板，以生活方式类产品为核心发展夜间经济、IP 经济等。

3. 着力打造线上文博

借助互联网、AR、VR、AI 技术的博物馆、美术馆、艺术馆等，实现文物、艺术品信息的扫描、加工、处理。游客和观众借助设备在线上观看文物、艺术品，通过自主游览、变焦、旋转、360 度全场景体验等，提高游客的观看体验。在数字文创上下功夫，破冰元宇宙积极打造数字博物馆。未来文创产业的发展可充分利用移动互联时代的红利，积极探索元宇宙的应用场景，推动文创产业虚拟化、数字化、沉浸式发展。元宇宙时代，数字化成为各大博物馆新趋势，越来越多的文博机构也开始涉足数字藏品领域，在区块链技术的加持下，实现了古老文物的数字化发行、购买、收藏和使用。技术的发展日新月异，博物馆也应与时俱进，不断探索元宇宙的新方向，如通过博物馆策展让人体验观展的场景感，带领观众进入文物所处的历史时代，与文物沉浸式对话，实现交互式游览，帮助游客更好地理解文物内涵。

**（二）以产业创新协同化为抓手，培育文旅文创全链条**

文化旅游业是综合性产业，产业链条长、关联度高、资源消耗小、综合效益好，在现代经济发展中具有十分重要的地位。全链条文旅产业是旅游高质量发展的重要推手，要推进文旅产业全产业链发展，丰富旅游业态，优化产品供给，开创文旅产业高质量发展新局面。全力打造精品文旅产品，将文旅产业放在与先进制造业、现代农业同等重要的地位来部署和推动。

1. 不断丰富精品文旅产品供给

要坚持走差异化发展之路，丰富旅游业态、优化产品供给，打造全年龄、全天候、全季节的文旅产品。倾力打造一批精品演绎剧目，发展河南影视动漫产业，推动非遗活态化传承和创新发展，开发具有地域特色的文创产品。围绕"吃住行游购娱"全链条需求，深化文旅融合，强化数字赋能，大力实施"文旅+""文创+""文化+"等策略，推进文旅文创行业与农业、工业、设计业、广告业、营销业、会展业、体育业、娱乐业、餐饮业、传媒业、建筑业、康养业、手工业等行业的深度融合，巧借外力实现文旅文创产业多元快速发展。培育壮大市场主体，发展文旅新业态新模式，拓展消费新空间，增强河南旅游的体验感。

2. 发展全链条文创产业

组建河南省工美产业联盟，形成集创意研发、加工制造、销售流通、市场服务等为一体的产业链和生产体系。推出陶瓷、玉雕、汴绣"中原三宝"，打响豫剧、豫菜、豫酒、豫茶、豫药等豫字品牌。围绕黄帝、老子、竹林七贤、武则天、玄奘、中医药、二十四节气、中国节日等文化 IP，编纂出版系列丛书或数字出版物。厚植河南广电在"中国节日"等内容创作领域的优势，推出打造更多国潮国风系列节目。围绕塑造"行走河南·读懂中国"品牌，策划文旅文创设计大赛，推出系列深度报道、主题文旅剧、微纪录片、文旅慢直播等。在沉浸式文旅、文旅演艺、主题公园等文旅文创领域集中发力，支持洛阳打造国内首家沉浸式剧本娱乐产品交易中心，支持开封发展"剧本娱乐+文旅"，打造剧本娱乐产业之城。倾力打造一批精品演绎剧目，发展河南影视动漫产业，推动非遗活态化传承和创新发展，开发具有地域特色的文创产品。

**（三）以内容生产品牌化为重点，打造产业发展新 IP**

打造具有鲜明特色的高质量文旅文创品牌，能够赋能文旅文创产业发展，推动河南省文旅文创可持续、高质量发展。要合理利用文旅资源，打造文化旅游胜地，积极推广高品质文创产品，坚持以旅游环线建设为牵引，串联旅游资源，实现共赢。

1. 以文旅资源为基础，打造高品质文旅品牌

在保护传承的基础上，深入挖掘河南省历史文化资源，支持创新研发文旅产品，不断提高文创产品供给质量。持续打造"行走河南·读懂中国"品牌，以及"老家河南"、天下黄河、华夏古都、中国功夫等品牌，将黄河文化打造成超级 IP，持续推出人类起源、王朝历史、姓氏寻根、科技发明等 16 条文化线路，遴选"行走河南·读懂中国"百大标识。继续办好黄帝故里拜祖大典、洛阳牡丹文化节、郑开国际马拉松等重要节会赛事。发展富有特色的全链条文旅业态，壮大以创意为内核的文化产业，打造中华文化传承创新中心、世界文化旅游胜地。坚持以文塑旅、以旅彰文，强化创意驱动、美学引领、艺术点亮、科技赋能，推动文旅文创产业高质量发展。同时，注重丰富文旅产品供给，积极布局"一老一小"新赛道，支持企业围绕银发、亲子和青年学生群体开发老年旅游、亲子旅行和研学教育等产品。

2. 以市场需求为导向，扩大文创市场

不断探索文创带动文化、旅游发展新模式，以丰富游客个性化体验为导向，充分考虑文化、旅游、度假、居住、商业等各方需求，防止文化创意产业发展出现同质化现象，真正将文创产品融入流行时尚，扩大文创产品市场，不断满足更广大消费者的需求。文创作品，"文"是根本，"创"是生命。文创产品的出圈不仅要精准把握文物的文化内涵，还要在"创"字下功夫。一方面，紧跟时代潮流，结合当下社会语境

开发"首创"产品。甘肃博物馆以铜奔马为原型打造的"马踏飞燕"毛绒玩具,以"丑萌"火爆出圈,该玩偶一经推出立刻火爆全网,线上线下一度卖到断货。这样的文创产品有效融合了传统文化与青年文化,撬动社交共享。另一方面,将生活美学融入文创设计中。生活美学主张世俗生活与审美观照的统一,运用到文创领域就是要用美学的眼光来设计产品,通过创意将生活元素与艺术元素相结合,综合考虑产品的实用性与文化性,彰显文创产品的生活功能与品位。北京故宫博物院以"紫禁城生活美学"为文创主题,在产品设计中强调生活功能和美学属性,如紫禁春满晴雨伞、故宫猫紫禁月满流沙杯、宫喵赏莲渔夫帽以及多款"她经济"的美妆等都是以生活必需品为母体,同时结合了带有紫禁城审美风格的文化元素,销量可观。

3. 建立协同区域发展机制,整合串联优质资源

依托以郑州、洛阳、开封为"一带",以豫南(以南阳为中心)、豫北(以安阳为中心)为"两翼"的区域化产业优势,以及郑州商文化和三教文化、洛阳汉文化、开封宋文化、安阳殷商文化、南阳汉文化和玉文化,把郑州、洛阳、开封、安阳、南阳打造成河南文旅文创产业基地,以点带面,以面谋带,发挥辐射带动作用。加强旅游景区对接,共同设计城市群组合产品、精品线路,打造郑汴洛国际文化旅游目的地,打造具有国际影响力的黄河文化旅游带,推动区域旅游产业实现"资源共享、线路互联、市场互通、客源互送、合作共赢"。持续整合全省文旅资源,不断丰富文旅产品供给,进一步优化华夏文明探源、四大古都焕新、老家河南寻根、中国功夫体验、千里黄河研习、中国诗词写意、红色基因传承、山水休闲康养、中原民俗风情等九大主题旅游线路。发展乡村旅游、红色旅游、休闲旅游,建设一批全国重要的康养基地。坚持走特色化、差异化、品质化的河南乡村旅游提质升级之路,打造一批文化主题旅游村落,建设一批精品酒店,推进乡村旅游串点成线、以线扩面。

## （四）以文旅消费多元化为契机，建设国际消费中心

文旅产业深度连接多元消费场景，是满足消费升级需求，高质量建设现代化河南的重要支点。加快商文旅体消费深度融合，加大对河南省各地区旅游业的宣传力度，推动文化旅游消费。通过加大宣传力度、提升服务水平、推出优惠政策和创新消费模式，可以激活文旅消费市场，促进经济发展。

1. 找准业态融合点，促进商旅文体消费融合发展

推动传统业态优化升级，从依靠传统资源投入、实体空间拓展和旅游规模增长向产业深度融合、产品技术创新驱动转变，增加文化体验项目，创新演出形式和内容。加快推动数字文旅产业发展，推进文化旅游与前沿科技领域融合发展，加快新一代技术在文化创意领域的应用，打造具有国际影响力的数字文化旅游创意品牌。推动文旅产业跨界融合发展，加快文化和旅游与体育、农业、教育、康养等产业深度互融，发挥产业联动效应，培育新的增长点、形成新动能。

2. 着力打造文旅消费新场景

从单纯"味觉经济"到"视听经济"再到"体验经济"，沉浸式、互动式、艺术式等多元"新业态"不断涌现，激发了文旅消费市场新活力。创新旅游场景，打破游客场景项目之间的固有边界，为目的地赋能引流，通过新场景、新业态、新模式提升游客的参与度，满足市场新的个性化旅游需求，引导特色旅游产品服务纵深发展，打造沉浸式体验＋城市漫游＋新兴商业综合体、城市会客厅、文博场馆、社区文化生活圈等旅游业态。通过互动体验化、跨行业融合化、定制化、专业化，营造出新时代的生活方式，促进旅游消费，更好地推动旅游市场从风景到场景的转变。通过营造文化和旅游消费场景，如举办文化和旅游活动，持续释放文化和旅游消费潜力。在酒店、餐厅、娱乐场所营造具有文化元素的氛围，同时融合当地的特产、风光等生活文化，开发独具特色、体现当地精神与文化的纪念品，充分挖掘调动游客的消费意愿和需

求，并加大文化和旅游市场开发力度，适应消费结构转型升级趋势，创新消费场景、消费模式，培育新型消费业态，形成新的消费增长极。

3. 持续优化文旅消费环境

加强行业监管，深入开展核心区旅游降密工作，积极推进景区分时预约，加强对营利性文化艺术类校外培训机构管理，搭建文旅行业信用监管体系。按照包容审慎和协同监管原则，完善市场监管、文旅、交通等跨部门协同监管机制，为文旅消费营造规范适度的发展环境。通过合理规划、精准调控、完善配套等措施，增加优质供给，提升管理服务的精细化水平。发挥好平台"看门人"角色，落实消费者隐私和个人数据安全保护措施，用严格的标准规范产品和服务，支撑起安全可信的消费环境。规范市场秩序，加强文娱领域演出监管和执法检查，统筹协调全省节假日旅游工作，营造安心、放心、舒心、暖心的文旅消费环境。鼓励地方政府加大对文旅消费的支持力度，打好政策助力消费组合拳，加大投入力度，不断完善城市基础配套和公共服务体系，如公交延线延时、公共停车位供给、公厕配套等，让夜间出行、消费更便捷；不断加强精细化治理与"新业态"监管，保障"热闹非凡"中"规范有序"，从而激发文旅消费新活力，推动消费市场的繁荣发展。

## （五）以龙头企业特色化为关键，培育文旅市场主力军

实施文旅文创融合战略，离不开市场主体力量的发挥，也必须激活市场主体的能动性，在培育和引进市场主体的过程中壮大文旅主力军，加快形成支撑文旅文创融合的"旗舰劲旅"。

1. 培育文旅文创旗舰劲旅

大力培育河南省本土文旅龙头企业，积极引进省外大型企业，鼓励和支持中小微企业"专、精、特、新"发展，吸引更多成长性好、带动力强的文旅项目签约落地，立足产业招大引强、打造标杆品牌项目，不断做强文旅产业链条。依托省文化产业投资有限责任公司组建文化旅游投资集团，以完善旅游服务设施、撬动社会资本为重点任务，拓展投

融资渠道，鼓励省外大型企业集团在河南设立投资基金和地区总部。不断深化全省国有文旅企业改革和战略重组，培育一批核心竞争力强的国有及国有控股文化企业集团，鼓励高成长的文创企业发展，支持有条件的文旅文创企业上市。

2. 加大品牌营销力度

加强顶层设计、创新宣传手段，叫响"老家河南"等对内对外宣介品牌。后疫情时代，新媒体"种草"成为游客出游的一大决策指南。要通过社交媒体、短视频平台以及在线旅游平台等新媒体渠道，例如小红书、抖音、微博、视频号等新媒体平台，大力开展线上新媒体宣传，从IP内容营销、达人营销、长效经营、产品组合等方面进行全方位宣传。

3. 加强交流合作

围绕"行走河南·读懂中国"品牌形象，积极引入国际高端节会，统筹办好大河文明论坛，提升国际旅游城市市长论坛、全球文旅创作者大会等重大活动的规格和影响力。加大黄帝故里拜祖大典、中国（洛阳）牡丹文化节、洛阳河洛文化节、中国（开封）菊花文化节、中国（安阳）国际汉字大会等重要节会交流力度，扩大品牌知名度。实施"引客入豫"工程，建立河南文化旅游海外推广中心，推动河南文化旅游走进重点客源地。

（执笔人：王笑阳　王梁　王超亚）

**参考文献**

[1] 温小娟、郭歌：《文旅文创愈融愈出彩》，《河南日报》2023年6月29日第T02版。

[2] 胡优玄：《基于数字技术赋能的文旅产业融合发展路径》，《商业经济研究》2022年第1期。

[3] 解学芳、雷文宣：《"智能+"时代中国式数字文旅产业高质量发展图景与模

式研究》，《苏州大学学报》（哲学社会科学版）2023年第2期。

［4］黄敏：《文旅融合背景下文创产品跨文化传播路径优化》，《社会科学家》2023年第5期。

［5］伊永华：《数字经济下河南省文旅产业发展路径研究》，《西部旅游》2022年第20期。

［6］高清明、陈明：《西部地区文旅融合的典型模式和优化路径》，《经济体制改革》2022年第4期。

［7］崔帅：《河南省文旅融合产业发展路径研究》，《河南图书馆学刊》2023年第5期。

# 生态篇

## 生态大省绿色低碳发展之路

# 河南协同推进降碳、减污、扩绿、增长的路径研究

**摘要**：习近平总书记在中共中央政治局第三十六次集体学习时首次提出"协同推进降碳、减污、扩绿、增长",这为做好碳达峰碳中和工作提供了根本遵循,也是实现"双碳"目标的战略路径和重点任务。河南省经济社会发展任务重,产业结构偏重、能源结构偏煤的特征明显,既要保障高质量发展对能源消费增长的刚性需求,又要实现较高水平的碳达峰,面临碳排放总量有序增长、碳排放强度大幅下降等多重挑战。探索协同推进降碳、减污、扩绿、增长的河南路径,具有重大意义。

**关键词**：降碳　减污　扩绿　增长

实现碳达峰、碳中和是一场广泛而深刻的经济社会变革。碳达峰碳中和从表面上看是气候和环境问题,实则是发展模式转型的问题。习近平总书记强调,做好"双碳"工作要注重处理好四对关系,其中第一对关系就是要准确把握"发展和减排"的关系。减排不是减生产力,也不是不排放,而是要走生态优先、绿色低碳的高质量发展道路,在经济发展中促进绿色转型、在绿色转型中实现更大发展。河南省协同推进降碳、减污、扩绿、增长发展,要坚持统筹谋划,从发展阶段和省情实际出发,充分考虑资源禀赋和产业基础,确保不对经济发展和社会稳定造成冲击。

# 一 降碳、减污、扩绿、增长"四位一体"协同发展的内涵特征

协同推进"双碳"目标与生态环境保护是我国新时代经济社会发展全面绿色转型的必然选择,也是我国推动高质量发展的必由之路。我国提出碳达峰碳中和的承诺,这就决定了在这个阶段,我国既要降碳,控制温室气体排放,有序推进实现"双碳"目标,又要减污和扩绿,实现环境质量根本改善,还要加快推进高质量发展,实现"降碳、减污、扩绿、增长"四位一体协同发展。

## (一)降碳与生态环境治理的协同

1. 降碳与大气污染治理协同。大气污染治理减污降碳协同增效相关内容已被纳入国家法律法规、规范性文件中。法律层面,《大气污染防治法》第二条明确提出"对颗粒物、二氧化硫、氮氧化物、挥发性有机物、氨等大气污染物和温室气体实施协同控制"。国务院发布的《打赢蓝天保卫战三年行动计划》将"大幅减少主要大气污染物排放总量,协同减少温室气体排放"作为其主要目标。根据实施情况评估,《打赢蓝天保卫战三年行动计划》在能源、产业、交通、用地四大结构调整和专项治理行动方面实施了一系列重大举措,使得我国主要大气污染物排放总量进一步下降。2020年与2015年相比,全国$SO_2$、$NO_x$和一次PM 2.5排放量分别下降了83.88%、50.93%和64.88%,超额完成"十三五"大气污染物减排约束性指标。污染物与二氧化碳排放同根同源,能源结构调整、产业结构调整和交通结构调整等措施可协同减少碳排放。《打赢蓝天保卫战三年行动计划》实施期间,各类结构调整措施累计减少碳排放5.1亿吨。

2. 降碳与水污染治理协同。水污染治理领域也是温室气体减排的一个战场。污水处理过程中的碳排放包括直接排放和间接排放。直接排

放包括污水输送、处理过程中产生并逸出的甲烷、氧化亚氮和二氧化碳等温室气体排放,同时也包括残余物质降解过程中产生的温室气体排放。间接排放指污水处理过程中的电耗、能耗、药剂等引致的碳排放。2021年中共中央、国务院印发的《关于深入打好污染防治攻坚战的意见》对水污染治理减污降碳协同有明确要求,提出"实施国家节水行动,强化农业节水增效、工业节水减排、城镇节水降损。推进污水资源化利用和海水淡化规模化利用"。2021年12月,国家发展改革委、水利部等部门印发的《黄河流域水资源节约集约利用实施方案》中第六条即"推动减污降碳协同增效",要求构建健康的自然水循环和社会水循环,坚持"节水即减排""节水即治污"理念,在取水、用水、水处理、污水资源化利用等全过程中强化节水,探索"供—排—净—治"设施建设运维一体化改革,减少污水处理能源消耗和碳排放,鼓励相关企业因地制宜发展沼气发电、分布式光伏发电以及推广区域热电冷联供,提升数字化智能化管理水平等。推进水环境治理与温室气体排放的协同控制,要从以下方面着力:大力推进污水资源化利用。提高工业用水效率,推进产业园区用水系统集成优化,构建区域再生水循环利用体系,实现串联用水、分质用水、一水多用、梯级利用和再生利用。推进污水处理厂节能降耗,优化工艺流程提高处理效率,推广污水处理厂污泥沼气热电联产及水源热泵等热能利用技术,因地制宜推进污水社区化分类处理与就地回用、农村生活污水集中或分散式治理及就近回用。

3. 降碳与土壤污染治理协同。土壤也是陆地碳循环的中枢,具有巨大的固碳潜力,全球大约有1500—2000Pg的碳以有机碳的形式储存于土壤中。土壤修复可以恢复污染土壤原本的功能,土壤修复后其表面生长的植被,对于二氧化碳的固定有着积极的作用。同时,土壤污染治理及修复中用到能源与化学药剂,也会间接产生二氧化碳的排放。《"十四五"规划纲要》中明确提出,"协同推进减污降碳,不断改善空气、水环境质量,有效管控土壤污染风险",明确将土壤污染控制与空气和水污染治理一起作为协同推进减污降碳的重要内容。推进土壤污染治理与温室气体协同控制，主要从以下方面着手：合理规划污染地块土地用途，鼓励农药、化工等行业中重度污染地块优先规划用于拓展生态空间。鼓励绿色低碳修复，优化土壤污染风险管控和修复技术路线，注重节能降耗。推动严格管控类受污染耕地植树造林增汇，研究利用废弃矿山、采煤沉陷区受损土地、已封场垃圾填埋场、污染地块等因地制宜规划建设光伏发电、风力发电等新能源项目。

4. 降碳与固废污染治理协同。固体废物的处理处置也会产生一定的碳排放。生活垃圾卫生填埋过程中由于垃圾发酵可产生大量的甲烷等温室气体，堆肥在利用微生物分解过程中若处理不当也会产生温室气体泄漏，还可能产生二噁英、汞等污染。同时，建筑垃圾、大宗固废等资源的循环利用，也可降低大量碳排放。据中国循环经济协会测算，2020年我国通过发展循环经济，共计减少二氧化碳排放约26亿吨；在十三五期间，发展循环经济对我国碳减排的综合贡献率约为25%。《中华人民共和国固体废物污染环境防治法》将减量化、资源化、无害化作为固体废物污染环境防治应坚持遵循的基本原则。通过对固体废物的减量化、资源化和无害化实际上会减少固体废物的产生量，相应也会减少固体废物处理处置产生的温室气体排放量。另外，《中华人民共和国清洁生产促进法》将"提高资源利用效率，减少和避免污染物的产生"作为主旨目的，《中华人民共和国循环经济促进法》将"促进循环经济发展，提高资源利用效率"作为目的，这些法律的实施也会从源头减少固体废物的产生，进而协同减少温室气体排放。

5. 降碳与淘汰消耗臭氧层物质协同。消耗臭氧层替代物质，包括HFCs等在内的氟碳化合物，也是最强效的温室气体。就全球变暖的影响而言，1kg特定氟碳化合物的温室效应是1kg二氧化碳的1000到10000倍。根据《〈关于消耗臭氧层物质的蒙特利尔议定书〉基加利修正案》，截至2050年，全球HFCs消费量将减少85%左右，这一举措可避免全球温度上升0.5摄氏度，具有巨大的气候协同效应。《基加利修正案》于2021年9月15日对中国正式生效，我国认真履行《保护臭氧层维也纳公约》和《蒙特利尔议定书》有关要求，颁布和实施《消耗臭氧层物质管理条例》等100多项法规和管理政策，加强对氢氟碳化物排放管控，要求严格控制部分HFCs化工生产建设项目，先后实施化工生产、烟草等31项行业削减计划，累计淘汰消耗臭氧层物质超过28万吨，为臭氧层保护和温室气体减排作出了积极贡献。

### （二）降碳与生态系统保护协同

1. 降碳与林业固碳增汇协同。陆地和海洋生态系统具有"碳汇"的功能，能够吸收并固定大气中的二氧化碳，从而降低大气中的二氧化碳浓度，在一定程度上减缓气候变化及其负面影响。生态系统碳汇是减缓大气二氧化碳浓度上升和全球变暖的重要手段，根据全球碳收支评估报告，2011—2020年期间全球陆地和海洋生态系统净碳汇量分别达到31亿吨碳/年和28亿吨碳/年，分别约占同期人为二氧化碳排放总量的29%和26%。2023年自然资源部、国家发展改革委、财政部、国家林草局联合印发了《生态系统碳汇能力巩固提升实施方案》，统筹布局和实施生态保护修复重大工程、持续提升生态功能重要地区碳汇增量，突出森林在陆地生态系统碳汇中的主体作用、增强草原碳汇能力，整体推进海洋、湿地、河湖保护和修复等5项内容，提升生态系统固碳增汇能力。

推进林业固碳增汇主要从加强资源培育着力增加碳汇、加强资源保护减少碳排放和加强基础研究强化科技支撑等方面入手，包括培育碳汇能力强的良种壮苗，科学开展国土绿化，加强森林城市及森林特色小镇建设，推进多功能森林抚育经营，加快沙化和石漠化土地的植被恢复和废弃矿山生态保护和修复，完善自然保护地体系，加强林业灾害监测预警，加大湿地保护和恢复力度等方面。

2. 降碳与农业固碳增汇协同。农业是温室气体的排放源之一，更是固碳增汇的主要贡献者。推进农业农村领域减排固碳，是我国碳达峰碳中和的重要组成部分，是加快农业生态文明建设的重要内容，是落实乡村振兴战略的重要举措。我国作为农业大国，随着农业农村现代化的快速推进，减排固碳持续面临新的更高要求。既要增产增收，又要减量减排，需要平衡好二者的关系，做到协同推进。2022年，农业农村部、国家发展改革委联合印发《农业农村减排固碳实施方案》，提出以保障粮食安全和重要农产品有效供给为前提，以全面推进乡村振兴、加快农业农村现代化为引领，以农业农村绿色低碳发展为关键，以实施减污降碳、碳汇提升重大行动为抓手，全面提升农业综合生产能力，降低温室气体排放强度，提高农田土壤固碳能力，大力发展农村可再生能源，建立完善监测评价体系，强化科技创新支撑，构建政策保障机制，加快形成节约资源和保护环境的农业农村产业结构、生产方式、生活方式、空间格局。

推进农业固碳增汇主要从农田固碳、化肥减量增效、农机节能减排、可再生能源替代等方面入手，包括落实保护性耕作、秸秆还田、有机肥施用、绿肥种植等措施，加强高标准农田建设，提升农田土壤的有机质含量；加大老旧农机报废更新力度，推广先进适用的低碳节能农机装备；因地制宜推广应用生物质能、太阳能、风能、地热能等绿色用能模式，增加农村地区清洁能源供应等。

3. 降碳与生物多样性保护协同。气候变化是导致生物多样性丧失的重要驱动因素之一，会影响物种数量、改变物种的分布格局、加剧栖息地丧失和破碎化等。目前的调研评估显示，如果全球升温2摄氏度，那么导致的生物多样性锐减数量将可能是升温1.5摄氏度的两倍。同时，气候变化还会对植物物种的丰富度、分布格局等产生深刻影响，对一些爬行与两栖类动物的孵化结果产生影响，甚至导致生态系统结构、功能以及多样性发生改变。此外，气候变化引发的极端天气，会使得植物受损，生态系统遭到破坏等。

2021年10月《联合国生物多样性公约》第十五次缔约方大会（COP15）发表的《昆明宣言》指出，"认识到生物多样性丧失的主要直接驱动因素是土地和海洋利用变化、过度开发、气候变化、污染和外来入侵物种"。我国在生物多样性相关政策中也强调了与应对气候变化的协同，《中国生物多样性保护战略与行动计划》（2011—2030）年，将"提高应对气候变化能力"作为十大优先领域之一，将"制定生物多样性保护应对气候变化的行动计划"作为30项行动之一。2021年，中共中央办公厅、国务院办公厅印发《关于进一步加强生物多样性保护的意见》，进一步强调了气候变化对生物多样性的影响及相关关系，要求做好应对气候变化与保护生物多样性协同治理工作。

加强生物多样性保护与应对气候变化协同增效应从两方面着手。一是促进保护生物多样性与应对气候变化的协同增效作用，发挥生物多样性的生态协调功能和生态服务功能，永续为人类及地球可持续发展奠定基础。二是发挥生物多样性碳功能与气候变化的协同作用。生物多样性有助于健康生态系统的形成，这是生物质持续产生的先决条件，丰富的生物量保证了充足的生物质原料供应，降低了生物质能源原料的成本。生物多样性有助于生态系统健康、持续地发挥其碳汇功能，碳汇功能的发挥也对保护生物多样性有正反馈作用。

4. 降碳与生态产品价值实现协同。生态产品价值实现就是要搭建"绿水青山"与"金山银山"之间的桥梁，将生态产品所具有的生态价值、经济价值和社会价值，通过货币化的手段全面体现出来。其目的是让保护生态环境变得"有利可图"到经济发展与生态环境保护的协同推进，是助力实现我国"双碳"目标的重要路径。2021年4月，中共中央办公厅、国务院办公厅印发的《关于建立健全生态产品价值实现机制的意见》提出，加快完善政府主导、企业和社会各界参与、市场化运作、可持续的生态产品价值实现路径，着力构建绿水青山转化为金山银山的政策制度体系，推动形成具有中国特色的生态文明建设新模式。

**（三）降碳与经济社会发展协同**

1. 降碳与产业结构转型升级协同。实现碳达峰、碳中和目标，根本上要依靠经济社会发展全面绿色转型。作为中国国民经济的主导产业，推动工业绿色低碳循环发展是实现碳达峰、碳中和目标的本质要求，也是解决中国资源环境生态问题的基础之策。要下大气力推动钢铁、有色、石化、化工、建材等传统产业优化升级，调整传统工业行业结构，加快发展战略性新兴产业，打造绿色低碳现代服务业体系，加快产业体系的低碳转型。

推动降碳与产业结构转型升级协同，主要从以下几个方面着手。一是传统行业改造升级，做好"两高"项目管理工作，坚决遏制"两高"项目盲目发展，落实推进钢铁、石化、化工等传统的高耗能行业的绿色化改造，推动高耗能行业尽早达峰，加快推动传统产业向中高端延伸，延伸出传统产业发展的"新赛道"。二是加快发展战略性新兴产业，抢抓新一轮科技革命和产业变革机遇，发展新一代信息技术、高端装备、新材料、新能源等战略性新兴产业，发展智能制造与工业互联网，构建高效清洁低碳循环的绿色制造体系。三是打造绿色低碳现代服务业体系，促进商贸企业绿色升级，建立大中型数据中心等绿色建设和改造体系，健全绿色低碳循环发展的消费体系，提升服务业绿色低碳发展水平。

2. 降碳与公众绿色生活消费协同。实现"双碳"目标，不仅仅要依靠政策和市场的力量与生产端的变革，更需要全社会的积极参与和共同行动，培养低碳的生活生产和消费模式。据估算，在我国一、二线大型城市中，若在衣食住行上进行消费转型，更多地选择使用低碳产品或服务，将能推动每年人均消费产生的碳排放水平降低约1.1吨左右，约占中国人均碳排放水平的1/7。在生产端的低碳转型具有规模大、效果明显等特征，与之相比，在消费端的低碳转型与个体相关，涉及的行动比较微观，效果不明显，但是通过全社会的努力改变高碳的消费模式和生活方式，将从消费端倒逼生产端转型，发挥积少成多、集腋成裘的效果。

推动社会公众践行绿色低碳生活方式，需着重从以下几个方面发力：一是大力宣传绿色低碳消费理念，增强公众绿色低碳生活意识，推动全社会能够自发地以"双碳"目标为指导改变消费理念。二是发挥低碳采购的示范作用，建立健全政府低碳采购标准体系，建立科学完善的政府绿色采购政策。三是建立健全低碳产品标准、认证和服务体系，提升产品生产和消费碳信息的透明度，激励消费者的绿色消费意愿。四是采用经济手段引导低碳消费，通过绿色低碳消费券、绿色信贷产品等激发消费者的低碳消费热情。

3. 降碳与金融服务转型发展协同。绿色金融主要为促进环境改善、应对气候变化和资源节约高效利用的经济活动提供金融服务，是市场经济框架下解决气候、能源、污染等问题的有效方式。推动绿色金融健康发展，帮助绿色企业获得优惠融资，引导社会资本投入到绿色低碳领域，对于促进绿色经济发展、切实把绿水青山转化为金山银山具有积极意义。

绿色金融对"双碳"目标的实现具有至关重要的作用。一是"双碳"目标的实现需要大量资金，碳信贷、碳债券、碳保险、环境、社会和公司治理（ESG）投资等，其政策、工具和技术，可以帮助减碳项目获得优惠融资。二是碳信贷、碳债券、碳保险等要求的碳信息披露政策，可以在金融机构的尽职调查阶段就将高碳项目扼杀在摇篮，以推动低碳产业转型。三是 ESG 风险管理将气候风险纳入 ESG 风险管理的重要内容，可以引导投资者避免投资高碳项目，并对低碳减碳项目给予优惠投资，促进资本向绿色低碳领域倾斜。

总的来看，"双碳"目标任务涉及的能源、产业、交通、建筑等领域是国民经济的主要部门和行业，实现"双碳"目标，需要在经济社会发展过程中紧紧牵住降碳这个"牛鼻子"，倒逼经济结构、能源结构、产业结构转型升级，对长期沿用的高碳能源系统和相应的生活方式进行重大调整，推进经济社会发展的全面绿色转型，构建更高形态的环境与经济关系。碳排放与生态系统息息相关，碳排放导致的全球气候变化会直接影响生态系统稳定性，打破原有生态系统平衡，生物多样性受到威胁，因气候变化造成的极端天气事件也层出不穷，同时生态系统的山水林田湖草沙又可通过光合作用吸收大气中的碳排放，四者具有相辅相成、互相影响的关系。

## 二 当前河南省协同推进降碳、减污、扩绿、增长的现状与问题

目前河南省经济社会发展任务重，产业结构偏重、能源结构偏煤、运输结构偏公的特征明显，既要保障高质量发展对能源消费增长的刚性需求，又要实现较高水平的碳达峰，面临碳排放总量有序增长、碳排放强度大幅下降等困难挑战。

**（一）发展现状**

1. 推动能源绿色转型。大力发展可再生能源，编制印发《河南省新能源项目库管理暂行办法》，建立"项目库+年度开发方案"政策体系，形成"储备一批、开工一批、建成一批"良好发展节奏。截至2023年5月底，全省可再生能源新增装机712万千瓦，累计装机达到5638万千瓦，占总装机的44.4%，同比增长6.3个百分点；可再生能源发电量423亿千瓦时，同比增长19.7%。加快建设坚强电网，陕电入豫工程已完成河南境内换流站选址、线路走向等预可研工作，建成投产南阳—荆门—长沙1000千伏交流特高压工程。核准开工建设760万千瓦抽水蓄能项目，南阳天池抽水蓄能电站2号机于今年4月建成投产。培育壮大氢能产业，加快推进郑汴洛濮氢走廊规划建设，有序推进加氢基础设施建设，中石化首个兆瓦级绿电制氢项目在濮阳建成。

2. 加快工业转型升级。推动传统产业绿色升级，推动重点行业提升绿色制造水平，2023年以来培育省级绿色工业园区9个、绿色供应链管理企业22家、工业产品绿色设计示范企业25家、绿色设计产品25个型号。遏制"两高一低"项目盲目发展，印发实施《河南省"两高"项目管理目录（2023修订）》，分类建立全省存量、在建、拟建

"两高"项目清单，常态化落实"两高"项目会商联审机制。提升能源利用效率，强化能效标杆管理，印发实施《河南省2023—2024年重点领域节能降碳改造实施方案》，坚持"一企一策"，有计划分步骤实施节能降碳改造，2023年实施节能降碳改造项目226个，已开工实施211个项目。大力发展循环经济，印发实施《河南省加快推进循环经济产业园区建设实施方案》，组织各地依托重点园区申报一批循环经济产业园区，深入实施园区循环化改造，大力培育资源循环型产业，完善废弃物回收利用网络和模式，提升能源资源利用效率。

3. 优化交通运输结构。持续推进"公转铁""公转水"，建成郑州中车四方轨道车辆有限公司专用铁路主体工程。淮河淮滨至息县航运工程息县段花埠大桥、沙颍河周口至省界航道提升工程航道疏浚工程开工。推动交通运输工具绿色转型，全省3.78万辆城市公交车中，除各地保留的部分燃油、燃气等应急车辆外，全部为新能源车；新增及更新出租车10336辆，其中新能源9783辆，新能源占比94.65%。鼓励使用清洁能源船舶，截至2023年上半年，全省共有新能源和清洁能源船舶225艘。完善绿色交通基础设施，截至2023年上半年，全省高速公路已开通运营的160对服务区中，已在150对服务区建设充电站295个、充电桩1280个、专用充电车位2029个，充电桩覆盖率达94%。

4. 促进城乡建设降碳。提升建筑节能水平，印发实施《河南省城乡建设领域碳达峰行动方案》，公布一个二星级绿色建筑标识，加强建筑节能的监督检查，确保建筑节能标准设计、施工执行率达标。推动水资源集约节约利用，实施城市供水等管道老化更新改造。加快城乡环境基础设施能力建设，截至2023年上半年，全省建成生活垃圾焚烧设施69座，焚烧处理能力6.86万吨/日；建成餐厨垃圾处理设施43座，形成处理能力2793吨/日。

5. 提升生态碳汇能力。高标准实施生态保护修复工程，截至2023年上半年，秦岭洛河山水工程项目56个单位工程中已开工实施的有14个，已完成绩效面积1697.39公顷。持续推进大规模国土绿化行动，

2023年以来，已完成营造林任务203.81万亩，占计划任务的51.87%；其中完成造林面积175.02万亩，占计划任务的93.49%。

6. 开展绿色试点建设。落实《河南省碳达峰试点建设实施方案》，组织各地开展省碳达峰试点申报，经报请省政府同意，确定舞钢市等8个试点县（市）、焦作经济技术开发区等10个试点园区和河南心连心化工等12家试点企业，围绕创新体制机制、促进产业升级、推广先进工艺技术、提升节能降碳水平等，探索一批可操作、可复制、可推广的做法和模式，为全省高质量实现碳达峰、促进绿色低碳转型提供示范引领。

## （二）存在问题

1. 发展基础还不稳固。通过对国内外先进地区在碳达峰时的特征总结，河南省在推进碳达峰碳中和的一些基础指标上还有不小差距。在主要经济指标上，1973年英国、德国、法国碳达峰时，人均GDP已达到了3400—5000美元之间，第三产业的比重达到58%左右；美国在2007年碳达峰时，人均GDP达到了近4.8万美元。目前我国人均GDP约1万美元，第三产业的比重为53.3%；河南省人均GDP在8000美元左右，第三产业的比重为49.1%。在城镇化率上，欧盟在碳达峰时城镇化率稍低，但也达到69%；日本在碳达峰时的城镇化率最高，达到了86%；目前我国城镇化率为64.72%，河南省约为56.45%，在经济社会发展水平上距离实现碳达峰的国内外先进地区还有一定差距。河南省是工业大省，传统"两高一低"（高能耗、高排放、低水平）产业目前仍占较高比例，对高碳发展的路径依赖性依然较大。2020年，六大高耗能产业增加值占全部规上工业的35.8%，比全国平均水平高4个百分点以上，全省六大高耗能行业工业能耗占规模以上工业的86.3%，能源产出率偏低，加快产业结构绿色转型任务繁重。

2. 能源绿色低碳转型发展任重道远。河南省目前还处于工业化、城镇化深入推进过程中，经济体量大、增速较高，对能源消费需求大，并且化石能源占比高。2022年河南省煤炭消费总量占能源消费总量比重达到62.3%，比全国平均水平高约10个百分点。"十四五"期间，国家要求河南省燃料煤炭消费实物量削减10%，煤炭消费占比下降到57%左右，对河南省建材、钢铁等传统产业会造成一定的影响。同时，2022年河南省非化石能源消费占比15.2%，比全国平均水平低2个百分点，《河南省"十四五"现代能源体系和碳达峰碳中和规划》中提出，河南省到"十四五"末非化石能源消费占比要达到16%以上。河南省近年来新能源产业得到了快速发展，新能源装机容量不断提升，截至2022年底，河南省可再生能源装机占比、发电量占比分别达到41%和24.5%，能耗强度较"十三五"末累计下降5.5%，但河南省风能、太阳能等新能源资源禀赋并不优越，增长空间有限，能源绿色低碳转型发展任重道远。

3. 资源环境约束日趋紧张。河南省作为人口大省、农业大省，人多地少，人地矛盾突出。水资源不足且分布不均，人均水资源量不足全国平均水平的1/5。黄河流域等地区生态系统较为脆弱，森林火灾和病虫害风险增大，严重威胁生态安全。同时，河南省处在京津冀大气传输通道，2022年全年优良空气天数、7项空气污染物浓度指标等完成国家任务，但污染治理任务仍很繁重，重污染天气时有发生，环境空气质量尚未根本好转，水污染、土壤污染等治理有待加强。

### （三）重要意义

1. 实现"双碳"目标必须协同推进降碳、减污、扩绿、增长。实现"双碳"目标需要统筹减排和增汇，其中，生态系统的增汇具有不可磨灭的作用。过去几十年我国陆地生态系统碳汇总量约1.7亿—3.5亿吨碳/年，相当于同期化石燃料燃烧和工业碳排放的7亿—15亿吨，发挥了显著的作用。河南省"十四五"规划纲要提出了生态强省2035年远景目标，要在黄河流域率先实现生态系统健康稳定，绿色生产生活方式广泛形成，碳排放达峰后稳中有降，生态环境根本好转，生态经济优势彰显，基本实现人与自然和谐共生的现代化。河南省在黄河流域生态保护和高质量发展中展现更大担当，需要将生态文明建设摆在全局工作的突出位置，要将碳达峰、碳中和纳入生态文明建设整体布局，全面推行绿色低碳循环经济发展。一方面，实现碳达峰碳中和，就要实现碳排放和经济社会发展逐渐脱钩，由高碳经济逐步过渡到低碳经济。另一方面，实现碳达峰碳中和又是生态文明建设的重要抓手，碳达峰碳中和就是要倒逼产业绿色转型升级、能源绿色低碳发展。实现生态系统保护，提升生态系统碳汇，需要推进山水林田湖草沙一体化保护和系统治理，强化生态系统的多样性、稳定性、持续性。

2. 推动经济社会绿色低碳全面转型必须协同推进降碳、减污、扩绿、增长。全球发展大的趋势是向绿色、低碳发展方向转型，相应的经济、贸易、技术、国际规则都要发生变化。实现碳达峰碳中和目标将重塑未来的生产方式和生活方式，传统的用能技术、工艺、设备将发生颠覆性变革，产业链供应链脱碳化将成为未来发展方向，对经济社会发展将产生广泛而深远的影响。可以预计，未来三四十年间，大部分化石能源将从工业生产、交通运输、城市建设、居民生活等终端用能的各行各业中逐步退出，取而代之的是以电力为主的能源供应和消费方式来支撑产业经济转型升级和人民生活水平日益提升。这些巨大的变革，同时蕴含着重大的历史机遇，要求我们要以碳达峰碳中和目标为导向，更加坚定贯彻新发展理念，构建新发展格局，推进产业结构转型，走上以创新为驱动的绿色、低碳、循环的发展路径，实现高质量发展和生态环境质量持续改善。

3. 加快推动高质量发展必须协同推进降碳、减污、扩绿、增长。相关机构预测，零碳中国将催生再生资源利用、能效提升、终端消费电气化、零碳发电技术、储能、氢能和数字化七大投资领域，撬动约70万亿元绿色产业投资机会。到2050年，这七大领域当年的市场规模将达到近15万亿元，并为中国实现零碳排放贡献累计减排量的80%。新的低碳技术，特别是深度脱碳、零碳技术、高效用电技术、可再生能源发电技术等是未来科技的前沿和新的竞争点。河南主要经济指标要保持合理增速，经济总量要再上新的台阶，迫切需要结合省情实际，立足于培育全国新增长极，在由碳达峰碳中和引起的新一轮竞争中，争取先机和优势，打造核心竞争力。

## 三 河南省协同推进降碳、减污、扩绿、增长的路径和对策

河南省作为经济大省、人口大省和生态大省，协同推进降碳、减污、扩绿、增长是河南省实施绿色低碳转型战略、建设美丽河南的重要举措和方向，具体要从能源结构优化、产业结构转型、节能降碳增效、减污降碳协同、运用市场化机制、增强生态系统碳汇、消费模式转变等方面发力推进。

**（一）统筹能源低碳发展和安全保供，推动能源结构低碳转型**

推进"双碳"工作，必须把保障能源安全供应和经济社会平稳健康发展摆在首要位置，深刻把握保障能源供应底线要求，持续完善能源产供储销体系，全面提高能源供应稳定性和安全性。河南省在保障能源安全的基础上，应加快发展可再生能源，逐渐构建以新能源为主体的新型电力系统，不断促进化石能源绿色低碳转型，持续发挥好煤炭和煤电兜底保供作用，提高可再生能源的消费比例。

1. 加快发展可再生能源

规划建设高质量风电项目，打造沿黄百万千瓦级高质量风电基地，在电力负荷集中、电网接入条件较好的地方，统一规划、协同开发分散式风电项目。加快屋顶光伏整县（市、区）推进，鼓励利用大中型城市屋顶资源和开发区、工业园区、标准厂房、大型公共建筑屋顶等发展分布式光伏发电。因地制宜开发地热能资源，大力发展中深层地热供暖，积极推动浅层地热能、土壤源、地表水源热泵供暖制冷，打造千万

平方米级地热能供暖示范区。全面落实《河南省氢能产业发展中长期规划（2022—2035年）》和《郑汴洛濮氢走廊规划建设工作方案》，推进郑州、新乡、开封、焦作、安阳、洛阳建设国家氢燃料电池汽车示范城市群，打造"郑汴洛濮氢走廊"。

2. 建立绿色集中供热体系

由于秸秆作为农业生态系统碳循环，核算碳排放为零。河南省作为农业大省，拥有无比丰富的秸秆资源。落实省发展改革委印发的《关于加快开发区集中供热基础设施绿色低碳发展的指导意见》，充分发挥河南省秸秆资源优势，在目前尚无集中供热的省级开发区布局生物质集中供热，保障开发区企业用热需求，逐步替换原有企业自备天然气锅炉等，不仅可以减少化石燃料燃烧与碳排放，同时可以提高用热效率，降低企业用热成本。

3. 构建以新能源为主体的新型电力系统

完善新能源开发支持政策，建立健全新能源消纳长效机制，加快推进煤电由提供电力电量的主体电源向提供可靠容量、调节服务的兜底保障基础性电源转变，推动主体电源向新能源转变。加速推动电力系统调节能力和保障能力提升，以电力消纳为抓手，构建源网荷储协同消纳体系，推动新能源与电力系统融合发展。构建坚强智能输电网络。充分发挥疆电、青电入豫通道作用，加快建设陕电入豫工程，谋划外电入豫第四通道，持续提升外电引入规模与外电引入绿电的比例。加快新型储能规模化应用，加强新能源和新型储能融合发展，推动新能源场站合理配置新型储能，优化电网侧储能布局，鼓励大用户、工业园区布局新型储能。

4. 推进化石能源清洁利用

立足河南省资源禀赋与产业结构实际，加强煤炭资源的高效清洁利用。持续开展散煤治理，扩大清洁取暖范围，完善开发区集中供热设施，推动燃煤设施采用清洁能源替代。优化煤电项目布局，优先推进煤电"以大代小""以新代旧"容量替代建设。统筹推动煤电机组节能降耗改造、供热改造、灵活性改造"三改"联动，实施煤电机组标杆引领行动，深化煤电行业节能降碳改造。推进先进生物液体燃料等替代传统燃油，提升终端燃油产品能效。有序引导天然气消费，优先保障民生用气，推动天然气与多种能源融合发展。

### （二）加快产业结构转型，构建绿色低碳循环产业体系

2021年国务院印发的《关于加快建立健全绿色低碳循环发展经济体系的指导意见》（国发〔2021〕4号）提出，要建立健全绿色低碳循环发展的经济体系，确保实现碳达峰、碳中和目标，推动我国绿色发展迈上新台阶。全面建立绿色低碳循环发展的经济体系的关键是构建绿色低碳循环发展的产业体系，河南省应抓住"双碳"战略带来的巨大发展机遇，以创新为驱动，推动河南省产业结构从传统资源密集型低端产业、重工业向高端制造业、高技术产业转型，实现以生产环节绿色化、低碳化、循环化为基础的社会活动链条和经济发展系统的全面绿色转型。

1. 大力发展战略性新兴产业

围绕新型显示和智能终端、生物医药、新能源汽车、新一代人工智能、网络安全、尼龙新材料、智能装备、智能传感器、节能环保、5G等战略性新兴产业，实施创新强链、数字融链、转型延链、多元稳链、招商补链、生态畅链"六大行动"，打造一批万亿元级战略支柱性产业集群和千亿级现代产业链条。加快发展智能制造与工业互联网，努力构建高效、清洁、低碳、循环的绿色制造体系。

2. 推动传统产业转型升级

坚决遏制"两高一低"项目盲目发展，严格实施分类管控，落实"两高"项目会商联审制度，严格把好项目准入关。加快推动落后产能淘汰退出，强化节能监察，实现常态化监管，实施重点行业绿色化改造，通过改造升级挖掘节能减排潜力。全面推行清洁生产，依法实施"双超双有高耗能"行业强制性清洁生产审核。持续推动传统产业链延链补链强链，让传统产业向现代化转型、低端产业向高端化升级，打造

传统产业的竞争优势。

3. 鼓励节能环保产业发展

围绕省级开发区主导产业，建设一批各具特色的节能环保产业集群，打造一批节能环保骨干龙头企业，加强先进节能环保技术装备研发，促进节能环保产业集约化发展。提高节能环保技术装备供给能力，加快发展产业关联度高、市场急需且潜力大的节能环保技术装备，加强节能环保技术装备产业化示范，依托重点工程推广节能环保技术装备。壮大节能环保产品规模，引导高效节能产品和先进环保产品市场消费，加快促进节能环保产品向规模化、高端化发展。

4. 打造绿色低碳现代化服务业

提升服务业绿色发展水平，促进商贸企业绿色升级，做好大中型数据中心、网络机房绿色建设改造，推进会展业绿色发展，倡导酒店、餐饮等行业不主动提供一次性用品。大力发展绿色金融，完善有利于绿色低碳发展的财税、价格、金融土地、政府采购等政策，推动气候投融资工作，发展绿色信贷、绿色债券和绿色保险，支持金融机构和相关企业在国际市场开展绿色融资。培育发展绿色低碳咨询服务业，建立健全绿色低碳咨询、技术交易、成果推广与转化、信息收集与传递、技术投资等服务体系。

## （三）把节能当作第一能源，逐步转向碳排放"双控"

节能是当前控制碳排放最经济的手段之一，也是降碳的重要抓手。中央财经委员会第九次会议强调，要把节约能源资源放在首位，实行全面节约战略。河南省应继续强化能源消费总量和强度"双控"行动，深挖节能降碳潜力，大力发展循环经济，推动节能增效，逐步实现由能耗"双控"转向碳排放"双控"。

1. 强化能源消费总量和强度"双控"

严控能耗强度，全力完成国家下达的"十四五"能耗"双控"目标，合理分解各省辖市的"双控"考核目标，落实好国家关于新增可再生能源和原料用能不纳入能源消费总量控制的政策要求。建立用能预算管理体系，实施能源消费总量预算管理，探索实施区域能评制度。强化固定资产投资项目节能审查，提高能耗准入门槛，加强事中事后监管。完善重点用能单位能耗在线监测系统，建设智慧能源管理平台。加强节能监察能力建设，健全省、市、县三级节能监察体系，加强执法队伍建设，增强节能监察约束力。

2. 深挖节能降碳潜力，推动节能增效

通过节能技术改造、调整用能结构等途径，进一步深挖节能潜力，缩减存量用能，腾出用能空间。实施重点领域能效对标行动，以化工、钢铁、焦化、建材、有色等行业为重点，坚持"一行业一策""一企业一策"，对于能效水平低于行业基准值的企业，合理设置政策过渡期，强制实施节能降碳改造；对于能效水平优于行业基准值、低于标杆值的企业，采取资金奖补、节能量进入用能权市场交易等措施，引导对照行业标杆实施节能降碳改造。提高重点用能设备能效，推广先进高效产品设备，加快淘汰落后低效设备。

3. 推进循环经济产业发展

推进开发区循环化发展，促进废物综合利用、能量梯级利用、水资源循环利用，推动开发区内企业循环式生产、产业循环式组合。加强废钢铁、废铝、废铅等主要再生资源回收体系建设，大力推进生活垃圾减量化资源化，加强塑料污染全链条治理，统筹布局建设城乡生活垃圾、餐厨垃圾和污泥处理设施。

4. 探索由能耗"双控"转向碳排放"双控"

加快建立健全统一规范的碳排放统计核算体系，制定系统、全面的碳排放核算标准体系建设目标任务和工作推进方案，完善河南省电力等排放因子的核算。结合"两高一低"项目会商联审、环境影响评价、节能审查等工作，探索建立重要产品、工艺和技术的碳排放绩效评估方法和对标管理标准，不断完善单位产品碳排放核算、碳足迹核算等地方标准体系，强化碳市场履约责任与碳排放"双控"目标责任之间的衔接。

### (四) 聚焦重点领域，推动减污降碳协同增效

温室气体与大气污染物排放同根同源且相互作用，化石燃料燃烧不但产生二氧化碳等温室气体，同时也产生 PM2.5、PM10、二氧化硫、氮氧化物等大气污染物，两者减排和治理路径也高度协同。减污与降碳融为一体，同频同效同路径，同时同步同目标，形成更大合力，倒逼产业结构转型升级，实现从末端治理向注重源头治理有效传导，牵引经济社会发展全面绿色转型和生态环境质量持续改善。

1. 协同推进工业领域减污降碳

推动重点行业、重点区域产业布局调整，引导钢铁、煤化工、水泥等重点行业实施绿色低碳转型升级。加快推行高能耗、高排放和资源型行业强制性清洁生产审核，逐步将碳排放指标纳入清洁生产审核，提升企业减污降碳效能。统筹推进重点行业大气污染深度治理与节能降碳行动，实施平板玻璃、耐火材料、有色金属冶炼等行业工业窑炉污染深度治理，推进钢铁、水泥、焦化等行业全工序、全流程、全时段超低排放改造，实行差别化电价水价政策与水泥、砖瓦窑企业常态化错峰生产。

2. 协同推进交通领域减污降碳

推动货运结构优化调整，加快发展公铁、铁水、空陆等联运模式，持续推进大宗货物"公转铁""公转水"，积极加快铁路专用线进企入园。全面实施重型车国六排放标准等。推动城市绿色货运配送，加快省级城乡高效配送试点建设，探索建立铁路外部集中输送、新能源车内部配送的城市绿色配送体系。加大新能源汽车推广力度，全省新增或更新的城市公共服务车辆、货运车辆等原则上全部使用新能源车辆，扩大氢燃料车应用场景。

3. 协同推进城乡建设领域减污降碳

推动新建建筑按照绿色建筑标准设计、建设、运行、管理，推进既有建筑绿色改造，大力发展装配式建筑，开展超低能耗建筑项目示范，

探索实践近零能耗建筑、零碳建筑。因地制宜推进海绵城市建设与改造，老城区结合旧城改造、积水点整治、黑臭水体治理、老旧小区改造和现有绿地功能品质提升等，积极实施海绵化改造。加强建筑拆建管理，推进建筑垃圾资源化利用。

4. 协同推进农业农村领域减污降碳

推行农业绿色生产方式，协同推进种植业、畜牧业、渔业节能减排与污染治理。深入实施化肥农药减量增效行动，加强种植业面源污染治理，推动农膜污染治理，提高秸秆综合利用率，有效控制农田、畜禽养殖等农业活动温室气体排放。加强畜禽养殖废弃物污染治理和综合利用，强化污水、垃圾等集中处置设施环境管理，协同控制甲烷等温室气体。

5. 协同推进废弃物处理领域减污降碳

实施节水行动，大力推进工业节水改造，加强再生水回用配套设施建设，实施城市中水回用工程，发展水效"领跑者"企业，创建一批工业废水循环利用示范企业。开展污水资源化利用，配套建设再生水利用系统，推进污水处理厂节能降耗，推广污水处理厂污泥沼气热电联产及水源热泵等热能利用技术。持续推进生活垃圾焚烧发电超低排放改造，加强生活垃圾填埋场渗滤液、恶臭和温室气体协同控制，因地制宜建设一批垃圾处理设施沼气发电项目。

## （五）发挥市场资源化配置作用，运用好市场化机制政策工具

市场化机制碳减排政策工具主要指碳排放权交易市场与碳税，是通过为碳排放定价，在特定范围内合理分配减排资源，构建和完善激励约束机制，降低碳减排的成本的重要手段。通过传递"排碳有成本、减碳有收益"的市场和价格信号，实现"鼓励先进，惩罚落后"的实施效果，促进产业结构调整升级和全社会低碳转型，并为企业和消费者提供有效的碳减排经济激励，引导投资流向低碳技术的研发和应用，在全社会范围内以最小成本实现既定减排目标。

1. 积极参与碳排放交易市场

严把数据质量关,保持对碳排放数据造假零容忍的高压态势,建立健全数据质量日常监管机制,加强对技术服务机构的监督管理,建立健全信息公开和征信惩戒管理机制。加强能力建设,加大对控排企业的培训力度,推动企业建立健全内部碳资产管理体系和投资决策体系,提升企业碳资产意识和节能减排的积极性。规范第三方服务市场,完善采购机制,严格准入制度,制定服务规范指南,指导第三方机构开展规范化服务,明确责任,强化第三方服务考核评价及奖惩措施,确保第三方服务市场规范有序。

2. 把握自愿减排市场机遇

提前布局摸清家底,统计梳理核算可开发为CCER项目的数量,核算减排量的开发空间,实现河南省碳减排资源统一调度。探索基于自愿减排的生态产品价值实现机制,加大高标准农田土壤碳汇、林业碳汇、黄河滩湿地碳汇资源的开发,并通过市场化机制将生态价值进行量化和变现,让真正参与到减排事业中的主体获得收益,从而形成良性循环,促使河南省生态经济优势不断彰显。形成全领域减排的激励机制,通过鼓励建筑领域、交通领域等市场主体积极开发自愿减排项目,将自身形成的自愿减排量交易变现,通过市场化机制激励全领域、全社会共同参与全国碳市场,助推河南省"双碳"目标的实现。

3. 积极应对国际碳关税挑战

抓好产业扶持,加大财政投入和税收优惠,指导企业申请相关补贴或税收减免,降低成本减轻碳关税的负担。加快绿色低碳转型,优化能源结构,采用节能措施,提高资源利用效率,降低产品的能源消耗与碳排放。调整出口产品结构,优化产品结构,开发符合市场需求的新产品和服务,改进产品的设计、材料选择、生产工艺,扩大低碳产品出口能力。加大市场开拓力度,积极拓展国内市场,提高国内市场销售额,优化境内外产业链、供应链布局,促进出口贸易结构优化,摆脱对于发达经济体市场的高度依赖,积极开拓发展中国家市场和"一带一路"沿线市场。

4. 探索绿色消费券的推广

通过政府补贴、商业运作等方式，结合家电下乡、新能源汽车推广等商业模式，合理确定绿色消费券的使用范围，探索实施绿色消费积分制度与绿色消费券的融合，扩大绿色消费内需，探索绿色低碳消费券在促进消费中的作用。探索"零碳券"在河南省的运用，设立专项资金，支持省内企业开展能力建设、碳足迹认证、碳核算、碳减排挂钩贷等方面工作，引导企业提前主动适应国际碳关税等政策变化，帮助省内企业开展绿色供应链管理，打造产业绿色化发展城市品牌，激励省内企业建设节能减碳企业生产经营体系。

### （六）持续推进森林河南建设，巩固增强生态碳汇能力

降碳除了在源头降低碳排放之外，很大程度取决于生态系统的固碳增汇能力。河南省第十一次党代会提出要锚定"两个确保"，全面实施"十大战略"，建设生态强省。河南省作为农业大省、生态大省，要立好绿色生态屏障，在加强生态保护以巩固自然生态系统固碳作用的同时，通过实施生态工程措施以提升生态系统碳汇能力，统筹推动农业减排固碳、生态系统碳汇增长，增强生态系统固碳能力。

1. 实施大规模国土绿化行动

强化国土空间规划和用途管控，严守生态保护红线，统筹耕地保护与森林河南建设。推进以增量扩容、提质增效为主要目标的可持续经营，精准提升森林质量，提高乔木林单位面积蓄积量，开展森林抚育经营、退化林修复，培育健康稳定、优质高效的森林资源，增强森林固碳能力。巩固退耕还林还草成果，加强退化土地修复治理，开展荒漠化、石漠化、水土流失综合治理，实施历史遗留矿山生态修复工程。加强黄河滩湿地保护与恢复，通过自然修复和人工促进等方式提高湿地涵养水源、保持水土和固沙能力，不断增强湿地生态系统的碳汇能力。

### 2. 提升生态农业减排固碳能力

在确保粮食安全前提下，深挖农业减排潜力，加快推进高标准农田建设。推进平原农区农田防护林改扩建，建设带、片、网相结合，多树种、多层次稳固的平原农林复合生态系统。开展耕地质量提升行动，推动保护性耕作，提升秸秆肥料化利用水平，建设以农作物秸秆、畜禽粪污为主要原料的有机肥工程，提升农田土壤有机质含量，增强固碳能力。实施化肥农药减量增效行动，合理控制化肥、农药、地膜使用量。推广节约型农业技术，鼓励开发农村可再生资源，推进农业农村废弃物的资源化利用，加强农膜及农药包装废弃物回收治理。

### 3. 加强城乡人居环境绿化

开展美丽宜居城乡建设，推动城市实现森林公园、湿地公园、郊野公园广覆盖。保护城市内部及周边地区的山地、林地、湿地，推进城市绿环、绿廊和绿道建设，保持城市自然水域面积和生态用地规模，不断丰富优质生态产品供给。加强城市中心区、老城区园林绿化建设和绿地品质功能提升，形成点状绿色空间与线性绿道相结合的绿色服务网络。推广城市立体绿化，有效增加城市绿地面积，科学调整城市绿地植物结构，合理配置草本及乔木植物分布，充分发挥绿地集聚固碳效应。

### 4. 探索生态产品价值实现机制

提升生态系统物质产品服务功能，大力发展绿色高效农业，积极发展绿色低碳工业，加快打造区域公共品牌，推动生态产品价值增值。着力提高生态系统调节服务功能，大力开展植树造林、防止水土流失，持续改善空气、水环境质量，加强生态保护补偿。加快发展生态文化旅游，提高生态系统文化服务功能。探索开展资源环境权益交易，加大生态产品市场培育支持力度，通过市场化机制将生态产品价值变现，推进生态产品价值转化。

## （七）引导公众绿色生活，促进转变绿色消费行为和生活方式

增强全民节约意识、环保意识、生态意识，形成全民参与的社会氛

围，是推动绿色低碳转型的重要保障。2022 年国家发展改革委等部门印发的《促进绿色消费实施方案》对消费领域的绿色转型做出了清晰的部署，要加快形成简约适度、绿色低碳、文明健康的生活方式和消费模式。河南省应把握"双碳"产业转型升级与城镇化加速推进的新机遇，加大对居民节约绿色消费习惯的培养和引导，促进绿色消费，探索河南省特色碳普惠机制，推动全社会绿色低碳转型。

1. 增强全民节能低碳意识

开展多种形式的资源能源环境国情省情教育，普及碳达峰、碳中和基础知识。借助世界地球日、世界环境日、世界气象日、全国低碳日、全省节能宣传月等主题宣传活动，广泛宣传绿色低碳发展理念。倡导节能环保生活方式，引导全民在生产生活方面更加绿色低碳，合理控制室内空调温度，减少无效照明，提倡家庭节水节电，减少使用一次性用品，做好生活垃圾减量分类处理工作，完善居民社区再生资源回收利用体系。

2. 促进消费绿色低碳转型

鼓励消费市场向低碳产品和服务方向转型，大力发展绿色消费，推广绿色低碳产品，推动增加绿色产品和服务供给。支持发展共享经济，构建绿色产品流通体系，拓展绿色产品消费市场，提升绿色低碳产品市场占有率。推进绿色产品标准体系建设，构建和完善绿色产品的标准、认证、标识体系，规范各行业绿色产品认证秩序。建立低碳产品的价格机制，完善低碳基础设施投资力度，创造有利于低碳消费的场景。鼓励政府机关、企事业单位建立绿色采购制度，提高新能源汽车在公务用车中的比例，发挥政府部门低碳消费、低碳采购的示范作用。

3. 探索河南省特色的碳普惠机制

构建碳普惠制度体系，不断发展完善顶层设计，规范碳普惠项目的开发设计、碳汇计量与监测等流程。构建碳普惠的减排行为量化方法学，构建公众积极参与绿色低碳生活、绿色消费等减排行为量化的方法学，建立健全碳普惠标准体系与规范。构建碳普惠体系的商业开发运营模式，通过社会组织、商业公司等成立碳普惠服务中心，通过政府部门奖励补贴、商业运作及金融机构激励参与等方式，开展价值变现、商业奖励及政府激励等商业模式运作的研究，形成激励机制，稳定激励资金来源。

（执笔人：郑修思　徐夏楠　李芳远）

**参考文献**

[1] 生态环境部、发展改革委、工业和信息化部、住房和城乡建设部、交通运输部、农业农村部、能源局：《关于印发〈减污降碳协同增效实施方案〉的通知》，《中华人民共和国国务院公报》2022年第24期。

[2] 《河南省碳达峰实施方案》，《河南日报》2023年2月6日第7版。

[3] 陈迎主编：《"双碳"目标与绿色低碳发展十四讲》，人民日报出版社2023年版。

[4] 郭兆晖：《坚持降碳减污扩绿增长协同推进》，《经济日报》2023年5月16日第10版。

[5] 田春秀、夏光：《深入打好污染防治攻坚战实现减污降碳协同增效》，《中国经济评论》2021年第5期。

[6] 任杰、钱发军、李双权等：《河南省生态产品价值核算研究》，《环境科学与管理》2022年第9期。

# 河南省新型储能产业发展研究

**摘要：** 新型储能是最受关注的战略性新兴产业风口之一，是催生能源新业态、抢占战略新高地的重要领域，产业环境优越，政策支持力度空前，社会资本参与积极。河南省产业呈现突破发展态势，局部优势突出，部分领域处于国内领先地位。但存在龙头企业辐射带动能力不强，技术应用及发展模式待创新，多元化应用步伐需加快等问题。面对机遇，河南应强化协同发展，提升核心竞争力，推动规模化应用，加速产业化进程。

**关键词：** 产业风口　突破发展　多元化

## 一　河南新型储能产业发展现状

近年来河南省新型储能产业发展进入快车道，锂电产业链基本形成，全钒液流电池生产已经起步，氢储能产业加速布局，储能技术装备研发、示范项目建设步伐加快，新型储能产业呈现突破发展态势。

### （一）锂电产业蓬勃发展

锂电产业链基本形成。目前，河南省锂离子电池产业呈现全产业链协同发展之势，郑州、洛阳、焦作、新乡、驻马店、三门峡等地发展步伐加快，产品涵盖正极材料、负极材料、隔膜、电解液、碳酸锂、相关辅材等电池材料，电芯、电池模组、电池簇及电化学储能系统集成等。

拥有宁德时代（洛阳）、中航锂电（洛阳）、多氟多、龙佰集团、鹏辉能源、中创新航、洛阳大生、平煤国能、正威国际、科隆新能、天力锂能等一批龙头企业以及洛阳赛美、灵宝宝鑫等一批专精特新"小巨人"企业。在原材料方面，多氟多是全球规模最大、技术创新领先的无机氟新材料领军企业，六氟磷酸锂产销量全球第一，龙佰集团的正极材料和负极材料享誉国内，惠强新材是比亚迪、宁德时代等行业龙头的产业链配套企业。在电芯方面，中航锂电拥有锂离子电池组及系统、大功率高性能燃料电池模块、大功率高性能燃料电池发电系统、热电联供系统，是我国储能电池20强企业，全国领先的锂电池智能化标杆工厂，年产值40亿元以上，综合实力稳居全国行业第一梯队。在模组与集成设备方面，许继电科是我国具有储能产业引领力、生态主导力的产业链链长企业，储能业务稳居行业前三，国内储能系统集成出货量20强企业；打造了面向新能源场站、火电机组、电网支撑、构网型独立储能、分布式储能的系列化"储能+"解决方案，其核心产品在多个重大储能工程中得到实践验证与应用考验，如虚拟同步机示范工程张北风光储输示范电站、全球最大电网侧储能电站工程江苏镇江大规模储能电站、储能电站电池在线评估与预警系统青海海西州多能互补集成优化示范项目、储能调度系统在北京延庆区与怀柔区储能电站成功应用等。平高电气是目前国内领先的储能项目解决方案供应商，拥有移动式储能车、应急电源车、UPS电源车等移动储能产品，平高储能是全球储能系统集成出货量20强企业。在电池回收利用方面，新乡是国家新能源汽车动力系统电池回收利用试点，在废旧锂电池无害化处理及资源化利用关键技术研究与产业化方面具有优势。三门峡易事特储能公司已建立锂电回收梯次利用体系。

目前，河南省以锂离子电池为核心的新型储能装机占比超过90%，随着宁德时代（洛阳）、比亚迪（郑州）等储能龙头企业的落户投产，将进一步带动上游材料和下游集成设备向河南省集聚，大大促进河南省锂离子电池储能全产业链发展。

产业集群化趋势显现。围绕产业链部署创新链，优化产业发展生态，河南省逐步形成了洛阳、焦作、新乡、驻马店、三门峡等以锂电为重点的新型储能产业集群。洛阳市2022年锂电池产业规模约200亿元，拥有中航锂电、大生新能源、龙鼎铝业、洛阳储变电等上下游重点企业20余家，产品主要有锂电池、燃料电池、电池材料、电解液、动力电池应用等，宁德时代洛阳项目建成投产后将拥有动力电池和储能电池60GW的生产能力。焦作市在正极材料、负极材料和电解液等领域已形成了积聚态势，并在多个细分领域占据行业主导地位，拥有多氟多、龙佰集团、和兴化学、法恩莱特等骨干企业，全市锂离子电池新材料产业集群规模已达到300亿元，集群内规模以上企业达到52家，亿元以上龙头骨干企业超20家，从业人数达到1.4万人。新乡市电池产业发展基础好，是国家新型电池及材料高技术产业基地，拥有国家级实验室2个，国家级企业技术中心、省级重点实验室、省工程实验室各1个，省部级工程研究中心6个，省级企业技术中心9个，有天力锂能、环宇集团、科隆集团、新乡阳光、平煤国能、正威国际等一批锂电池骨干企业，在废旧锂电池无害化处理及资源化利用关键技术研究与产业化方面具有优势，是国家新能源汽车动力系统电池回收利用试点。驻马店市在鹏辉能源、惠强新材等链主企业带动下，锂电池及正负极材料、电池空调、集装箱等二十多家上下游企业蓬勃发展，2023年产值突破百亿元，随着中原高效储能产业园的建成和更多企业入驻，将形成新型储能全产业链生产基地，打造500亿级新能源电池产业集群。三门峡市正在打造新型储能现代装备产业，重点发展光伏发电＋5G供电＋电池、配件＋储能系统集成＋充电桩、电站、智能微电网链条式的新型储能产业，以共享储能电站、光储充一体化项目为抓手，持续发力光储一体化系统、钠离子和锂离子电池储能技术应用及整体解决方案，为发电侧提供光伏电站、风电场增储和火储联合调频系统解决方案，为电网侧提供变电站、台区等储能系统解决方案，为用户侧提供光储充一体化、移动式储充等系统解决方案。南阳市正在整合锂电相关行业上下游企业，打造储能技术和产业发展标杆,积极探索新能源+储能一体化发展新模式,推动储能产业健康可持续发展。

## (二) 氢能产业布局加快

氢能是来源广、能量密度高、零排放的二次能源,是未来能源体系的重要组成部分。河南省较早关注氢能产业发展,《河南省氢能产业发展中长期规划(2022—2035年)》和《郑汴洛濮氢走廊规划建设工作方案》对氢能作为分布式能源场景的探索应用作出了部署,到2025年,河南省氢能产业总产值预计将突破1000亿元,打造成为国家级千亿级氢能先进制造业集群。郑州、洛阳、新乡、开封、濮阳等地相继制定了支持氢能产业发展政策,积极引导产业发展。郑州市将围绕风光制氢、管道输氢、设备智造、氢能应用等氢能源全产业链,建设国家级氢能源产业示范区,形成科技研发、高端智造、检验检测、培训教育、高端人才服务等新能源产业生态集聚区。洛阳市将围绕"制氢—储氢—运氢—用氢"关键环节,打造氢能产业装备生产制造中心,建设全国重要的氢能产业装备科技创新和生产制造高地,打造燃料电池汽车示范先行区、氢能科技创新应用示范区,初步形成氢燃料电池系统、电堆、膜电极、双极板及其材料、质子交换膜、空压机、气瓶、氢气循环系统、储氢瓶阀等关键零部件和材料产业链条;氢气纯化和液化、电解水制氢、氢气压缩机、加注机、储氢供氢等氢能成套装备企业落地集聚。新乡市组建了河南省首家氢能与燃料电池工程研究中心、河南中氢动力电池研究院,建立了清华博士后工作站、燃料电池发动机系统河南省重点实验室等,设立了氢能专项基金,围绕氢燃料电池核心产业链,打造制氢—储氢—加氢—氢燃料电池系统—氢燃料发动机—整车生产产业生态圈,加速构建"中原氢谷",并加强与电网互动形成跨界融合发展之势。焦作市将重点发展制氢装备、核电消氢装置、运氢装备、储氢装备、加氢网络、氢燃料电池、氢能源汽车和氢燃料电池储能,依托中原内配、伟祺新洁能源有限公司等重点企业,聚焦制储运销用全产业链条,推动氢能产业规模化集群化发展。开封市将以氢燃料电池整车制造及零部件配套产业链、氢能产储运一体化产业链、储能新材料产业集群、新能源(氢)产业集群、新能源汽车产业集群为重点,依托高校和企业开展储能炭材料、制储运高端工艺及配套设备材料、氢燃料电池关键零部件研发及重点技术突破。濮阳市将依托中国石化新能源产业研究院,联合国内氢能产业知名企业,组建氢能产业联盟,制储运用研全产业链发展,进一步拓展能源领域应用示范,布局氢燃料电池热电联供系统,正在探索推进多能协同供应和综合梯级利用,打造特色化、多元化示范应用基地。目前,郑汴洛濮氢能产业走廊正在加快建设,豫氢动力、骥翀氢能、捷氢科技、氢枫能源、中沁泰康等产业链上下游企业已相继落户河南省,燃料电池电堆、空气供应系统、70兆帕储氢瓶、固态储氢设备、氢气管束拖车、加氢站建设运维等领域发展正在发力。

**(三)科技创新能力不断增强**

河南省储能企业科技创新能力不断提升,已形成以企业为主体的创新体系。中航锂电(洛阳)是国家级企业技术中心、省工程技术中心,拥有院士工作站、博士后科研工作站和超高倍率电池、超低温电池等一大批关键核心技术,研发实力行业领先。多氟多是中国氟硅行业领军企业、国家科技创新示范企业、国家知识产权示范企业、国家创新型试点企业、国家级氟资源循环利用循环经济标准化试点企业。许继电科是河南省电化学储能技术工程研究中心,是河南省唯一的省级储能工程研究平台,拥有储能变流器系统、升压系统、电池开发、储能电站监控、系统平台开发等储能全域技术研发能力,核心产品 EMS、PCS、BMS 系统处于国际领先水平,并在多个重大储能工程中得到实践验证与应用考验,创造多项"第一",储能领域获得授权发明专利近 70 项。开封时代新能源是开封市全钒液流电池重点实验室、全钒液流电池工程技术研究中心,拥有全钒液流电池储能技术创新联合体产业化平台;与 TES-CAN China 共建"电子显微镜联合实验室",具备成分分析、微区分析、表面分析、结构分析、热性能分析等多种分析测试的能力。和兴化学研发的锂离子电池专用高导电炭黑，打破了日本的垄断，国内市场占有率40%，国际市场占有率18%，产销量位居全球第二。洛阳月星是省高性能锂离子电池负极材料工程技术研究中心，华锐锂电是省锂电池电解液工程研究中心，弘力电源是省锰系锂离子电池工程技术研究中心，诺信电子是聚合物锂离子电池省工程技术研究中心，力旋科技是省专精特新企业、省工程技术研究中心，豫氢动力是省工程技术研究中心、省企业技术中心。企业科技创新已成为河南省储能产业高质量发展的动力源。

表8-1　　　　　　　2022年河南省重点新型储能企业

| 企业名称 | 所在地 | 主要情况 |
| --- | --- | --- |
| 一　储能系统 | | |
| 许继电科储能有限公司 | 许昌 | 产品涵盖解决方案制定、系统集成、电池PACK、EMS、BMS、PCS、PMS、储能预警与运维系统、大规模储能集控系统、预制舱等，储能PACK年产能7GWh，PCS年产能2GW，储能预制舱具备3000套/年的生产能力。储能系统产品主要销往国家电网、南方电网、三峡集团、华润电力、华能集团、大唐集团、国网综合能源公司、三峡新能源公司等能源电力头部企业。EMS、PCS、BMS国际领先。拥有的河南省电化学储能技术工程研究中心是全省唯一的省级储能工程研究平台 |
| 平高电气股份有限公司 | | 国内领先的储能项目解决方案供应商，拥有移动式储能车、应急电源车、UPS电源车等移动储能产品，是国内储能系统集成出货量20强企业和全球储能系统集成出货量20强企业 |
| 河南平煤神马电力能源科技有限公司 | 驻马店 | 年产5GWh高效储能成套装备制造 |
| 易事特储能科技有限公司 | 三门峡 | 在智能电网技术、储能产品、大型共享储能系统及服务优势显著，是河南省企业技术中心、三门峡市工程技术研究中心 |
| 郑州众智科技股份有限公司 | 郑州 | 电池管理系统、能量智能管理系统、安全预警与系统防护技术等新型储能装备制造 |

续表

| 企业名称 | 所在地 | 主要情况 |
| --- | --- | --- |
| 索凌电气有限公司 | 郑州 | 500KWH—2000KWH 用户侧储能电站研发、制造与销售；用户侧储能电站运营；1—10KWH 家用储能电源研发、生产与销售。国家级专精特新小巨人企业 |
| 许昌云能魔方储能技术有限公司 | 许昌 | 主要产品有分布式储能柜、集装箱储能柜、灵活储能式充电桩、模块化储能变流器、储能电站智能黑匣子、储能电站集群协控系统、分布式智能电网运行控制系统、分布式智能电网能量管理系统等 |
| 河南正航能源有限公司 | 焦作 | 主要产品有 UPS 储能一体机、工业储能电站、BMS |
| 二　锂电企业 | | |
| 1. 电池 | | |
| 宁德时代中州时代新能源生产基地 | 洛阳 | 年产新能源电池 60GWh |
| 中航锂电（洛阳）有限公司 | 洛阳 | 拥有国家级企业技术中心、院士工作站和博士后科研工作站等科研平台，是河南省工程技术中心、河南省汽车节能与新能源重点实验室、新能源汽车高比能量锂离子动力电池河南省工程实验室。主要产品有锂离子动力电池、储能电池及电源系统 |
| 新乡市阳光电源制造有限公司 | 新乡 | |
| 新乡市弘力电源科技有限公司 | 新乡 | 河南锰系锂离子电池工程技术研究中心，主要生产锂离子蓄电池 |
| 河南贵登能源有限公司 | 南阳 | 60 亿 Wh 高端准固态锂电池 PACK |
| 南阳领航新能源科技有限公司 | 南阳 | 年产 3 亿支聚合物锂离子电池 |
| 多氟多新能源科技有限公司 | 焦作 | 河南省企业技术中心、河南省工程技术研究中心，年产 10GWh 动力电池 |
| 多氟多新材料股份有限公司 | 焦作 | 全球规模最大、技术创新领先的无机氟新材料领军企业。六氟磷酸锂产销量全球第一。拥有国家博士后科研工作站、国家认可实验室、国家技能大师工作室、河南省无机氟化学工程技术研究中心、河南省氟基新材料产业研究院、河南省氟基本功能新材料创新中心等研发平台 |

续表

| 企业名称 | 所在地 | 主要情况 |
|---|---|---|
| 鹏辉能源 | 驻马店 | 主要生产18650圆柱电池、方形铝壳动力电池,年产2GWh动力电池 |
| 比克电池 | 郑州 | 年产5.5GWh动力电池 |
| 正威国际集团 | 新乡 | 年产50Gwh动力电池 |
| 平煤国能 | 新乡 | 年产10Gwh动力电池 |
| 济源华申电源有限公司 | 济源 | 主要生产动力电池、储能铅酸蓄电池、锂电池、储能电柜 |
| 河南万锂新能源有限公司 | 驻马店 | 拥有15种实用新型专利、市工程技术中心、市创新平台科技企业 |
| 焦作熠星智能电子科技有限公司 | 焦作 | 锂离子电池及锰酸锂材料研发生产 |
| 郑州深澜动力科技有限公司 | 郑州 | 新能源动力电池的研发制造销售,国家专精特新小巨人企业、省专精特新中小企业、河南省工程技术研究中心、河南省工程研究中心、河南省瞪羚企业 |
| 河南利威新能源科技有限公司 | 郑州 | 锂离子电池技术研发、生产、销售 |
| 河南德道新能源股份有限公司 | 三门峡 | 主要生产锂离子电池及电池组 |
| 鹤壁市诺信电子有限公司 | 鹤壁 | 省工程技术研究中心,主要产品为聚合物锂离子电池 |
| 新乡市中天新能源科技股份有限公司 | 新乡 | 锰酸锂 |
| 辉县市旭日电源有限公司 | 新乡 | 镍氢蓄电池 |
| 河南金源环宇储能技术有限公司 | 新乡 | 新乡市移动机器人动力电源系统工程技术研究中心,主要生产锂离子电源系统 |
| 河南东方新能源有限公司 | 新乡 | 河南省工程研究中心(锂电池安全结构件工程研究中心),主要生产锂离子电池盖帽 |
| 河南力旋科技股份有限公司 | 许昌 | 省专精特新企业、国家重点高新技术企业、省工程技术研究中心、许昌市企业技术中心、许昌市软包装锂离子动力电池工程技术中心。主要产品有锂离子动力电池、模组及系统 |

续表

| 企业名称 | 所在地 | 主要情况 |
|---|---|---|
| 2. 正极材料 | | |
| 河南科隆新能源股份有限公司 | 新乡 | 年产23万吨三元前驱体 |
| 新乡天力锂能股份有限公司 | 新乡 | 年产3万吨三元正极材料 |
| 龙佰集团股份有限公司 | 焦作 | 年产20万吨电池材料级磷酸铁锂 |
| 河南佰利新能源材料有限公司 | 焦作 | 主要生产六氟磷酸锂 |
| 3. 负极材料 | | |
| 洛阳月星新能源科技有限公司 | 洛阳 | 河南省高性能锂离子电池负极材料工程技术研究中心 |
| 河南易成瀚博能源科技有限公司 | 开封 | 锂离子电池石墨负极材料的研发、生产、销售 |
| 开封市瑞丰新材料有限公司 | 开封 | 年产10万吨人造石墨负极材料 |
| 龙佰集团股份有限公司 | 焦作 | 年产20万吨石墨负极材料 |
| 焦作聚能能源科技有限公司 | 焦作 | |
| 易成新能源 | 许昌 | 年产20万吨高端锂电池负极材料 |
| 灵宝宝鑫电子科技有限公司 | 三门峡 | 省级创新平台，主要产品5—12微米电解铜箔，国家专精特新"小巨人"企业，省专精特新中小企业 |
| 灵宝华鑫铜箔有限责任公司 | 三门峡 | 河南省电解铜箔示范性国际科技合作基地、河南省电解铜箔工程技术研究中心、电解铜箔河南省工程实验室、国家级专精特新"小巨人"企业、全国电子铜箔材料专业十强企业、省专精特新企业，主要产品锂电铜箔（4—15微米） |
| 河南九龙新能源材料有限公司 | 南阳 | 石墨化高温提纯工艺、市级工程技术研发中心 |

续表

| 企业名称 | 所在地 | 主要情况 |
|---|---|---|
| 4. 隔膜 | | |
| 河南惠强新能源材料科技股份有限公司 | 驻马店 | 年生产隔膜约3.5亿平方米 |
| 新乡市中科科技有限公司 | 新乡 | 年产2.4亿平方米基膜 |
| 新乡市新瑞电池材料有限公司 | 新乡 | |
| 5. 电解液 | | |
| 多氟多新材料股份有限公司 | 焦作 | 年产9.5万吨六氟磷酸锂 |
| 洛阳大生 | 洛阳 | 年产10万吨电解液 |
| 河南省法恩莱特新能源科技有限公司 | 焦作 | 河南省企业技术中心、河南省工程技术研究中心 |
| 新乡华锐锂电新能源股份有限公司 | 新乡 | 河南省工程研究中心 |
| 6. 液流电池 | | |
| 开封时代新能源科技有限公司 | 开封 | 全钒液流电池储能系统研发、生产、销售、建设，河南省新型研发机构，拥有开封市全钒液流电池重点实验室、开封市全钒液流电池工程技术研究中心 |
| 三　氢储能 | | |
| 河南氢璞创能科技有限公司 | 新乡 | 主要产品是氢燃料电池电堆，拥有氢燃料电池电堆装备研发验证实验室 |
| 远景能源有限公司 | 濮阳 | 主要产品有0.5C—280—01、1C—280—01、0.5C—305—01等智慧储能设备，主要用于新能源电站配套储能 |
| 河南豫氢动力有限公司 | 新乡 | 拥有同济大学—豫氢能与燃料电池联合研究中心，河南省工程研究中心、河南省企业技术中心、新乡市工程技术研究中心等创新平台。主要产品有大功率高性能燃料电池模块、大功率高性能燃料电池发电系统、热电联供系统 |

续表

| 企业名称 | 所在地 | 主要情况 |
|---|---|---|
| 河南正星华永氢能科技有限公司 | 郑州 | 氢能制储输用全链条装备制造，新兴能源技术研发；气体、液体分离及纯净设备；站用加氢及储氢设施 |
| 森思达新能源科技有限公司 | 郑州 | 氢能制储输用全链条装备制造，风光电及绿电制氢、氢能产业综合应用 |
| 四　智能电网装备制造 | | |
| 河南省三禾电气集团有限公司 | 郑州 | 智能电网装备制造，国家专精特新小巨人企业、河南省国家电网智能输配电系统工程技术研究中心、河南省专精特新中小企业 |
| 郑州通源电气有限公司 | 郑州 | 智能电网产品和装备制造 |
| 郑州联开电气设备有限公司 | 郑州 | 智能电网产品和装备制造 |
| 郑州市三维配电设备有限公司 | 郑州 | 智能电网产品和装备制造 |

资料来源：根据调研资料整理。

## （四）新型储能多场景应用方兴未艾

近年来国家和河南省相继出台了一系列支持新型储能发展的政策，进一步明确了新能源配置储能配比方案，支持社会资源投资储能设施，鼓励电源侧、电网侧和用户侧建设新型储能设施。《河南省新能源和可再生能源发展"十四五"规划》《河南省"十四五"新型储能实施方案》《关于加快新型储能发展的实施意见》提出了新型储能与新能源融合发展的方向，明确了独立储能可作为独立的市场主体参与电力市场。支持电源侧新能源项目配套建设储能设施，采用新能源配储、新能源＋火电＋新型储能＋抽水蓄能一体化等模式促进电源侧储能应用，推动"风光水火储"一体化发展，创新储能合作共享模式。支持电网侧在关键节点、输电走廊、变电站资源紧张地区建设储能电站，在电网末端偏远地区建设大型独立储能电站，充分利用存量资源。用户侧储能方面，围绕分布式新能源、微电网、5G 基站、充（换）电设施、工业园区等，建设新型储能设施，提高新能源消纳水平，促进新型储能与新能源融合发展。支持各类市场主体采用多种投融资方式，因地制宜选择电化学储能、压缩空气储能、电制氢等技术方式建设新型储能设施。

2022 年以来，河南省已发布了两批 38 个新型储能示范建设项目，目前各项目正在紧锣密鼓地建设之中。氢储能在可再生能源消纳、电网调峰等应用场景示范已经开展，濮阳大容量氢储能示范项目前期工作正在推进；社区、园区等氢燃料电池分布式热电联供示范、依托通信基站和电网变电站等基础设施开展的氢燃料电池备用电源示范也在探索；氢能在工业领域的应用调研已经展开。河南省利用矿井、盐穴、退出煤矿场区等建设压缩空气储能正在进行，平顶山市叶县 200MW 盐穴先进压缩空气储能电站的开工，标志着我国首座 200MW 盐穴压缩空气储能工程进入重要实施阶段；平顶山高新区纽维新能源 200MW/800MWh 压缩空气储能项目也在推进之中。

表 8-2　河南省第一批省级独立储能电站示范项目（2022 年度）

| 序号 | 项目名称 | 项目规模 |
| --- | --- | --- |
| 1 | 中核汇能兰考县共享储能项目一期 | 100MW/200MWh |
| 2 | 中电商丘热电有限公司梁园区独立共享储能项目 | 100MW/200MWh |
| 3 | 中核汇能卧龙区独立共享储能项目一期 | 100MW/200MWh |
| 4 | 平煤神马集团信阳市光山县产业聚焦区独立共享储能项目 | 100MW/200MWh |
| 5 | 平煤神马集团驻马店市高新区独立共享储能项目一期 | 100MW/200MWh |
| 6 | 中核汇能龙安区独立共享储能项目一期 | 100MW/200MWh |
| 7 | 中广核浚县独立共享储能项目 | 100MW/200MWh |
| 8 | 国电投河南新火独立共享储能项目 | 100MW/200MWh |
| 9 | 国网时代孟州独立共享储能项目 | 100MW/200MWh |
| 10 | 大唐三门峡城乡一体化示范区独立共享储能项目一期 | 100MW/200MWh |
| 11 | 国电济源新能源配套独立共享储能项目 | 100MW/200MWh |

资料来源：根据调研资料整理。

表 8-3　　河南省第二批省级独立储能电站示范项目

| 序号 | 项目名称 | 技术路线 |
| --- | --- | --- |
| 1 | 巩义安投独立共享储能项目一期（50MW/100MWh） | 磷酸铁锂 |
| 2 | 中核汇能杞县独立共享储能项目（100MW/200MWh） | 全钒液流 |
| 3 | 中电建尉氏独立共享储能项目一期（100MW/200MWh） | 全钒液流 |
| 4 | 华润电力虞城独立共享储能项目（100MW/200MWh） | 磷酸铁锂＋全钒液流 |
| 5 | 汇科九高许昌独立共享储能项目一期（100MW/200MWh） | 磷酸铁锂 |
| 6 | 豫能林州独立共享储能项目（100MW/200MWh） | 磷酸铁锂 |
| 7 | 华润内黄独立共享储能项目（100MW/200MWh） | 磷酸铁锂 |
| 8 | 鹤淇电厂独立共享储能项目（100MW/200MWh） | 磷酸铁锂 |
| 9 | 润泽洁源南乐独立共享储能项目（100MW/200MWh） | 磷酸铁锂 |
| 10 | 中核汇能濮阳县独立共享储能项目（50MW/100MWh） | 磷酸铁锂 |
| 11 | 新乡中益电厂独立共享储能项目（100MW/200MWh） | 磷酸铁锂 |
| 12 | 华电新乡独立共享储能项目（100MW/200MWh） | 磷酸铁锂 |
| 13 | 中核汇能孟津区独立共享储能项目（100MW/200MWh） | 磷酸铁锂 |
| 14 | 旭辉湖滨区独立共享储能项目（50MW/100MWh） | 磷酸铁锂 |
| 15 | 东润明德灵宝独立共享储能项目一期（100MW/200MWh） | 磷酸铁锂 |
| 16 | 中广核项城独立共享储能项目（100MW/200MWh） | 磷酸铁锂 |
| 17 | 中核汇能西华独立共享储能项目（100MW/200MWh） | 磷酸铁锂 |
| 18 | 郸城县独立共享储能项目（100MW/200MWh） | 磷酸铁锂 |
| 19 | 华能驿城区抽水压缩空气复合储能项目一期（100MW/400MWh） | 抽水压缩空气复合储能 |
| 20 | 三峡鹏辉汝南独立共享储能项目一期（100MW/200MWh） | 磷酸铁锂 |
| 21 | 豫能固始独立共享储能项目（100MW/200MWh） | 磷酸铁锂 |
| 22 | 中广核商城独立共享储能项目（100MW/200MWh） | 磷酸铁锂 |
| 23 | 平顶山中能电姚电独立共享储能项目（100MW/200MWh） | 磷酸铁锂 |
| 24 | 中核汇能郏县独立共享储能项目（50MW/100MWh） | 磷酸铁锂 |
| 25 | 南阳天益鸭河工区独立共享储能项目（100MW/200MWh） | 磷酸铁锂 |
| 26 | 特变电工唐河独立共享储能项目（100MW/200MWh） | 磷酸铁锂 |
| 27 | 中广核邓州独立共享储能项目（100MW/200MWh） | 磷酸铁锂 |

资料来源：根据调研资料整理。

### (五) 新型储能产业发展任重道远

河南省新型储能产业处于产业变革和新技术、新模式、新业态的探索之中，发展面临诸多矛盾和难题。

**市场主体培育亟待加强。** 河南省新型储能产业发展呈点状突破之势，但大部分企业规模较小，在国内外有影响力"链主"企业少，且辐射带动能力弱，以许继电科为例，其集成电芯选用厂家有宁德、比亚迪、亿纬、中航、鹏辉、海辰，PCS选用厂家有许继电力电子、汇川，BMS选用厂家有高特、华思，与省内生产企业关联性不强，对本地产业的带动作用不够。然河南省新型储能行业单项冠军、隐形冠军、企业小巨人较少，大中小企业创新协同、产能共享、产业链供应链互通的新型产业生态尚未形成。同时，河南省新型储能企业高层次、复合型、创新型人才缺乏，研发能力薄弱，懂设备、能操作、会维护的高技能人才紧缺，不能满足储能产业发展的需要。加快龙头企业、单项冠军、隐形冠军、"小巨人"企业的招引和培育是推进河南省新型储能产业发展的明智之举。

**新型储能技术应用亟待创新。** 河南省锂电池产业链相对完善，但大部分集中在上游材料生产环节，锂电池制造、关键材料、系统集成及装备制造亟需优化，全产业链集聚化程度低，产学研用协同示范基地和规模化实证基地建设亟待发展。全钒液流电池技术研发处于初期阶段，虽然开封时代新能源正在打造钒液流电池产业链，但由于刚刚起步，影响力较小。压缩空气储能技术的示范应用和发展模式正在探索，还没有形成产能。氢能技术示范应用主要集中在交通运输领域，在工业、分布式能源、储能等领域的探索应用刚刚起步，风/光发电＋氢储能一体化应用落地仍需时日。

**新型储能设施建设缓慢。** 与全国一样，河南省新能源实行强制性配储政策。由于成本高、收益低、商业模式不成熟，利用率较低，新型储能参与电力市场机制和电网调度运行机制不完善，储能标准规范不健全，加上长期运行存在安全风险等因素，电源侧、电网侧、电户侧建设储能设施的积极性不高，社会资本对新型储能投资也处于观望状态，新型储能设施建设缓慢。河南省虽然大力支持电源侧电网侧用户侧储能设施建设，并发布了两批新型储能示范项目，但尚处于建设阶段，还没有形成生产能力。同时，源网荷储一体化、多能互补、虚拟电厂等试点示范建设难以落实，新型储能与大数据中心、5G基站、数字电网等新型基础设施融合困难，与智慧城市、乡村振兴、智慧交通等领域的跨界融合还有很长的路要走，复合型储能发展亟待突破。

未来5—10年是我国新型储能发展的关键窗口期。抢抓机遇，加快推动河南省新型储能产业高质量发展是当务之急。

## 二　产业发展方向和重点

### （一）产业发展方向

1. 深耕细分领域，打造良好产业生态

河南应充分利用较好的区位优势和产业基础，深耕细分领域，做精做强。新型储能产业分工越来越细，全国是一个统一的供应、生产、销售网络体系，各个企业彼此之间互为配套，在生产环节上相互需求，彼此间贸易主要是零部件、原材料等中间品的贸易。系统集成、上游材料等领域带动能力强，易形成产业集群，且国内没有大的垄断企业，河南省原材料有多氟多、龙佰等，系统集成有许继、平高等企业，产品在全国有良好的口碑，出货量位于前列，还有洛阳赛美、三门峡易事特等新兴企业也后来居上，发展迅速，应充分利用这一优势，尽快做大做强，做到成本最低，质量最优，口碑、信誉最佳，形成无可替代的互补、共生关系，产生集群效应，打造良好的产业生态。

2. 发挥比较优势，实现差异化发展

当前信息技术大大压缩了时间和空间，随着市场竞争越来越激烈，企业都在追求更高的效率，把成本控制作为优先考虑的要素，要想把产品的成本控制在非常低的水平，依托的是庞大的供应链网络，而不是单个廉价的生产要素，河南新型储能企业要找准定位，发挥比较优势，嵌入合适的位置，搭上顺风车，实现差异化发展。对目前河南来说，在技术已经成熟的锂电领域，应发挥材料资源优势，做大规模，先做大再做强，同时在系统集成重点发力；在全钒液流这一成长型市场，应发挥先发优势，争做领头羊，尽快占领市场份额；在具备发展潜力的压缩空气、氢能领域，应争取尽快实现突破。

3. 开拓新兴市场，抢占产业发展前沿

当前，海外新型储能，特别是欧美等国际市场发展迅速，市场规模越来越大，国内众多大厂纷纷布局海外，并取得很好的效益，而省内企业除许继、多氟多等企业在积极开拓外，其他绝大多数企业海外市场拓展能力不足。随着能源改革的深入，国内工商业储能（户储）也会是下一风口，与新型储能有关的产品回收利用也极具潜力，河南省在这些领域有很好的基础，应积极争取突破，加强研发、技术转化和推广应用，加快布局抢占新型储能产业制高点和产业发展前沿。

**（二）产业发展重点**

抢抓新型储能产业发展的战略机遇期，加快推动河南省新型储能产业规模化高质量发展，抢占新型储能产业制高点和产业发展前沿，将新型储能产业打造成为河南省引领型未来产业和支柱型战略产业，为提升电力系统安全保障能力、服务能源发展战略、助力"碳达峰、碳中和"提供有力支撑。

1. 强化协同发展，促进新型储能产业链提升

培育和延伸新型储能上下游产业，依托具有自主知识产权和核心竞争力的骨干企业，积极推动新型储能全产业链发展。吸引更多人才、技术、信息等高端要素向新型储能产业集聚，着力培育和打造储能战略性新兴产业集群。

一是加快储能全产业链建设。加强省内新型储能制造企业与新能源

储能项目对接，促成一批储能产业上下游战略合作，加强产品配套、资源共享。引进培育一批引领型链主企业和具有"杀手锏"产品的配套企业，加快形成上下游配套生产体系。聚焦产业链关键环节，着力建链、补链、延链、强链，推动河南省新型储能"材料生产—设备制造—系统集成—运行检测—资源回收"全产业链条发展，着力培育和打造新型储能战略性新兴产业集群，促进集群内部协同创新。结合资源禀赋、技术优势、产业基础、人力资源等条件，积极争取建设一批国家新型储能高新技术产业化基地。以锂离子电池储能产业为发展重点，支持郑州、洛阳、新乡、焦作等地做大做强新能源电池核心产业，建设全国重要的新能源电池及材料研发生产基地；支持开封、许昌、三门峡、南阳、驻马店等地立足产业基础差异化发展，打造新能源电池特色产业集群。

二是强化市场主体梯度培育。鼓励新型储能产业链上下游企业强强联合，大力提升产业链整合能力，打造链主企业引领、单项冠军企业攻坚、专精特新企业筑基的新型储能企业群，构建大中小企业创新协同、产能共享、产业链供应链互通的产业生态。强化对重点企业、重点环节的管理服务能力，遴选一批新型储能产业链"链主"企业和生态主导型企业，优化营商环境，在产业促进、产业空间、工业投资、技术改造、技术创新、金融服务、土地和人才保障、承担国家重大专项等领域给予重点支持。依托实施"个转企、小升规、规改股、股上市"市场主体培育，在细分领域培育一批专精特新"小巨人"、制造业"单项冠军"、隐形冠军、"独角兽"等优质新型储能企业。

三是加大优质企业招引力度。对照河南省新型储能产业发展短板，摸排国内外重点企业，围绕新型储能产业链编制招商图谱和路线图，建立产业链招商数据库，细化招商目标企业清单，灵活运用以商招商、以链招商、靶向招商等方式，重点引进新型储能头部企业、生态主导型企业、高水平创新型企业、相关服务机构等，积极引进一批产业辐射带动能力强的重大产业项目。充分利用中国河南国际投资贸易洽谈会、中国·河南招才引智创新发展大会、中国·河南开放创新暨跨国技术转移大会、中国（郑州）产业转移系列对接活动等重大经贸活动平台，举办新型储能经贸论坛和产业招商活动，吸引优质新型储能企业和项目在河南落地。

2. 加强技术研发，提升新型储能核心竞争力

大力推进具有高安全性、高灵活性、高经济性的新型储能技术，积极开展前瞻性、系统性、战略性新型储能关键技术研发，加速实现核心技术自主化，推动产学研用各环节有机融合，加快创新成果转化，提升新型储能产业创新能力。

一是加强新型储能关键技术攻关。坚持多元化技术路线，推动新型储能理论和关键材料、单元、模块、系统、安全等中短板技术研发，重点开展磷酸铁锂电池、钠离子电池、新型锂离子电池、铅炭电池、液流电池、压缩空气、氢（氨）储能、热（冷）储能、废弃矿井（洞）储能等新型储能关键核心技术攻关。在平顶山、新乡、三门峡、周口、驻马店等地区，开展级联式高压接入锂电池储能、大容量超级电容储能、高温超导储能、高效锂电池负极材料等关键技术研发。

二是开展新型储能前沿技术研究。目前国内外正在开展的各类前沿新型储能技术研发工作，重点从低成本、高安全、大规模方向克服现有新型储能技术的短板，固态电池、水系电池、多电子二次电池、金属空气电池、液态金属、热泵储能、液态空气储能、超导储能等技术是当前研究的热点，多数技术仍处于实验室研发阶段。河南省应以需求为导向，探索开展相关创新储能技术研发，并加快技术引进吸收。

三是贯通产学研用技术创新链条。支持产学研用体系和平台建设，以"揭榜挂帅"等方式，调动企业、高校、科研院所等各方面力量，推进新型储能重点实验室以及储能技术产教融合创新平台建设，依托西安交通大学国家储能技术产教融合创新平台建立河南储能技术开发研究院（中心）。依托龙头企业整合行业优质创新资源，布局建设省级重点实验室、工程研究中心等创新平台，争创国家级创新平台，构建高效协

作创新网络，支持行业关键技术开发和工程化应用，依托平高集团设立储能科技创新中心或产业研究院。鼓励地方政府、企业、金融机构、技术机构等联合组建新型储能发展基金和创新联盟，优化创新资源分配，推动技术和商业模式创新。

3. 多元场景应用，推动新型储能规模化发展

支持清洁能源电站配建新型储能设施，推动新型储能与各类电源协同优化运行。合理布局电网侧新型储能，着力提升电力安全保障水平和系统综合效率。探索用户侧储能多元发展新场景，拓展新型储能应用领域和应用模式。积极推动电力源网荷储一体化构建模式，加强源网荷储协调调度，保障电力系统安全稳定运行。

一是大力发展电源侧新型储能。重点依托系统友好型"新能源+储能"电站、基地化新能源开发外送、共享储能等模式合理布局电源侧新型储能，通过协同优化运行，保障新能源高效消纳利用，提升新能源并网友好和容量支撑能力，加速推进新能源可靠替代。在京广铁路以西及伏牛山、大别山、桐柏山区域，重点支持新能源与火电、新型储能、抽储一体化发展模式，支持大规模新能源外送，促进新能源在更大范围消纳。在京广铁路以东平原区域，鼓励建设共享储能设施，促进新能源就地消纳。提升常规电源调节能力，积极鼓励火电合理配置新型储能，优化提升系统运行特性和整体效益，探索利用退役火电机组既有厂址及输变电设施建设新型储能设施，鼓励结合老旧、退役变电站建设新型储能试点，发挥存量输变电设施价值，推动平顶山姚孟、新乡豫新、鹤壁鹤淇、三门峡大唐、济源国能等利用既有厂址建设储能。

二是有序发展电网侧新型储能。充分结合电力系统需求及技术经济性，统筹布局电网侧独立储能及电网功能替代性储能，保障电力可靠供应，重点引导在负荷密集接入、大规模新能源汇集、大容量直流馈入、调峰调频困难和电压支撑能力不足等关键电网节点布局建设。支持各类社会资本在调峰调频困难或电压支撑能力不足的关键电网节点建设新型

储能，提高电网安全稳定运行水平。探索在用电负荷增长较快、输电走廊或变电站站址资源紧张地区建设新型储能，延缓或替代输变电设施升级改造，降低电网基础设施综合建设成本。研究在电网末端和偏远地区规划建设新型储能，解决输电阻塞、长距离输变电工程供电不经济等问题，保障末端电网和偏远地区用电需求，提升电网供电能力。

三是灵活发展用户侧新型储能。针对工业、通信、金融、互联网等用电量大且对供电可靠性、电能质量要求高的电力用户，因地制宜配置新型储能，提供定制化用能服务，提升用户电力自平衡能力，提高综合用能效率效益。针对党政机关、数据中心等重要电力用户，在安全可靠前提下，建设一批移动式或固定式新型储能，提升应急供电保障能力。围绕大数据中心、5G基站、工业园区、公路服务区等终端用户以及具备条件的农村用户，依托分布式新能源、微电网、增量配网等配置新型储能，推进"风光储充"示范站项目建设，提高用能质量，降低用能成本。探索新型储能聚合应用场景，依托智能充（换）电基础设施，开展有序充电、调峰调频等电动汽车与电网互动新技术应用试点，推进电动汽车光伏储能集中式充电项目建设。

四是推动新型储能多元化应用。促进多能互补协同发展，在新能源消纳受限、资源条件较好的地区，推进煤电、新型储能与新能源发电联合调度运行、优化组合，开展多能互补项目试点示范，促进传统能源和新能源协调发展，推动濮阳豫能、商丘国能、焦作华润、信阳华豫、新乡华电等市级风光火储一体化项目和鲁山县级多能互补项目实施。推进源网荷储一体化发展，依托增量配电业务试点，合理配置储能和分布式电源，建设一批消纳高比例新能源的源网荷储一体化项目，在登封新区东区、西华经开区、焦作矿区、濮阳县产业集聚区、平顶山尼龙新材料产业集聚区、三门峡高新技术产业开发区、红旗渠经济技术开发区等增量配电网区域，结合风光新能源接入和负荷增长情况建设储能项目，提高增量配电网供电质量。不断拓展新型储能应用模式，结合新型基础设施建设，将新型储能与智慧城市、乡村振兴、智慧交通等领域跨界融合，推进兰考、永城等农村能源革命试点储能建设，支持整县开发建设"光伏＋储能"项目。

**4. 推进试点示范，加速新型储能产业化进程**

聚焦各类应用场景，关注多元化技术路线，以稳步推进、分批实施的原则开展新型储能试点示范，加强示范项目跟踪评估。通过示范应用促进成果转化落地，带动新型储能技术进步和产业升级，增强产业竞争力。

一方面，开展不同技术路线试点示范。研究开展钠离子电池、固态锂离子电池等新一代高能量密度储能技术试点示范，支持技术较为成熟的以磷酸铁锂电池技术为主的电化学储能项目优先发展。重点建设大容量液流电池、飞轮、压缩空气等储能技术试点示范项目，推动安阳林州、南阳鸭河工区、平顶山鲁山等压缩空气储能项目建设。开展许昌襄城新能源制氢、商丘宁陵新能源制氢（氨）等可再生能源制氢储能技术示范。推进焦作、鹤壁、济源、永城等利用废弃矿井（洞）建设储能示范项目。探索成本更低、更加绿色安全、可持续的储能技术路线，推动多种储能技术联合应用，开展复合型储能技术应用示范。

另一方面，推进不同应用场景试点示范。聚焦新型储能在电源侧、电网侧、用户侧各类不同应用场景，遴选一批新型储能示范试点项目，结合各地区资源禀赋、地质条件差异、负荷特性、供需形势等，开展不同时间尺度、不同技术路线的多元化新型储能选择，制定差异化支持政策，推进不同场景试点示范。结合试点示范项目，深化不同应用场景下储能装备、系统集成、规划设计、调度运行、安全防护、测试评价等方面的关键技术研究。

**5. 创新商业模式，加快新型储能市场化步伐**

支持新型储能作为独立市场主体参与各类电力市场交易，加快推进新型储能商业模式创新，从共享储能、云储能、储能聚合等方面挖掘储能多元价值，全面推动新型储能的市场化发展。

一方面,探索拓展新型储能商业模式。探索推广共享储能模式,积极支持各类主体开展共享储能、云储能等创新商业模式的应用示范,鼓励新能源电站以自建、租用或购买等形式配置储能,支持新型储能"众筹共建、集群共享",建设共享储能交易平台和运营监控系统,充分发挥储能"一站多用"的共享作用。研究开展储能聚合应用,鼓励不间断电源、电动汽车、充换电设施等用户侧分散式储能设施的聚合利用,通过大规模分散小微主体聚合,发挥负荷削峰填谷作用,参与需求侧响应,创新源荷双向互动模式。推进虚拟电厂云储能模式,结合工业园区、大数据中心、5G基站、充电站等分布式储能建设,推动建设智能控制终端和能量管理系统,充分挖掘分布式资源调节潜力,实现终端设备用能在线监测、智能互动,提升虚拟电厂响应能力,促进源网荷储高效互动。

另一方面,创新新型储能投资运营模式。通过政策引导中央企业、地方国有企业、非国有企业及源网荷储等各类型投资主体,利用其资源、技术、机制、管理等各自优势,参与新型储能投资建设和应用。鼓励各类型投资主体通过开展项目合作、股权合作、技术合作、签订战略协议等方式,合作开发大型独立储能项目,鼓励通过市场化方式探索形成共享储能可持续发展的商业模式。

# 三 对策建议

## (一)引育结合,推动产业集聚壮大

一是加快新型储能强链补链。对照短板,摸排国内外重点企业,形成产业链图谱,围绕动力电池以及储能变流器、电池管理系统、能量管理系统、系统集成等环节,重点引进国内头部企业。二是在资金、土地、税收、风电建设指标等方面向许继、平高等龙头企业倾斜,支持本土企业快速做大做强。在细分领域培育一批专精特新"小巨人"、制造业"单项冠军"、隐形冠军、"独角兽"等优质新型储能企业,构建大中小企业协同发展的产业生态。三是加大储能产业链上下游配套，支持上下游企业间产业协作，资源共享，形成较为完备的新型储能产业集群。

### （二）推动融合发展，加快试点示范建设

加强新能源和新型储能融合发展，严格新建新能源项目合理配置储能设施，引导存量新能源项目增配储能，鼓励电网侧和用户侧合理建设储能设施，重点建设大型独立式储能设施，支持户外储能发展，落地实施优惠电价、财政补贴等相关支持政策。河南要发挥比较优势，重点关注多元化技术路线，推动大容量液流电池、压缩空气、氢储能技术试点示范项目落地。加快开封液流电池项目建设，开展安阳林州、南阳鸭河工区、平顶山鲁山等压缩空气储能项目示范应用，开展许昌襄城新能源制氢、商丘宁陵新能源制氢（氨）等可再生能源制氢储能技术示范，推进焦作、鹤壁、济源、永城等利用废弃矿井（洞）建设储能示范项目，探索成本更低、更加绿色安全、可持续的储能技术路线，推动多种储能技术联合应用，开展复合型储能技术应用示范，从而加速新型储能产业化进程。

### （三）实施绿电提速，推广多元化场景应用

实施绿电提速工程，鼓励利用公共建筑物、工业厂房、高速公路服务区等公共区域，以分布式光伏、分散式风电为主，构建自发自用的智能微电网，建设推广"源网荷储一体化"综合能源示范项目，持续提高新能源自发自用比例。结合各地区资源禀赋、地质条件差异、负荷特性、供需形势等，制定差异化支持政策，聚焦新型储能在电源侧、电网侧、用户侧各类不同应用场景。在新能源消纳受限、资源条件较好的地区，推进煤电、新型储能与新能源发电联合调度运行、优化组合，开展多能互补项目试点示范，促进传统能源和新能源协调发展，加快濮阳豫能、商丘国能、焦作华润、信阳华豫、新乡华电等市级风光火储一体化

项目和鲁山县级多能互补项目实施。依托增量配电业务试点，合理配置储能和分布式电源，建设消纳高比例新能源的源网荷储一体化项目。结合新型基础设施建设，将新型储能与智慧城市、乡村振兴、智慧交通等领域跨界融合。推进兰考、永城等农村能源革命试点储能建设，支持整县开发建设"光伏＋储能"项目。

**（四）加强要素保障，营造良好发展环境**

一是加快电力市场体制机制保障。完善适应新型储能发展的电力市场体系，鼓励配建新型储能与所属电源联合参与电力市场，探索建立独立储能作为新型市场主体参与中长期和现货市场交易机制，探索确立调峰、调频等辅助服务市场的技术标准、交易机制和价格形成机制。二是加大财政资金支持。统筹运用省制造业高质量发展、创新研发等专项资金，每年安排专项支持新型储能产业领域关键核心技术攻关和重大项目建设。制定支持新型储能产业链发展专项政策，鼓励省辖市同步出台配套政策，采取资金奖补等方式，形成从技术研发、生产制造、平台示范到推广应用的一体化支撑。三是强化对储能项目建设运营的金融支持。鼓励金融投资机构为示范项目提供绿色金融支持，通过发行绿色金融债券、成立储能专项发展基金等方式引导产业资金注入新型储能产业。加大金融创新，可通过储存的能源在金融机构实现抵押融资，开发新型储能市场的金融衍生品来进一步盘活资金流。

（执笔人：范翔　陈玲　闫雷　翁珺）

**参考文献**

[1] 国家发展改革委、国家能源局：《"十四五"现代能源体系规划》2022年1月19日。

[2] 河南省人民政府：《河南省人民政府办公厅关于加快新型储能发展的实施意见》2023年6月11日。

［3］河南省人民政府：《河南省人民政府办公厅关于印发河南省氢能产业发展中长期规划（2022—2035）和郑汴洛濮氢走廊规划建设工作方案的通知》2022年8月26日。
［4］河南省发展改革委：《河南省"十四五"新型储能实施方案》2022年8月21日。
［5］崔磊磊等：《以农村能源革命推动区域崛起》，《能源评论》2022年第8期。

# 开放篇

## 内陆大省的开放发展之路

# 河南建设枢纽经济新高地研究

**摘要**：枢纽经济作为优化经济要素时空配置、重塑产业空间分工体系、全面提升城市能级的经济发展新模式，是畅通经济循环、融入新发展格局的重要举措。河南省多次明确提出推动交通区位优势向枢纽经济优势转变，把发展枢纽经济作为实施优势再造战略的关键环节。本文在分析河南枢纽经济现状特点及问题短板的基础上，针对性地提出加快建设完善集疏网络、高效物流、关联产业互动融合、协同发展的枢纽经济体系等对策建议，助力加快建设河南枢纽经济新高地。

**关键词**：枢纽经济　枢纽产业　优势再造

枢纽经济是在我国经济步入新常态、构建现代化产业体系背景下提出的，是适应新时代高质量发展要求的重要措施，也是畅通经济双循环、服务融入新发展格局的时代举措。党的十八大以来，党中央、国务院高度重视枢纽经济发展，提出要依托国家物流枢纽经济示范区建设，推动物流枢纽从"通道经济"转向"枢纽经济"，打造更具竞争力的枢纽经济增长极。河南区位交通便利，拥有一批国家级物流枢纽，发展枢纽经济既有基础条件，又有潜力优势。省第十一次党代会将实施优势再造战略作为"十大战略"之一，提出推动由交通区位优势向经济发展优势转变。建设枢纽经济新高地有助于优化区域生产要素和产业布局，培育具有较强集聚辐射能力的产业集群，推进交通、产业、城市跨界融合发展，培育经济发展新动能，提升河南在全国发展大局中的地位和竞争力，助力中国式现代化建设河南实践。

# 一 枢纽经济的内涵、特征及趋势

枢纽经济是一种新的产业组织形式和经济形态，是培育发展新动能的重要来源，是实施优势再造战略的重要举措。枢纽经济的本质是优化资源要素配置和生产力布局，在未来有可能成为推动区域经济高质量发展的重要模式。

## （一）枢纽经济的基本内涵

近年来，国内外对枢纽经济发展的关注越来越高，但学术界对枢纽经济作出准确界定的文献并不多。从要素组成角度看，国内有些学者认为，区域经济中心、经济腹地与经济网络是枢纽经济的三大组成要素，这些要素相互联通、协同发展，共同构成有机的经济体系；从枢纽载体角度看，有些学者认为，枢纽经济是依托现代化综合交通枢纽，以提供便捷高效运输服务为支撑，集聚经济资源要素，融合产业业态模式，吸引相关制造业、服务业和新兴产业集聚发展而形成的经济形态。目前，普遍被大家认可和接受的，是国家发展改革委综合运输所提出的枢纽经济概念，枢纽经济是依托交通枢纽、物流枢纽、流通枢纽、信息枢纽、产业聚集区（园区）等载体平台，对客流、货流、商流、资金流、信息流等五类具有"流量"特征的资源要素，按照现代供应链、产业链与价值链协同发展要求，借助现代网络体系、现代信息技术等方式，进行高效集聚转化与引导扩散，所形成的要素高效配置，经济价值创造模式，依托枢纽城市实现规模化、集群化与融合化发展，是新经济、新业态和新模式的典型代表，是推动区域经济高质量发展的新动能。

综上，我们认为枢纽经济的内涵：一是以交通枢纽为核心的流通型经济。枢纽可以是交通枢纽，也可以是信息、金融、贸易等枢纽，交通枢纽是枢纽的基本形式，主要包括航空、高铁、陆港、港口等枢纽。二是以二三产业融合发展为主的复合型经济。制造业、服务业、现代物流、金融、信息及战略性新兴产业等行业交叉融合，形成的一种复合经济模式。三是以数字化、互联网等新技术加持的平台型经济。随着新一代信息技术和数字经济加快发展和深度应用，基于产业链、集群化的电子商务、快递等新型业态不断涌现，一些区位条件并不优越的内陆城市，依托各种流量组织平台，做到"买全球、卖全球"。四是以枢纽城市为载体的开放型经济。枢纽城市依托交通、信息等枢纽平台，聚集具有"流"特征的经济要素，发展航空经济、高铁经济、通道经济等，随着枢纽城市能级的不断提升，辐射带动周边城市发展成都市圈，进而与国际城市对接，形成内通外联的国内国际双循环节点。

### （二）枢纽经济的主要特征

枢纽经济区或枢纽城市因产业基础、枢纽类型及发展能级不同而存在差异，但都具备枢纽经济的共同属性与一般特征，可以概括为"三强两高"。

1. 要素的集聚性强。交通枢纽凭借区位优势不断聚集客流、货流、商流、资金流、信息流等资源要素，加速物流、金融、商务等高附加值产业布局，促使枢纽地区能级持续提升，逐步成为枢纽城市。枢纽规模和能级不同，资源要素聚集效果也不同，枢纽规模越大、能级越高，城市集聚要素能力就越强。

2. 产业的带动性强。枢纽城市通过推动产业组织形式变革，催生了多元化产业和新业态，加快要素集聚扩散、重组转化，并向周边地区进行延伸、扩张和辐射，带动周边联动城市的发展，进而形成高效率、低成本区域经济发展模式。

3. 枢纽的驱动性强。现代交通枢纽是枢纽经济形成的首要条件，枢纽经济随着枢纽能级的提升与枢纽辐射范围的扩大，资源要素集聚协同枢纽产业的发展也会助推交通枢纽不断完善。交通枢纽与枢纽产业形成正向反馈、相互驱动,进而驱动枢纽城市的发展。

4. 经济的开放度高。枢纽经济是一种开放型、辐射型经济,其开放性是通过多种因素和各方面条件共同决定的。枢纽城市先天具有较为优越的地理位置,内外通达的交通设施为经济开放性奠定基础,内外互通的市场联系提高经济开放性。随着"互联网+"逐步推进,枢纽城市依托"通道+枢纽+网络"外向发散功能更加强大,进一步推进外向型经济繁荣发展。

5. 产城的融合度高。随着新一代信息技术深度应用,枢纽经济中二三产业之间以及同一产业内行业之间融合步伐持续加快,催生出更多新型业态,把商品设计、生产、信息、物流、多点存储、展示、消费者体验、购物等融为一体,推动产城融合发展到新的高度。

### (三)枢纽经济的演变趋势

国内外发展规律表明,枢纽经济发展是动态演进的,随着枢纽能级、科技创新、信息技术等不断进步,枢纽经济呈现"代际更替"的显著特征。

1. 从演变过程看,枢纽经济一般呈现"物流(交通)枢纽—产业枢纽—城市枢纽经济区"的迭代升级。随着机场、铁路、公路、港口等交通枢纽设施不断完善,不仅使物流"流"起来,更让资源要素"留"下来,经过加工、分拨、配送、第三方等增值,形成现代物流枢纽;随着国际产业转移、国际贸易以及人员流动,物流枢纽发挥了引导产业布局和区域产业组织中心的功能,进而拓展为产业枢纽;随着城市基础设施和产业基础提升,城市聚集与辐射性更加强大,推动产业枢纽与城市加速融合,成为城市枢纽经济区。

2. 从发展形态看,枢纽经济呈现从实体综合交通枢纽到虚拟平台组织枢纽的融合发展。在新一轮科技革命和产业变革的背景下,枢纽经济不单表现为依托公铁港航的实体综合枢纽经济,还表现为依托虚拟化互联网平台运输调配经济要素资源、支撑经济运转的协调组织平台。随着5G、人工智能、人机交互、数字孪生等新技术的示范应用，平台经济、流量经济及数字经济的进一步发展，实体综合交通枢纽不断更新迭代，实现实体经济和虚拟经济"线上线下"融合发展。

3. 从功能作用看，枢纽经济呈现由城市的枢纽功能区向枢纽城市的经济新引擎转型。在新业态、新模式快速涌现的背景下，枢纽经济的功能不再仅仅局限于物流和流通支撑区域经济发展，更是深度融合物流链、产业链、贸易链与价值链，深度关联新兴消费，成为培育新业态、新模式的重要载体，进而成为城市或都市圈的新增长极。

### （四）建设枢纽经济的新高地的现实意义

服务融入新发展格局，积极参与国内国际产业分工，在更大范围内集聚优化资源配置，赋能产业、城市和区域经济发展，培育区域核心竞争优势，提升城市能级和辐射带动力。

1. 有利于融入新发展格局，深度参与国内国际产业分工体系。随着新一轮科技革命和产业变革发展，加速推进国内国际分工细化深化，全球产业链、价值链及供应链进入系统性重构期。河南省正处于产业结构战略性调整的关键时期，要在融入双循环新发展格局中抢占先机，把握全球产业供应链布局变化规律，更加主动服务国内国际经济双循环新发展格局，更加积极参与国内国际分工，更加有效融入全球产业链、供应链、价值链，发挥内力、借助外力，推动区域经济高质量发展。建设枢纽经济新高地，将发挥各地交通区位、产业资源优势，以服务融入国内超大规模市场为平台，积极寻求与全球供应商、生产商、分销商、需求商的协同合作，更好地利用国内、国际两个市场，推动省内产业、企业不断向国内乃至国外产业链、供应链、价值链的中高端及关键环跃升，打造安全稳定、韧性较强的产业链与供应链，提升河南省在国内、国际产业分工体系中的竞争优势和地位。

2. 有助于推动交通优势向经济优势转变，重塑经济发展新优势。在国内大循环新发展格局下，河南交通运输领域面临其他省（市）的激烈竞争，周边省（市）也在大力发展现代化综合交通，如武汉双机场枢纽和铁水联运、南京和合肥水运枢纽，这些枢纽功能都要明显优于郑州。根据《河南省交通运输和枢纽经济发展报告2022》省会城市枢纽经济发展指数排名，武汉位居第六，郑州排名第九，南京、西安、长沙和合肥紧跟其后，南京、合肥有些关键枢纽指标远超郑州。原来河南省以"米"字形高铁为代表的通道优势在区域竞争中逐渐弱化，未来很难再对周边省（市）形成压倒性优势。建设枢纽经济新高地，将持续完善"米+井+人"字形综合运输通道，优化提升交通布局和枢纽功能，构建"通道+枢纽+网络"现代物流新体系，为吸引高端产业集聚创造发展环境，进而培育比较优势，推动交通区位优势转向产业发展优势、经济发展优势，重塑新时期河南经济发展新优势。

3. 有利于优化生产力布局，激发经济发展的活力。现代枢纽经济是在信息技术推动下，互联网与交通枢纽融合发展形成的一种智慧型经济新形态，5G时代将加速综合交通、供应链与物流枢纽一体化发展，促使现代化交通功能与城市功能相互交融，实现枢纽与产业、市场、城市互动关联，释放更强的经济活力，推动枢纽城市高质量发展，并对周边区域经济发展起到"扩散效应"。建设枢纽经济新高地，将加速提升枢纽功能，吸引国内外资本、人才、技术和信息等要素集聚，在更广范围内优化配置资源，实现资源要素的指数性增值，产生一系列叠加传递效应，从而带动各行业部门创新发展，形成倍增的经济能量，激发区域经济发展活力，构筑经济发展的新动能，推动区域经济高质量发展。

4. 有助于提升城市发展能级，增强城市发展竞争力。交通枢纽是城市发展的核心资源要素之一，也是城市发展和繁荣的重要支撑。统计显示，全球35个国际性大都市中有31个城市是依托现代交通枢纽发展起来的，全球十大国际都市都是超级交通枢纽，十大国际金融中心均为航空发达的港口城市。建设枢纽经济新高地，推动枢纽城市在发展物流产业的基础上，结合城市优势产业，引育一批行业龙头企业入驻，引领带动关联产业集群式发展，形成"枢纽+产业"和"枢纽+企业"的高质量发展动能，提升城市发展的经济能级。同时，通过持续提升城市的其他枢纽功能，提高了城市综合承载力和辐射能力，以枢纽产业带动相关社会事业的发展，进而推动枢纽城市整体能级的提升，增强城市未来发展的竞争力。

# 二 河南建设枢纽经济新高地的现实基础

近年来，河南把发展枢纽经济作为优势再造战略的重要抓手，努力将枢纽要素转化为城市转型升级和高质量发展的新动能，站在更高层次谋划发展，推动全省枢纽经济发展水平稳居全国前列。

**（一）发展现状**

1. 河南枢纽经济取得的成效

综合交通枢纽功能不断强化。交通枢纽城市综合服务能力显著提升，更加协调的多中心格局加速形成，"1+3+4+N"多层次一体化综合交通枢纽体系初步建立。一是郑州国际性枢纽功能显著增强。郑州被确定为国际性综合交通枢纽、国际铁路枢纽、国际航空货运枢纽、全球性国际邮政快递枢纽，入选首批国家综合货运枢纽补链强链城市。郑州新郑国际机场客货运吞吐量2017—2020年连续4年保持中部地区"双第一"，是全国唯一航空电子货运项目试点机场、全国唯一空港型国家物流枢纽。电子货运、海外货站与"空空中转"三大"国字号"航空货运创新试点取得新突破，经验将在全国复制推广。二是洛阳商丘南阳全国性枢纽功能持续提升。洛阳被国家确定为生产服务型国家物流枢纽城市，洛阳北郊机场是河南省第二大民用机场，为对外开放的国家一类航空口岸。商丘入选国家商贸服务型国家物流枢纽城市和国家骨干冷链物流基地，商丘海关、保税物流中心及民权保税物流中心平稳运行，商丘国际陆港建设快速推进。南阳作为全国性综合交通枢纽和商贸服务型国家物流枢纽，2020年被确定为国家跨境电商综合试验区和零售进口试点城市，2022年入选国家第三批绿色货运配送示范工程创建城市，是河南南向开放的桥头堡。三是多层次枢纽节点建设统筹推进。安阳是国家明确的陆港型国家物流枢纽建设城市，是河南唯一纳入京津冀一体化协同发展城市，安阳至天津港铁海联运班列正式开行，天津港安阳无水港成功挂牌。漯河、新乡入选2023年国家骨干冷链物流基地，漯河全国性邮政快递枢纽功能不断增强，新乡"铁公海"多式联运示范工程入选省级多式联运示范工程。周口、信阳、漯河等港口扩容改造加快建设，港口枢纽能级稳步提升。

综合交通运输体系日趋完善。把强化交通基础设施建设作为巩固优势的重中之重，加快构建水陆空网立体交通网络，初步形成多通道、多方式、多路径的综合立体枢纽体系。一是国际陆海空运输通道更加通畅。陆海空网"四路协同"发展，国际开放立体通道更加顺畅。空中丝绸之路强基扩面。新郑国际机场先后开通以"郑州—卢森堡"空中丝路为代表的31条国际全货机航线，通航43个国际枢纽城市，横跨欧美亚三大经济区，初步形成了"一点通三洲、一线联欧美"的航线网络。陆上丝绸之路提质增量。中欧班列（郑州）常态化开运，建立了23个国外直达站和8个出入境口岸国际物流网络，贯通了韩日、东盟、中亚和欧洲四个方位的国际物流通道，成为畅通亚欧大陆的国际运输大动脉。海上丝绸之路无缝衔接。2022年河南中豫国际港务集团挂牌运营，郑州国际陆港上街片区首列铁海联运国际班列开行，周口港开辟了至美国长滩港、加纳特马港、印度蒙德拉港等6条国际集装箱航线，实现了港通四方、箱达世界和货运全球。网上丝绸之路创新突破。2022年焦作和许昌跨境电商综合试验区获批，全省跨境电商综合试验区发展到5个，全球跨境电子商务大会永久落户郑州，国内首个跨境电商零售进口药品试点顺利启动，国际贸易"单一窗口"平台功能不断完善。二是国内立体集疏网络更加完善。航空枢纽优势持续提升。郑州新郑机场国内网络加密，安阳红旗渠机场投入运营，以郑州为中心，航空2小时内覆盖国内12.3亿人口和90%的经济总量。铁路枢纽地位持续加强。郑徐、郑万、郑阜、商合杭、太焦高铁相继开通运营，瓦日、浩吉铁路煤运通道建成投用，在全国率先建成高铁、普铁双"十"字枢纽和"米"字形高铁网。公路运输便捷度大幅提高。截至2022年底，全省公路总里程27.7万公里、高速公路8009公里，分别位居全国第5位、第9位。内河航运通达性加快提升。全省内河航道里程达到1825公里，四级航道里程达594公里。周口港和信阳港分别开通6条、5条国内集装箱航线，周口港成为全国36个内河主要港口之一，平顶山港即将复航。沙颍河和淮河两条航道实现通江达海，出海通道进一步拓宽。

表9-1　　　　"米+井+人"字形综合运输通道情况表

| 格局 | 通道名称 | 类别 | 省内控制点 |
| --- | --- | --- | --- |
| "米"字形通道 | 新亚欧大陆桥通道 | 国家级（大陆桥走廊路径，连云港—霍尔果斯/阿拉山口） | 三门峡、洛阳、郑州、开封、商丘 |
| | 京港澳通道 | 国家级（京津冀—粤港澳主轴路径，北京—深圳） | 安阳、鹤壁、新乡、郑州、许昌、漯河、驻马店、信阳 |
| | 济郑渝通道 | 区域级（烟台—济南—郑州—重庆） | 濮阳、新乡、郑州、许昌、平顶山、南阳 |
| | 太郑合通道 | 区域级（太原—郑州—合肥） | 焦作、济源、郑州、许昌、周口 |
| "井"字形通道 | 大广通道 | 国家级（京津冀—粤港澳主轴路径，北京—香港（澳门）） | 濮阳、商丘、开封、周口、信阳 |
| | 二广通道 | 国家级（二湛通道，二连浩特—湛江） | 济源、洛阳、三门峡、平顶山、南阳 |
| | 晋豫鲁通道 | 区域级（临汾—日照） | 安阳、鹤壁、濮阳 |
| | 沪陕通道 | 国家级（大陆桥走廊路径，上海—西安） | 南阳、驻马店、信阳 |

续表

| 格局 | 通道名称 | 类别 | 省内控制点 |
|---|---|---|---|
| "人"字形通道 | 宁洛通道 | 国家级（大陆桥走廊路径支线，洛阳—南京） | 洛阳、平顶山、漯河、周口 |
| | 北沿黄通道 | 区域级（运城—日照） | 济源、焦作、新乡 |

资料来源：根据省交通体系规划资料整理。

平台支撑作用不断提升。抓住国家优化调整区域发展战略的重大机遇，顺势而为、超前谋划，积极争取自贸区、综保区、国际陆港、中欧班列等国家战略平台落地河南，初步形成枢纽对接、干支结合、多向并举的平台支撑体系。一是"五区"联动发展。航空港区，经过多年发展，逐步构建起链接全球主要经济体的航空网络，已成为发展速度最快、政策红利最多的空港经济试验区，以及河南联结世界的核心枢纽。自贸区，郑州、开封和洛阳三大片区先后获得国家批准建设，着力打造投资贸易便利、高端产业集聚、交通物流通达、监管高效便捷、辐射带动作用突出的高标准自贸园区。自创区，大力培育创新市场主体，吸引集聚创新资源要素，2022年自创区省级及以上创新平台发展到1431家，高新技术企业达到3606家，已成为全省创新驱动发展的核心。跨境电商试验区，推动开封、许昌、焦作等7个市纳入跨境电商零售进口试点范围，在"无票免税""通关便利化""进口监管"等方面先行先试。大数据综试区，推动产业、物流、资金、技术等信息数据汇聚整合与分析应用，在多式联运、现代物流、电子商务等应用领域发挥示范作用。二是口岸开放平台加快布局。2022年郑州获批全国重要国际邮件枢纽口岸，继北京、上海和广州后国内第4个国际邮件枢纽口岸，洛阳综合保税区封关运营，商丘综合保税区申报工作稳步推进，河南国际贸易"单一窗口"3.0版项目开工建设。目前，河南省拥有3个I类国家口岸、5个综合保税区、4个保税物流中心（B型）、9个功能性口岸及1个电子口岸平台，已成为我国内陆地区功能性口岸数量最多、类别最全的省份，基本形成了以航空和铁路口岸为龙头，综合保税区、保税物流中心和功能性口岸为支撑的现代口岸开放体系。

枢纽产业发展态势良好。以优势再造抢跑新赛道为主攻方向，制定枢纽偏好型产业招商图谱，推动枢纽与电子信息、航空航天、现代物流、会展商贸等产业深度融合，培育形成一批高效集成、优势互补、协同联动的枢纽产业集群。一是航空经济高质量发展。2022 年航空港区手机产量达到 1.54 亿部，进出口总额排名国内各类开发区前列。引进了以富士康为首的智能终端链式企业 200 余家，集聚了中原龙浩、顺丰、"三通一达"等 400 多家物流企业，培育了智能终端、新能源与服务器制造三大千亿级产业集群，推动生物医药、半导体、智能装备、航空制造与服务、航空物流等产业加快向千百亿级集群迈进，初步形成了"3＋N"产业体系。郑州和安阳两个国家级通用航空产业综合示范区加快建设，郑州上街航展、安阳航空运动文化旅游节常态化举办。二是陆港经济亮点纷呈。组建成立了中豫国际港务集团，统筹全省国际班列开行，建成中部地区唯一中欧班列区域集结中心，推动全省陆港经济一体化发展。成功开行新能源汽车专列、邮运专列、木材专列等一批特色班列和国内首条陆路跨境电商商品专线，构建了 8 个出入境口岸、18 条线路直达的国际物流网络和"1＋N"境内外物流枢纽体系，形成运贸一体化、数字班列、恒温班列等河南特色品牌。郑州国际陆港航空港新址顺利开工，洛阳东方红生产型、安阳农资型、三门峡矿产型、周口水陆复合型等特色国际陆港加快建设，打造陆港产业集聚区。三是临港经济加快发展。周口港通过打造综合性临港经济新高地，成功举办临港经济高质量发展论坛、全国港口行业多式联运大会，吸引安钢产能置换项目、益海嘉里（周口）现代食品产业园、铝精密制造产业园等重大项目落户。南阳、漯河等市高标准布局建设内河集装箱码头及配套设施，加快打造全国重要的粮食储运中心。信阳大力建设淮滨公铁水一体化港口，成为沿淮重要的船舶制造基地。

## 2. 河南发展枢纽经济存在的问题

尽管河南省航空货运、高速铁路等发展处于全国前列，枢纽经济发展保持良好态势，但对照省委省政府安排部署和交通强国试点要求还有不小差距。

综合交通网络建设仍需完善。全省高铁、高速公路等交通网络日趋完善，但未达到现代综合交通枢纽应有能级。一是网络布局亟待优化。目前，快捷通达长三角地区的东南向综合运输通道不足，省内新陆桥、大广、连霍、沪陕等主要通道交通流量已超负荷。如京港澳高速郑州段日均流量突破12万辆，平均运行速度为其设计时速的68%，通行能力已近饱和，制约了通道服务能力和运输水平。河南与周边省份接壤地区还存在断头路、瓶颈路，省内中心城市"有路无网"问题突出；洛阳缺少南向高铁通道，南阳缺少东西向高铁通道，豫南地区"无路无网"，亟须由单中心"米"字形向多中心网络化转变。二是枢纽优势亟待加强。航空枢纽，2022年全省仅有4个民用机场，国内排名第26位，机场密度排名第25位。新郑国际机场214条客运航线中国际航线仅8条，通航国际城市只有7个。国航、东航、南航等国内大型航空公司均未将郑州作为战略枢纽布局。铁路枢纽，高铁、高速公路里程排名分别由2006年至2013年的全国双第一下降至2022年的第7位、第8位，路网密度分别居全国第12位、第10位，与经济大省、交通大省的地位不相匹配。内河航运，2022年内河航程仅1825公里，高等级航道较少，国内主要港口仅周口港1家；内河航运货物吞吐量0.23亿吨，远远低于周边安徽6.08亿吨、湖北5.65亿吨和江西2.26亿吨，货运能力严重不足。

交通枢纽组织衔接水平较低。综合交通枢纽地位与组织衔接能力不相匹配，枢纽集疏运系统不够完善。一是物流纽带作用不强。全省规上物流企业仅占物流市场主体的7.7%，物流市场规范化、专业化程度亟待提升。目前，河南A级以上物流企业仅有285家，占全国的3.16%，远低于湖北966家、浙江746家、江苏711家。全省近5万家物流企业中 5A 级物流企业仅有 14 家，中国物流企业 50 强和民营物流企业 50 强没有河南企业。在吸引全国性网络型物流企业布局上，落后于周边的武汉（顺丰转运中心）、西安（京东全球物流总部）等城市，大型物流服务集成商严重不足，缺乏具备供应链整合能力和平台组织能力的"链主型""集成型"物流龙头企业。二是多式联运短板突出。运输组织方式落后，经营主体偏弱，近七成物流园区仅具备一种运输方式。运输场站建设缓慢，综合货运枢纽规模小、数量少。芝加哥 1000 亩以上的公铁联运枢纽站场就多达 28 个，最大占地规模达 5000 多亩，而河南 500 亩以上的货运枢纽（物流园区）不足 20 个，其中具有多式联运功能的物流园区不到一半，缺乏多式联运大型站场，导致运输通道出现衔接不畅，组织能力较低。河南"铁公机"相对发达，内河航运短板突出，在开展多式联运时，无法将其他运输方式与水运更好衔接，如郑州作为现代化综合交通枢纽城市，空运、陆运优势明显，但由于缺少内河航运，空水、铁水联运无法实现。三是开放口岸载体较少。河南口岸开放载体总量少、能级不强，开放带动效应明显不足。截至目前，河南省获批 5 个综合保税区、4 个物流保税中心（B 型），分别占全国综合保税区、物流保税中心的 3.2%、4.7%。2022 年出口贸易总额排在国内综合保税区前 50 名的河南只有 1 个。洛阳作为全国性物流枢纽城市，目前仅有 1 个 I 类航空口岸、1 个公用型保税仓库，而且航空口岸还仅限于我国国籍飞机开办对外航空运输业务，口岸数量少能级低，辐射范围十分有限。

枢纽产业基础偏弱。枢纽偏好型产业结构单一，围绕枢纽的产业链、供应链及价值链不完善，产业规模不大、产业层次较低，高水平的集群化、规模化发展态势尚未形成。一是航空经济区域竞争加剧。全国 31 个省（区、市）明确规划和开始建设的临空经济区有 89 个，其中纳入国家级临空经济示范区名单的就有 17 个，地区间围绕航空资源要素的竞争日趋激烈。全球排名前 10 的货代公司均未在郑州设立区域总部、分拨中心或转运中心，适合航空运输的本地货源匮乏。以富士康为代表的智能终端产业增加值占航空港实验区规模以上工业的90%以上,且企业多处于来料加工和组装等初级产品阶段,与成都、西安、南京等临空经济示范区相比,航空关联度较高的高端制造业和高新技术产业规模偏小,生物医药、精密机械等航空偏好产业发展相对滞后。本地货源严重匮乏,郑州机场出口货物中河南省货源占比仅10%。二是陆港经济发展空间有待拓展。郑州国际陆港规划面积仅有5.8平方公里,与重庆、成都和西安均在30平方公里以上的用地规模差距较大,产业发展腹地支撑能力较弱。中欧班列(郑州)与省际合作尚处于启动阶段,成都、重庆、西安中欧班列开行已实现"双城联动",跨区域合作能力亟待强化。中欧班列(郑州)本省货源占比仅25%左右,与成渝班列50%、合肥班列86%相比有明显差距。高铁经济拉动效应有限,全省新兴服务业规模较小,除金融业增加值占第三产业增加值比重达到11%以外,信息技术、商务服务、科学研究和技术服务业的比重均不足5%。三是临港经济设施网络有待完善。港口建设缺乏前瞻性、系统性,小散乱及同质化竞争问题突出,绝大多数港口不具备铁路集疏运功能,吞吐能力和货源组织能力较弱,港口周边普遍缺乏大型产业园区支撑。周口港、信阳港、漯河港等临港经济目前仍以仓储物流产业为主,农产品加工、钢铁制造等项目尚在建设中,对产业链上下游及关联配套企业吸引力不够,成链成群的集聚效应尚未形成。

顶层设计有待强化。一是协调推进机制不健全。目前河南省尚未成立枢纽经济协调推进机构。发展枢纽经济需要成立专门的推动协调机构,通盘考虑全省枢纽经济发展,协调解决跨区域、跨部门、跨行业建设过程中出现的问题。如南京成立了枢纽型经济建设领导小组,下设空港、海港、高铁三个枢纽经济区建设推进小组,分别负责推进各自领域枢纽经济发展。此外,各地在承接枢纽型产业转移过程中,存在各自为战、比拼政策优惠,甚至出现相互拆台等内耗现象,枢纽经济区与行政区之间管理不协调问题突出。二是要素支撑能力不足。空港、高铁、海港和陆港四大枢纽型经济区缺乏产业发展和居民生活配套设施,基础设施、教育医疗和文化娱乐等公共配套设施建设落后。促进区域公平竞争、放宽市场准入等方面仍有短板，制约商品及资金、技术等要素流动的壁垒依然存在，了解枢纽产业发展，又熟悉枢纽建设的复合型人才与企业家严重短缺。

**（二）面临机遇与挑战**

当今世界正经历百年未有之大变局，全球产业链和供应链加速重构，国内外经济格局发生深刻复杂变化，不确定性和风险挑战进一步增加，河南建设枢纽经济新高地面临新的机遇和挑战。

1. 发展机遇

新一轮科技革命为枢纽经济发展提供新动能。当前，经济全球化曲折中深入推进，国际产业分工持续深化，供应链枢纽、产业跨界融合等新业态快速涌现，并以前所未有的深度影响产业布局和城市格局的调整，配置高端要素的能力和优化产业结构已成为区域经济竞争取胜的关键因素。以互联网、物联网、大数据、区块链、人工智能等现代信息技术为代表的新一轮科技革命正在重构全球创新版图。新一代信息技术在枢纽经济中广泛应用，现代产业体系质量、效率、动力变革深入推进，将推动河南省枢纽经济在技术应用、组织运作、经营管理、业态模式上全面创新，推动经济发展质量变革、效率变革、动力变革，提升产业链供应链现代化水平，为枢纽经济转型发展、创新发展注入了新动能。

服务融入新发展格局为发展枢纽经济赋予新空间。全球贸易与产业分工格局正在加速调整，当前我国构建以国内大循环为主体、国内国际双循环相互促进的新发展格局，扩大内需尤其是消费需求逐渐成为发展的出发点和落脚点。与国内超大规模市场的供给与需求高效对接，将商品全面推向国际市场，均需要物流枢纽的组织衔接与高效协同，有利于河南省发挥交通枢纽、市场优势和产业优势，推动物流辐射范围、网络布局以及产业布局调整，提升现代化供需水平，打造国内大循环的战略节点、国内国际双循环的重要枢纽。作为新时期河南重塑新发展优势重要抓手的枢纽经济，必将在新发展格局中肩负更大的责任与使命，也必将迎来更大的发展机遇。

多重国家战略叠加下的政策利好不断释放。新时期加快郑州都市圈建设、促进中部地区崛起、黄河流域生态保护和高质量发展等国家战略叠加，有利于河南抓好战略机遇期，加快推动高质量发展，打造增长极形成经济发展新引擎。交通强国战略的引领，"一带一路"的深入推进，河南作为首批交通强国建设试点，以及服务"一带一路"建设的现代综合交通枢纽，有利于进一步凸显河南省交通区位优势，提升在全国区域发展中的竞争力和地位。郑州、洛阳、南阳和商丘被国家明确为全国战略支点城市，同时入选国际性或全国性综合交通枢纽城市和国家物流枢纽建设城市，为河南交通、物流等行业带来更多政策利好。河南自贸试验区开放引领、制度创新、复制推广、政策联动作用进一步彰显，跨境电商综合试验区建设水平稳居中西部第一，国家大数据（河南）综合试验区形成"1+18"大数据发展空间格局，有利于河南省激发枢纽经济活力、发展潜力。

枢纽经济发展的基础条件日趋成熟。一是战略区位优势得天独厚。河南地处中部地区的核心地带和国内经济发展的黄金维度带，是国家"六轴七廊八通道"现代综合立体交通网络骨架，其中有"一轴一廊一通道"贯通河南，"米"字形高铁圈、腹地航空圈高效便捷通达京津冀、成渝、长三角、粤港澳等国内主要经济区，货物集疏的时效和物流成本较低，具备汇聚各方资源要素的独特区位优势。二是市场腹地和人口规模优势明显。2022年全省经济总量达到61345.05亿元，社会消费品零售总额24407.41亿元，均位居全国第五、中部第一，人均消费品零售总额中部排名第四，货物进出口总额中部排在首位，内需潜力巨大；常住人口9872万人，位居全国前三、中部第一，人口规模优势明显，可有力支撑交通枢纽建设与枢纽经济发展。三是产业体系完备。河南省拥有较为完整的工业体系，6个万亿级产业集群加速培育，其中装备和食品两个产业集群已突破万亿级，产业规模优势、体系完备优势及产业技术工人优势尽显。

2. 面临挑战

逆全球化带来更多不确定性。当前世界百年未有之大变局加速演进，新一轮科技革命和产业变革深入发展，全球经济正在发生深刻变化，国家民粹主义、极端主义盛行，贸易保护主义、孤立主义抬头，经济全球化遭遇逆流，以贸易和投资自由化为代表的多边关系正发生逆转，全球供需市场呈现收缩态势，国际经济陷入持续低迷，世界经济大循环动力正在弱化。近年来，以美国为首的西方国家为遏制中国发展，维护自身科技霸权，正寻求与中国脱钩，欲把中国踢出国际供应链，阻断中国与世界的联系。新冠疫情、俄乌战争及巴以冲突将加速西方国家在高科技领域的对华脱钩，我国过去利用廉价生产要素与西方先进技术嫁接形成的比较优势，参与国际分工模式将面临巨大的产业升级阻力，未来河南省融入全球产业链、供应链的难度加大，发展枢纽经济将面临更加严峻复杂的国际环境。

资源环境约束持续加剧。我国力争在2030年前实现碳达峰，2060年前实现碳中和，是以习近平同志为核心的党中央经过深思熟虑作出的重大战略决策。未来5至8年是我国应对气候变化、实现碳达峰目标的关键期和窗口期，也是工业实现绿色低碳转型的关键时期。随着"碳达峰、碳中和"国家战略深入推进，我国传统行业面临的能源双控、减排减碳压力持续增大，资源环境约束趋紧，污染防治任重道远；"2+26"通道城市大气污染防治，将迎来工业企业排放缩减关键时期，受大气污染指标限制，环保限产停产的力度加大，对河南省承接产业转移，发展枢纽偏好型产业，推动枢纽经济高质量发展提出了更高要求。

区域竞争更加激烈。中部地区面临着产业结构同构化、经济结构不合理、发展方式粗放等深层次问题，河南周边省市把强化综合交通枢纽作为发展枢纽经济的重要抓手，推动区位交通优势向枢纽经济发展优势转变，吸引更多优质资源要素集聚转化，培育区域经济发展新动能，在激烈的竞争中实现赶超进位，枢纽经济服务同质化竞争将加剧。省会郑州与周边省会武汉、西安和合肥等城市的竞争也日益激烈，郑州在国际航货运网络发展方面具有先发优势，但是在基地航空公司、航线网络及覆盖广度等方面与武汉、西安比较劣势明显，尤其是武汉航空货运优势，单个鄂州花湖机场货运航班量就已经超越郑州，本地货源占比更是远超郑州，未来河南省发展枢纽经济将面临周边省市的激烈竞争。

## 三 国内外枢纽经济发展的经验与启示

统计显示，全球35个国际大型都市中有31个是依托发达的交通枢纽发展起来的，全球近一半财富集中在现代化交通枢纽城市。实践证明，国内外众多城市在充分发挥比较优势，通过建设强大的综合交通枢纽，不断提升交通枢纽功能，推动内陆城市与全球供应链有效连接，培育枢纽产业集群，形成高效的区域发展效率和竞争力。

### （一）经验与做法

1. 注重发挥比较优势

各地紧密结合本地资源禀赋、产业基础和区域优势，坚持突出特色、重点突破，探索符合本地实际的枢纽经济发展模式。孟菲斯把区位交通优势与新兴的航空物流业深度融合，吸引高端产业集聚发展，打造枢纽偏好性产业集群，发展成为雄踞全球的快递之都、航空之城。自1992年以来货运吞吐量持续多年保持全球第一，中转运业务占据美国市场份额的90%以上。新加坡依托独特的地理优势，通过强化交通枢纽建设，营造良好的营商发展环境，将樟宜国际机场建成全球最佳机场，将新加坡港打造成全球最繁忙港口和世界最大燃油供应港，经过几十年的努力，把弹丸之地发展成全球性贸易、科技、投资、人才、通信和物流枢纽。广州把现代化的交通枢纽优势转化为国际集聚辐射优势，不断强化中心城市的门户枢纽功能，吸引国际客流、商流、资金流及信息流在广州集聚扩散，初步建成全球资源配置中心。

## 2. 注重政府引导作用

各地重视枢纽城市的发展，不断完善制度设计，制定枢纽经济发展规划，明确产业分工、城市布局、配套设施、综合交通体系等重大任务，统筹各方力量协同推进。法兰克福综合考虑现代化和各区域功能发展要求，对整个枢纽区域进行整体规划，为机场设施布局预留发展空间，并制定适于变化的设计方案，保证各项基础设施能满足未来一定时期内的发展需要，并保持较强的竞争优势。迪拜发挥政府在交通枢纽建设中的主导作用，强化战略规划的引领作用，制定了《迪拜2015年战略规划》，明确将交通基础设施作为公共投资的重点领域，确保所有重要决策都能迅速、有效地执行，为迪拜发展成全球性交通枢纽奠定基础。南京以规划引领做好顶层设计，按照"五规合一"的模式，编制了枢纽经济发展规划，以及空港、海港和高铁港等领域的专项规划，成立了南京市枢纽型经济建设领导小组，统筹协调全市枢纽经济发展，为推进枢纽经济发展搭建了制度架构和政策体系。

## 3. 注重强化网络拓展

各地在实践中都把网络拓展作为枢纽经济发展的重要支撑，围绕机场、港口、铁路车站等枢纽，开辟连接国内及国际主要枢纽的客货运航线、班列，加快城际铁路、城市轨道交通、高速公路、干线公路等建设，提高交通枢纽的通达性和便捷性。孟菲斯高度重视物流枢纽网络的拓展，为满足联邦快递航空辐射物流网络的需要，以及解决陆运能力短板问题，挖掘公铁水等传统运输优势，聚焦大型货代公司布局，引进美国铁路公司、公铁联运公司等在孟菲斯设立货运站场或区域中心，建立了通达全球的辐射网络，为全球220多个国家和地区提供服务。武汉依托铁水联运优势，武汉港先后开通东盟四国、欧美等20多条国际货运航线，3条直达俄罗斯、日本和韩国集装箱班轮航线。武汉天河机场通达97个国内城市，运营18个国际和地区航点，航空网络覆盖5大洲。南京航空枢纽依托"一带一路"重要节点优势，与10多个"一带一路"沿线国家和地区实现直航。港口枢纽新开辟"南京—关西—广岛"

近洋航线，建成直达韩日航线与全国主要港口集装箱干线网络。铁路枢纽"米"字形高速铁路网初步成型，实现与省内所有城市动车通达以及国内24个省会城市高铁通达。

4. 注重培育产业支撑

各地都把提升枢纽区域竞争力，培育壮大关联产业，打造枢纽型产业集群，作为推动枢纽城市高质量发展的核心动力。新加坡通过创造顶级营商环境，吸引一批国际大企业总部布局，重点发展电子半导体产业、医疗服务业、石油化工产业和航空服务业等交通关联性产业，培育形成枢纽偏好型产业集群，发展成为全球第四大高科技产品出口国，制造能力跻入全球前十名。南京依托三大枢纽经济区重点发展符合枢纽经济特点的先进制造业和现代服务业，适度发展临空、临港等新型产业，为建设综合枢纽城市提供强大产业支撑。武汉积极引进顺丰华中地区货航枢纽、航达科技等一批知名临空型企业，带动周大福珠宝文化产业园、申通现代物流园、韵达华中总部基地等项目落户，国航、东航、南航、海航等国内一批重点航空公司总部入驻空港总部园区，构建枢纽高端产业发展集群。

5. 注重突出区域带动

从国内外枢纽经济的发展路径看，各地普遍通过加快枢纽建设，搭建综合信息平台，持续完善提升枢纽功能，促进客流、商流、资金流、信息流等要素集聚，推动交通优势转化为枢纽经济优势，并发挥枢纽的"搅拌器"和"放大器"功能，实现辐射带动周边区域联动发展。孟菲斯机场货运吞吐量全球第二，其中中转业务占全美的94%。机场周边汇集了4000多家企业，以及联邦快递、国际纸业等世界500强企业总部，为当地居民创造了22万个就业机会，每年带来近80亿美元的收入，航空枢纽经济效益显著，对区域经济产生的影响位居全美第一。法兰克福枢纽区域主要发展商务服务业和物流产业，根据枢纽经济扩散效应和圈层特征，在通联高速交通走廊布局关联产业，打造物流区、商务区、管理与科研区为空间序列的综合服务带，各区域分工明确，特色突出，实现差异化互补发展。武汉利用便捷的区港联动模式，采用从合肥陆路运输至武汉阳逻港进行装箱报关，通过区港联动再从阳逻港装船发往东南亚、非洲及美洲地区的方式，港口货源辐射范围不断拓展。

## （二）借鉴与启示

近年来，国内外诸多国际大都市均依托交通枢纽载体，大力培育发展枢纽经济，实现资源要素聚集，并将其作为城市高质量发展的重要抓手，其成功经验和先进做法对于河南建设枢纽经济新高地，推动枢纽经济高质量发展提供了有益借鉴。

### 1. 强化顶层设计

统筹考虑全省各地资源禀赋、交通区位、产业基础等因素，统一谋划明确河南省枢纽经济发展功能定位、节点目标、重大任务等。借鉴孟菲斯等城市的做法，积极发挥政府的引导作用，编制航空新城发展规划，明确未来的发展方向及各方利益主体的需求，并制定支持航空新城发展的政策措施。河南省可在编制省级枢纽经济发展规划的基础上，编制出台相关领域的专项规划、实施方案或行动计划，配套出台有关支持政策措施，为发展枢纽经济提供政策保障。借鉴南京市成立枢纽经济发展领导小组经验，及时成立省级层面的枢纽经济发展领导小组或枢纽经济发展专班，建立跨区域、跨部门、跨行业的枢纽经济发展机制，协调解决枢纽经济推进过程中出现的问题，为河南省推动枢纽经济高质量发展提供制度保障。

### 2. 强化基础设施建设

发展枢纽经济，提升枢纽载体能级，关键在交通，只有大力发展综合交通，不断完善基础设施，打造现代化交通枢纽，才能推动交通枢纽优势向枢纽经济优势转变，培育经济增长新动能。借鉴武汉依托建设都市圈和中部崛起战略，大力建设鄂州花湖机场和沿江港口设施，积极打造中国版"孟菲斯"航空货运之都的做法。河南要围绕提升郑州都市圈、交通强国、中部崛起等国家重大战略支撑能力和构建枢纽经济重要载体，加快构建"米＋井＋人"字形现代综合交通网络，以及大数据、5G等新兴基础设施建设，完善产业集聚区、现代服务业园区等枢纽载体，打造布局合理、功能完善、衔接高效的现代基础设施网络，以更高的交通枢纽建设和服务保障水平，为区域物流枢纽畅通高效运行提供良好交通条件，厚植区域经济发展竞争新优势。

3. 强化枢纽产业的支撑作用

把培育枢纽型产业作为建枢纽、促发展、助转型的着力点，借助枢纽优势壮大主导产业、做强特色产业、催生新兴产业，为枢纽区域发展提供持续动力。借鉴武汉和法兰克福的经验，将区位交通优势与新兴航空业物流业融合，围绕打造航空枢纽，积极引进大型物流公司、世界500强总部，打造航空货运之都。河南可依托交通优势和产业基础，采取错位竞争、优势互补方式，积极引进枢纽偏好型产业，并对产业进行优化布局，着力培育产业集群，打造区域经济增长极，为建设枢纽城市提供强力支撑，进而推动枢纽城市持续健康发展。

4. 强化发展环境营造

发展枢纽经济面临周边省市激烈的竞争，要在激烈的竞争中赢得先机，优质高效的发展环境必不可少。枢纽城市的发展，除了拥有优越的区位优势和发达的交通枢纽外，还需要营造良好的软件环境。国际大型企业对枢纽城市的发展意义重大，但是国际大企业，尤其是世界500强企业落户，需要具备一流的硬件环境和软件环境。美国孟菲斯、法国法兰克福分别引进联邦快递和星空联盟，并围绕他们引进关联企业，培育产业集群，带动城市快速发展。河南要持续加强基础设施建设，打造更好的硬件环境，同时深化重点领域和关键环节改革，大力实施创新驱动发展战略，推动全方位、宽领域、多层次对外开放，营造良好的投资、政务、科技和人才等软环境，用超越周边的营商环境，吸引更多的优质产业和世界500强企业落户，拓展产业发展空间，创造新需求新供给，推动枢纽经济创新活力竞相迸发。

# 四 河南建设枢纽经济新高地的总体考虑

按照先行先试、示范引领、协同推进原则，统筹考虑开发区（园区）、国家物流枢纽、综合交通枢纽等布局建设，围绕机场、港口等交通基础设施，重点在产业布局、体制机制等方面开展探索，构建有层次、有侧重、成体系的枢纽经济布局，打造枢纽经济"一核七极多点"发展格局。

## （一）聚力打造郑州枢纽经济核心动力源

郑州作为国家中心城市，郑州航空港实验区、河南自贸试验区、郑州都市区等国家战略平台叠加优势明显，国际性综合交通枢纽、国家物流枢纽承载城市、国际消费中心城市等建设加快推进，发展枢纽经济具有得天独厚的优势。支持郑州积极承接国家枢纽体系及重大生产力布局，增强全球高端资源要素配置能力，加快打造具有国内乃至国际影响力的枢纽经济发展标杆城市；围绕郑州国家中心城市和郑州航空港经济综合实验区建设，打造以空港型、陆港型国家物流枢纽为引领，以生产服务型、商贸服务型国家物流枢纽为支撑的现代国际物流中心。

## （二）构建区域枢纽经济增长极

洛阳、南阳作为中原城市群副中心和省域副中心城市，是全国性综合交通枢纽和国家物流枢纽建设城市，支持两市围绕打造全国重要的制造业、农产品供应链中心和文化旅游消费目的地，吸引枢纽要素资源加快集聚，增强对周边地区辐射带动能级。商丘、安阳、三门峡的省际地缘优势和资源、能源等比较优势突出，支持三市依托全国性综合交通枢纽、国家和区域物流枢纽建设，强化跨省域交通对接、功能衔接、产业链接，引聚陆港偏好型产业，分别打造豫东、豫北、豫西枢纽经济发展的关键支撑。周口、信阳分别是国内与省内主要内河港口、区域物流枢纽城市，支持两市充分发挥内河航运物流成本优势，畅通内陆出海通道，发展铁水、公水联运，引聚港口偏好型产业，打造内陆地区港口经济发展的新增长极。

### （三）强化枢纽经济多点支撑

支持省内其他中心城市立足自身产业、市场、区位优势，强化与郑州、洛阳、南阳等8个枢纽城市联动互补发展，引聚优势产业和骨干企业，因地制宜发展特色枢纽经济。加快洛阳、安阳、商丘、南阳等国家物流枢纽建设，打造全国重要的供应链组织中心和商贸物流集散分拨中心。围绕争创全国多式联运高质量发展示范区，着力打造郑州国际联运枢纽门户以及洛阳、南阳等6大国家级联运大枢纽，以点带面引领整个城市或区域协同发展。探索推进多式联运"一单到底"，适时启动省级第四批多式联运示范工程创建。

## 五　河南建设枢纽经济新高地的对策建议

结合河南省优势再造战略，积极融入经济双循环新发展格局，遵循"枢纽集配要素、要素引聚产业、产业拓展需求、需求重塑枢纽"的螺旋式上升演进逻辑，统筹谋划、科学推进，考虑从物流体系、枢纽能级、枢纽产业、平台经济、消费中心、营商环境等方面协同发展，搭建枢纽经济发展的"四梁八柱"，打造布局合理、功能互补、协调联动的枢纽经济高地。

### （一）以基础设施为支撑，巩固枢纽硬实力

加强现代综合运输枢纽的布局与建设，重点推进高铁、高速公路、内河航运等基础设施建设，全方位推进"公铁水空"一体化发

展，构建立体化、快速化、多通道、大容量现代综合交通网，不断提升内联外通能力。

1. 推动航空货运航线扩围。坚持客货运并举，织密"空中丝绸之路"航线网络，推进"一枢多支"现代化机场群建设。规划建设"空中丝绸之路"综合开放试验区，加快郑州国际航空货运枢纽建设，加大航线开辟力度，以郑州—卢森堡"空中丝绸之路"为引领，做大做强"空中丝绸之路"货运航线，加密欧美、中亚线路，拓宽RCEP成员国的国际航线通道，扩大航线网络全球覆盖范围，畅通国际立体大通道。全面提升洛阳机场功能定位，推动郑州与洛阳、南阳、安阳、商丘等省内机场协同发展。

2. 推动高铁多中心网络化发展。持续完善直连主要经济区的"米+井+人"字形综合运输通道。积极谋划与长三角、粤港澳大湾区等城市的高铁项目，提升与京津冀、长三角、粤港澳大湾区和成渝地区双城经济圈"四极"的互联互通水平，深度融入国家综合立体交通网和国家重大发展战略。全面增强"米"字形通道，提升新亚欧大陆桥、京港澳等综合运输通道交通承载力，建成京港澳、连霍高速公路"一轴两翼"复合通道，优化太郑合、济郑渝综合运输通道交通网络结构。持续完善"井"字形通道，推进呼南高铁焦洛平段、平漯周高铁、南信合高铁等重大项目建设，加快补齐二广、大广、晋豫鲁、沪陕通道内高速铁路、高速公路等快速化运输服务短板。加快构建"人"字形通道，强化北沿黄、宁洛综合运输通道海陆双向开放能力，形成新的出海物流通道。

3. 推动公路加密扩容。谋划实施一批加密扩容、贯通畅联的高速公路项目，推动全省高速公路里程和路网密度提升进位。依托交通强国试点，大力推进快速网、干线网和基础网"三网"融合，形成更加均衡的全省综合交通网络布局。持续推进高速公路"13445"、干线公路"畅通畅连"和农村公路"提档提质"工程，提升高速公路主通道能力，推动农村公路骨干路网提档升级和基础网络提质改造。

4. 推动内河航运通江达海。加快6个"两河两港"内河航运项目建设，高质量打造周口港、信阳港、漯河港、平顶山港，规划建设郑州、洛阳、南阳、商丘、许昌、驻马店港等8个地区性港口，构建2+8分层次港口布局，进一步畅通面向东南开放的水路大动脉。推动内河航道改造升级，实施内河水运"通江达海"工程，形成"六城六港"铁海联运走廊。

**（二）以物流拉动为先导，提升经济拉动力**

现代物流业已成为依托供应链、嵌入产业链、提升价值链，畅通经济循环的战略性、基础性、先导性产业，整合各类物流资源，优化物流布局，提升物流衔接服务能力。

1. 激发物流市场主体活力。开展龙头企业引育行动，落实招引优惠政策，瞄准国内外百强物流企业开展精准招商，争取吸引新设一批区域性功能性总部和运营结算中心，支持中国物流集团、招商局集团、新华集团、卢货航在豫业务拓展，推动中国邮政集团公司在郑建设邮政航空第二基地、郑州航空邮件处理中心等，打造中国邮政航空国际枢纽。积极培育壮大物流"豫军"，推动河南机场集团、中豫国际港务集团、河南铁投集团、河南航投集团等创新发展模式，不断壮大业务规模，发挥龙头引领辐射作用。

2. 提质建设物流枢纽。巩固提升河南省在全国物流发展布局中的地位和作用，力争列入国家规划的10个物流枢纽全部纳入建设名单。强化物流设施建设，推进郑州国际陆港新址建设，提升郑州航空港区枢纽能级，建设洛阳、南阳、商丘等专业物流集散中心，以及周口、信阳等临港型水陆联运枢纽，形成一批功能复合、高效联通的物流设施群和物流活动组织中心。提升物流枢纽服务能级，完善机场、港口、铁路站等枢纽集疏运体系，加快推进铁路专用线进企入园，提升进场、进港道路标准，实施多式联运示范工程，扩大物流枢纽货运专线规模，支持创建综合货运枢纽补链强链城市。

3. 增强产业链供应链服务能力。发展制造业物流。探索网络货运产业园建设模式，开展物流与制造业深度融合试点示范，支持物流企业为制造企业量身定制供应链管理库存、"线边物流"、逆向物流等物流解决方案，探索联合采购、共享仓储等供应链协同共建模式，培育创建一批物流业制造业融合创新发展标杆企业，打造一批产业物流融合创新品牌。发展农产品冷链物流。加快推进5个国家骨干冷链物流基地建设，布局建设一批省级骨干冷链物流基地，构建全省冷链物流重大基础设施网络。实施特色优势冷链物流提质升级工程，完善速冻食品、肉类、低温乳制品等自动化立体冷库、低温初加工、生产预冷设施，进一步扩展全省冷库库容。加快发展国际物流，布局建设一批双向跨境电商贸易平台和海外仓，提升国际物流通关效率。

**（三）以平台经济为关键，提高要素聚合力**

平台载体是汇聚创新资源的基础支撑，做优做强平台载体有利于形成集聚带动效应，吸引更多资源要素集聚转化，培育区域发展新动能。

1. 夯实平台经济发展基础。增强平台经济网络支撑，实施"双千兆"网络协同工程，积极争取建设国家（郑州）新型互联网交换中心，打造全国重要的信息通信枢纽和信息集散中心。推进物联网系统建设，布局感知网络，深化物联网技术在公共服务、城市管理等领域的应用。推动平台数据共享应用，加快建设省政务大数据平台，支持郑州、新乡等市开展数据要素市场化改革试点，探索建立政府与企业间的数据交流机制，打造推广一批智能制造、车联网、智慧医疗、智慧养老等领域典型应用场景。发挥数字经济政府母基金引导作用，加快培育一批成长性好、竞争力强的本土平台经济初创企业，吸引国内平台经济头部企业来豫发展。

2. 提质发展重点领域。依托省粮食交易物流市场、郑州商品交易所、中国（郑州）国际大宗商品产业园等，建设一批跨区域商品交易平台；支持煤炭、钢铁、粮食等优势领域平台企业拓展国内外市场，打造一批具有国际竞争优势的平台企业。实施"企业上云上平台"提升行动，建设一批垂直细分行业平台和优势产业集群区域平台，加快建设国家工业互联网平台应用创新推广中心，推动制造业资源整合集聚和开放共享。加快培育电子商务新业态，推动设立省级网络销售平台公司，建设一批综合性、专业化电子商务平台，加快跨境电子商务综合试验区建设，支持建设公共海外仓，完善面向全球的跨境电子商务供应链和产业链。

### （四）以枢纽产业为核心，培育增长新动力

依托比较优势，引聚枢纽偏好型产业链式、集群发展，培育发展各具特色的枢纽偏好型产业集群，实现从交通、物流优势向产业发展优势的根本转变。

1. 巩固拓展航空经济。强化郑州航空港实验区龙头引领作用，大力发展电子信息、智能装备、生物医药、新能源汽车、航空制造维修等先进制造业，配套发展国际贸易、金融租赁、商务会展等现代服务业，全力打造智能终端、新能源、服务器技术等千亿级，以及生物医药、半导体、航空物流、跨境电商等百亿级产业集群。积极发展航空物流、离岸金融、外贸综合服务等现代服务业，布局一批双向跨境电子商务贸易平台和海外仓。依托新郑国际机场、洛阳北郊机场等枢纽，加快航空物流、航空制造维修等航空核心产业提质扩量，建设国内重要的航空航材维修基地。依托安阳红旗渠机场、信阳明港机场等枢纽，聚焦无人机制造、航空运动、低空旅游等产业，建议推动南航河南公司等扩大在郑运营规模，做强中原龙浩航空、中州航空等本土基地货运航空公司，做优无人机研发制造产业集群。加快航空金融、文旅、会展等服务业融合，支持河南机场集团、河南航投等优质业务板块挂牌上市。

2. 扩容提质陆港经济。依托全国性综合交通枢纽、陆港型国家

物流枢纽和大宗原材料加工及商品生产基地等建设，做大做强汽车及装备制造、金属精深加工、石油化工、食品加工、农资产品、纺织服装等陆港偏好型产业集群。依托综合保税区、国际陆港、口岸等平台，做强跨境电商、国际贸易、国际运邮等外向型产业集群。发展"班列+产业"，结合郑州国际陆港新节点布局，促进物流运输、保税加工、冷链仓储、金融货代等特色产业加快集聚，筹办中欧班列国际物流博览会，打造中部最大进口商品集散中心和加工基地。发展"班列+口岸"，积极申建邮政、木材等功能性口岸，促进粮食口岸与郑州期货市场、汽车口岸与汽车产业集群深度衔接。发展"班列+贸易"，做强外向型产业集群，发展跨境货物加工和转口贸易，完善中欧班列供应链、价值链。

3. 培育壮大临港经济。依托周口、信阳等主要内河港口，大力发展特色装备、大宗商品、粮食、化工等产业，提升港口铁水、公水联运、大宗商品集散分拨等服务能力，全力打造食品加工、纺织服装等千亿级，以及新型建材等百亿级水港偏好型产业集群。统筹整合省内港口、岸线相关资源，在组建省港务集团基础上，引入具有先进港口运营管理、临港产业发展经验的战略投资者，形成投资、开发、运营"一盘棋"。积极对接长三角经济圈，招引海工制造、钢铁、粮油等大宗商品加工企业，推动与招商局集团、宁波港、上海港等企业合作，提升港口运营能力。

4. 提质做优高铁经济。充分发挥高铁枢纽牵引力、内聚力和辐射力，提质做优高铁偏好型产业。依托高铁枢纽及毗邻区域，打造商务商贸、科技服务、文旅文创等高端服务业集聚区，鼓励站城一体化开发，大力发展总部经济、楼宇经济。鼓励以建筑业、现代服务业为主的大企业、大集团设立全资子公司、区域分公司，壮大甲级办公、电子商务、金融服务、法律服务等业态，打造总部经济、楼宇经济产业集群。加快建设郑州航空港站高铁物流中心。

**（五）以消费升级为抓手，强化枢纽带动能力**

1. 打造全球消费品集散中心。放大"空中丝绸之路"国际合作论坛、中英氢能产业合作论坛、全球跨境电商大会、世界传感器大会等国际展会溢出效应，推动展品变商品。依托河南自贸试验区、郑州航空港经济综合实验区和郑州跨境电商综合试验区，打造辐射全国、连接世界的交易中心、快件分拨中心及航空、铁路境内境外物流集疏中心，形成物流、贸易、产业融合集聚发展的经济生态链。支持商业企业建立海外分销中心、展示中心等营销网络和物流服务网络。

2. 建设国际旅游目的地。围绕"行走河南·读懂中国"旅游形象品牌，坚持境内境外营销双向发力，构建覆盖全媒体、宽渠道的全球旅游营销推广网络。实施"引客入豫"计划，鼓励省内旅行社驻外营销，促进国际旅游市场快速增长。加密国际航班班次，争取航空口岸过境人员 144 小时免签政策落地。推进旅游服务标准化建设，建立符合国际通行要求的城市英语标识和外语咨询体系，加强窗口单位、公共场所的外语信息服务，以景区景点、餐饮住宿、购物娱乐、机场车站等场所企业为重点，加强国际礼仪、多语言、文化素养等服务技能培训，提升城市人文形象。

3. 打响本土制造消费品品牌。打响一批引领性本土品牌，支持其进商场、上平台、入驻特色街区、进免税店。做大做强郑州全国商品交易会、中国郑州国际工业装备博览会等各类品牌展会和活动，提升本土品牌影响力和美誉度。支持郑州金刚石、速冻食品、预制菜、女裤等一批特色产业积极开拓国际市场，扩大出口规模和国际市场占有率。打造一批面向垂直领域、细分客群的网络新消费品牌。建设城市标志性商圈，挖掘城市文化元素，加快复合型消费项目建设，打造城市形象名片。加快步行街、智慧商圈建设，新培育一批品牌消费集聚区。

4. 丰富数字产品供给。强化信息化建设和智慧旅游服务。进一步完善文化产业和旅游业"云、网、端"数字化基础设施覆盖面，发展云旅游、云演艺、云展览、景区直播、景区短视频、虚拟现实景区、数字博物馆等新文旅业态，推动文化和旅游数据资源开放共享流通。同时，做好消费场景开发、消费业态拓展、主题活动与平台建设，促进购物、餐饮、休闲、旅游、文化等与工业、农业、康养及生态跨界合作，加速线上线下场景融合。

**（六）以营造发展环境为保障，增强发展软实力**

1. 完善"枢纽+政策"制度有效供给。制定出台枢纽经济扶持政策，建立推动枢纽经济发展的政策保障机制，破除枢纽经济发展的制度壁垒。建立重大项目库，将全省枢纽经济重大项目纳入项目库统一管理，优先列入省重点项目支持范围。引导金融机构加强融资支持，加大对枢纽经济区建设、枢纽网络平台等支持力度。聚焦平台企业发展实际需求，加快5G、大数据、区块链等信息技术的应用，以更加完善的基础设施、更加先进的技术和更加优质的服务，激发枢纽经济的发展潜力。

2. 优化营商环境。对标国际消费制度政策，推动签证、金融支付、关检等创新，完善知识产权保护制度，建立健全消费维权体系和消费争端解决机制。积极对接国际安全、环保、健康等消费标准，推动医疗、物流、餐饮住宿、教育等行业服务标准升级。推进"放管服"改革，进一步推行外商投资"承诺+备案"制度，全面加强监管，放宽医疗、教育、文化、信息等外资投资准入限制。

3. 开展指标体系试评价。充分发挥数据"晴雨表"和考核评价"指挥棒"的作用，建立科学合理、长效健全的枢纽经济评价指标体系，将相关指数纳入高质量发展考核。借鉴国家发展改革委综合运输所、南京市、浙江省金华市枢纽经济发展指标体系，通过对各自特点的比较分析，搭建枢纽经济发展评价指标体系框架。研究建立枢纽经济考核评价机制，适时将枢纽经济指标纳入高质量发展指标体系。积极组织试评价，开展统计调查，定期发布相关指数，为全省枢纽经济加快发展提供数据支撑。

（执笔人：弋伟伟　王庆国）

**参考文献**

［1］李国政：《综合交通运输视角下枢纽经济的演化机理与推进路径》，《铁道运输与经济》2021年第8期。

［2］赵江利：《河南枢纽经济发展影响因素分析》，《中国商论》2018年第35期。

［3］汪鸣：《枢纽经济发展探讨》，《上海物流》2018年第2期。

［4］严少乐、刘炜：《基于改进TOPSIS的城市客运综合交通枢纽评价》，《综合运输》2021年第2期。

［5］贺兴东、汪鸣：《枢纽经济发展趋势与实现路径》，《中国经济报告》2021年第5期。

［6］刘鹤：《加快构建以国内大循环为主体、国内国际双循环相互促进的新发展格局》，《人民日报》2020年11月25日第6版。

# 新时代推动河南省开发区
# 高质量发展研究

**摘要：** 开发区发展成为经济发展重要增长极，是当前新旧动能转换、提质增效、实现创新发展的重要引领平台。在新时代背景下，开发区市场化、国际化程度不断提升，科技创新水平加快提升，产业结构不断优化，智能化、绿色化发展水平快速提高。河南省开发区经济体量和规模不断壮大，但仍存在整体规模较小、体制机制建设不完善、产业结构不优、要素利用率较低等短板和问题。本课题通过建立开发区高质量发展指标体系，运用因子分析方法对河南省184个开发区进行评估，河南省开发区的发展大致可以分为经济投资、创新开放、工业或现代服务业、战略性新兴产业、产出效益等5大类指标，每类指标对应着相对发展较好的开发区。根据综合得分，主要分为领先发展、较好发展、平均发展、需提升发展和需加快发展开发区。根据核密度分析结果，河南省开发区呈现出北强南弱、东强西弱的空间集聚特征，总体上呈现出"一主多核心"空间集聚格局。最后根据分析结果，提出提升科技创新能力、提升产业集聚水平、融入全球价值链、强化数字赋能、优化营商环境等建议，推动河南省开发区高质量发展。

**关键词：** 开发区　创新驱动　高质量发展

# 一 河南开发区发展现状与突出问题

河南省开发区工业增加值、工业投资、工业利润等占全省的比重均超过60%，创造了全省90%以上的进出口总额，就业人数超过500万人，成为全省经济高质量发展的重要增长点。

## （一）发展现状

河南省开发区经济发展规模不断壮大，空间分布格局不断优化，科技创新水平不断提升，产业支撑能力不断增强，改革深入推进。

1. 空间分布格局不断优化

2021年，河南省省级开发区由288个整合为184个，其中，先进制造业开发区166个，现代服务业开发区18个；省辖市中心城区开发

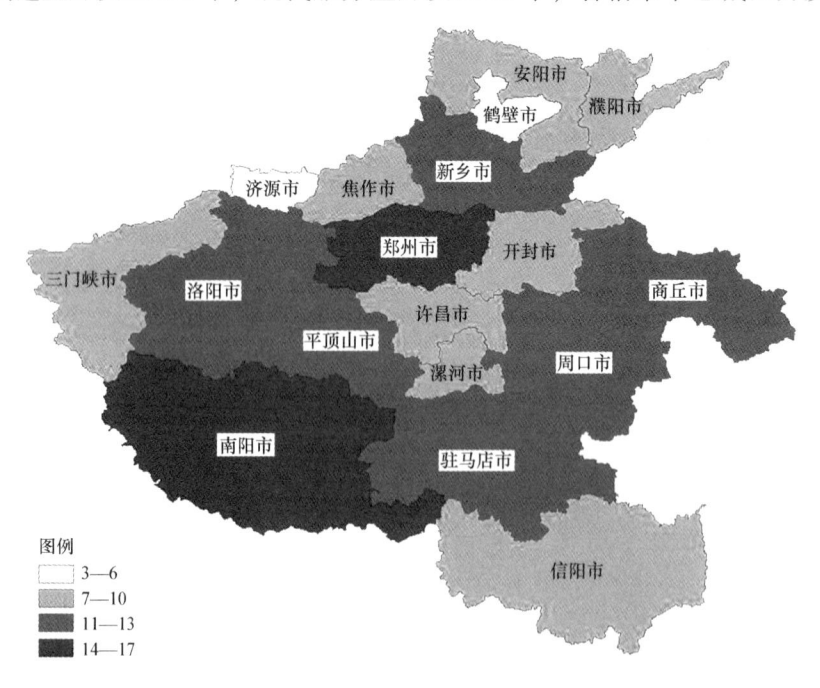

图10-1 河南省开发区空间分布

区82个，县（市）开发区102个，实现"一县一省级开发区"布局。从整体来看，河南省开发区呈现出协调分布格局，其中郑州、南阳开发区分布较多，洛阳、平顶山、新乡、周口、商丘、驻马店、信阳等地开发区数量均在10个以上，焦作、濮阳、许昌、安阳、开封、漯河、三门峡开发区数量在8—9个。

2. 综合实力显著增强

河南省开发区经济体量和规模不断壮大，已成为河南省经济高质量发展的重要增长极。2022年，全省开发区规模以上工业企业数量达到10790家，规模以上工业增加值同比增长6.1%，增加值占全省工业增加值的比重达到68%，对全省工业增长的贡献率达到80.7%。全省营业收入超百亿元的开发区123家，超200亿元的66家，超400亿元的24家，超800亿元的8家。全省开发区实际利用外资11.04亿美元，占全省的62.1%；亩均税收7.06万元/亩，有25个开发区亩均税收超过10万元/亩。十八大以来，河南省开发区经济发展规模不断扩大，以郑州、漯河、鹤壁、开封、许昌、洛阳、新乡、红旗渠、濮阳等9家国家

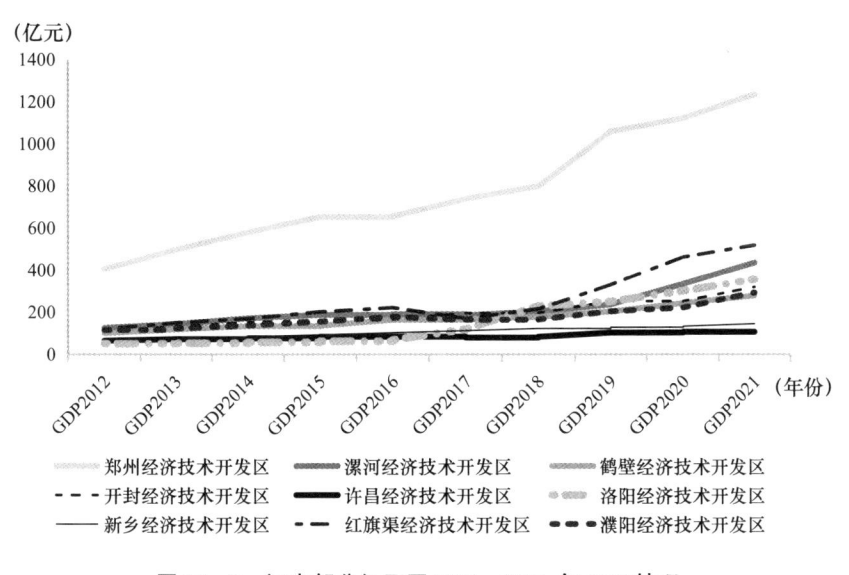

图10-2 河南部分经开区2012—2021年GDP情况

级经开区为例，2012—2021年开发区GDP规模均呈上升趋势发展，其中郑州经开区经济发展规模远高于其他开发区。

3. 科技创新水平稳步提升

贯彻落实创新驱动发展战略，集聚创新资源，提高创新服务水平。开发区创新载体规模显著提高，十八大以来，河南省高新区入统企业数量呈快速增长趋势发展，其中2018、2019年企业数量增速较快，分别同比增长45.39%、44.65%。2022年，全省先进制造业开发区有高新技术企业7226家，占全省的66.5%，比2021年增加1884家，占全省新增量的75.8%。科技活动经费支持规模不断提升，2012—2021年，河南省高新区科技活动经费内部支出呈显著增长趋势，其中，2018年经费支出同比增长最快，为45.81%。河南省开发区创新平台布局建设不断完善，实验室、创新技术中心等研发机构加快推进，技术创新、产品研发、成果转化、示范应用推广不断深化。

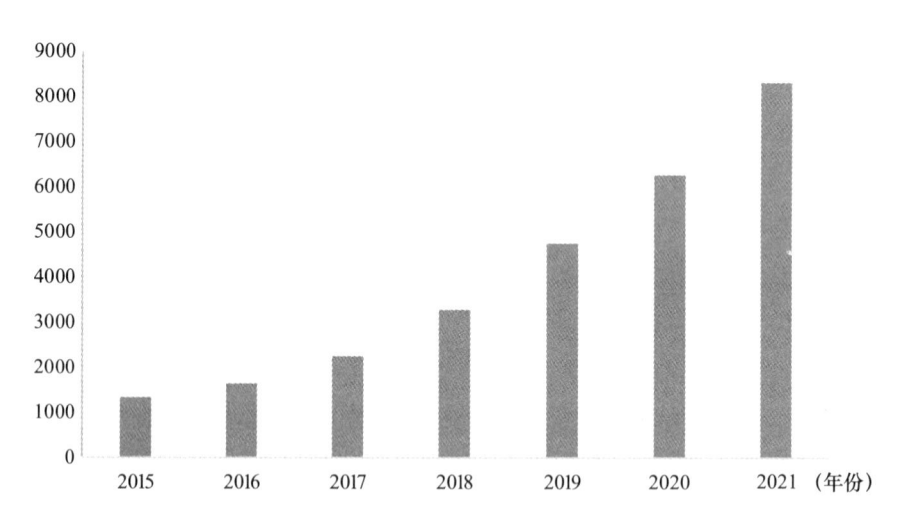

图10-3 河南省高新区入统企业数量（单位：个）

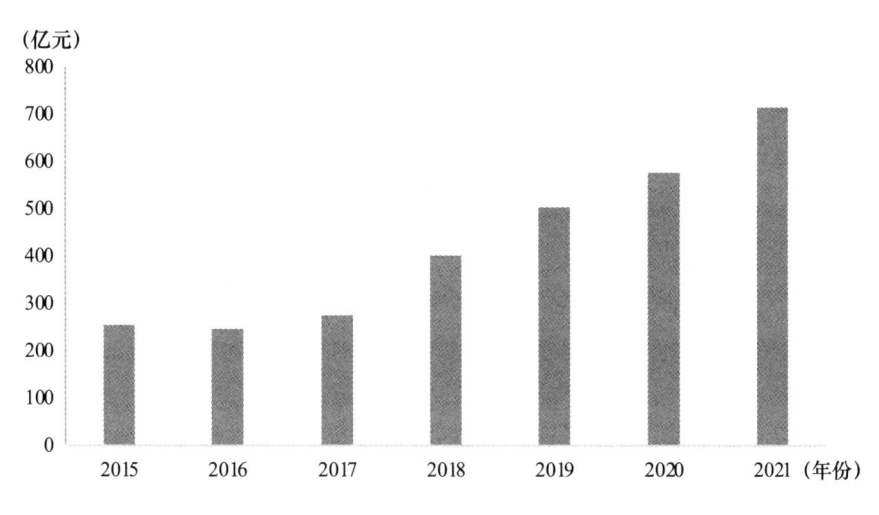

图 10－4　河南省高新区开展活动经费内部支出情况

**4. 产业支撑能力不断增强**

河南省每个开发区结合比较优势确定 1—2 个特色主导产业，产业图谱、技术图谱、人才图谱、装备图谱不断绘就，精准招商、链式招商模式不断创新，产业链不断完备，产业集群不断壮大，开发区产业差异化、特色化发展。深度融入全省重点培育 28 个产业链和 7 个先进制造业集群，开发区产业集群化、规模化、高层次发展。十八大以来，河南省开发区产业支撑能力不断增强，郑州、漯河、鹤壁、开封、许昌、洛阳、新乡、红旗渠、濮阳等 9 家国家级经开区第二产业增加值均呈缓慢上升趋势，第二产业增加值所占比重也不断提升，2021 年 9 家经开区第二产业增加值占 GDP 的比重为 67%；十八大以来，河南省 9 家国家级经开区第三产业发展呈缓慢上升趋势，郑州经开区第三产业规模大，开封经开区第三产业发展增速显著。

**5. 体制机制改革深入推进**

创新实施"三化三制"改革，出台《关于推进开发区"三化三制"改革的指导意见》，建设专业化、市场化、国际化的管理团队，实施领导班子任期制、员工全员聘任制、工资绩效薪酬制改革。推行"管委

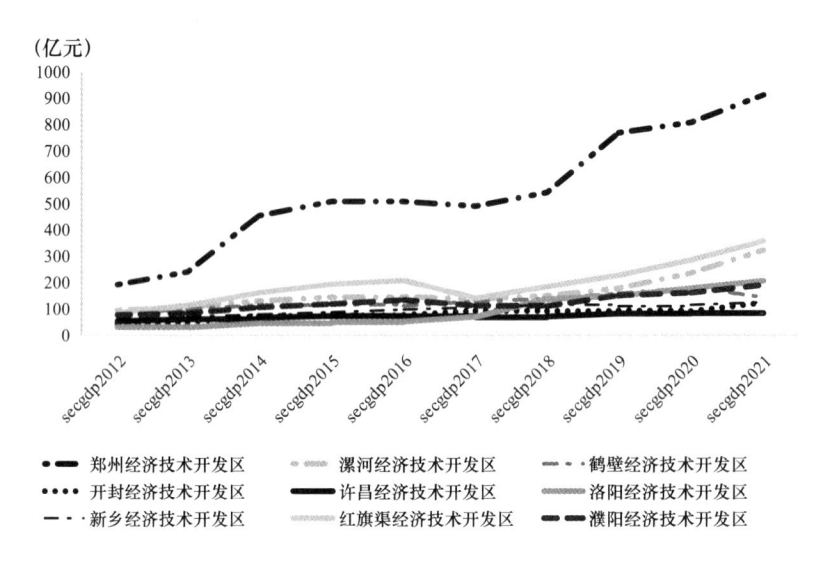

图 10-5　河南部分经开区 2012—2021 年第二产业增加值情况

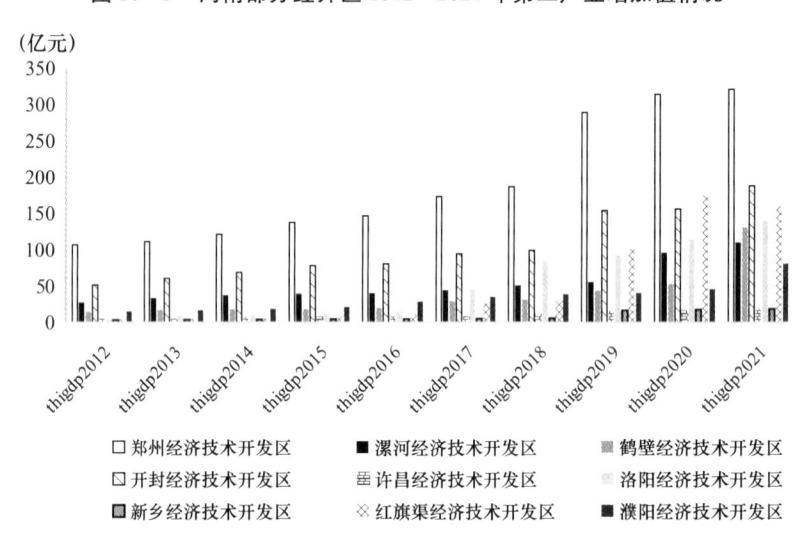

图 10-6　河南部分经开区 2012—2021 年第三产业增加值情况

会+公司"管理模式，推进开发区公司化、市场化改革，突出管委会经济管理和企业服务职能，实行"大部门制""扁平化"管理，有序推进开发区管理机构规范整合。

## （二）存在问题

对标发达地区，河南省开发区建设仍存在不少短板和问题，主要表现在：

### 1. 整体规模亟待提升

河南省国家级经开区和高新区只有 18 家，占总量的 9.7%；而江苏、浙江、山东分别是 43 家、29 家、28 家，分别占比为 25.3%、24.2%、16.1%。全国高新区前 50 位当中，河南仅有两家，全国经开区前 50 位当中，河南仅有一家；中部地区 16 个国家级开发区先进制造业发展指数进入全国百强，其中湖南有 5 个，湖北安徽各 4 个，河南仅两个。质量效益还不够高。全年营业收入超过 500 亿的开发区仅为 11 家，超过一半的开发区年营业收入低于 100 亿元，开发区工业用地亩均税收不足 10 万元，超过 30% 的开发区亩均税收还不到 1 万元。

### 2. 体制机制建设不完善

多数开发区管委会和运营公司人员由原有人员转任，运营管理、招商引资、产业培育等方面专业人才较为缺乏；部分开发区人员能上能下、能进能出的机制还不完善，实际贡献和薪酬收入挂钩机制不够健全，一些开发区项目建设亟须的经济管理权限下放不到位。

### 3. 产业结构不够优

产业同质化的现象明显，以装备制造、食品制造、纺织服装等大类领域为主导产业的开发区，分别有 77 个、60 个、25 个。有的开发区虽然明确了主导产业，但区内企业项目关联性不强，全省超过 60% 的开发区仍然以初级产品和产业链上游为主。比如电子信息以整机组装为主，本地配套仅占 30%，核心芯片等关键元器件基本是空白。纺织服装以纺纱为主，纺纱销售收入占比达 51%，且 78% 销往省外，装备制造业整机本地化配套不到 50%。招商引资水平不高，发展动力不够。一些开发区缺少投资规模大、带动性强的重大项目，新项目、新企业招引落地成效不明显，创新对产业的支撑能力较弱，产业集群竞争优势不强。

## 4. 土地供给紧张、利用率较低

土地供给紧张，新一轮国土空间规划调整后，全省开发区规划建设用地面积为3378.6平方公里，其中建成区1506.7平方公里，实际可利用空间1871.9平方公里。土地利用率较低。部分开发区仍存在大量的闲置土地，接近一半的开发区土地利用率不足50%，批而未供闲置土地有50多万亩。

# 二 河南开发区指标分析与集聚分析

通过建立指标体系，收集和整理相关数据，对河南省开发区发展进行分析，并根据结果对开发区进行分类，为开发区高质量发展进行指导。

### （一）指标体系构建

构建开发区评价指标体系，能够从不同维度对开发区高质量发展水平和能力进行系统评估，对开发区的评价指标体系依据其类别、定位、功能等方面的差异而有所不同，侧重点各有不同，如国家高新区评价指标体系更侧重创新力，国家经开区更侧重效能等。2021年9月，河南省发布《关于推动河南省开发区高质量发展的指导意见》，提出了河南省开发区高质量发展考核评价办法，主要对先进制造业、现代服务业和现代农业开发区分类进行指标考核，主要集中在质量效益、产业集聚升级、创新驱动、绿色集约等方面，开发区高质量发展考核评价体系详见表10-1。《河南省"十四五"经济技术开发区发展规划》中指出，经开区发展的主要目标是综合实力（主要包括新增升级经开区数量、生产总值年均增速、固定资产投资年均增速、营业收入超千亿元经开区数、营业收入超500亿元经开区数、产业用地占比、主导产业投资占工业投资比重、工业投资占本地区工业投资比重等指标）、自主创新（主要包括研发经费投入增速、高新技术企业数等指标）、对外开放（实际吸收外资年均增速、实际引进省外资金年均增速、货物进出口总额年均增速、国际合作园区数、自贸试验区开放创新联动区数）等三个方面。

表 10-1　　河南省开发区高质量发展考核评价指标体系

| 开发区类别 | 考核重点 | 序号 | 考核指标 | 权重（%） | 数据来源 | 考核频次 |
| --- | --- | --- | --- | --- | --- | --- |
| 一　先进制造业开发区 | 质量效益 | 1 | 主导产业投资及增速和实际利用省（境）外资金 | 25 | 省统计局、省商务厅 | 月度 |
| | | 2 | 主导产业增加值及增速 | 25 | 省统计局 | 月度 |
| | | 3 | 亩均税收 | 20 | 河南省税务局、省自然资源厅 | 年度 |
| | 产业升级 | 4 | 战略性新兴产业增加值增速 | 10 | 省统计局 | 月度 |
| | 创新驱动 | 5 | 高新技术企业数及增速 | 5 | 省科技厅 | 年度 |
| | | 6 | "四上"企业数及增速 | 5 | 省统计局 | 年度 |
| | 绿色集约 | 7 | 万元工业增加值能耗降低率 | 5 | 省统计局 | 月度 |
| | | 8 | 固定污染源主要大气和水污染物排放强度 | 5 | 省生态环境厅、省统计局 | 年度 |
| 二　现代服务业开发区 | 质量效益 | 1 | 生产性服务业增加值及占比 | 30 | 省统计局 | 月度 |
| | | 2 | 亩均税收 | 30 | 河南省税务局、省自然资源厅 | 年度 |
| | | 3 | 生产性服务业投资及增速 | 20 | 省统计局 | 月度 |
| | 产业集聚 | 4 | 生产性服务业法人企业（单位）数与规模以上生产性服务业企业（单位）数增速 | 15 | 省统计局 | 年度 |
| | | 5 | 从业人员与中高级职称人数 | 5 | 省统计局、省人力资源社会保障厅 | 年度 |

续表

| 开发区类别 | 考核重点 | 序号 | 考核指标 | 权重（%） | 数据来源 | 考核频次 |
|---|---|---|---|---|---|---|
| 三 现代农业开发区 | 特有产业 | 1 | 新建现代农业项目完成投资 | 30 | 省统计局 | 年度 |
| | 延链增值 | 2 | 第一产业固定资产投资增速 | 25 | 省统计局 | 月度 |
| | 融合发展 | 3 | 农产品加工业产值与农业总产值比 | 15 | 省统计局、省农业农村厅 | 年度 |
| | 绿色循环 | 4 | 绿色食品、有机农产品和农产品地理标志覆盖率 | 15 | 省农业农村厅 | 年度 |
| | 富民增收 | 5 | 开发区农民人均可支配收入高出全县平均水平的百分比 | 15 | 国家统计局河南调查总队、省统计局 | 年度 |

本课题参考相关评价指标体系，以及考虑数据可得性，构建开发区评价指标体系。主要从经济发展水平、要素投入水平、盈利水平、对外开放水平等四个方面进行分析，其中经济发展水平由经济实力（生产总值、人均 GDP、开发区生产总值占比）和产业结构（工业增加值/生产总值、服务业增加值/生产总值、战略性新兴产业增加值/生产总值）构成；要素投入水平主要由土地投入（实际可利用面积）、人口支撑（常住人口）、投资水平（投资额、工业投资额比重、服务业投资额比重、战略新兴产业投资额比重）、研发投入（R&D 内部经费支出、R&D 活动人员）等四方面构成；效益水平主要包括营业能力（营业收入、工业营业收入/营业收入总额、服务业营业收入/营业收入总额、战略性新兴产业营业收入/营业收入总额）和产出效益（税收总额、工业税收额占比、服务业税收额占比、战略新兴产业税收额占比、平均税收）；对外开放水平主要包括吸引外资水平（实际利用外资）和对外贸易

(进出口额)。具体见表10-2，开发区评价指标体系。

表10-2　　　　　　　　　开发区评价指标体系

| 一级指标 | 二级指标 | 三级指标 | 指标解释 | 序号 |
| --- | --- | --- | --- | --- |
| 经济发展水平 | 经济实力 | 生产总值（亿元） | 各开发区增加值 | X1 |
| | | 人均GDP（元） | 县市区GDP/县市区常住人口 | X2 |
| | | 开发区生产总值占比（%） | 开发区生产总值与县市区生产总值的比重 | X3 |
| | 产业结构 | 工业增加值占比（%） | 各开发区工业增加值与开发区生产总值的比重 | X4-1 |
| | | 服务业增加值占比（%） | 各开发区服务业增加值与开发区生产总值的比重 | X4-2 |
| | | 战略新兴产业占比（%） | 各开发区战略性新兴产业增加值与开发区生产总值比重 | X5 |
| 要素投入水平 | 土地投入 | 实际可利用面积（公顷） | 各开发区实际可利用面积 | X6 |
| | 人口支撑 | 常住人口（万人） | 县市区常住人口 | X7 |
| | 投资水平 | 投资额（亿元） | 各开发区投资额 | X8 |
| | | 工业投资额比重（%） | 各开发区工业投资额与投资总额的比重 | X9-1 |
| | | 服务业投资额比重（%） | 各开发区服务业投资额与投资总额的比重 | X9-2 |
| | | 战略性新兴产业投资额比重（%） | 各开发区战略性新兴产业投资额与投资总额的比重 | X10 |
| | 科研投入 | R&D经费内部支出（万元） | 地市R&D支出 | X11 |
| | | R&D活动人员（人年） | 地市R&D活动人员 | X12 |

续表

| 一级指标 | 二级指标 | 三级指标 | 指标解释 | 序号 |
|---|---|---|---|---|
| 效益水平 | 营业能力 | 营业收入（亿元） | 各开发区营业收入 | X13 |
| | | 工业营业收入占比（%） | 各开发区工业营业收入与营业收入总额的比重 | X14-1 |
| | | 服务业营业收入占比（%） | 各开发区服务业营业收入与营业收入总额的比重 | X14-2 |
| | | 战略性新兴产业营业收入占比（%） | 各开发区战略性新兴产业营业收入与营业收入总额的比重 | X15 |
| | 产出效益 | 税收总额（亿元） | 各开发区税收总额 | X16 |
| | | 工业税收额占比（%） | 各开发区工业税收额与税收总额的比重 | X17-1 |
| | | 服务业税收额占比（%） | 各开发区服务业税收额与税收总额的比重 | X17-2 |
| | | 战略性新兴产业税收额占比（%） | 各开发区战略性新兴产业税收额与税收总额的比重 | X18 |
| | | 平均税收（亿元/公顷） | 各开发区税收总额与实际可利用面积之比 | X19 |
| 对外开放水平 | 吸引外资 | 实际利用外资（万美元） | 地市实际利用外资 | X20 |
| | 对外贸易 | 进出口额（亿元） | 地市进出口额 | X21 |

## （二）指标选择与实证分析

1. 指标评价方法选择和数据选择

对指标进行评估分析的方法主要有主成分分析、因子分析、熵权法、灰色关联法等，由于本文数据获取难度大，指标之间前期预判存在相关性，所以选择因子分析。虽然主成分分析也能解决相关问题，但因子分析不仅能够简化数据，还可以通过旋转使得因子变量更具有可解释性，命名清晰性高。

本文的数据来源，根据《河南统计年鉴》、各地市统计公报、各开发区管委会等对184个开发区相关数据进行整理。

2. 实证分析

可行性检验。在进行实证分析前，先对数据进行标准化处理，并对其进行相关性检验，KMO与巴特利球形检验，检验结果如表10-3所示。KMO检验结果为0.734（大于0.7），且巴特利球形检验显著性为0（小于0.05），表明数据通过相关性检验，适合做因子分析。

表10-3　　　　　　　　　　KMO和巴特利特检验

| KMO取样适切性量数 | | 0.734 |
|---|---|---|
| 巴特利特球形度检验 | 近似卡方 | 3960.82 |
| | 自由度 | 210 |
| | 显著性 | 0.00 |

通过SPSS软件进行因子分析，根据特征值大于1的原则，选择5个主因子，累计方差贡献率达74%。经过旋转每个因子更好地解释相关领域的信息，表10-4为主因子旋转前后的总方差解释，由此可以看出，旋转后的各主因子方差贡献率更均衡。

表10-4　　　　　　　　　　总方差解释

| 主因子 | 旋转前提取载荷平方和 | | | 旋转载荷平方和 | | |
|---|---|---|---|---|---|---|
| | 特征值 | 方差百分比 | 累计% | 特征值 | 方差百分比 | 累计% |
| 1 | 6.021 | 28.672 | 28.672 | 4.23 | 20.143 | 20.143 |
| 2 | 4.218 | 20.086 | 48.757 | 4.077 | 19.415 | 39.558 |
| 3 | 2.645 | 12.596 | 61.354 | 3.21 | 15.285 | 54.843 |
| 4 | 1.578 | 7.515 | 68.869 | 2.882 | 13.725 | 68.569 |
| 5 | 1.077 | 5.128 | 73.997 | 1.14 | 5.428 | 73.997 |

根据表10-5旋转后的成分矩阵结果，第一主因子主要解释了X13、X1、X8、X6、X16等指标，所以我们认为第一主因子主要解释经济投资方面；第二因子主要解释了X11、X12、X20、X21等指标，所以我们认

为第二主因子主要解释创新开放方面;第三主因子主要解释了 X14、X4、X17、X9 等指标,所以我们认为第三主因子主要解释工业或服务业发展方面;第四主因子主要解释了 X15、X5、X18、X10 等指标,所以我们认为第四主因子主要解释战略性新兴产业方面;第五主因子主要解释了 X3、X19 等指标,所以我们认为第五主因子主要解释产出效益方面。

表 10-5　　　　　　　　　旋转后的成分矩阵

| 指标 | 成分 | | | | |
| --- | --- | --- | --- | --- | --- |
| | F1 | F2 | F3 | F4 | F5 |
| X13 | 0.938 | | | | |
| X1 | 0.917 | | | | |
| X8 | 0.835 | | | | |
| X6 | 0.808 | | | | |
| X16 | 0.792 | | | | |
| X7 | 0.587 | | -0.372 | | -0.397 |
| X11 | | 0.957 | | | |
| X12 | | 0.957 | | | |
| X20 | | 0.946 | | | |
| X21 | | 0.907 | | | |
| X2 | | 0.572 | | | |
| X14 | | | 0.869 | | |
| X4 | | | 0.797 | | |
| X17 | | | 0.778 | | |
| X9 | | | 0.772 | | |
| X15 | | | | 0.866 | |
| X5 | | | | 0.856 | |
| X18 | | | | 0.763 | |
| X10 | | | | 0.723 | |
| X3 | | | 0.352 | | 0.755 |
| X19 | | | -0.347 | | 0.483 |

根据五大主成分得分结果,在经济投资实力的 F1 主因子得分结果中,郑州航空港先进制造业开发区、郑州、漯河、永城、长葛经开区、郑州、许昌、洛阳高新区,以及洛阳孟津先进制造业开发区等 10 个开发

区发展较好。在创新开放实力 F2 主因子得分结果中,管城、新郑、二七等经开区,郑州金水和中牟高新区,郑州上街区、新密市、巩义市、荥阳市先进制造业开发区以及郑州中原区现代服务业开发区等多个开发区发展较好。在工业或现代服务业实力发展的 F3 主因子得分结果中,嵩县、清丰县、洛阳偃师区、太康县、尉氏县、卫辉市、台前县、渑池县、范县、平顶山石龙区、浚县、淮滨县、延津县、项城市等先进制造业开发区,以及舞阳、济源、新乡、西华、临颍等经济技术开发区和开封市精细化工开发区发展较好。在战略性新兴产业实力发展的 F4 主因子得分结果中,鹤壁市现代物流开发区、焦作市马村区现代服务业开发区、济源现代服务业开发区,方城县、新乡红旗区、濮阳县、襄城县、南召县、鄢陵县、巩义市、鹿邑县、三门峡陕州区、唐河县等先进制造业开发区,永城和长葛经开区,宝丰、驻马店、南阳、中牟等高新技术产业开发区以及濮阳工业园区发展较好。在产出效益实力的 F5 主因子得分结果中,三门峡现代服务业开发区,民权、济源、周口、夏邑、孟州等高新区,红旗渠、长葛、舞钢、洛阳、长垣、新安等经开区,平顶山石龙区、洛阳孟津区、栾川县、西峡县、沈丘县、巩义市等先进制造业开发区,以及开封市精细化工开发区、鹤壁市现代物流开发区等发展较好。

采用回归方法,计算各开发区综合得分,计算公式如下:

$$F = (F_1 * 20.143 + F_2 * 19.415 + F_3 * 15.285 + F_4 * 13.725 + F_5 * 5.428)/73.997$$

综合得分结果中,0 表示 184 个开发区发展的平均水平,如果得分结果大于 0,表明开发区的发展水平高出平均水平,如为 1 分表示开发区发展水平高于平均一个标准差,相反为 -1 的话,表示开发区发展水平低于平均一个标准差。河南省 184 个开发区发展水平的综合得分结果详见附件 1(附件中对得分进行归一化处理,并将数值对标为 [0,100] 进行展示)。在原始综合得分结果中,得分超过平均水平开发区的有 88 个,占比 47.83%。其中也有一些开发区因为缺失开发区级别的数据而只有地市的数据,所以也存在测算偏差问题。根据综合得分结果,将得分大于 60

的划分为领先发展开发区,得分大于 42 小于 60 的为较好发展开发区,得分大于 26.8 小于 42 的为平均发展开发区,得分为 18 至 26.8 的分为需提升发展开发区,得分小于 18 的为需加快发展开发区。

表 10-6　　根据综合得分对 184 个开发区分类结果

| 类别 | 开发区 |
|---|---|
| 领先发展开发区<br>(4 个) | 郑州航空港先进制造业开发区;郑州经济技术开发区;巩义市先进制造业开发区;郑州高新技术产业开发区 |
| 较好发展开发区<br>(13 个) | 长葛经济技术开发区;中牟高新技术产业开发区;洛阳孟津区先进制造业开发区;鹤壁市现代物流开发区;郑州上街区先进制造业开发区;永城经济技术开发区;新郑经济技术开发区;新密市先进制造业开发区;荥阳市先进制造业开发区;管城经济技术开发区;襄城县先进制造业开发区;中牟县现代服务业开发区;焦作市马村区现代服务业开发区 |
| 平均发展开发区<br>(71 个) | 登封市先进制造业开发区;三门峡陕州区先进制造业开发区;新安经济技术开发区;济源现代服务业开发区;西峡县先进制造业开发区;方城县先进制造业开发区;二七经济技术开发区;濮阳县先进制造业开发区;惠济经济开发区;鄢陵县先进制造业开发区;驻马店高新技术产业开发区;济源高新技术产业开发区;宝丰高新技术产业开发区;平顶山石龙区先进制造业开发区;洛阳高新技术产业开发区;孟州高新技术产业开发区;舞钢经济技术开发区;宜阳县先进制造业开发区;焦作经济技术开发区;洛阳偃师区先进制造业开发区;郑州郑东新区先进制造业开发区;红旗渠经济技术开发区;新乡红旗区先进制造业开发区;项城市先进制造业开发区;洛阳经济技术开发区;漯河经济技术开发区;濮阳工业园区;郸城高新技术产业开发区;栾川县先进制造业开发区;商城县先进制造业开发区;禹州市高新技术产业开发区;鹿邑县先进制造业开发区;许昌高新技术产业开发区;郑州金水高新技术产业开发区;长垣经济技术开发区;南召县先进制造业开发区;郑州中原区现代服务业开发区;灵宝市先进制造业开发区;淅川县先进制造业开发区;夏邑高新技术产业开发区;临颍经济技术开发区;淮滨县先进制造业开发区;洛宁县先进制造业开发区;新县先进制造业开发区;安阳龙安区先进制造业开发区;鹤壁经济技术开发区;修武经济技术开发区;嵩县先进制造业开发区;唐河县先进制造业开发区;太康县先进制造业开发区;郏县经济技术开发区;开封市精细化工开发区;睢县先进制造业开发区;洛阳西工经济技术开发区;三门峡高新技术产业开发区;伊川县先进制造业开发区;武陟经济技术开发区;延津县先进制造业开发区;西平县先进制造业开发区;新乡高新技术产业开发区;漯河召陵新区开发区;平顶山尼龙新材料开发区;新乡电源产业开发区;新乡经济开发区;许昌建安区先进制造业开发区;范县先进制造业开发区;确山县先进制造业开发区;桐柏县先进制造业开发区;新野县先进制造业开发区;沈丘县先进制造业开发区;镇平县先进制造业开发区 |

续表

| 类别 | 开发区 |
| --- | --- |
| 需提升发展开发区<br>（58个） | 南阳高新技术产业开发区；泌阳县先进制造业开发区；正阳县先进制造业开发区；济源经济技术开发区；漯河沙澧高新技术产业开发区；卫辉市先进制造业开发区；博爱经济技术开发区；杞县先进制造业开发区；鹤壁高新技术产业开发区；汝阳县先进制造业开发区；舞阳经济技术开发区；周口高新技术产业开发区；尉氏县先进制造业开发区；安阳殷都区先进制造业开发区；渑池县先进制造业开发区；商水经济技术开发区；兰考经济技术开发区；驻马店经济技术开发区；浚县先进制造业开发区；鹤壁宝山经济技术开发区；光山县先进制造业开发区；遂平县先进制造业开发区；叶县先进制造业开发区；汤阴县高新技术产业开发区；原阳县先进制造业开发区；南乐县先进制造业开发区；台前县先进制造业开发区；汝南县先进制造业开发区；清丰县先进制造业开发区；商丘高新技术产业开发区；获嘉县先进制造业开发区；卢氏县先进制造业开发区；许昌经济技术开发区；社旗县先进制造业开发区；商丘睢阳高新技术产业开发区；鲁山县先进制造业开发区；汝州经济技术开发区；温县先进制造业开发区；新蔡县先进制造业开发区；辉县经济技术开发区；息县先进制造业开发区；西华经济技术开发区；内黄县先进制造业开发区；南阳经济技术开发区；扶沟县先进制造业开发区；上蔡县先进制造业开发区；罗山县先进制造业开发区；沁阳经济技术开发区；平舆县先进制造业开发区；南阳官庄先进制造业开发区；濮阳经济技术开发区；周口临港开发区；虞城高新技术产业开发区；南阳卧龙先进制造业开发区；南阳市现代服务业开发区；封丘县先进制造业开发区；民权高新技术产业开发区；平顶山高新技术产业开发区 |
| 需加快发展开发区<br>（38个） | 三门峡经济开发区；开封汴东先进制造业开发区；内乡县先进制造业开发区；潢川经济开发区；鹤壁市中介服务开发区；滑县先进制造业开发区；义马市先进制造业开发区；濮阳高新技术开发区；许昌魏都区先进制造业开发区；邓州市先进制造业开发区；新乡经济技术开发区；洛阳伊滨先进制造业开发区；开封祥符区先进制造业开发区；安阳高新技术产业开发区；焦作高新技术产业开发区；信阳经济技术开发区；安阳中原高新技术产业开发区；漯河郾城区先进制造业开发区；商丘经济技术开发区；濮阳市现代服务业开发区；平顶山平新先进制造业开发区；三门峡现代服务业开发区；新乡市平原现代服务业开发区；平顶山卫东区现代服务业开发区；商丘市现代服务业开发区；许昌市现代服务业开发区；平顶山新华区现代服务业开发区；平顶山湛河区现代服务业开发区；开封经济技术开发区；漯河西城区现代服务业开发区；漯河现代服务业开发区；信阳高新技术产业开发区；宁陵县先进制造业开发区；通许高新技术产业开发区；柘城高新技术产业开发区；固始县先进制造业开发区；周口现代服务业开发区；周口先进制造业开发区 |

## （三）空间集聚效应分析

开发区在创新体制机制、转变发展方式、优化产业结构、增强国际竞争力等方面取得显著成效，为推动高质量发展发挥了重要示范引领和辐射带动作用。

1. 核密度分析模型

核密度分析以非参数估计为手段，通过设置搜索半径，赋予搜索半径区域内空间数据不同权重值，研究以样本点为圆心，搜索半径领域内样本点的单位面积密度来表征地理空间分布密度。核密度分析多用来探索空间数据相应属性的平滑分布格局。该估计适用于随机变量，可利用连续密度曲线描述随机变量的分布形态。核密度值越高，表明空间集聚水平越高。本文将河南省184个开发区抽象成点要素，运用核密度估计分析河南省开发区空间集聚效应。设总体分布密度为$f$，$x_1, x_2, x_3, \ldots, x_n$为总体中抽取的独立分布样本，常用的Rosenblatt-Parzen核密度估计公式如下：

$$f(x) = \frac{1}{nh} \sum_{i=1}^{n} k(\frac{x-x_i}{h})$$

（1）

其中，$k(\cdot)$为核函数，$h$为带宽，$n$为样本量；$x$为估计点，$x_i$为样本观测点。

2. 数据处理

文章数据来源于2023年7月6日河南省人民政府办公厅《关于公布河南省开发区四至边界范围的通知》（豫政办〔2023〕26号），包括开发区名称、所在地市、四至边界范围、规划建设面积等。本文将各开发区位置信息转换成矢量数据，通过ArcGIS软件进行空间分析。

3. 河南省开发区空间集聚水平测度结果

本文运用ArcGIS的核密度工具进行核密度分析，河南省开发区核密度分布结果如图10-7所示。河南省开发区呈现出北强南弱、东强西弱的空间集聚特征，豫中豫东豫北显著高于豫西豫南，总体上呈现出"一主多核心"集聚模式，以郑州为集聚中心，洛阳、焦作、新乡、鹤壁、濮阳、开封、许昌、周口、商丘等多核心的空间集聚格局。郑州都市圈内开发区集聚效应显著,郑州都市圈经济发展水平较高、人口规模大、交通基础设施完备、产业集群效应明显、产业创新水平较高、产业体系发达,为开发区集聚发展提供了良好的基础。

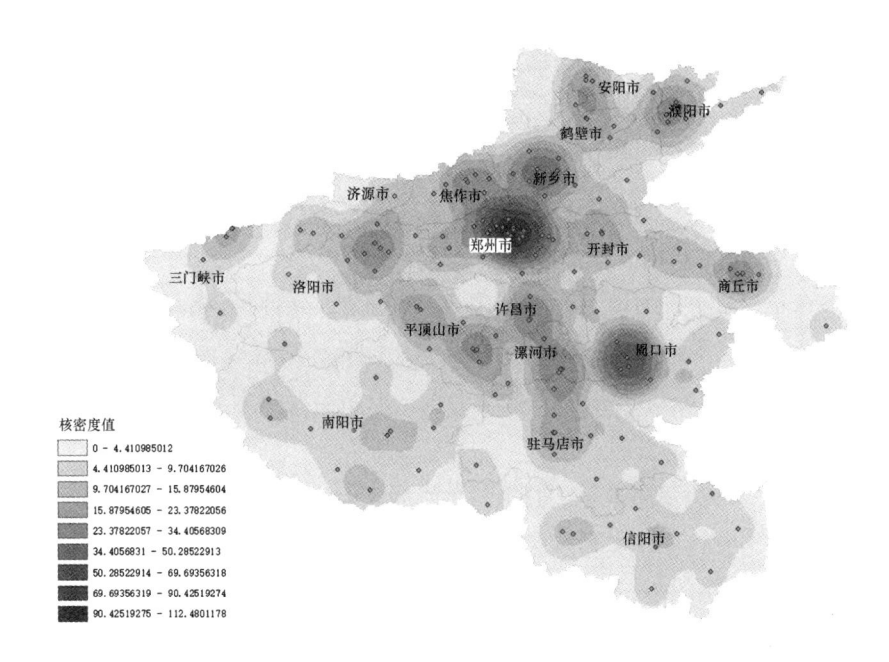

图10-7 河南省开发区核密度分布

## 三 结论与建议

### (一)分析结论

开发区发展成为经济发展重要增长极,是当前新旧动能转换、提质增效、实现创新发展的重要引领平台。河南省开发区经济体量和规模不断壮大,河南省开发区建设仍存在整体规模较小、体制机制建设不完善、产业结构不优、要素利用率较低等短板和问题。运用因子分析方法对河南省184个开发区进行评估发现,河南省开发区的发展大致可以分为经济投资、创新开放、工业或现代服务业、战略性新兴产业、产出效益等5

大类指标，每类指标对应着相对发展较好的开发区。在综合得分结果中，领先发展开发区有 4 个，较好发展开发区有 13 个，平均发展开发区有 71 个，需提升发展开发区有 58 个，需加快发展开发区有 38 个。根据核密度分析结果，河南省开发区呈现出北强南弱、东强西弱的空间集聚特征，豫中豫东豫北显著高于豫西豫南，总体上呈现出"一主多核心"集聚模式，以郑州为集聚中心，洛阳、焦作、新乡、鹤壁、濮阳、开封、许昌、周口、商丘等多核心的空间集聚格局。

## （二）对策建议

在新形势下，河南省开发区建设仍存在产业结构不优、质量效益不高、区域发展不均、要素供给不足等突出问题，为做大做强开发区关键载体支撑、打造区域发展的重要动力源，迫切需要从六个方面持续发力，推动开发区高质量发展。

### 1. 深化分类推进改革，打造特色发展高地

按照国家级、省级开发区分类，不断提升国家级开发区引领带动作用，服从国家层面区域发展战略，推动新型工业化、城镇化和对外开放，加强开发区"软环境"建设，不断完善创新创业环境，大力发挥集聚效应和政策效应，建成改革开放先行区和创新驱动示范区；加强省级开发区资源配置优化，加强上下游产业布局规划，促进产业链协同分工，不断完善产业链配套和保障体系，推动区域经济发展。按照先进制造业、现代服务业和现代农业开发区分类，做强做大主导产业，推动产业信息化、自动化、智能化、精细化、生态化发展，加快提升科技创新水平，强化科技成果转化落地，促进新经济、新动能、新业态发展，推进结构优化、业态创新、空间集聚、品牌提档。根据第三部分评分结果，分类指导经济投资实力、创新开放实力、工业或服务业实力、战略性新兴产业实力、产出效益实力等 5 类开发区发展，深化各开发区比较优势，加强经验交流与合作共享，促进开发区分类协同发展，不断提升各开发区综合得分，推动开发区高质量发展。

## 2. 提升科技创新能力,打造科技人才聚集高地

科技创新是第一生产力,是高质量发展强劲动能,是现代化经济发展的战略支撑。加快提升开发区科技创新水平,以创新引领产业高端化升级、智能化优势、绿色化发展,推进开发区发展强势赋能。一是提升企业科技创新水平。加快引育开发区高端化、专业化科技服务主体,推动高校院所、科技领军企业等战略科技力量在开发区建设布局,着力打造创新核心区,通过联合共建等方式集聚高水平科技平台、中试基地、产业技术研究院等创新资源,建设集基础研究、应用研究和产业化为一体的创新核心区、科技城。重点发展技术开发、成果转化、技术转移、科技咨询等重要环节,积极构建科技服务生态。二是打造开发区高端创新平台。积极布局建设重点实验室、技术创新中心、企业技术中心、工程研究中心、制造业创新中心等研发机构,加快众创空间、科技企业孵化器等孵化载体建设,建立专利导航基地、中试基地、知识产权服务网点等公共技术服务平台。三是引育创新人才。实行更加开放有效的人才政策,深化科技人才发展机制改革,健全人才交流合作机制,加大高层次人才引进力度,推动人才健康有序高效流动。完善职业院校与企业合作机制,发挥校企合作中的双主体作用,推动院校与企业合作建设人才实训基地,拓宽校企合作方式。优化人才服务保障,加快建设人才公寓,提升服务水平,为人才提供多样化、专业化服务。

## 3. 提升产业集聚水平,建设产业集群发展高地

产业集聚能够有效促进经济发展、结构升级与资源优化配置,规模效应和带动作用显著。推动开发区与河南省新材料、电子信息、先进装备、新能源汽车、现代医药、现代食品、现代轻纺等 7 个万亿级先进制造业集群和 28 个重点产业链对接融合,加快推进产业链整合和创新资源共享,建设产业集群发展高地。一是打造先进制造业集群。拓宽视野、找准定位,绘制好产业图谱、技术图谱、人才图谱、装备图谱,精准招商、链式招商,推进产业发展形成良好循环生态。延伸产业链、夯实创新链、守护生态链、打通内循环,提升价值链水平。积极对接河南省重

点培育的10个重大先进制造业集群，以集群化构建高效协同的生产制造网络体系，推进产业高端化、智能化、绿色化、国际化发展。二是壮大新质生产力。全面整合新一代科技创新要素资源，促进技术创新、管理革新、数智鼎新，形成生产力和生产关系的新适应和新驱动，加快推进新材料、电子信息、先进装备、新能源汽车、现代医药、现代食品、现代轻纺等产业发展，积极培育未来产业，加快形成新质生产力，增强发展新动能。三是形成龙头企业＋专精特色企业群。构建产业链融合发展生态，鼓励产业链龙头骨干发挥引领作用，加强要素、信息、技术等资源共建共享，深化技术攻关、生产验证和标准制定等方面合作，推动龙头企业＋"专精特新"企业群高效集聚发展，形成空间集聚、创新协同、不断裂变的成长模式。四是推动制造业与服务业融合发展。深挖生产性服务业人才集聚与知识溢出优势，推动生产性服务业与制造业协同集聚，促进新经济、新动能、新业态发展，推进制造业与服务业融合发展、结构优化、业态创新、空间集聚、品牌提档。五是提升现代农业科技应用水平。提升智能设备、机器人技术、农业物联网技术应用水平，强化农业科技成果、技术组装集成、现代农业生产的示范效应，推动规模化种养基础设施、产业链供应链完善提升，推进科技协同创新平台、智慧农业平台、农产品认证平台建设，加强现代农业品牌培育和联农带农助农，构建农业循环经济体系，推动现代农业开发区对乡村产业振兴的引领示范。

4. 全面融入全球价值链，打造产业链开放高地

积极融入全球价值链能够充分发挥比较优势、全面促进创新驱动、强劲拉动有效需求、大幅增强贸易竞争力。一是拓展对外贸易发展模式。积极开拓国际市场，对标对表RCEP、CPTPP、DEPA等国际经贸规则，创新外贸发展模式，推动产业高端化、精细化发展。引进和培育一批跨境电商龙头企业和平台，推进跨境电商发展。加强开发区与自贸区、综合保税区的联动发展，扩大平台叠加优势，积极发展跨境电商、外贸综合服务、市场采购贸易、海外仓、海外运营中心等新业态新模式，推动

开发区对外贸易快速发展。二是加大招商引资力度，大力发展外向型经济。围绕河南省重点培育的28个产业链和7个先进制造业集群，绘制招商图谱，开展精准招商，引导开发区设立投融资平台，发挥政府、企业、社会的投融资作用，着力招引龙头企业、知名跨国公司、总部型项目、外资研发中心等。创新招商方式，不断提升引资质量，组建专业化程度高的招商团队，探索资本招商、产业链招商、飞地招商、驻地招商、基金招商、中介招商等多种形式，推进招商引资。三是深化国际合作，提升开发区国际化水平。深化开发区与国内外发达地区产业园区和经贸合作区对接合作，推进产业链供应链配套合作，加强发展规划、运营管理、招商引资、人力资源等方面协同合作。推进开发区与自贸区协调推进制度创新、开放创新以及开展特色化改革探索，不断提升开发区对外开放水平。

5. 强化数字赋能，打造低碳发展高地

党的二十大报告提出，推动经济社会发展绿色化、低碳化是实现高质量发展的关键环节。强化数字赋能，以低碳科技推动低碳产业发展，以低碳示范园区带动区域高质量发展。一是推动开发区数字化发展，强化基础设施建设。推动开发区数字化迭代升级，加快推进开发区综合管理平台建设，构建开发区基础信息、统计评价、园区特色、综合管理等数字化场景应用，不断加强数字化平台建设和数字化服务能力。构建数字经济公共技术服务平台，不断完善开发区信息技术基础设施建设，建立科学运作、高度协同的数智全产业链体系，推动开发区高质量发展。推进智能制造，加快建设智能工厂、数字化车间，广泛应用数字孪生、物联网、大数据、人工智能、工业互联网等技术，推进数字化设计、升级智能装备、优化工艺流程、精益生产、可视化管理、质量控制与追溯、智能物流等，加快云化、平台化、服务化转型，打造一批"未来工厂"。二是推动技术创新，大力发展绿色制造。立足技术创新，加强节能技术研发，强化新能源和可再生能源综合应用，积极推进清洁能源替代工程，不断完善开发区绿色低碳能源供给体系，增强绿色低碳制造新动能，不断改进节能环境，打造能源梯级利用生态系统，推进低能耗生产。三是推动能源低碳化转型，建设零碳园区。加强与行业龙头合作，积极探索"零碳"技术创新，全面促进"零碳"技术产业化，通过试点零碳车间、展厅等模式引领示范，助力企业低碳转型。优化开发区能源和低碳综合管理体系，搭建数字化、智能化服务平台，发挥战略引领作用，统筹抓好开发区降碳、减污、扩绿、增长，带动碳中和相关产业协同发展，加快实现产业绿色转型。

**6. 持续优化营商环境，打造制度创新高地**

开发区承担着地区经济发展、政策试点和制度转型创新等多重任务，是高质量发展的排头兵和示范窗口。一是推动开发区公司化管理、市场化运营。不断深化"管委会＋公司"运营模式，理顺管委会与公司的关系、法律地位、职能权力，强化开发区管委会组织、协调、服务功能，发挥市场在资源配置中的决定性作用，有效激发活力和动力，形成乘数效应。二是深化"三化三制"改革。加强引育园区运营、产业投资、创新孵化等领域人才队伍，吸引高层次、高水平的专业技术和管理人才，充分调动干部干事创业工作积极性，推动河南省开发区高质量发展。三是纵深推进流程再造和体制机制创新。解放思想、创新改革，通过机制上的优化调整，再造决策、落实、督导各项流程，突破条框提升效率、优化服务、释放活力。通过协调权责配置、层级关系、区域联动等，建立权责明确、边界清晰、科学有效、资源配置合理的组织体系，不断提升服务效能，汇聚更多新技术、新产业、新业态。

（执笔人：张亚凡　闫雷　冯书晨　袁伟　高巍）

**参考文献**

[1]《河南省人民政府关于公布河南省开发区名单的通知》，《河南省人民政府公报》2022年第19期。

[2]《河南省人民政府办公厅关于公布河南省开发区四至边界范围的通知》，《河南

省人民政府公报》2023年第14期。

[3] 石可欣：《打造县域经济强劲增长极》，《河南日报》2022年4月29日第5版。

[4] 李金龙、李明：《我国实现开发区高质量发展面临的问题与对策——基于多重制度逻辑的分析》，《广西社会科学》2020年第3期。

[5] 陈文晖、王婧倩：《产业园区高质量发展的战略思考》，《宏观经济管理》2021年第4期。

[6] 王高翔：《国家级开发区：迎来高质量发展新阶段》，《中国工业和信息化》2019年第1期。

# 调研篇

## 加快开辟产业新赛道

# 河南省新能源汽车产业发展调研报告

**摘要**：新能源汽车已成为国内各个省份竞相发展的风口产业。河南省已初步构建了从电池材料、动力电池到整车制造等相对完整的产业链条。针对产业规模小，"三电"核心零部件短板突出，科技、人才、金融等关键要素供给不足等问题，应紧紧抓住整车生产这个产业链发展的"牛鼻子"、加快提高核心零部件产业协作配套能力、加快提升产业链技术创新能力、积极打造城市矿产示范基地等，推动河南省汽车产业实现高质量发展。

**关键词**：新能源汽车　产业链　调研报告

为贯彻落实《河南加快构建现代化产业体系着力培育重点产业链工作推进方案（2023—2050年）》，系统了解掌握河南省新能源汽车产业链发展现状、存在问题，我院组织了河南省新能源汽车产业链课题调研组，先后赴郑州、开封、新乡、鹤壁等地调研了东风日产、海马、宇通、开封奇瑞等整车企业；以及天海、河南锂动、科隆新能源、河南氢璞等零部件企业，并与河南省汽车协会，发改、开发区等相关部门、企业进行了座谈（详见附件）。根据调研情况，结合行业发展趋势并借鉴省外先进省份的发展经验，综合分析，形成报告如下。

# 一　河南省新能源汽车产业发展基础

## （一）产销量逐步提升

河南省拥有宇通集团、比亚迪、上汽郑州、海马汽车、郑州日产等18家整车企业，整车产能约190万辆，其中，宇通集团新能源客车产销量长期位居全国首位；环卫车辆、新能源皮卡、物流车国内市场占有率位居前列。2022年河南省新能源汽车产量为10.35万辆，占全省汽车总产量的18.71%，随着现有产能的逐步释放和电动化步伐的加快，产量有望实现快速突破。河南省综合交通枢纽地位突出，地势平坦、气候温和，人口基数大，具备推广新能源汽车的良好条件。2022年全省共销售新车115.7万辆，其中新能源车32.23万辆，位居全国第6位，渗透率27.9%。郑州新能源汽车销量达到10.9万辆，居全国城市第9位，位居中部六省省会第一。全省有14个地市渗透率超过全国平均水平，其中洛阳、济源、焦作、濮阳、驻马店和许昌的新能源渗透率都超过了30%，洛阳高达38%。

## （二）产业链初步构建

近年来，河南省通过补链延链，初步构建形成了从电池材料、动力电池、电机电控等关键零部件研发生产，到整车制造，以及充电基础设施的配套建设等完整的新能源汽车产业链条。动力电池领域，集聚了中航锂电、郑州比克、多氟多、天力锂能、龙佰集团、易成新能源、惠强新材等一批优秀骨干企业，形成了从正负极材料、电解液、电池隔膜、结构件到电池完整的动力电池产业链。电机电控方面，拥有郑州智驱科技、南阳通宇新源、三门峡速达、许昌润禾机电、郑州森鹏等零部件企业，宇通、海马等整车企业在电机电控等方面具有自主生产能力。在汽车电子领域，集聚了河南天海、鹤壁航盛、河南航瑞等一批行业骨干企业。其中，天海集团是特斯拉、比亚迪、一汽、上汽、小鹏、理想等企业的主要供应商。在充电设施领域，拥有正星科技股份有限公司、洛阳正奇机械有限公司等专精特新企业。此外，电池回收领域有河南利威新能源、河南科隆电源材料等四家工信部白名单企业。

在氢燃料电池汽车方面，2022年郑州燃料电池汽车应用示范城市群省内6市推广车辆675辆、建设加氢站21座。在多场景推动燃料电池汽车，车辆涵盖公交、环卫、渣土、水泥搅拌、冷链物流、重型牵引等系列车型。宇通研制了燃料电池客车和卡车系列化产品，30多个车型批量生产，研制的"长续航高环境适应性燃料电池公交车"被评为国家重点科技成果。2022年，宇通实现燃料电池汽车产销量分别为855辆、825辆。从电堆、电池系统、发电系统到加氢设备、加氢站建设等环节集聚了郑州重塑科技、亿华通、新乡豫氢动力、豫氢装备、新乡氢璞创能科技、正星科技、濮阳中沁泰康等一批优秀企业。"河南省新能源汽车产业链现状图谱"详见附件1。

**（三）产业集聚初步显现**

河南省新能源汽车产业集聚态势较为明显，基本形成以郑州、开封为整车核心区，以洛阳、新乡、鹤壁、许昌等为核心零部件生产区的集聚发展格局。其中，郑州经开区有上汽、宇通客车、东风日产、海马4家乘用车整车厂，7家专用车厂，260余家汽车零部件企业，汽车整车产能达到130万辆，上汽集团在郑州布局了全国最大的乘用车生产基地；洛阳中州时代新能源生产基地以宁德时代为龙头将打造千亿产值新能源电池基地；新乡市电源产业开发区拥有天力锂能等3家"中国电池行业百强企业"，是全国重要的电池材料生产基地；鹤壁汽车电子工业园是国内重要的汽车电子产品生产基地；新乡高新区氢能产业园被氢能行业机构评为"全国最佳氢能产业园"。

### (四)创新能力逐步提高

近年来,河南省围绕汽车产业电动化、网联化、智能化发展方向,着力推进新能源汽车整车集成、动力电池与燃料电池系统、关键零部件等技术攻关,以科技创新助推河南省新能源汽车产业发展。全省新能源汽车产业链重点企业建立包括国家级、省市级研发平台创新平台105个,其中国家级平台26个。整车企业,宇通是国内唯一一家具备新能源核心零部件自研自制能力,并且具备全系列新能源商务车生产制造的一个企业,并保持每年研发投入占比7%以上,拥有7个国家级创新平台、10个行业及省级研发平台,承担多项国家重大科研项目,并建立了专用的试验中心、国家级企业技术中心等,始终处于行业领先位置。在电池领域,河南锂动开发了国内盾构轨道机动车用动力锂电池系统,填补了国内空白;豫氢动力研制出省内首台超过百千瓦的燃料电池电堆模块产品,电堆模块性能和功率密度达到国内先进水平。在电池材料领域,科隆新能源完成高镍动力锂离子电池三元材料及前驱体的开发与应用,产品批量供应比亚迪、L&F、TESKO 等国内外行业知名企业,并进入国际领先的新能源汽车厂商供应链体系。

### (五)基础设施不断完善

在省、市支持充电基础设施建设政策的鼓励下,社会各界包括国网、特来电、星星充电等企业参与充电设施建设运营的积极性显著提升。截至2022年,河南省建成公共充电桩约6.8万余个,全省开通运营的149对(部分单侧)高速公路服务区(停车区)中共计安装充电桩1272台,实现全省高速公路服务区充电站基本覆盖,覆盖率进入全国前列。省发展改革委组织开发的河南省充电智能服务平台累计接入全省新能源汽车运营商193家、充电站4282座、充电桩4.59万个,为全省充电设施建设和运营企业提供充电运营商线上注册、财政奖补资金申请、充电设施运营管理等服务,实现了政府在线监管。

## 二　河南省新能源汽车产业存在的问题

### （一）整车企业产能利用率偏低，产量与领先地区差距明显

调研中了解到，受新冠疫情、需求萎缩、行业产能过剩等多种因素影响，河南省整车企业产能利用率偏低，2022年19家整车企业产能利用率为39.72%，低于全国72.7%（乘联会数据）的平均水平，其中连续两年低于20%的有11家企业。比如，奇瑞产能为30万辆，2022年产量约为15万辆；东风日产产能为20万辆，2022年产量约为8万辆。受整车影响，零部件市场需求收缩，比如天海集团产能利用率为70%，航瑞电子产能利用率仅为40%。河南省新能源汽车产量与发达地区差距明显，2022年全省新能源汽车产量10.35万辆，远远落后广东的130万辆、上海的99万辆，也低于安徽的54.1万辆、湖北的29.3万辆。同时，乘用车企业大部分为省外品牌设立分公司。省内包括比亚迪、上汽、奇瑞等乘用车龙头企业以组织生产为主，均未在河南设立研发总部和销售总部，河南省在整车战略规划布局、车型产品开发及零部件采购等方面均无主导权。调研认为，河南省整车企业产量规模小，同时又缺乏总部型龙头企业，大大削弱了作为"链主"企业的主机厂对产业链的带动作用。

### （二）"三电"等核心零部件短板突出，本地配套化率较低

省内汽车零部件配套企业主要集中在发动机、变速箱、汽车模具、冲压件、减震器、底盘件、传动轴、汽车内饰等传统汽车配套细分领域；除电池材料、动力电池、PDU外，在驱动电机、电机控制器、DC/DC转换器、OBC等"大小三电"关键领域企业数量少、产能规模小、缺乏有影响力的龙头企业，基础较为薄弱。2022年河南省动力电池产量19.2GWH，仅占全国总产量的3.5%；驱动电机产量为44543套，仅占全国总产量的1%左右，与整车企业配套需求仍有较大差距。比如，

东风日产所需动力电池全部由比亚迪提供，奇瑞开封"三电"配套的省内企业只有洛阳中创新航公司（提供电池包），其他均在省外。另外，智能网联汽车零部件企业较少，在车规级芯片、传感器系统、高精度定位系统、高精度地图、车联网服务平台等方面短板十分明显。调研发现，河南省整车企业所需零部件大多是省外采购，产业链本地化配套率较低。东风日产、宇通客车本地化配套率分别为20%和42%，奇瑞开封传统零部件共有一级供应商308家（包括冲压、线束、仪表、内饰、油箱、座椅等产品），其中开封市只有15家，全省仅有31家。

**（三）氢燃料电池汽车推广受到制约**

调研发现，生产成本高和补能基础设施不完善是影响氢燃料汽车推广的两大重要因素。河南省在氢燃料电池客车及其关键技术方面具有一定优势，但在质子交换膜、催化剂等关键部件产业相对薄弱，燃料电池系统和电堆技术较国内领先水平还有一定差距，导致生产成本相对较高、车辆售价较贵。比如，氢璞创能科技公司一套120kw的氢燃料电堆系统价格在50万以上，占到整车价值的50%—60%，导致氢燃料汽车价格比同类燃油车高出3倍左右。另一方面，加氢站是氢能产业商业化发展的重要基础设施，其布局和数量决定了氢能产业终端应用的未来发展规模和渗透程度。河南省加氢站数量相对较少，截至2023年4月，河南省建成投用加氢站数量17座（全国301座），但与排名前五的广东52座、山东29座、江苏26座、浙江24座，仍有不小差距。

**（四）创新能力不足且缺乏人才支撑**

一是研发力量薄弱，特别是围绕电动化和智能化开展研发的平台不足。目前河南省新能源汽车相关的国家级及省级研发平台较少，整车企业仅有宇通、日产、海马等几家企业设有工程技术中心。2022年，宇通客车研发投入为16.94亿元，郑州日产研发支出2.9亿，海马研发投入为6167万元，和比亚迪（186亿）、上汽集团（180亿）、蔚来汽车

(108亿）小鹏（52亿）理想（67.8亿）等整车企业差距较大。零部件企业建立的技术中心和实验室主要围绕着电池及原料、汽车增程、轻量化方面开展研究，在电动化、智能网联化等高端核心关键零部件的研发平台严重匮乏；二是创新体系不完善。调研发现，骨干企业目前大都是依靠自身技术团队或联合省外高校和科研院所开展技术攻关和研发。整车企业之间、整车与零部件企业、高等院校、科研机构等各自为战，缺乏深度协作创新。三是产业发展的各层次人才支撑缺乏。调研发现，人才短缺是企业的共性问题。如宇通公司反映河南省在新能源电机（特别是磁钢、硅钢）、电机控制器、整车控制器硬件电路设计、软件控制算法、结构设计及系统匹配与集成设计方面人才缺乏特别是基础研究型人才等尤为短缺。同时由于企业薪酬待遇满足不了所需人才的需求导致人才流失；河南航瑞等企业反映河南省高等院校相关专业毕业生更愿意去北上广发达地区工作，有经验的骨干技术人员引进难、留不住，出现中层人员断层的情况，即使一般的技术工人也存在招工难的情况。

**（五）产业生态需进一步优化**

一是金融扶持政策需进一步加大。调研发现，企业普遍存在资金压力。奇瑞开封基地反映企业目前产品主要还是以传统车型为主，新能源产品的研发每年投入约2亿元左右，主要以合同形式委托总部进行。由于新能源车型的更新迭代较快，每年产品研发需要持续投入大量资金，企业面临巨大资金压力。河南锂动电源的土地、设备也均已抵押，但流动资金数量大，资金筹措难，产能利用率低；科隆材料公司缺乏发展资金，动力电池回收加工利用生产线处于停产状态。河南锂动和河南科隆本是上下游关联企业，因河南锂动无法满足河南科隆现金结算的商务条款，两家企业无法建立合作关系。

二是配套基础设施建设相对滞后。充电桩除在郑州洛阳等地相对完善，在河南省其他地市特别是广大农村地区布局较少；加氢站建站进度滞后、数量不足。中国充电联盟数据显示，截至2023年4月，全省累计建设公共充电桩7.7万个，居全国第9位，与第1位的广东省（44.4万个）差距明显，约为浙江、江苏、上海的一半；另一方面，由于电力报装、消防安全等因素的影响，推动居住小区建设布局充电桩较为困难。

三是产业链后端的配套体系不完善。根据对4S店调研走访情况来看，消费者在购买新能源汽车时除了考虑价格、安全等因素外，后期维修、二手车置换评估等后市场服务发展迟缓也是制约影响购买的重要因素。在动力电池回收领域，全省仅有科隆材料等4家白名单企业。科隆公司反映河南省目前废旧电池回收的生态体系没有建立。由于回收规模小，技术和环保投入大，企业回收加工效益差，目前产能利用率较低，废旧电池大多流向小作坊，存在严重的安全和环保隐患。调研认为，废旧锂电池回收是电池材料企业供应链的重要一环，市场前景广阔，废旧电池回收加工利用产业发展亟待推进。

## 三 广东、安徽两省的经验借鉴

以2022年新能源汽车产量为依据，选择产量国内第一的广东省和中部省份第一的安徽省为样板省份。通过梳理广东省和安徽省在新能源汽车产业发展的一些相同做法，为河南省提供经验借鉴。

### （一）基本情况

1. 广东省

2022年，广东省新能源车产量约130万辆，销量约为75.3万辆，产销均为国内第一，占全国新能源汽车份额约18%。目前，全省共有规模以上整车制造企业27家，规模以上零部件和配件企业912家，形成了具备全球竞争力的全产业链条。整车领域，比亚迪、广汽埃安、小鹏等为代表的头部企业产销量位居全国前列；动力电池领域，比亚迪、欣旺达、亿纬锂能等产量位居全国前十名。贝特瑞是全球领先负极材料供应商，出货量连续 8 年位列全球第一；天赐新材料、新宙邦是全国排名前两名的电解液供应商，并均已在欧洲投资建设产线；恩捷生产的电池隔膜约占国内市场的 50%。驱动电机领域，弗迪动力、汇川技术、合普动力、华为机器等广东企业技术水平处于行业领先水平。产业集群发展优势明显，目前已形成广州、深圳、佛山新能源汽车核心集聚区，以东莞、中山、惠州、肇庆等为代表的关键零部件及新材料配套项目集中区，产业链企业加速汇集。截至 2022 年，广东省累计建设新能源汽车公共充电桩数量达 382960 台，位居国内第一，新能源汽车配套基础设施建设的完善有力地支撑了消费市场的增长，进一步拓展了新能源汽车产业规模。根据《2022 年中国区域创新能力评价报告》，31 个省份区域创新能力综合排名中，广东连续 6 年全国第一。2022 年以来，全国新能源汽车相关发明公布共 2787 条，其中广东地区 483 条，占比全国 17.3%。

2. 安徽省

近年来，安徽大手笔"押注"新能源汽车赛道，在全国汽车产业格局中的地位愈发凸显。2022 年，安徽汽车产量 174.7 万辆，居中部第一，全国第 7 位，其中新能源汽车产量 52.7 万辆，汽车及新能源汽车产量均创历史新高，凭借以新能源汽车为代表的先进制造业，实现了从"农业大省"迈向"制造强省"的华丽蜕变。目前安徽已集聚江淮、奇瑞、蔚来、大众安徽、合肥长安、合肥比亚迪等 10 家整车企业和以全柴动力、杰锋动力、伯特利、中鼎集团、国轩高科、巨一动力、明天氢能、杰发科技等为代表零部件配套企业 1200 家，建立了集新能源汽车整车制造和汽车电子、动力电池等关键零部件紧密结合的全产业链体系，初步形成了合肥、芜湖"双核"驱动，宣城、安庆、马鞍山、阜阳、淮南、六安等市多点联动、整车与零部件协同发展的新格局，综合发展水平在全国大跨步前进。在技术研发领域，完成了从芯片设计到晶圆制造，再到封装测试、设备材料、第三方服务平台的全产业链布局，合肥是全国少数几个拥有集成电路全产业链的城市之一。

### (二) 做法和经验借鉴

**1. 从思路、规划、战略和政策设计上真正做到前瞻谋划、精准施策**

新能源汽车产业的发展壮大离不开政府的培育和扶持，需要系统性的设计和组织能力，按照发展规划、战略，分解任务，逐步推进。早在2012年，《广东省战略性新兴产业发展"十二五"规划》将新能源汽车产业列为八大产业发展重点之一。随后十余年里，广东省就区域新能源汽车技术发展路径、新能源汽车产品发展方向、新能源汽车产能建设、新能源汽车产业链建设、新能源汽车应用推广、新能源汽车领先企业培育、新能源汽车基础设施建设等关乎区域新能源产业发展的诸多方面陆续出台相关政策合计超过200条，比如要大力发展智能网联汽车，大力发展核心零部件、提高整零比、提高本地化的供应链韧性，鼓励智能网联相关产业先行先试等。安徽省近年来编制了"十四五"汽车产业高质量发展规划、氢能产业中长期规划、电动汽车充电基础设施建设"十四五"规划，出台安徽省新能源汽车产业发展行动计划（2021—2023年）、支持新能源汽车和智能网联汽车产业提质扩量增效若干政策等。通过顶层设计明确产业发展方向，利用政策规划配套具体落实措施，明确地区发展目标和发展手段，有的放矢进行产业布局，为产业培育壮大提供了有力支撑。

**2. 采取"基金+资金"的方式大力扶持产业发展**

安徽、广东在强化产业要素保障方面，都加大了资金投入扶持力度。安徽省组建运营省新能源汽车和智能网联汽车产业主题母基金，主要以参股方式吸引社会资本设立专项子基金或特殊目的基金，重点支持新能源汽车和智能网联汽车产业骨干企业发展和"双招双引"重大项目建设，对特别重大项目可以直投方式给予支持。广东省广州市支持设立总规模100亿元的广州智能网联与新能源汽车产业发展基金，吸引整车及产业链上下游企业等社会资本参加，用于支持企业扩大生产，招引外地优质企业、项目落户等。2022 年,安徽省累计下达省以上新能源汽车推广应用财政补助资金 54.6 亿元,用于新能源汽车消费者购置补贴,及时缓解汽车生产企业现金流压力,确保产业链供应链稳定;安排三重一创专项引导资金 2.3 亿元,用于新能源汽车产业创新发展和产品推广省级奖补。

3. 搭建上下游联合发展协作平台

广东和安徽两地政府积极搭建平台,政企联动开展产业链供需对接,推动上下游企业联合发展。安徽在新能源汽车产业链上开展了整合和优化工作,通过完善"龙头+配套"发展体系,加强与上下游产业之间的对接与合作。发挥省新能源汽车联盟和"车芯"协同机制作用,搭建产业链上下游企业间合作交流平台,组织开展"1+N"汽车及零部件产需对接活动,打造网上对接平台,提升本地配套率。同时加强培育引进,发挥"链主型"企业引领作用,招引核心零部件项目、补短板项目落户安徽。广东省实施"供应商 AB 近地化策略"。推动整车企业梳理关键核心零部件、重要物料"AB 近地化"清单,支持可适配汽车零部件的电子、材料、轨道交通等领域企业纳入清单,吸聚核心供应商在本地及周边区域布局,共同补齐供应链短板。支持"链主"企业牵头搭建汽车零部件集采平台,平台引导整车企业及核心供应商等积极参与联合采购,降低采购成本,提升近地化率,促进产业链上下游企业实现供应链安全布局。

4. 建立了高效协同创新平台

围绕新能源汽车产业与广东、安徽两地都不断加强龙头企业、高校、科研院所的合作力度,建立了产学研用紧密结合的创新平台体系。如广东省建立了大湾区新能源汽车产业技术创新联盟,联盟内集聚企业 111 家、高校院系 10 家、科研院所 42 家,通过资源整合、开放共享、组织开展关键共性技术联合攻关,打造高度网络化协作的产业组织,推动成果向中小企业扩散辐射,实现了企业集聚的"物理相加"转向企业及相关机构间互动合作的"化学相融",形成产业链"上下游"专业化分工、"大中小"企业互动合作和"产学研"协同创新的新局面。安徽由中科院合肥物质科学研究院、合肥创新院、杰发科、华霆动力、艾创微等联合组建了"集成电路车规级芯片技术中心",该中心将对外整合行业创新要素、引育人才;对内聚焦核心技术,实现成果转化、赋能科创企业;对上承接科创资源;对下辐射地市产业发展,着力建成国内领先、产业化市场化运作的高效协同创新网络机构。中国科学技术大学与国轩高科共建"创新电池联合实验室"。联合实验室将围绕创新锂电池技术,开展基础技术、前瞻技术和关键技术研究,并进行产学研合作。双方基于合作成果,积极开展科技成果的转化应用与产业化。

另外,在新能源车推广应用方面,除了加快充(换)电等供能基础设施的布局规划和建设,两地在商业模式创新进行了积极探索。如深圳、合肥政府推广纯电动公交车都采用了"融资租赁、车电分离,充维结合"的模式。

## 五 河南省发展新能源汽车的对策建议

按照"龙头企业引领,重大项目推动,产业补链强链,集群生态发展"的总体思路,培育壮大河南省新能源汽车链主企业和专精特新"隐形冠军"企业,通过补链、串链、优链等多种方式构建完善的产业链供应链,打造上中下游紧密协同、供应链集约高效的产业集群,加快推动河南省新能源汽车产业实现高质量发展。

### (一)紧紧抓住整车生产这个产业链发展的"牛鼻子"

在新能源汽车产业链中,主机厂占主导地位,零部件企业产品的规格型号和技术参数以及服务件都是紧紧围绕着主机车的特定车型进行研发、设计、仿真验证到最后批量生产,因此整车企业作为"链主"决定着产业的总体规模和发展水平。

1. 统筹提升全省新能源汽车产能。在当前我国乘用车产能总体过剩的情况下，伴随市场竞争更趋激烈，马太效应日益凸显。建议引导河南省中豫新能源汽车产业基金对接比亚迪，采用入股或直接投资的方式，支持比亚迪、上汽、东风日产、开封奇瑞在豫扩大新能源整车生产规模，围绕着电驱动系统、汽车芯片、智能驾驶、充换电设施等产业链加快投资布局，打造郑汴汽车产业生态圈。盘活河南省海马、森源等现有新能源汽车资源，大力支持智行盒子与海马汽车深度合作，共同深耕B端用车细分赛道，尽快实现量产，打造未来出行服务新生态和平台经济新业态。依托宇通、开封奇瑞、森源重工、福田智蓝新能源等企业提升新能源在客车、货车等商用车领域的市场渗透率。抢抓国家燃料电池汽车示范应用城市群发展机遇，坚持把发展氢燃料汽车作为实施换道领跑的重要载体，依托宇通、奇瑞、海马等企业加快推进燃料电池汽车规模化发展水平。

2. 建议出台支持豫产车的指导性政策。主机厂的产量规模不仅代表自身企业的发展水平，也决定着零部件配套企业的数量和规模，而企业往往采取"以销定产"的产品策略，因此对比亚迪、宇通、上汽、奇瑞等"链主"企业的扶持政策着力点在助力其扩大销量。建议河南省积极发挥政策引导，在公务用车、城市公交、出租、环卫、邮政快递、城市物流配送等公共领域优先推广使用地产车，并在金融、销售和售后服务网络体系建设等方面予以支持；加快推进河南省农村地区充电基础设施建设，实施地产车购置补贴，助推本土生产企业拓宽河南省农村市场销售渠道。通过打造区域"销量冠军"推动企业把更多新能源产品技术、场景应用、研发基地、核心配套产业等落地河南。

3. 大力推动链主企业主导补链强链增链促进产业协同发展。根据整车企业关键原材料、关键零部件、关键软件需求形成"链主企业产品需求清单"，按照"企业列清单、政府搭平台"的模式，组织"产业对接会"等活动建立对接机制。支持链主龙头企业瞄准相关行业"专精特新"中小企业，以商引商，填补河南省产业链薄弱空白项。鼓励"链主"企业牵头搭建集采平台，降低采购成本，优先把本地优质零部件企业列入采购目录，并按照年度本地配套率增幅给予相应的奖励。

## （二）引育结合加快提高核心零部件产业协作配套能力

衡量一个区域汽车产业的发展水平，不仅仅要看最终的整车产能，也要看汽车零部件企业的配套集聚程度。从产业发展方向来看，要围绕电动化和智能化两条腿走路，特别是要抢滩智能网联新赛道，重塑汽车产业新优势；从发展路径来看，一方面要加大关键零部件项目招商引资力度，另一方面大力培育扶持专精特新企业，提高产业本地化配套能力。

1. 以长三角、珠三角作为对接重点区域加强招商引资。从三电系统到车身、底盘、智能化软硬件、汽车电子等主要零部件配套重点企业主要集中广东、上海、浙江、江苏等长三角和珠三角地区，长三角达到 51 家，珠三角达到 28 家。在电动化方面，支持智驱科技、禾润机电、通宇新源动力等省内企业做大做强，同时围绕集成化电驱动系统、电控系统等产业链薄弱环节，积极引进方正电机、上海电驱动、汇川技术、蔚然动力等行业重点企业；在智能化方面，巩固提升天海电器、航盛电子在汽车线束、连接器、车用液晶显示器等优势，围绕高性能传感器、高算力芯片、车用操作系统、集成化电子电气架构等，引进苏州智华、镭神智能、北汽蓝谷、速豹动力、华为海思、地平线等优势企业，延伸发展智能驾驶产业链。参见附件2："产业链招商参考目录"。

2. 在汽车电子、电池材料、智能座舱、智能电机、充电桩等细分领域持续培育一批创新能力强、质量效益优的"专精特新"小巨人企业和单项冠军企业。专精特新企业创新实力较强，配套能力突出，是产业链供应链的关键节点，对提升产业链供应链现代化水平具有重要支撑作用。进一步优化河南省营商环境的同时，制定河南省新能源汽车核心配套中小企业培养名单，梳理每个企业的核心产品、主要优势、创新之处、面临的困难和建议等信息，由群链长责任单位提供针对性帮扶；在现有"专精特新"中小企业奖补政策的基础上，郑州、洛阳等地可进一步加大奖补额度，带动河南省更多新能源汽车中小企业走"专精特新"到"专精特新小巨人"再到"单项冠军"演进发展之路。

3. 做优动力电池产业集群。当前动力电池行业市场集中度不断提高，同时行业面临产能过剩的风险。一方面推动宁德时代、比亚迪郑州弗迪动力电池项目达产达效，鼓励支持郑州比克、中航锂电、鹏辉电源、深澜动力等骨干企业开展高电压大电流快充、安全管理及控制、高效热管理等技术攻关，不断提升优化产品性能；另一方面要引导企业调整产能结构，加快布局钠离子、固态等新一代动力电池的研发和产业化。

**（三）加快提升产业链技术创新能力**

围绕实施产业链重大技术攻关工程，引导企业加强研发投入，加强龙头企业、高校、科研院所的合作力度，突出平台建设，建立产学研用紧密结合的创新平台体系，为新能源汽车高质量发展提供战略支撑。

1. 建议进一步发挥财政奖补资金引导效应。对获得国家发改及科研资金支持的重大技术攻关项目，省市两级财政分别对国拨资金给予1∶1配套，以进一步支持企业加大新能源研发投入，加快突破关键技术瓶颈。

2. 鼓励组建河南省新能源汽车技术创新联盟，推进产学研协同创新。引导河南省整车企业与核心零部件企业、工程研究中心、科研院所等组建创新联合体，通过资源整合、开放共享，打造高度网络化协作的产业组织，组织开展关键共性技术协同攻关。

3. 支持比亚迪、宇通、上汽等链主企业联合产业链重点企业以"揭榜挂帅"开展技术攻关。围绕电驱动系统、高算力芯片、高性能传感器、智能车载操作系统、燃料电池等关键零部件，通过组织开展大企业"发榜"中小企业"揭榜"工作，以实际具体项目为载体，以委托研发、联合攻关等形式，开展协同创新活动，推动形成充满活力的融通创新生态。

4. 加强国家级省级、创新平台建设。鼓励重点企业、研发机构、高等院校等，积极申报各类研发平台建设项目，每年认定若干家新能源汽车技术创新中心、电驱动系统工程技术研究中心、智能网联重点实验室等，并积极推荐申报国家级研发平台，鼓励有条件的市县加大资金奖励。

**（四）聚焦育才引才强化人才战略支撑**

建立有效的"培养人才—引进人才—留住人才"常态化运行机制，为河南省新能源汽车产业链的发展提供强有力的人才支撑。

1. 加强新能源汽车各层次人才培训高地建设。要充分发挥本地院校在人才培养中的基础性作用，建立适应新能源汽车与相关产业融合发展需要的人才培养机制。推动高校、企业、科研院所的合作对接，鼓励高校设置相关专业，扩大招生规模，对新能源汽车产业相关专业的在校生给予补贴、办学经费上给予支持和倾斜。研究符合新形势下新能源汽车教育课程，为新能源汽车产业提供跨学科、跨领域的各类新型汽车人才。鼓励推行鹤壁汽车工程职业学院"一体三合四双"校企一体化人才培养新模式。

2. 引进新能源汽车产业发展高端人才。制定完善新能源汽车产业人才支持政策，加大底盘、动力系统、汽车电子、人工智能等高端人才的引进力度。吸引和激励新能源汽车领域的高端人才创新创业，进驻相关企业实现成果转化；建设人才公寓，积极协调住建部门，为引进人才提供住房；强化人才服务，开设"绿色通道"，设立专门的高层次人才服务热线，为高层次人才答疑解惑；健全高层次人才即时登记机制，建立高层次人才台账，全程为高层次人才提供服务。

**（五）积极打造城市矿产（锂矿）示范基地**

废旧锂电回收对于保障锂电产业链安全稳定意义重大，同时也是推进产业链绿色化、循环化的重要一环。锂电回收市场前景广阔，预计

2025 年后市场将迎来全面爆发，已成为新能源产业的新蓝海。河南省应高度重视锂电回收领域，积极打造城市矿产（锂矿）示范基地。

1. 加快完善河南省地方标准体系。研究制定河南省动力电池回收利用各环节包括回收服务网点建设标准、装卸搬运标准、存贮标准、动力电池性能测评和损坏折价标准等标准体系，鼓励中国铁塔（新乡）动力电池回收与创新中心以及河南省动力电池回收利用产业联盟等行业机构积极参与标准体系建设。

2. 培育壮大综合利用企业规模。研究制定税收和资金政策鼓励河南省整车企业、电池企业投资布局电池综合利用领域，积极引进邦普循环、光华科技等行业领先企业，支持现有白名单企业开展示范工程项目建设，提升回收利用技术水平和规模。

3. 完善回收网络体系建设。鼓励整车企业、电池企业、废旧汽车拆解企业、第三方回收利用企业等多方开展深度合作，通过共建共用回收网点、合理分配经营收益，相互提供资源信息或锁定订单关系来实现废旧电池的产业闭环。

4. 探索新型商业模式。借鉴国外电池回收经验，探索实施电池回收押金制度，即消费者在购车或租赁电池时，需要额外支付电池押金，在回收的时候通过电池编码或电池具体型号收回押金，另外对返还电池的消费者给予补贴。这种模式在一定程度上能够治理小作坊企业回收乱象，提高电池的回收效率。

## （六）持续优化产业生态

1. 加大推广应用力度。在郑州、洛阳等地公务用车、城市公交、环卫车、出租车、邮政快递车、城市物流配送车、机场用车等公共领域，全面实行电动化，强化政府示范引领。研究制定扩大新能源汽车通行路权的政策措施，如对新能源汽车（运营车辆除外）在政府投资的公共停车场（点）等按时计费的，适当延长免收车辆停放服务费时间；对悬挂新能源汽车号牌的货车（重型货车和危险物品运输车辆除外）

在市区道路通行不受同等型号货车限行规定限制；鼓励各地对辖区内部分高速路段，给予新能源物流车等通行补助等，激发市场购置及更新热情。加大金融帮扶力度，如对物流企业购置新能源汽车进行购车补助、贷款贴息；支持组建电池租赁企业，对在购买和使用环节开展动力电池租赁等业务按电池额定容量进行补助等。加快完善销售及售后服务体系，鼓励车企成立汽车维修服务公司，构建一站式新能源车主的售后服务生态圈。

2. 全面构建氢能产业生态。加快推进燃料电池汽车在冷链物流、重型货车等领域有序替代，积极布局开展氢燃料乘用车示范。建立完善的氢气制储运体系，适度超前布局加氢站，构建覆盖城市群重点区域的氢能供应网络，不断提升"制、储、运、加、用"全产业链规模化发展水平。加大行业政策支持力度，针对整车购置、关键零部件、氢能储运、加氢站建设、车辆运营等环节均进行扶持。同时，在商业运营模式和场景创造方面借鉴国内外先进经验不断探索创新。

3. 加快完善居住社区充电桩建设。继续提高城市公共充电站密度及充电效率的同时，实现"最后一公里"末端充电网络的覆盖，结合城镇老旧小区改造以及城市居住社区建设，大力推广充电服务"统建统营"模式，即按照"统一规划建设、统一维护管理"的原则，充分调动充电运营商等社会资本和居住社区管理单位等各方积极性，统筹推进居民小区公用充电设施建设。鼓励发展"临近车位共享""多车一桩"等新模式。

（执笔人：闫雷　高峰　韩林果）

# 河南省电子信息产业发展调研报告

**摘要：** 电子信息制造业是国民经济战略性、基础性、先导性产业，具有成长性好、带动性强、产业链长、附加值高等特征，是当今全球范围内最具创新活力和发展潜力的高新技术产业之一。河南省已初步构建了以集成电路与智能传感器产业链、新型显示和智能终端产业链、光电产业链和先进计算产业链为主的产业体系。但是在产业链规模能级、创新水平等方面远落后于东部发达地区。针对产业发展水平不高，供应链稳定性有待提升、要素支撑力度不足等问题，应立足河南省实际，把握电子信息产业发展规律，明确发展思路、做强重点产业、提升创新水平、引育市场主体、加强要素保障，加快推动河南省电子信息产业高质量发展。

**关键词：** 电子信息产业　产业链　创新水平

电子信息产业是国民经济的战略性、基础性、先导性产业，是数字经济的核心产业，是构建现代化产业体系、推动经济高质量发展的重要引擎，也是河南省重点打造的7个制造业集群之一，培育的28条重点产业链之一。深入分析河南省电子信息产业发展现状、问题，并提出有针对性的对策建议对河南省发展战略性新兴产业具有重要意义。

# 一 河南省电子信息产业发展现状

省委、省政府高度重视电子信息产业发展，将电子信息作为全省重点打造的战略性新兴产业之一，聚焦新型显示和智能终端、集成电路与智能传感器、光电信息、先进计算等细分领域，建立"双长制"（群链长、盟会长）协同推进机制，出台产业链现代化提升方案，推动产业规模快速壮大、企业竞争力显著增强，有力支撑制造强省建设。

**（一）产业规模快速壮大**

从整体规模看，2022年，全省规模以上电子信息制造业实现营业收入7935亿元，居全国第7位，已成为河南省工业高质量发展的增长极。从细分产业看，2022年全省新型显示产业规模近1000亿元，智能终端产业规模5500亿元，其中智能手机整机制造4000亿元；智能传感器及相关产业规模近330亿元，集成电路产业规模约为100亿元；先进计算产业从无到有、蓬勃发展，产业规模达到300亿元。

**（二）四大特色产业链基本形成**

围绕国家战略方向，聚焦新型显示和智能终端、集成电路与智能传感器等领域，强化招引力度，加大政策扶持，形成四大特色产业链。一是新型显示和智能终端产业链。新型显示领域，聚焦靶材、玻璃基板、玻璃盖板、OLED（有机发光二极管）材料中间体等关键材料领域持续发力，培育丰联科光电、旭飞光电、旭阳光电、惠成电子等重点企业，其中钼靶全国市场份额占比40%、国内第一；国产ITO（氧化铟锡）靶材实现零的突破，全国市场份额占比20%、国内前三，稳定供货于京东方、华星光电等龙头企业。智能手机领域，已形成以富士康为龙头的4000亿级智能手机产业集群，成为全球重要的智能终端生产基地，全省手机产量多年位居全国第2。二是集成电路与智能传感器产业链。

集成电路领域，网络安全、传感芯片等特色集成电路芯片竞争力较强，先进封装测试、专用设备等取得突破发展，省科学院集成电路研究所等项目正加快建设，信大捷安研发的安全芯片各项技术指标行业领先，芯睿电子声电转换芯片、热释电传感器芯片国内市场占有率均超过30%，仕佳光子PLC分路器芯片全球市场占有率第一。智能传感器领域，培育以汉威科技为代表的国内龙头企业，集聚光力科技、新天科技、中电科信息、日立信、安然测控、思维自动化、辉煌科技等一批具备较强竞争力的骨干企业，形成涵盖气象、农业、电力电网、环境监测、轨道交通等多门类的传感器产业链。三是光电产业链。光学光电领域，河南省产业基础较好，功能镀膜、数字微显示技术国内领先，其中南阳光电信息产业集群入选第一批省级战略性新兴产业集群。光通信领域，河南省在光纤光缆、光纤光栅、光芯片方面有一定优势，部分关键技术国际领先，其中仕佳光子研发生产的国内首款PLC（平面波导型）光分路器、AWG（阵列波导光栅）打破国外垄断，全球市场占有率50%。光电元器件领域，河南省光电连接器、光隔离器、光纤连接器等产品拥有较好基础，中光学集团的多款棱镜产品全球市场占有率第一，中航光电的光电连接器国内市场占有率超40%。四是先进计算产业链。先后引进实施黄河信产以及浪潮、长城、中科曙光等整机企业，紫光智慧计算终端全球总部基地、超聚变等重点项目，超聚变X86服务器生产基地、鲲鹏适配基地、浪潮服务器生产基地等项目相继投产落地，基本形成从核心布局、整机组装、外围设备到软件适配的计算产业链。

### （三）创新能力实现突破

近年来，各地高度重视电子信息产业发展，不断加大研发投入，为技术创新提供了强大动力。一是创新平台建设成效明显。拥有硅基材料制备技术国家工程研究中心、多晶硅材料制备技术国家工程实验室、河南省超高纯硅材料工程研究中心、含氟电子气体制备河南省工程实验室、河南省高性能金属靶材工程研究中心、移动信息安全关键技术国家地方联合工程实验室、光电子集成技术国家地方联合工程实验室等一大批国家级创新平台。支持仕佳光子建设国家地方联合工程实验室。二是中试基地加快建设。建设河南省智能传感器产业研究院、河南省智能传感器中试基地,培育河南省智能传感器制造业创新中心,打造微机电系统研发中试平台。成立省科学院南阳光电研究所,组建洛阳光电子器件产业研究院、河南省光子集成芯片中试基地等创新平台。三是一批创新成果进入全国前列。洛阳麦斯克生产的 4 至 6 英寸硅片在国内市场的占有率达 30%;信大捷安信息安全芯片、仕佳光子的 PLC 光分路器芯片处于国际先进、国内领先水平;硅片、靶材、湿化学品、电子特气等上游电子专用材料不断突破;郑州锐杰微系统级(SiP)封装项目实现量产,实现河南省封装测试产业新突破;多氟多自主研发的电子级氢氟酸用于芯片清洗剂、刻蚀剂,打破国外垄断,进入中芯国际、台积电等龙头企业供应链。

**(四)区域集群效应不断凸显**

各地紧抓产业发展机遇,发展比较优势,引导电子信息产业集聚发展,形成一批特色优势产业集群。从全省电子信息产业发展看,郑州在集成电路、智能终端、智能传感器、计算产业等领域占据全省 70% 以上份额,成为全省电子信息产业发展高地。郑州市将电子信息作为聚力打造的"一号"产业,集聚汉威科技、超聚变、富士康等 600 多家规模以上企业,着力培育万亿级电子信息产业集群。2022 年,郑州航空港区电子信息产业达到 5284 亿元,占全省的 80% 以上。郑州智能传感器产业集群成功入选 2023 中国百强产业集群。从细分领域看,智能传感器产业形成"一谷两基地多园"集群发展格局,成功举办四届世界传感器大会,骨干企业技术水平国内领先,初步形成以中国(郑州)智能传感谷为核心,洛阳、新乡两大基地为支撑,以及开封、鹤壁、三门峡、南阳等地各具特色的发展格局。集成电路产业形成以郑州为中心、新乡鹤壁为两翼的发展格局。郑州市围绕智能终端、5G、北斗等产业，依托郑州合晶硅片、华锐光电、比亚迪半导体、光力科技切割等龙头企业，建设郑州航空港区集成电路产业园，集中布局集成电路封装测试产业链。新乡市依托芯睿电子、台冠电子等企业，初步形成"研发设计—芯片制造—封装测试"集成电路产业链；鹤壁市依托仕佳光子，聚焦光通信芯片领域，构建从芯片设计、晶圆制造、芯片加工、封装测试的 IDM 全流程业务体系。光电产业形成以洛阳、南阳、信阳、鹤壁等专业园区为支撑的产业集群。洛阳市依托中航光电等企业，加快建设基础器件产业园，打造中电光谷信息港。南阳市依托中光学集团、森霸传感科技、翊轩光电、凯鑫光电、镀邦光电等骨干企业，加快建设南阳光电孵化园、南阳光电产业园，形成从"光学元件、光学组件到光学整机"的光电产业集群。鹤壁市依托天海集团、仕佳光子、鹤壁航盛、海能达、腾天、威讯等企业，形成以光通信电子、汽车电子为支撑的产业集群，积极打造"中原光谷"。信阳依托舜宇光学等企业打造平桥区光电产业园，重点发展综合光学零件及产品。

**（五）发展环境不断改善**

省委、省政府高度重视电子信息产业发展，出台专门产业链现代化提升方案，建立专班制、链长制等推进机制，构筑起产业良好发展环境。一是加强顶层设计。先后出台《河南省电子信息产业转型升级2019年工作方案》《河南省新型显示和智能终端产业发展行动方案》《河南省智能传感器产业发展行动方案》《河南省网络安全产业链现代化提升方案》等方案，进一步细化目标任务、发展方向和工作措施，为河南省电子信息产业发展提供指导。二是加大要素支撑。深入实施引领性人才工程，完善人才引进政策，推进技能人才多元评价，汇聚起了一批高层次人才。成立河南电子与信息省级骨干职业教育集团，加速培养电子与信息行业复合型技术技能人才，加快推进河南省电子信息产业高质量发展。设立100亿元规模的信息产业发展基金，重点支持国家大数据（河南）综合试验区引进培育一批高新技术企业。三是打造平台载体。以高品质园区建设推动高质量产业发展，着力打造优势更优、强项更强、特色更特的产业园区。中国（郑州）智能传感谷、郑州中原集成电路设计产业园、信阳经济技术开发区电子信息产业园、南阳高新技术产业园等项目加快建设，促进产业集聚，加强产业协同发展。

## 二 河南省电子信息产业存在突出问题

近年来，虽然河南省电子信息产业取得了巨大的进步，但行业发展面临的结构性问题依然较多，与国家加快电子信息产业发展的重大部署以及发达地区相比差距较大，还有很大发展空间。存在的突出问题主要是：

### （一）产业发展水平不高

河南省电子信息产业发展水平不高，仍存在规模偏小、产业附加值偏低、本土配套不足等问题。一是产业总体规模仍然偏小。2022年，河南省规模以上电子信息制造业营业收入仅占全国的5.14%，远远低于广东、江苏、四川、福建等电子信息产业大省，分别仅占四省的18.03%、19.8%、48.9%和78.9%。二是产业附加值偏低。智能终端以手机整机代工为主，约占电子信息产业规模的60%，配套企业多为机构件、外壳、连接器等中低端配套，附加值不高，产业链粘性不够，在处理器、存储器、图像传感等高端配套基本空白，链式发展水平较低。集成电路制造领域基础较弱，仅在核心材料领域有一定基础，而技术含量高、附加值高的芯片制造几乎仍是空白。新型显示起步较晚，大尺寸面板生产企业基本空白。比如，目前河南省华锐光电以5代TFT-LCD（薄膜晶体管液晶显示）为主，而安徽、四川等地早已布局OLED、Micro LED（微米发光二极管）更加先进的显示技术。计算终端产业产线智能化水平较低，缺乏高端定制生产能力。软件与信息技术服务企业有数百家，但实际向华为供货的仅有中航光电、信大捷安两家企业。三是本土配套严重不足。目前河南省智能终端手机规模较大，但相关配套产业本地配套率不足10%，而重庆市形成"整机+配套"垂直型全产业链，集聚了内存芯片、存储器、控制主板、镜头、精密结构件以及背光源、液晶模组等配套企业，本地化配套率超过85%。与我国新型显示已实现50%以上本土配套相比，河南省新型显示在彩色滤光片、偏光片、液晶材料、光学薄膜、驱动芯片等核心配套领域仍处于空白。关键元器件本地配套能力严重不足，据中航光电反映，企业产业链配套企业1600余家，本地配套企业180余家，配套率不足12%；百合特种光学研究院反映，企业所需的元器件主要从南方采购，加上元器件运输方式要求比较高，耗费时间较长，影响了生产效率。

### （二）创新能力有待提高

电子信息产业对创新要素的需求比较高，当前河南省创新能力还有待提高，主要表现在重大创新平台数量较少、关键环节技术掌握不足、人才引育难以满足企业需求等方面。一是重大创新平台数量较少。2021年，河南省研发经费投入首次突破1000亿元，研发投入强度位居全国第18位，中部地区第5位。其中，体现原始创新能力的国家重点实验室仅有16家，仅占全国总量的3%，远低于北京（136家）、上海（44家）、江苏（39家）、广东（30家）、湖北（29家）、陕西（26家）。二是关键环节技术掌握不足。目前，河南省智能终端产业中主要是手机整机组装、服务器、PC量产和适配等，缺乏智能手机研发设计的核心环节。比如，"Huanghe"鲲鹏服务器、PC整机制造虽然建设自主计算产业生态、实现国产替代，但不掌握核心技术。智能传感器中，河南省企业主要集中在后端器件制造、解决方案及应用环节，MEMS（微机电系统）芯片制造、封测等中间环节仍是空白。三是创新人才引育与企业需求不匹配。目前河南省每万人就业人员中R&D人员29.2人，仅相当于全国平均水平的47.2%；在豫全职"两院院士"仅24名，占全国总数的1.4%，远低于湖北（80名）、陕西（66名）、安徽（38名）、湖南（35 名）。调研中多数企业反映，所需人才主要靠引进，本地高校、科研院所专业人才培养本来就很有限，加上人才外流，导致企业发展受人才制约越来越突出。比如，四川拥有电子类专业综合排名全国第一的电子科技大学，四川大学、西南交通大学、成都信息工程大学等一批在电子信息领域实力很强的高校，以及中科院成都光电所、成都计算机应用所、中国工程物理研究院计算机研究所等，且 80% 以上的集中在成都，可以源源不断为企业提供人才支撑，而河南省尚没有专门电子类高校，科研院所较为缺乏。比如，芯睿电子等不少企业都反映，由于城市吸引力不足，企业引进人才十分困难，培养成熟的人才也难以留住。百合光电反映，企业急需光学系统设计工程师、机械结构工程师、机加工工艺工程师、PE 工程师、镀膜工程师、光机装配工（镜头）、光学加工工程师等专业技术人员，主要依靠外省引入。

**（三）市场主体不强**

河南省电子信息产业市场主体总量偏少、结构不优、质量不高等问题仍然突出。一是龙头企业数量少、规模小。根据中国电子信息行业联合会《2022 年度电子信息企业竞争力报告及前百家企业》显示，河南省仅有 1 家企业，远远低于广东 22 家、江苏 17 家、浙江 15 家、上海 10 家、北京 8 家，也低于山东、湖北各 5 家，四川、福建、安徽、河北各 3 家。从营业收入看，排名第 100 位的苏州旭创科技有限公司 2022 年营业收入 96.42 亿元，而洛阳市超 50 亿元以上企业仅中航光电一家，其他企业经营范围和产品分布较分散，未形成规模化、集群化发展格局。二是"专精特新"企业与发达省份及周边省份差距较大。中小企业是电子信息产业中最活跃的市场主体，为打造安全可控的产业链提供了重要支撑。根据第十届中国电子信息博览会（CITE 2022）数据显示，截至 2022 年 2 月底，河南省电子信息产业拥有"专精特新"企业数量 54 家，居全国第 20 位，远远低于北京的 1184 家、上海的 1175 家、广东的 607 家，也低于周边省份山东的 499 家、安徽的 444 家、湖北的 228 家。三是企业之间尚未形成有效协作模式。调研中了解到，优质企业或订单突破性增加企业在面临暂时性产能不足时，不愿将部分富余订单协作给产能过剩企业。比如，航瑞电子、三贤电子等企业订单饱满，甚至因产能不足面临较大按期交货压力，而恒泰电器、荣晟达等企业却因订单不足处于停产或半停产状态。

**（四）生产经营资金压力较大**

电子信息产业是资本密集型产业，对资金需求比较大，河南省企业普遍存在生产经营资金压力较大的情况。一是企业生产经营资金压力大。调研中企业普遍反映，租金贵、融资难、税费压力大、有效资产抵押不足等问题，成为普遍困扰电子信息企业的"慢性病"，导致企业研发和生产难上加难。据芯睿电子反映，企业因流资不足，产能利用率不足30％，导致有订单也不敢接；台冠电子反映，为保持工人不流失，在市场不佳的情况下仍保持生产，积存了较多的库存，目前流资已出现缺口，拟建的"高性能半导体整流器件封测生产线技术改造项目"因市场前景不明朗和资金短缺而暂停；永威特种设备公司反映，企业回款困难，全部流资用来保证生产，在建的二期厂房也因资金原因停工。二是支持政策不够精准。电子信息产业是技术密集、人才密集、资金密集型产业，企业创新风险高、生产成本高、前期投入大，通用型政策难以满足需求。近年来，国家出台多项集成电路支持政策，并成立千亿级集成电路投资基金，部分省份跟进出台支持政策和成立投资基金，而河南省长期缺少精准的专项政策和产业基金，在很大程度上制约了产业发展。以新乡市为例，近年来新一代信息技术产业产品更新换代快，全市多数企业在大项目上长期缺少有针对性的政策扶持，项目进展缓慢。据紫光计算机科技公司反映，郑州作为紫光计算机大本营，近年来生产的计算机销售规模快速扩大，但在河南本土市场占有率较低，主要销往省外，迫切需要将其纳入各市县政府项目优先采购、加大品牌推广。

### （五）面临形势严峻

近年来，河南省电子信息产业飞速发展，但由于国际形势、区域竞争等原因，河南省电子信息产业发展面临严峻挑战。一是电子信息产业发展区域竞争日益严峻。当前我国众多省市都把电子信息产业作为头号产业，地区间的竞争日益激烈。目前已初步形成了以深圳为龙头的珠江三角洲、以上海为龙头的长江三角洲、以北京为龙头的环渤海地区以及以重庆、西安、成都、武汉为重点城市的中西部地区的四大电子信息产业基地。与这些城市相比，河南省电子信息产业发展面临的竞争压力较大。二是国家政策导向对河南省相关产业发展造成一定制约。国家层面对集成电路、新型显示等新兴产业领域实施生产力布局政策。以集成电路和新型显示产业为例，国家出台"十四五"时期集成电路和新型显示产业重大生产力布局规划，明确"主体集中、区域集聚"发展原则，河南省因产业基础薄弱，缺乏产业头部企业，未被列入其中。同时，国家发展改革委、工业和信息化部进一步强化集成电路和新型显示制造项目"窗口指导"制度，未经"窗口指导"项目不能备案，如果相关项目不在"主体集中、区域集聚"范围内，原则上不支持建设。河南省在芯片制造、大尺寸面板生产等领域已经错失发展先机，迫切需要"转化赛道"，尽快在细分领域和材料领域占据一席之地。三是供应链稳定性有待提高。当前贸易保护主义、单边主义抬头，全球产业链供应链面临重构，虽然我国电子信息产业国产化替代取得了一定进展，但由于产业具有资本密集、科技密集等特点，实现自主可控的国产化替代还需要较长时间，给我国及河南省电子产业链供应链安全稳定运行面临重大威胁。目前河南省产业链供应链仍存在循环不畅的问题，关键材料、核心零部件、元器件等基础产品和技术仍面临较大安全风险。华锐光电、凯迈测控等许多企业都反映，目前企业所需元器件短缺问题较为严重，一方面，国产元器件的稳定性、可靠性还有待提升，另一方面，国产元器件产能不足问题严重，大多数元器件面临供不应求的局面。

## 三　先进地区电子信息主要做法和经验

随着全球各地对电子信息产业发展的探索，各地积累了不少的经验，形成了好的做法，对河南省发展电子信息产业具有重要的借鉴意义。

**（一）日本：举国支持，实现重点突破**

日本抓住前两次全球信息技术产业转移机遇，在家电、数码产品、智能硬件等领域形成了具有国际竞争力的产业集群，至今在集成电路、新型显示两大核心领域占据绝对优势，而且在工业互联网、数字经济等领域积累了先进的经验。一是举国支持电子信息产业发展。1957年日本政府制定一系列政策，通过立法扶持电子产业，减少电子产业公司的征税，投入大量资金用于研发技术，强化了发展以半导体为核心的电子产业的力度。1976年组建了超大规模集成电路计划（VLSI）共同研究所，共同研究所涵盖了当时日本国内最优秀的电子企业，包括日立、富士通、东芝、三菱、日本电气。这些企业组建了联合实验室，打破了企业界限，合力研发新技术和新产品。通过成立共同研究所，日本电子信息产业发展整合了研发力量、节约了研发资金、缩短了研发周期，开发出大量先进技术，帮助日本获得了电子信息产业的领先地位。二是专注于细分领域。日本企业通过钻研某一类细分市场或者产品，集中精力提升产品竞争力和市场占有率。大阪有机化学在单体领域垄断了全球70%的市场，全球的电子产品基本在使用大阪有机化学的单体产品。凸版印刷成为当前全球最大的独立第三方光掩膜生产商，大约占有全球32%的第三方市场份额，在日本、欧美和亚洲其他地方等地均设有生产基地。

**（二）苏州：培育企业，提升创新水平**

苏州电子信息产业已拥有较为深厚的产业基础，2022年产业规模达12819.7亿元，从业人员近100万人，形成了较为完善的产业链和较有竞争力的产业集群，是全省、全国乃至全球重要的电子信息产业生产基地。一是积极培育市场主体。苏州充分发挥龙头企业引领作用，围绕产业全链条培育了一批自主创新能力强、主业突出、掌握核心技术、引领产业发展的电子信息企业。截至2021年底，苏州市电子信息产业的上市企业共62家，其中主板上市企业数量最多，占比37.10%，科创板上市企业数排第二，占比30.65%；在独角兽企业培育方面，该市拥有电子信息产业独角兽培育企业63家，占培育企业总数的29.30%；瞪羚企业方面，拥有电子信息产业市级瞪羚企业294家，占瞪羚企业总数的29.73%；高新技术企业方面，拥有电子信息产业高新技术企业2087家，约占高企总数的18.71%，是苏州市第二大高新技术领域；专精特新企业方面，拥有电子信息产业专精特新企业103家。此外，目前苏州拥有电子信息产业营收超百亿企业18家。苏州电子信息产业还活跃着一大批细分行业的"隐形冠军"。二是加大创新投入。截至2022年底，苏州在电子信息产业共建有国家企业技术中心9家，布局建设了27家新型研发机构、380家省级工程技术研究中心。同时，苏州拥有电子信息产业重大产学研机构37家，建有电子信息产业质量与可靠性共性技术服务平台、软件技术公共服务平台等科技公共服务平台8个，立足江苏辐射长三角，为电子信息产业科技企业的创新研发提供综合服务。

### (三) 成都：建圈强链，推动产业升级

成都市聚焦集成电路、新型显示、智能终端、高端软件、工业互联网等优势领域推进产业"建圈强链"，电子信息产业不断创新发展，成为四川首个万亿级产业。一是围绕招商引资，推动强链补链。成都深耕电子信息产业，逐步完善产投基金、功能载体、公共平台等多种工具箱，形成了优质的产业发展生态，对于外来企业具有强大的吸引力。围绕龙头企业强链补链，按照"龙头项目—产业链—产业生态圈"的发

展思路，成都市高新区围绕京东方进行系统布局，构建了从玻璃基板、掩膜、偏光片到面板制造，再到电视、手机、车载应用的产业格局。在京东方的牵引下，周围已聚集了从上游原材料和零部件、中游显示面板和模组到下游终端生产和显示应用的全产业链，形成了"左邻右舍就是上下游、产业园就是生态圈"的发展格局。二是加强政策扶持。成都市以政策为抓手，成都汇聚人才、技术、资金等创新要素，培植紧密合作的创新生态。成立成都高新投资集团，利用投资基金放大杠杆撬动效应。成立成都国家"芯火"双创基地，形成集 EDA 服务、流片服务、测试服务、孵化服务及 IP 共享服务为一体的"一站式"公共服务体系。开展"岷山行动"，用"揭榜挂帅"机制"让能者上"，为芯片行业探索科技与产业结合之路奠定人才基础。"岷山功率半导体技术研究院""电磁环境适应方向新型研发机构"分别为岷山行动首批及二批揭榜项目，均由业界核心领军人物发起，将为芯片领域突破"卡脖子"难题提供重要支撑。

### （四）启示与借鉴

通过对先进地区发展电子信息产业的做法，可以得出以下三点启示：一是选准细分领域加强突破。电子信息产业是一个充满挑战与机遇的领域，它需要不断的创新和资源投入。由于市场竞争激烈，许多地区和企业都面临着技术落后、市场优势不足的困境。因此，要想在电子信息产业取得成功，必须认真分析市场趋势和自身特点，找准自身的优势和不足，明确自身的产业定位和发展方向，集中资源，选准细分领域，进行精准的产业定位。同时，还要加强技术创新和人才培养，提升自身的核心竞争力，从而在激烈的市场竞争中获得更大的发展空间和更多的机遇。二是积极培育市场主体，提升产业发展的灵活性。电子信息产业对创新要求比较高，市场变化比较快，只有大力培育市场主体，发挥企业熟悉市场和决策灵敏的优势，才能积极应对产业发展出现的新情况、新趋势。企业是市场主体和经济社会发展的重要力量，企业创新已经成为科技创新事业的重要策源地，只有不断强化企业科技创新主体地位，才能增强电子信息产业的活力和竞争力，不断催生新市场和新需求。三是围绕产业发展，招引企业，打造产业生态。成都市通过分析企业的产品类型、技术路线等是否处于电子信息产业链条之中、对产业是否有支撑作用，与产业上下游能否互动、与本地生态圈是否匹配，来选择合适的企业和项目，并给予政策支持，迅速匹配到精准的目标企业不断完善电子信息产业生态，进而增加了相关企业和项目入圈布局，形成了良好的循环。

## 四 推动河南省电子信息产业高质量发展的对策建议

紧跟国内外电子信息产业发展趋势，密切关注国家政策导向，充分发挥河南省在电子信息产业的优势，坚持问题导向，采取超常规的政策措施，从全产业链角度，既要巩固提升优势领域，又要在细分领域和材料领域尽快抢占先机，打造一批龙头企业和"专精特新"企业群，促进"短板"变"长板""长板"实现"更长""更优"，实现电子信息全产业链高质量发展。

### （一）聚焦产业升级，提升河南省电子信息产业在全国的地位

一是巩固提升智能终端制造优势，推动新型显示由"材料"到"屏端"升级发展。一方面，发挥富士康龙头带动作用，稳定苹果手机产能，推动其研发设计、显示面板、盖板玻璃等产业链上游企业落地河南，提升关键配套能力，实现全产业链布局；紧盯苹果、三星、小米、华为等龙头企业发展态势，发展壮大VR/AR、可穿戴设备等蓝海产业，打造全球有影响力的智能终端生产基地。另一方面，发挥新型显示关键材料已有优势，加快关键技术产品攻关，开发一批国产化替代关键材料，力争在全国新型显示产业链上成为关键一环。积极引进京东方、华

星光电、LG 等国内外知名终端企业，推动向"屏端"拓展升级。

二是以关键材料为突破口，积极吸引集成电路装备制造业集聚发展，在细分领域尽快形成局部优势。一方面，依托关键材料优势，围绕集成电路制造用高密度封装基板、化学试剂、塑封料、光刻胶、光罩靶材等关键材料，推进关键技术研发攻关，打造一批"隐形冠军"；瞄准低缺陷砷化镓晶体材料、高纯半绝缘碳化硅单晶衬底材料、氮化镓材料等关键材料发展趋势，前瞻布局新一代关键材料研发，打造具有国内影响力的集成电路材料产业高地。另一方面，按照"先局部合作、再整体突破"的原则，加强与中芯国际、闻泰科技、华虹集团、北方华创等集成电路制造头部企业战略合作，力争在河南省布局区域中心、研发中心、子公司等机构，在此基础上按照"主体集中"原则，依托郑州集成电路核心区加快引进落地一批晶圆制造和芯片制造生产线项目，实现河南省在集成电路制造业的突破，力争在全国集成电路产业领域占有一席之地。

三是加快智能传感器"一谷两地多园"建设，推动产业集群、链式、协同发展。加快建设以郑州国家高新技术产业开发区为核心的中国（郑州）智能传感谷，打造全国智能传感器研发生产和场景体验高地。推动洛阳市围绕先进装备制造、机器人及智能制造、新能源汽车等领域重点发展压力传感器、光电传感器、射频传感器、运动控制传感器等，初步实现产业集聚，打造智能传感器产业基地。支持新乡市重点发展硅麦克风、车辆监测传感器及仪表、专用集成电路等，打造 MEMS 传感器及芯片研发制造基地。推动有关地方结合自身特色加快发展智能传感器产业，形成优势互补、协同发展的态势。

四是实施龙头带动，提升光电产业本土配套能力，做大做强光电产业集群。光电产业作为快速发展的新兴产业，具有技术产品更新快、产品向其他领域渗透快等特点，针对河南省光电产业龙头企业少、本地配套能力严重不足的短板，建议依托洛阳、南阳、信阳、鹤壁等光电产业园区，支持中航光电等龙头企业做大做强，积极引进中光学是、凤凰光学、华工科技、光库科技、长光华芯、宏利光电、永新光学、福晶科技等光电"链主"企业，打造光电产业集群。同时，围绕龙头企业，依托周边开发区布局基础原材料、关键元器件等配套产业。

五是发挥河南省数字经济体量优势，加快推动算力产业进入全国"第一方阵"。目前河南省网络基础设施条件较好，数据资源和应用场景丰富，国家超级计算郑州中心是全国第七家国家超级计算中心，传统数据中心已具备一定基础和规模。支持超聚变服务器生产基地、黄河鲲鹏制造基地、浪潮安全可靠生产基地做大做强，积极发展人工智能服务器、高性能计算机等高端整机产品，提高河南省通用计算领域整机产品市场份额，并逐步向算力架构、算力优化、算力调度、智能运维、AI芯片等产业链高端环节延伸布局，建立完善开放式算力产业生态，争取进入国家新增算力网络国家枢纽节点。

**（二）推动产科教"三位一体"发展，提升产业创新能力**

一是加强重大创新平台布局建设。聚焦四大产业链，支持企业技术研究开发中心建设，通过企业自身投资、财政补助等方式，引导企业独自建立或与高等院校、科研单位合建重点实验室、技术研究开发中心、产业创新研究院、企业技术中心和企业工程中心等。抓好电子信息产业共性技术创新平台建设，开展行业共性、关键性、前瞻性和配套性技术的产业化开发，解决产业发展中的关键技术瓶颈，实现行业整体技术进步。

二是探索"逆向飞地"协作研发。围绕四大产业链的研发、中试环节，加强与长三角等先进地区科技产业交流对接，主动和链群之上的龙头企业、高新技术企业展开"一对一"对接，布局"飞地"经济平台，并予以成本分担、税收分成、人才异地共享、要素联动配置等跨区域政策扶持。

三是加强电子信息领域人才引进和培养。突出全局性、长远性、系统性、前瞻性，柔性引进高端技术人才（团队）、关键共性技术研发人才（团队）、应用型科技人才（团队），政策性招引支撑电子信息产业高质量发展的产业项目、重点实验室、中试平台、技术成果转化、专利（标准）等在豫落地。坚持"引、育、培、树、用"并举，坚持用现代化管理制度、市场化运行机制、灵活化用人机制，积极探索创新人才引育、投入、流动、激励和评价机制；重点支持郑州大学计算机与人工智能学院、河南大学人工智能学院、中国（郑州）国家超算中心等高校、科研院所培养数字经济发展"梯队人才"。加快组建河南省电子科技大学，开设急需的电子类、光学类、人工智能、高端软件开发类等专业学科，培育相关人才。支持郑州大学、河南大学等高校院所加强相关基础学科人才培养，设立集成电路学院和集成电路科学与工程一级学科。建立"试错、容错、纠错"机制，积极探索科研人员科技成果所有权或长期使用权试点。支持省内高校与国内知名大学、研究机构、企业合作，联合开展电子信息行业紧缺人才培养，探索建设校企合作人才培养基地。完善配套人才服务，健全生活和工作服务配套，为人才在就业创业、居留落户、医疗教育等方面提供一站式服务，让人才能"引得进"，也能"留得住"。

**（三）引进培育龙头企业和"专精特新"企业，推动产业成链成群**

一是根据细分领域分别制定招引企业清单。围绕新型显示、智能传感器、集成电路、光电产业、算力产业等细分领域，分别编制产业链招商地图，瞄准欧洲、日韩、新加坡以及珠三角、粤港澳、京津冀等先进地区，建立与世界500强企业、行业龙头企业、中央企业、独角兽企业、知名中介机构等高层联系渠道，分类制定招引方案。构建与省属国资平台、重点产业基金等方面的信息共享机制，提升招商引资针对性和有效性。

二是加快培育"专精特新"企业。建立四大产业链"专精特新"企业培育目录，按照专业化程度、创新能力、经营管理、成长性等多维度培育标准，采取超常规政策措施，筛选一批发展潜力大、成长性好的优质电子信息中小企业，推动尽快成长为"专精特新"企业、行业"单项冠军"企业。

三是推动产业链式发展、集群发展。加强产业链链主企业、核心配套企业的跟踪研究和精准对接，支持现有龙头企业开展产业链上下游企业招引布局，加快形成空间上高度集聚、上下游紧密协同、供应链节约高效的产业链集群。鼓励龙头企业通过工业互联网，将相关配套中小企业纳入生态圈。

**（四）优化发展环境，构建电子信息产业一流生态**

一是加强政策扶持。尽快出台土地、科技、税收、财政、金融等方面的具体政策，引导和扶持电子信息产业发展。充分发挥财政资金杠杆作用，形成制度化、规范化、程序化、有实效的财政支撑体系。对符合条件的企业，有针对性地给予厂房建设补贴、租赁补贴、银行贴息、投资奖励等政策性补贴，减轻企业进驻初期的综合成本。对已落地企业要帮助其开拓本地市场，优先纳入政府采购类项目，吸引更多龙头企业和配套企业落地生根。

二是强化金融支持。加大国有资本对电子产业投入，引导国有资本投资、运营主体以投资、收购、兼并等方式，向关键领域龙头企业、独角兽、"专精特新"企业集结。鼓励银行创新开发适合产业发展的金融服务产品，进一步扩大信贷授信额度，优先满足电子信息企业资金需求。加快地方信用担保体系建设，筹建政府主导的融资性担保公司，引入多元化投资主体，切实解决中小企业贷款难、融资难、成本高的问题。

三是增强土地保障。支持电子信息产业重大项目和新产业用地，对经认定的新型显示、集成电路、传感器、光电产业、算力产业等专业园区，纳入全省"三个一批"重大项目单列解决用地指标。加大产业园区资金支持，帮助园区解决征收农用地、盘整回收闲置土地的问题。

四是营造一流服务环境。完善企业服务体系，做好融资服务、人才服务、信息服务、物流仓储服务、技术服务等，降低集群内中小企业的交易费用和运行成本。打好"生态"牌，充分利用产业生态优势开展招商，吸引高端软件和信息服务企业来豫发展，提升河南省电子信息产业层次和水平。

（执笔人：王梁　王超亚　王笑阳）

**参考文献**

［1］李陆一：《当代电子信息制造业产业链演化与创新研究》，《信息记录材料》2021年第10期。

［2］陈忠：《日本政府在推进电子信息产业发展中的作用》，《信息技术与标准化》2005年第7期。

［3］杨梦洁：《河南省电子信息产业链现代化水平提升研究》，《合作经济与科技》2021年第18期。

# 河南省生物经济发展调研报告

**摘要：** 生物经济作为战略性新兴产业，发展潜力巨大。本文围绕推动河南省生物经济高质量发展这个中心，首先分析全球生物经济发展趋势，梳理出合成生物、生物制造等重点发展领域，再对河南省生物经济发展的现状和问题进行详尽描述和分析，得出创新、人才、产业集聚度等方面问题困扰河南省生物经济的发展壮大。针对相关问题，本文提出通过壮大传统优势领域、推动医药产业升级、发展生命健康服务业等途径实现河南省生物经济高质量发展，并在提升创新能力、加大资金支持、引育市场主体等方面提出一系列政策建议。

**关键词：** 生物经济　生物技术　创新发展

随着生命科学、生物技术的快速发展，特别是与信息、材料、能源等技术的融合创新，生物经济已成为引领战略性新兴产业和未来产业发展的重要力量，与数字经济共同构成推动经济转型升级和高质量发展的强劲动力。今后一段时期是生物技术加速演进、健康需求快速增长、生物产业迅猛发展的难得机遇期，国家将生物经济作为构筑竞争新优势的战略举措，强力推进生物科技创新和产业化应用，着力推动生物技术赋能经济社会发展，加快构建现代生物产业体系，有序推进生物资源保护利用，切实筑牢生物安全屏障。河南省高度重视生物经济发展，将生物经济作为拉动全省经济发展的重要抓手。

# 一 河南省生物经济发展现状

## （一）生物经济规模持续壮大

河南省生物经济主要包括生物医药和生物育种、生物农业等领域。从医药看，2022年，全省医药产业总产值实现2900.6亿元，涌现了真实生物、华兰生物、安图生物等代表性企业。初步形成以化学药、中药、生物药、医疗器械、疫苗、体外诊断等为主体的多链条协同发展产业体系。从育种看，2018—2022年，河南省小麦、大豆、玉米通过国家审定的品种数分别占全国总数的42.13%、14.07%、11.24%，在全国占比较高。小麦新品种郑麦1860入选2021年中国农业农村重大新产品；小麦新品种郑麦379、玉米品种郑单958、秋乐368、大豆品种郑1307及花生品种豫花37号、远杂9102、豫花23号、豫花22号等入选2023年国家农作物优良品种推广目录，小麦、花生种子年产量分别占全国的38%和30%。

## （二）创新平台加速集聚

在医药方面，新乡市建设生物医药产业共性关键技术创新与转化平台，打造技术研究共享、中试放大与制造和产业孵化与代工三大平台，组建河南省生物医药产业联盟；真实生物抗病毒小分子化学药阿兹夫定片填补了河南省原研药空白，被列为近年来河南十大科技创新成果之一；现代中药骨干企业有宛西制药和羚锐制药，羚锐制药橡胶膏剂产品的产能规模、制剂、设备均达到国内领先水平。在育种方面，"中原农谷"大力促进种业、粮食、食品三体聚合，汇聚了全国一流种业科研力量，既有国家生物育种产业创新中心、国家小麦工程技术研究中心、中国农科院郑果所国家特色果树种质资源圃、小麦国家工程实验室、花生遗传改良国家地方联合工程实验室、棉花生物学国家重点实验室等国家级科研平台，也有小麦生物学、油料作物、棉花生物学等一批农业部重点实验室，还有神农种业实验室、河南省农科院现代农业科技试验示范基地等省级科研平台。先正达（中国）、中农发种业、秋乐种业、牧原生物等一批国际国内知名育种企业正在落户"中原农谷"。高性能医疗器械及卫材产业方面，主要分布在郑州、新乡、安阳、洛阳、漯河等市，新乡长垣是我国医用卫材主要生产基地和最大集散地。

### （三）拥有一批优势龙头企业

生物制药方面，主要分布在郑州、新乡等市，血液制品龙头企业华兰生物主营业务收入年均增速保持在两位数以上、利润年均增长超过10%，安图生物是业内注册文号最多、产品线最全面的企业之一，在国内体外诊断试剂和仪器领域具有较强影响力。其中，化学制药产业骨干企业有驻马店天方药业、周口乐普药业、新乡拓新药业、平顶山真实生物等。育种方面。现有注册登记种子企业500多家，"中国种业骨干企业"5家，年经营种子量在5万吨以上，花生、芝麻育种达到世界领先水平，小麦、玉米育种全国领先，拥有郑麦、郑单、郑花、豫杂、中棉、郑芝等全国知名农作物品种品牌。

### （四）初步形成"一核心、五基地"布局

以郑州和新乡组成的生物经济核心区即"一核心"，以生物经济较为发达的濮阳、洛阳、商丘、南阳、周口等5个地市为"五基地"，其他地市根据自身特点发展生物经济，最终形成核心带动、基地支撑的发展态势。

表13-1　　河南省生物经济"一核心、五基地"布局情况

| 主要地区 | 主导产业 | 代表性企业 | 主要产品市场地位 |
| --- | --- | --- | --- |
| 郑州市 | 生物医药、中医药、现代医疗器械、育种等 | 超亿元的生物医药制造企业有11家，其中超10亿元的企业有3家。形成了以润弘制药、遂成药业等为代表的高端仿制药集群；以太龙药业等为代表的现代中药集群；以明峰医疗、安图生物等为代表的医疗器械集群；以博睿医学、金域医学等为代表的现代医疗技术集群。其中生物制药、医疗器械主营业务收入占整个产业的80%以上 | 双黄连口服液国内市场占有率排名前三。小容量注射剂年产能达80亿支，占据全国市场份额的四分之一。体外诊断产品占据国内市场份额的三分之一 |

续表

| 主要地区 | 主导产业 | 代表性企业 | 主要产品市场地位 |
|---|---|---|---|
| 新乡市 | 生物医药、检测试剂、生物育种 | 拥有华兰生物、拓新药业等3家生物制药上市企业;作为中原农谷核心区,集聚国家生物育种中心、神农种业实验室总部等重大创新平台 | 华兰生物成为国内血液制品龙头企业、华兰疫苗是国内最大流感疫苗生产基地,拓新药业已发展为国内细分市场龙头 |
| 洛阳市 | 生物疫苗、生物制品等 | 拥有相关企业20余家,其中龙头企业2家、骨干企业7家,主要布局在涧西区、洛龙区、高新区、西工区和新安县。其中普莱柯生物、华荣生物、恒恩生物、莱普生等发展壮大迅速 | 普莱柯生物创新水平行业领先,为畜禽疫病诊断与食品安全检测生产的诊断试剂、电子标识市场占有率居同行业前列,是农业部动物标识及疫病可追溯体系建设企业、中国动物疫病预防控制中心RFID技术研发与产品推广服务基地 |
| 南阳市 | 中医药、生物制品、化学药品和原料药、动保产品等 | 共有生物产业相关企业117家,其中企业78家,形成了宛西制药、福森药业、普康恒旺、启泰制药、汇博医疗、民兴生物等一批骨干支撑企业 | 牧原集团生猪育种研发、抗病专用基因芯片创制、基因编辑育种、新一代基因组选择技术、种猪资源库等方面处于行业领先地位;通络祛痛膏、活血消痛酊等6个产品连续多年入选中国非处方药外用中成药骨伤科类前20强榜单,稳居行业榜首 |
| 周口市 | 原料药、化学药、中成药以及中药饮片 | 拥有以辅仁药业、乐普药业、龙都药业、神农药业、蓝天药业、四方药业、百年康鑫、巨鑫生物等为代表的一批医药龙头企业 | 蓝天药业的风湿马钱片占全国市场的70%以上;巨鑫生物是国内唯一一家生产半合成广谱抗生素——苄星氯唑西林的合法企业,全国市场占有率第一;康达制药是全国最大的头孢类原料药生产企业;辅仁堂制药在中成药市场位居全省第一,其产品——小儿清热宁颗粒,全国市场占有率第二 |

续表

| 主要地区 | 主导产业 | 代表性企业 | 主要产品市场地位 |
|---|---|---|---|
| 濮阳市 | 生物基材料产业 | 濮阳市生物基材料产业上游主要运用玉米芯、秸秆等农作物材料液化制糖、提炼生产L-乳酸等化工原料，产业中游主要合成生产聚乳酸和聚乳酸改性材料，产业下游主要生产可降解的塑料袋、农用薄膜、水稻育秧盘、服装等终端产品 | 濮阳市生物基材料产业链条已形成上下游融合衔接、梯次延伸的产业生态，目前年产能达到50万吨，居全国第3位。 |
| 商丘市 | 生物技术药物、化学原料药、现代中药、医疗 | 集聚了国药、上药、华润、广药等医药冷链物流龙头企业 | 商丘医药产业药品批号多、道地药材丰富 |

资料来源：根据各地调研资料整理。

## 二 河南省生物经济发展存在问题

### （一）创新能力不足

2022年全省共投入研究与试验发展（R&D）经费1143.26亿元，研究与试验发展（R&D）经费投入强度（与地区生产总值之比）为1.86%，全国排名第17位，明显落后全国平均水平（2.54%），仍处于中下水平。以企业为主体的产学研结合的技术创新体系尚未真正建立，高校、科研院所与企业结合不紧密，产业链上下游配套能力不强，科技成果转化率较低。生物技术研发平台及公共服务平台较少。因新药研发投入大、风险高、周期长，多数企业资金有限，创新投入意愿不强；新药研发、中试、知识产权与技术转让、产业发展咨询等服务体系不健全，创新环境不浓。

### （二）产业市场集聚度低

河南省生物医药覆盖范围较广，门类众多，但产业链较短，龙头企业对产业链发展带动作用不强，细分领域之间协同发展能力不强，集聚程度不高，产业链不健全，龙头企业带动力弱，亟需谋划更多生物经济领域重大项目以进一步延链补链强链。如在龙头企业方面，全国工商联医药业商会发布的2023年中国医药工业百强企业中，河南省没有一家进入榜单，与山东、江苏、浙江、吉林等国内其他地区相比差距明显。在产业集群方面，郑州航空港区国家高技术生物产业基地规模不足50亿元，远远落后于武汉东湖高新区的1200亿元、苏州的1000亿元、石家庄高新区的700亿元、重庆巴南区的600亿元、上海浦东新区的500亿元、杭州高新区的300亿元。此外，生物经济产品核心竞争力不强，企业产品大多处于产业链中低端，附加值较低，尚未顺应"以健康为中心""营养多元"的发展新趋势，产品核心竞争力有待进一步提升。

### （三）高端人才团队缺乏

人才问题是生物产业发展的核心问题。总的来看，河南省生物产业高端技术人才、领军人物和中青年学科带头人匮乏，实用型人才不足，多学科交叉融合专业人才以及复合型管理人才储备不够。河南省相对长三角、珠三角、京津冀等生物产业集中区来说，区位优势不明显，企业普遍缺乏高层次人才，存在引不来、留不住的问题。如武汉光谷生物城科研人员数量超10000人、企业超1000家；成都天府国际生物城拥有创新研发平台87个、诺奖得主及两院院士39人，项目总投资超1000亿元；杭州未来科技城集聚了以默沙东、赛诺菲、辉瑞、雅培、泰尔茂等为代表的一批国际龙头生物医药企业；苏州集聚了生物医药类企业3000余家，产值超千亿元。

### （四）金融资金支持不足

生物产业具有"资金投入高、产品研发周期长、创新慢、市场准入难"等显著特征，新产品研发和技术改造需要大量的资金支持。比如，新药研发平均需要耗时10年、耗资10亿美元，并且成功率低，不足10%。河南省在生物医药研发方面，能够承担持续高强度资金投入、研发成功率不确定的风险投资机构较少。仿制药一致性评价支持方面，河南省对在全国同品种前 3 家过评企业的奖励额度仅为 100 万元，远低于安徽亳州 600 万元、安徽阜阳 500 万元、山东 400 万元，以及四川、黑龙江和甘肃的 300 万元。

## 三　推动河南省生物经济发展路径

### （一）做大做强传统优势领域

1. 现代中药。一是推动仲景宛西制药、福森药业、羚锐制药、太龙药业、禹州天源生物等骨干龙头企业做精传统老字号品牌，开发心血管、抗肿瘤、糖尿病以及儿科等常见病、多发病治疗新药品种，实施禹州海王药慧园、福森药业中药保健品生产基地等一批重点项目。二是积极推动国家中药现代化科技产业（河南）基地建设，支持焦作四大怀药、西峡山茱萸、济源冬凌草、卢氏连翘、封丘金银花等有代表性和特色中药材品牌化发展，提高豫产中成药大品种和中药饮片的原料供应保障能力。三是重点打造大别山区、桐柏山区、南阳盆地、伏牛山区、太行山区、黄淮平原、豫东平原等七大中药材生产基地，推进道地药材的深加工和资源综合利用。到 2025 年，力争建成 15 个优质中药材生产示范基地，培育发展 20 家中药材产地精深加工企业。

2. 医疗器械与耗材。一是发挥河南省在医用防护用品和诊断检测领域的特色优势，打造国家医用物资应急储备基地。重点依托驼人集团、圣光集团、飘安集团等医用耗材龙头企业，在新乡长垣建设国家应急医用防护用品"三基地、三中心"（生产基地、储备基地、进出口基地和研发中心、检测中心、调拨中心）。二是依托安图生物、华南医电、辉瑞生物医电、安阳翔宇、南阳柯丽尔等医疗器械龙头企业，加快智能显微镜系统、无创呼吸机、立体心电向量工作站、影像自助云服务平台等新产品开发，实施安图生物体外诊断产业园、中部呼吸机全产业链生产基地等一批重点项目，打造成为国内最大的体外诊断产品生产基地、中医诊疗设备生产示范基地和医用干式热敏胶片生产基地。三是加快医用机器人、高端医学影像、生物芯片、体外膜肺氧合（ECMO）等先进医疗设备及其配套关键零部件研发和产业化，推动正电子发射计算机断层显像（PET－CT、PET－MRI）、高通量基因测序系统等创新产品在省内医院示范应用。到2025年，力争全省医疗器械产业主营业务收入突破800亿元，形成郑州、长垣"双中心"，安阳、南阳、平顶山等地协同发展的医疗器械产业集群布局。

3. 生物农业。一是加快国家生物育种产业创新中心建设，打造基础理论研究中心、分子生物育种中心、种子资源创新中心、农业信息服务中心和技术试验基地，在种质资源创制、基因编辑、高通量表型鉴定等方面攻克一批关键核心技术，选育一批优良农作物新品种。二是依托新乡平原示范区创建国家农业高新技术产业示范区，组建中国农科院河南分院和国家农业科技创新黄淮海中心。三是发挥国家生物育种产业创新中心核心引领作用，依托郑州、新乡、洛阳、开封、焦作各自特色优势，新建一批沿黄农业科技园区和试验基地，着力打造形成"中国农谷"。到2025年，力争选育出农作物新品种150个以上、推广面积达到1亿亩，推动形成千亿元规模的生物育种产业集群。

## （二）推动医药产业创新升级发展

1. 创新药方面。一是围绕恶性肿瘤、重大传染性疾病、心脑血管疾病、神经精神疾病、慢性病等领域防治的重大需求，大力引进知名企业和高端人才团队，支持开展新型疫苗、基因工程药物、细胞治疗产品和先进医疗设备等研发。二是支持河南真实生物、鸿运华宁、郑州晟斯等企业在艾滋病、糖尿病、血友病、肺癌、丙肝等方面的创新药品尽快上市，推动河南省创新药实现更大突破。大力支持华兰生物、普莱柯等骨干企业开展新型疫苗研发和P3高级别生物安全实验室建设。三是进一步加强与上海"张江药谷"、武汉"光谷生物城"等先进园区的合作，通过"柔性引才""飞地经济"等形式，充分利用各地研发创新能力，更好地承接创新成果和产业项目。四是推动郑州航空港区国家高技术生物产业基地、新乡平原示范区生物与新医药专业园区、周口项城医药产业园、许昌禹州医药健康产业园等加快建设，加快建立完善"园区管委会＋运营服务商"合作管理开发机制，迅速壮大生物医药产业集群。到2025年，医药企业研发投入占销售收入的比重走在国内前列，力争研制成功新药10个以上、原创性新药3—5个，主要产业集群规模实现翻番。

2. 仿制药方面。一是重点围绕临床用量大、销售额位居前列的已经到期和即将到期专利药物，发展一批品牌通用名药仿制药。二是依托河南泰丰、乐普药业、天方药业等骨干企业，加强仿制药技术工艺、中间体等研发和攻关，加快突破一批首仿药重大关键技术和前沿技术，提高工艺制造水平和仿制药质量和疗效。三是充分发挥周口、驻马店、商丘等地化学药领域的优势，推动天方药业原料药升级搬迁、上海金不换制药集团广谱抗癌药生产出口基地和乐普药业化学原料药多功能生产线等重大项目加快建设，扩大仿制药生产规模，提升特色原料药二次开发和制剂化水平，培育壮大以仿制药为主的产业集群。四是组织实施省级药品集中采购，支持河南省通过一致性评价的仿制药优先纳入采购目录。到2025年，力争河南省仿制药研发生产在部分领域取得突破性进展，一致性评价过评企业、品种和品规数量均进入国内前列。

**（三）加快发展生命健康服务业**

1. 基因检测。加快河南省基因检测技术应用示范中心建设，围绕出生缺陷产前筛查和诊断、常见遗传病筛查和诊断、肿瘤早期筛查及用药指导等领域，开展基因检测应用服务，推动基因检测技术在临床诊断、疾病筛查、健康管理等方面的深度应用。到2025年，出生缺陷产前筛查和诊断覆盖率达到80%以上，基因检测技术对疾病筛查、临床诊断的支撑作用显著增强。

2. 第三方生命健康服务。发展生物医药合同研发和生产，加快构建以市场为导向、企业为主体、高校及科研院所为联合单位的生物医药第三方研发链和产业链。支持发展高水平、国际化、集团化的医学检验、病理诊断、医学影像、消毒供应、血液净化、安宁疗护等第三方专业机构，推动专业技术资源集约共享。鼓励企业、医疗机构将检验检测、研发、生产等外包，促进第三方医药服务业发展。鼓励健康保险专业化经营，培育第三方委托管理机构。到2025年，引进培育一批第三方服务龙头企业，生命健康服务能力和水平进入国内先进行列。

## 四 政策建议

### （一）加快孵化转化平台建设和体制机制改革

支持郑州、新乡等重点生物医药产业园围绕主导产业，加快建设一批新药筛选检测、大分子中试生产、小分子CMC制剂、细胞技术服务等公共技术服务平台建设，以及成果转化应用和检验检测平台。支持高校生物医药科研成果转化，选择部分高校探索试点横向结余经费以资创业项目改革。支持高校附属医疗卫生机构通过协议定价、挂牌交易、拍卖等方式确定科技成果交易价格，自主决定成果转化方式。建设一批专业化孵化加速平台，支持生物技术成果离岸孵化，推动生物医药关键技术研发和产业化。完善生物医药企业孵化培育机制，将孵化器与本地产业部门对接以及毕业企业在本地落地转化成效作为孵化器绩效考核重要内容。

### （二）加快推动仿制药一致性评价工作

积极协调临床试验资源和河南省有资格开展临床试验的单位，优先承担河南省药品生产企业一致性评价的生物等效性试验（BE试验）。进一步加大支持力度，对通过仿制药质量和疗效一致性评价的企业，省财政一次性给予研发经费30%的奖励。加大对骨干企业的业务指导，争取更多药品进入国家带量采购目录。

### (三) 大力引进培育行业优势企业

鼓励各地出台专项支持政策，积极引进世界医药200强和国内医药100强企业在河南省设立区域总部和研发机构，建设一批总部型、基地型项目，支持国内生物医药龙头企业在豫设立的研发中心，升级为研发、销售、结算等功能为一体的复合型研发总部。支持郑州、新乡、周口、许昌、驻马店等地承接发达地区产业转移、科技成果转化，为落户企业开辟绿色通道，落实定制化的土地和环保政策。加大具有核心技术的医药创新团队引进力度，培育一批细分领域隐形冠军企业。

### (四) 加大财政金融支持力度

鼓励各地设立现代生物与生命健康产业投资基金，重点支持创新团队项目落地、重大产业化项目建设和龙头企业并购重组。探索设立支持临床研发与转化的专项基金，引导推动创新成果实现产业化。对取得新药证书并实现生产或销售的新药、医疗器械等，给予研发投入10%的资金支持。对落户河南且具有重要带动效应的生物医药产业化项目，以及重大科技攻关项目和公共技术创新服务平台等，按一定比例给予资金支持。对获得美国FDA或欧盟EDQM注册认证的新药和高端医疗器械，每个产品给予最高10%且不超过1000万元的资金支持。

### (五) 加快创新产品的审批、推广和应用

进一步提升创新产品审评审批速度，对具有显著临床价值、创新性强的第二类医疗器械，推荐进入河南省优先审批程序。充分发挥河南省医药市场体量大的优势，大力促进本地医药创新产品的应用推广。支持符合条件、具有自主知识产权的创新药，通过质量和疗效一致性评价的仿制药，按规定纳入医保支付目录，仿制药与原研药质量和疗效一致的按相同标准支付。完善支持河南省创新产品优先纳入医保的政策措施，简化创新药品和高端医疗器械进入医院的招投标流程。完善相关政策，

及时将通过仿制药一致性评价的品种纳入带量采购遴选范围，并鼓励使用。放宽国产乙类大型医用设备配置数量限制。利用各类平台，加大对河南省创新医药产品的宣传力度。

（执笔人：冯书晨）

**参考文献**

[1] 中国工程科技发展战略研究院：《中国战略性新兴产业发展报告2023》，科学出版社2023年版。

[2] 国家发展和改革委员会创新和高技术发展司、国家发展和改革委员会创新驱动发展中心、中国生物工程学会：《中国生物经济发展报告2023》，科学技术文献出版社2023年版。

[3] 邱灵、韩祺、姜江等：《中国生物经济发展战略：面向2035的生物经济强国之路》，科学出版社2022年版。

[4] 国务院：《国务院关于加快培育和发展战略性新兴产业的决定》。

[5] 国家发展和改革委员会：《"十四五"生物经济发展规划》。

[6] 河南省发展和改革委员会：《河南省促进生物经济发展实施方案》。

[7] 河南省发展和改革委员会：《支持生物经济发展若干政策的通知》。

# 河南抢滩占先预制菜产业"新赛道"调研报告

**摘要：** 近年来，随着生活节奏加快、居民收入增加，"懒人效应""宅家文化"逐渐盛行，餐饮方式多元化和便利化需求上升，预制菜产业发展势头强劲，市场潜力巨大。河南省作为农业大省、人口大省、食品工业大省，亟需积极布局"新赛道"，抢占预制菜发展先机，加快食品工业转型。本调研报告从我国预制菜产业发展现状入手，深入分析河南省预制菜产业发展的现状、优势和难点，提出针对性的建议。

**关键词：** 预制菜　产业链　新赛道

## 一　河南省预制菜产业发展现状

河南省是农业大省、人口大省、消费大省。农业产业的高度成熟为河南省带来了发达的食品加工技术，河南省的食品加工业发展在全国一直遥遥领先。而近年来，河南省食品加工业显现出后劲动力不足状况，如何为河南省食品行业布局"新赛道"是河南省重新壮大食品工业亟待解决的问题。预制菜的出现为河南省食品产业的持续发展带来新契机。河南省在2019年开始涉足预制菜产业，是预制菜产业布局较早、发展较活跃的省份之一。结合产业基础和优势，河南积极布局细分赛道，产业园区建设迅猛、预制菜企业数量多、传播声量高，河南的预制菜产业发展水平走在了全国前列。

### （一）预制菜企业数量呈爆发式增长

近年来，河南省食品加工龙头企业布局预制菜，部分地市重点企业也开展预制菜相关业务，形成了培养行业重点企业，以带动中小企业发展的模式。河南预制菜企业呈爆发式增长，截至2023年3月，河南省预制菜企业数量共计5847家，其中商丘、郑州和周口数量最多，分别为934家、924家以及644家。河南省食品加工龙头企业分批次进军预制菜市场，河南省内各市培育预制菜重点企业，带动中小企业发展，完善当地预制菜产业链。

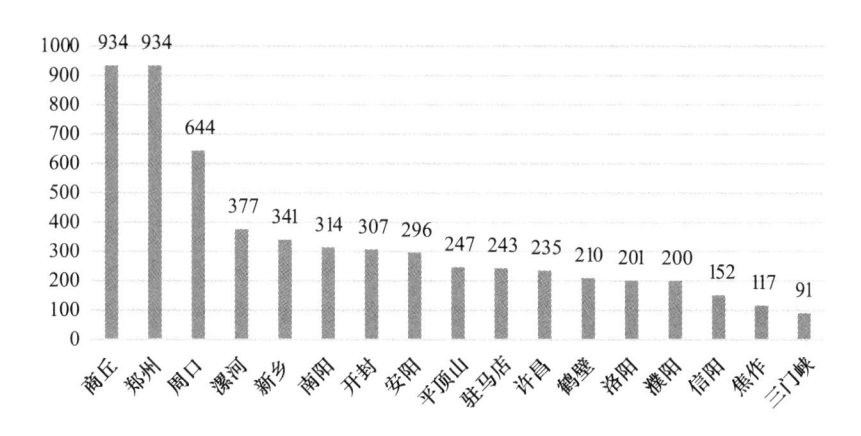

**图14-1　河南省预制菜企业数量（家）**

数据来源：根据公开资料整理。

河南省食品行业龙头瞄准预制菜赛道，纷纷入局，以千味央厨、锅圈食汇等成熟的专业预制菜企业为引导，三全、思念等食品加工企业逐步探索预制菜行业发展。根据企业开展预制菜业务时间，以2022年预制菜风口爆发为分界线，将开展预制菜业务上市公司分为首批和次批。

表 14-1　　河南省内部分上市公司预制菜发展情况

| 类型 | 企业名称 | 行业 | 发展情况 |
| --- | --- | --- | --- |
| 首批 | 千味央厨 | 餐饮供应链的生产型企业 | 为餐饮企业、团餐、酒店、宴席提供定制化和标准化的速冻面米制品,主要产品包括油条、蒸煎饺、蛋糕、米糕、麻球、春卷等。预制菜方面主要围绕 B 端客户、宴席场景、团餐需求做定制化和个性化开发 |
| 首批 | 双汇投资 | 肉类加工 | 2019 年成立餐饮事业部聚焦预制菜发展,目前已形成预制切割、调理半成品、成品菜肴、方便速食、酱卤熟食五大产品群 |
| 次批 | 三全 | 速食冷冻 | 2022 年布局预制菜,首创空气炸锅系列,研制北方焦炸丸子系列等产品 |
| 次批 | 思念 | 速食冷冻 | 2023 年 5 月,推出多款预制菜产品上市,包括思小灶酸菜鱼和思小灶青花椒鱼等产品。此外,还有调理小食类的产品,炸鸡、鸡米花、烤翅、烤肠、芝士卷等 |
| 次批 | 莲花健康 | 调味剂 | 2023 年 4 月,收购方便餐食品牌"自嗨锅"所属公司杭州金羚羊不低于 20% 的股份 |
| 次批 | 好想你 | 休闲零食 | 2022 年依托高端冻干锁鲜技术,发布拥抱你、简单巧厨和豆菲菲三大战略新品,聚焦早餐应用场景 |
| 次批 | 华英农业 | 肉类加工 | 2022 年 6 月,公司以鸭肴产品为切入点,推出鸭汤煲、红焖姜母鸭、黄豆炖鸭掌、藤椒啤酒鸭等预制菜产品 |

资料来源:公开资料,财立方智库整理。

河南省各市除支持大型上市公司加入预制菜赛道外,还结合当地特色产业,支持当地重点预制菜企业发展,以带动当地预制菜产业以及中小预制菜企业的发展。目前,全省有 15 个市在预制菜方面进行了系统布局。

表 14-2　　河南省内部分地区预制菜企业发展情况

| 区域 | 重点企业 | 发展特点 |
| --- | --- | --- |
| 郑州 | 三全、思念、千味央厨、锅圈食汇 | 省内大型预制菜企业云集 |
| 新乡 | 九多肉多、新乡农业股份、雨轩食品 | 推进中原农谷建设,以原阳县为核心,依托原阳县中央厨房发展,着力构建"预制菜加工产业带",着力打造千亿级食品制造产业集群 |
| 开封 | 丽星、上都实业、大红门肉类食品 | 将充分发挥通许县马铃薯、红薯、花生等作物的资源优势,打造一批甘薯、马铃薯、魔芋等原材料种植示范基地,建设"中国酸辣粉之都" |
| 洛阳 | 洛阳正大、名珍食品、康普食品、洛龄食品、天佑春都 | 积极探索全产业链标准体系,支持重点企业围绕产业链核心关键环节延链补链强链,打造预制菜智能生产车间、智能工厂,并通过开展预制菜优质企业梯次培育行动,推动重点预制菜企业做强做优,引导全市预制菜中小企业向"专精特新"发展 |
| 许昌 | 紫米食业、鑫纯食业、众品食业 | 推动农业经济由"农"字号向"食"字号、"健"字号、"药"字号迈进,长葛市聚焦肉制品、面制品、魔芋制品产业,挖掘具有地域特色的菜品,打造预制菜产业全链条 |
| 漯河 | 羊羊羊食品、豫鼎源食品、双汇、南街村、北徐 | 由食品名城向美食之城转变,积极制定预制菜行业标准,推进企业向海外拓展市场 |
| 信阳 | 倍美食品、固佳食品 | 以信阳菜系为特色,生产固始鹅块、固始老母鸡汤、固始皮丝、焖罐肉等预制菜产品,打造信阳品牌,将信阳特色菜推向全国 |
| 安阳 | 义兴张烧鸡、金品达食品、温生记食品 | 推出道口烧鸡、焖面等区域传统美食,生产鸡鲍鱼、鸡大虾、秘制黄焖鸡等预制菜产品,结合线上线下以及出口海外 |
| 鹤壁 | 春黎食品、永达食品 | 除市内春黎食品生产香菇滑鸡、红焖鸭块等预制菜品,永达食品积极参与航天食品的研发、生产工作。主要承担副食类和即食类食品的研发和生产,烧鸡腿、雪菜兔肉等近50种航天肴已搭乘"天舟二号"货运飞船和"神十二"载人飞船顺利抵达中国空间站 |

续表

| 区域 | 重点企业 | 发展特点 |
|---|---|---|
| 焦作 | 成汇食品、顶厨食品、京华食品、立达老汤、香曼食品、可达食品 | 拥有闻名遐迩的"四大怀药",其药食两用等食物特点非常适合开发更具特色和差异化的预制菜产品。区域内调味料企业也大举进军预制菜行业 |
| 濮阳 | 建省食品、华乐科技 | 拟设立乡村振兴及预制菜基金、成立预制菜产业研究院和预制菜产业园区、实施市城区农贸市场数字化改造 |
| 南阳 | 牧原、想念、仲景、福森 | 以当地农业龙头牧原为示范带头,支持预制菜产业园区建设,培育一批跨区域的预制菜仓储冷链物流龙头企业,打造一批驰名中外的预制菜品牌 |
| 商丘 | 双龙厨帝食品、美是食品、河南长岭食品、科迪食品 | 预制菜企业数量位居河南省第一,区域内企业关注标准创设、发力产品创新 |
| 周口 | 中食产业、明正清真食品 | 依托澄明食品工业园,拟建中部最大火锅烧烤预制菜食材基地 |
| 驻马店 | 豪守食品、喜来顺食品 | 当地食品工业主要集中在米面制品、油脂制品、果蔬制品、肉制品、调味品和食用菌加工等方面,强化园区建设,吸引预制菜项目落地 |

资料来源:公开资料,财立方智库整理。

## (二) C 端市场潜力巨大

河南省预制菜产业呈现出 B、C 两端同步发展特征。B 端方面,河南省依托发达的畜牧业,培育了一批大型牲畜及家禽饲养企业、优质屠宰及肉类加工企业,下游餐饮业客户的定制化需求,推动了企业研发生产 B 端预制产品;C 端方面,基于三全、思念、科迪等国内速冻食品行业先行者的发展壮大,河南省的速冻米面产量引领全国,速冻水饺、速冻面点等产品通过零售渠道售出,即为 C 端预制菜的早期形式之一。近两年,C 端菜肴类预制菜兴起,豫企积极布局,更多产品正在陆续推出。

表14-3 河南省预制菜企业情况表

| 企业类型 | 产品类型 | 产业链情况 | 销售渠道 | 河南代表企业 |
| --- | --- | --- | --- | --- |
| 农牧渔业：畜牧、水产养殖企业 | 调理肉、熟食为主，半成品菜肴为辅 | 产业链上游，一般可实现养殖、屠宰、食品加工、冷链运输等全产业链发展 | 主要为B端，向餐饮企业、商超等供应调理肉；C端打造自营店或线上平台，零售调理肉、熟食、菜肴等 | 众品食品、伊赛牛肉、永达食品、华英农业等 |
| 农副产品加工业：蔬菜初加工企业 | 净菜为主，半成品菜肴为辅 | 产业链中间环节，上接种植户，下接餐饮企业、商超、学校或大型单位等 | 主要为B端，向餐饮企业、商超、学校或大型单位等供应净菜 | 裕农食品、懂菜央厨食品等 |
| 农副产品加工业：畜牧、水产屠宰及加工企业 | 调理肉、熟食、半成品菜肴等 | 产业链中间环节，一般会向下延伸产业链至食品加工、冷链运输等 | 主要为B端，向餐饮企业、商超等供应调理肉；C端打造自营店或线上平台，零售调理肉、熟食、菜肴等 | 双汇集团、雨轩股份等 |
| 食品制造业：速冻食品制造企业 | 米面类半成品为主，方便速食、半成品菜肴为辅 | 产业链中下游环节，一般具备冷链运输能力 | 主要为B端，向餐饮企业、商超供应速冻类、油炸类、烘焙类、蒸煮类、菜肴类半成品；C端通过线上平台，零售上述食品 | 三全、思念、科迪、云鹤食品等 |
| 食品制造业：专业预制菜企业 | 米面类半成品、料理包、半成品菜肴等 | 产业链中下游环节，一般采取定制度化生产 | B端与C端并重。B端向餐饮企业、外卖商户、商超等供应米面类半成品、菜肴类半成品、料理包等；C端通过门店及线上平台零售半成品菜肴 | 千味央厨、禾胜合、海味尔等 |

续表

| 企业类型 | 产品类型 | 产业链情况 | 销售渠道 | 河南代表企业 |
|---|---|---|---|---|
| 餐饮业：连锁餐饮品牌 | 半成品菜肴 | 产业链下游环节，向上自建中央厨房或通过OEM贴牌生产半成品菜肴；向下通过门店或线上平台零售菜肴类预制菜 | B端与C端并重。B端向加盟或自营门店供应标准半成品菜肴；C端通过门店或线上平台向顾客销售明星菜品预制菜 | 巴奴、姐弟俩土豆粉、阿利茄汁面、方中山胡辣汤等 |
| 零售业：商超、食材及生鲜线上销售平台等 | 半成品菜肴、净菜等 | 产业链下游环节，多为通过OEM贴牌生产半成品菜肴，部分自建中央厨房；向下通过门店或线上平台零售菜肴类预制菜 | 主要为C端，通过门店或线上平台向顾客销售净菜、半成品菜肴等 | 锅圈、菊花开、九多肉多、大张、悦来悦喜等 |

数据来源：根据公开资料整理。

### （三）一二三产业联动推进

河南省预制菜发展实现从"种子"到"筷子"全产业链覆盖，为培育预制菜产业高质量可持续发展提供土壤。从预制菜产品最初需要的农产品到农产品及食品加工，到最终产品的销售平台，河南省企业已涵盖各个阶段，并拥有中央厨房等产品质量监管措施和配套物流冷链企业，实现了省内预制菜领域从单一行业向全产业链的发展。

### （四）各地预制菜产业园整合资源亮点频出

以预制菜产业园作为预制菜产业发展载体已成为河南省各地发展预制菜产业主要模式，原阳县整合原材料、冷链物流、区位交通、科研创新等优势，坐拥"国内最大中央厨房产业园"，集聚了巴奴火锅、绝味鸭脖、姐弟俩土豆粉、菊花开、九多肉多、雨轩、三元、亲热毛肚等知名食品企业64家，产品种类突破4000种，集聚效果成为发展典范。为支持预制菜产业发展，原阳将建成"中国首家预制菜全产业链创新中心"和"中国（原阳）预制菜产业基地"，并将在产业配套完善、科研队伍建设、支持政策出台、营商环境建设等方面持续发力。南阳、信阳、商丘、安阳、周口等地也在培育建设预制菜研发生产基地，制菜产业在河南正遍地开花。在"2022（首届）河南预制菜年度评选活动"中，原阳县先进制造业开发区、鹿邑澄明食品工业园、南阳产投食品产业园、双汇第三产业园被评为"最具潜力预制菜集聚（园区）"。从各地市园区发展方向可以看出，各地预制菜发展均结合当地优势和特色进行发展，如信阳整合信阳菜资源；南阳以牧原集团为主导，将猪肉深加工作为切入点；周口引进锅圈食汇打造火锅烧烤"十个一"工程等。预制菜在各地发展重要性日益加大。

表14-4　　　　　　　　河南省部分预制菜产业园情况

| 城市 | 县区 | 产业园 | 园区发展方向 | 时间 |
|---|---|---|---|---|
| 漯河 | 召陵区 | 双汇第三工业园 | 以中央厨房、预制菜肴、面制品等新兴餐饮产业为主，品牌肉制品、休闲食品为辅 | 2022.9 开工 |
| | 郾城区 | 瑞和速食产业园 | 从事速冻食品及健康食品产业，集研发、生产、仓储、物流为一体 | 2023.1 开工 |
| 信阳 | 罗山县 | 罗山预制菜产业园 | 信阳预制菜研发和生产 | 2022.4 签约 |
| | 浉河区 | 信阳菜数智文旅产业园 | 整合信阳菜产业资源，培育一批绿色食材种养殖基地，打造信阳食材专业的销售网络 | 2022.7 签约 |
| 新乡 | 原阳县 | 中国（原阳）预制菜创新示范产业园 | 预制菜全产业链 | 2022.9 开工 |
| 南阳 | 卧龙区 | 南阳产投食品产业园 | 以大力发展猪肉深加工预制菜为切入点，致力于打造豫西南预制菜产业"第一园" | 2022.10 开工 |

续表

| 城市 | 县区 | 产业园 | 园区发展方向 | 时间 |
|---|---|---|---|---|
| 周口 | 鹿邑县 | 澄明食品工业园 | 围绕火锅、烧烤、预制菜食材制造企业打造"十个一"食品工程 | 2019.10 开工 |
|  | 郸城县 | 郸城县千喜鹤集团食品产业园 | 上游农产业可在中央厨房进行中转、储存,下游团餐服务端依托中央厨房具有的配餐、预制菜加工、仓储物流等功能 | 2023.1 开工 |
| 新乡 | 原阳县 | 中国（原阳）预制菜创新示范产业园 | 预制菜全产业链 | 2022.9 开工 |
|  |  | 中央厨房产业园 | 集种植、养殖、食品加工、商贸服务等多种功能于一体的完整产业链 | 2014.12 开工 |
|  |  | 河南预制菜创新孵化园 | — | 2022.11 开工 |
|  |  | 原阳闽商预制菜产业园 | — | 2023.3 签约 |
| 洛阳 | 汝阳县 | 康普食品预制菜产业园 | 中央厨房及智慧冷链物流项目建设,打造预制菜特色品牌 |  |
| 郑州 | 新郑市 | 新郑冠超食品科技园 | 加工贮存各类食品 | 2014.3 开工 |

数据来源：根据调研资料整理。

## （五）预制菜行业大会及推介交流活动初见成效

2022 年以来，河南开展了一系列预制菜推介交流活动。2022 年 6 月，中国（原阳）预制菜行业大会在原阳市召开，这是河南省首届预制菜行业大会，在全国具有较强的影响力。2022 年 7 月，中国（南阳）预制菜发展论坛暨预制菜企业创始人闭门会在武汉召开，来自农开基金管理公司、德邦兴盛资本、牧原集团、想念食品、千味央厨、中原四季物流港、千喜鹤餐饮等企业的参会嘉宾共商南阳预制菜发展大计。2022年7月，首届中部预制菜产业发展峰会在郑州召开，郑州市预制菜产业发展研究院正式揭牌。2022年8月，首届预制菜交流大会在洛阳召开，邀请国内100余家预制菜企业，展出1000多个预制菜品种，组织各类商超、便利店及餐饮企业1000余家参会采购。通过加强预制菜企业和餐饮企业的对接交流，引导预制菜进入餐饮企业供应链。2022年9月，中国预制菜产业发展峰会在郑州召开，分析预制菜产业现状、探寻预制菜企业机会风口，研判预制菜行业发展趋势。2022年11月的信阳菜食材研讨会推荐南部大别山山泉水为信阳菜烹饪专用水，并纳入信阳菜食材库。2023年1月，河南省"好酒好菜迎新年"预制菜豫酒推介活动，活动评选出21款"好酒"以及44道"预制好菜"，活动现场还发布了4项预制菜团体标准及3项酸辣粉团体标准。2023年4月，2023中原农谷预制菜国际博览会暨产业发展论坛在新乡召开，集聚众多业界嘉宾共议预制菜行业发展新趋势，开展了主题演讲、论坛、洽谈、考察等一系列活动，国内外200余家预制菜企业参加，观展人次突破11万，交易额达235亿元。

**（六）河南预制菜出海联盟开启"豫餐"国际化进程**

河南预制菜加入出海新赛道，从"中国粮仓"到"国人厨房"再到"世人餐桌"。借助河南省便利的交通，河南省外贸进出口展现强劲发展势头，2013年—2021年进出口额逐年递增，为预制菜出口海外提供夯实基础。据郑州海关统计，2022年首次突破8500亿元大关，河南省外贸进出口总值8524.1亿元，进出口规模位居全国第9，比2021年同比增长4.4%。其中，出口5247亿元，增长5.2%；进口3277.1亿元，增长3.2%；贸易顺差1969.9亿元，扩大8.8%。

河南省对接空中丝绸之路，打造多条国际航线，建设航空货运枢纽口岸，为预制菜出口提供条件支撑。截至2022年11月，有31家货运航空公司在郑州机场运营，其中国际地区25家。开通48条全货机航线，通航42个国家地区，国际货运航线网络具备横跨欧美亚三大经济区、覆盖全球主要经济体、多点支撑的特点。郑州机场成为国内外主要货运航空公司重点布局的枢纽机场，其国际影响力持续提升。郑州机场于 2022 年 3 月获批全国重要国际邮件枢纽口岸，2023 年 5 月，河南本土货航首条自主运营洲际航线开通，直飞布达佩斯。河南省与国际联络愈加密切，往来愈加频繁。

河南省三全、思念、华英等头部食品工业企业在海外早有布局，且海外业绩表现不俗。其中，思念北美工厂于 2018 年投产，出口产品涵盖 6 大品类 150 多个花色品种，业务辐射 50 多个国家，连续 2 年增长 45% 以上，在美国最大华裔超市渠道中占比超 30%。为推动更多预制菜企业开拓海外市场，河南预制菜出海联盟成立。搭建集产、学、研、销为一体的预制菜出口产品展示及交易新平台，解决行业信息不对称等问题。参与出海联盟的企业也意在通过出海联盟，整合行业内优势资源，实现预制菜企业整体成本降低，改变预制菜企业普遍小、散、弱的规模现状，加速企业成长，良性促进预制菜行业的迭代和更新，有效打响"豫餐"这个品牌，展示河南文化，带动产业发展。

## 二　河南省预制菜产业发展的优势和难点

### （一）发展优势

预制菜是河南把新发展理念完整、准确、全面贯彻于农业农村现代化全过程和各领域的现实举措，是河南农业产业固根基、扬优势、补短板的重要手段。河南省发展预制菜产业得天时、占地利、拥人和。河南省预制菜产业发展得益于河南省得天独厚的自然环境基础以及现实发展情况。主要体现在以下几个方面。

1. 原料资源丰富。预制菜上游成本占总成本的 90%，这意味着上游原材料的供应在预制菜产业发展中占据核心地位。河南地处亚热带向暖温带过渡地带，具有丰富的农产品资源，全省农林牧渔业总产值突破万亿元，居全国第 2 位。河南粮食产量占全国的 1/10，小麦产量超过 1/4，粮食产量居全国第 2 位，花生、蔬菜、食用菌、中药材产量分别居全国第 1、第 2、第 1 和第 3 位，肉、蛋、奶产量常年居全国前列。河南省农业生产在全国占有举足轻重的地位，具有发展预制菜产业的原料基础。

2. **产业基础雄厚**。河南省的农林牧渔业总产值、规上农产品加工产业规模，均居全国第二。经过过去几十年的发展，河南已经具备了食品工业完整产业链的实力，培育出一批全国最大的肉类、面及面制品、速冻食品、调味品、休闲食品等特色食品产业集群。尤其是诞生了一批在国际上有影响力的食品工业企业，比如双汇、牧原、三全、思念、白象等，产业基础雄厚。双汇、牧原分别成为中国最大的猪肉加工、生猪养殖基地，双汇年产销肉类近 400 万吨，拥有 100 多万销售终端，牧原生猪年出栏达 4000 多万头。

3. **政策扶持到位**。2021 年 10 月，省政府办公厅印发的《关于印发河南省先进制造业集群培育行动方案（2021—2025 年）的通知》中提出，推动食品制造由"国人厨房"向"世界餐桌"转变。到 2025 年，建成具有世界影响力的万亿级现代食品集群。2022 年 4 月，河南省人民政府印发《"中原农谷"建设方案》，推动全省种业、粮食、食品三体聚合，助力河南省尽快建成国内一流农业科技创新高地，促进河南由农业大省向农业强省转变。2022 年 6 月，河南省人民政府关于持续增加农民收入的指导意见中提出培育绿色食品集群，并将预制菜产业写进了升级行动方案中。到 2025 年，建成具有世界影响力的万亿级现代食品集群。这是河南省首次将预制菜纳入政策文件中。为促进河南省预制菜产业健康快速发展。2022 年 10 月，省政府办公厅印发了《河南省加快预制菜产业发展行动方案（2022—2025 年）》，提出到 2025 年，全省规模以上预制菜企业达到 200 家以上，主营业务收入突破 1000 亿元，其中 10 亿元以上企业超过 30 家，培育预制菜上市企业 5 家以上，建成全国重要的预制菜生产基地、全国有影响力的预制菜生产大省，培育食品工业高质量发展新增长极。2023 年 1 月，河南省《政府工作报告》中提出，要积极发展冷链食品、休闲食品和特色功能食品，大力发展预制菜。支持牧原、双汇等一批龙头企业做大做强，建设万亿级现代食品产业。此外，河南也在积极建立预制菜产业标准体系。不仅河南省政府重视省内预制菜发展，河南省各地市也纷纷布局加入预制菜赛道。许昌襄城、洛阳、信阳和南阳更是将预制菜发展写入政府工作报告当中，可以看出预制菜已成为河南省各地市重要政策规划和布局。

表 14-5　　　　　　　　　　河南省预制菜相关政策文件

| 时间 | 文件名称 | 具体内容 |
| --- | --- | --- |
| 2019.4 | 《关于加快中原农谷建设打造国家现代农业科技创新高地的意见》 | 明确中原农谷南区要突出预制菜、肉制品加工、休闲食品等主导产业，建成国内重要的预制菜产业基地和标准领跑区 |
| 2022.4 | 《"中原农谷"建设方案》 | 聚力打造"四大中心、两个示范区"，南区部分指出，以原阳县稻米现代农业产业园、中央厨房产业园，以水稻种植、食品全产业链加工为主要建设内容 |
| 2022.8 | 《设计河南建设中长期规划（2022—2025年）》《设计河南建设行动方案（2022—2025年）》 | 推动预制菜新品研发设计与产业化，赋能食品工业高质量发展 |
| 2022.10 | 《河南省加快预制菜产业发展行动方案（2022—2025年）》 | 明确了河南发展预制菜的总体要求、发展重点以及重点任务，要做强做优做大预制菜重点产品、重点企业、重点园区，建设全国重要的预制菜生产基地，加快食品工业转型升级和换道领跑 |
| 2023.1 | 《河南省政府工作报告》《大力提振市场信心 促进经济稳定向好政策措施（商务类）》 | 要积极发展冷链食品、休闲食品和特色功能食品，大力发展预制菜。加快预制菜产业基地建设，积极推进酒业、奶业振兴和烟草转型，推动农产品加工提质升级 |
| 2023.2 | 《支持绿色食品业加快发展若干政策措施》 | 支持预制菜产业发展，每年安排财政资金5000万元，对预制菜单项菜品年销售收入超过1亿元、预制菜套餐产品年销售收入超过5亿元、新开发畅销预制菜单位或套餐产品的预制菜企业给予奖励 |
| 2023.4 | 《关于做好2023全面推进乡村振兴重点工作的实施意见》 | 在高质量发展乡村产业部分中提到，要推广"原料基地+中央厨房+物流配送"等产业模式，打造全国重要的预制菜生产基地 |

4. 交通枢纽地位突出。当下,河南省已形成多层次开放平台体系,作为内陆开放高地,能够加速国内外人流物流信息流等循环畅通。河南地处连接东西、贯通南北的战略枢纽,全国第一个"米"字形高铁网已经初步形成,以郑州为中心的高铁圈覆盖全国主要经济区域,中欧班列(郑州)综合指标居全国前列。铁海、河海联运扩容加密,有效连接上海等"海上丝绸之路"重点港口。《河南省"十四五"现代综合交通运输体系和枢纽经济发展规划》提出到 2025 年,河南省交通区位优势向枢纽经济优势转化成效显著,以枢纽经济为牵引的交通运输与经济社会发展实现深度融合,交通强省建设取得较大进展,初步建成枢纽经济先行区。优越的交通区位将为河南预制菜走向全国,乃至走向世界,提供良好条件。

5. 冷链物流体系成熟。完善冷链物流体系是河南省预制菜产业发展的重要基础支撑。凭借优越的天然地理优势,河南省现已发展出较为成熟的冷链物流行业,为预制菜可持续发展奠定坚实的基础。河南省物流通道便利,冷链物流基础设施建设相对完善。中物联冷链委发布的《2021 年度中国冷链运输和网络景气指数》中显示,郑州市冷链中介度、冷链便利度,在全国各大城市中均位居第二,冷链城市集聚度位列第三。河南省在冷链装备制造方面基础雄厚,民权县制冷工业园冷藏车市场占有率居全国第一。冷链物流服务体系逐渐完善。万邦物流城拥有大型低温冷库和专业冷链配送网络。双汇、众品等食品生产加工企业积极完善冷链网络。诸多大型肉制品、速冻食品生产企业实现了全程低温控制,"鲜易网""莲菜网"等河南生鲜电商发展迅猛,冷链物流体系实现标准化、网络化、规模化发展。截至 2022 年,河南省冷链食品加工业产值规模近 1600 亿元,冷链物流规模达 1800 亿元。随着郑州、商丘、新乡和漯河四地国家级骨干冷链物流基地的入选,已初步形成了较完备的产业体系和特色产业集群。中国(河南)自由贸易试验区和跨境电商综试区的建设为河南省冷链物流发展带来了机遇。

6. 消费市场广阔。随着中等收入群体的逐渐形成，河南省消费市场呈现出日益细分的新特点，出现了分层次、多元化的消费升级新趋势。近两年来预制菜在C端市场中激起巨浪，终端消费者直接购买预制菜的行为逐渐增多，C端市场逐步增大。河南省拥有接近1亿的常住人口，其中城镇常住人口具有较大增长幅度，从2018年的5153万人增长至2022年的5633万人，增幅达8.52%，消费市场潜力巨大，城镇化率逐年递增，2022年末全省城镇化率57.07%，推进空间大，具有较广阔市场前景。河南本地和周边的食品消费市场总量大、潜力足、活力旺。从河南省文旅承载力和吸引力来看，在2023年五一假期旅游中，河南省以接待5518万人次荣登榜首，较2019年同期增长21.3%，旅游收入超300亿元。从居民消费情况来看，河南省全体居民人均可支配收入呈明显上升趋势，城镇居民人均可支配收入上涨趋势尤其明显，在2013—2022年期间上涨71.82%。

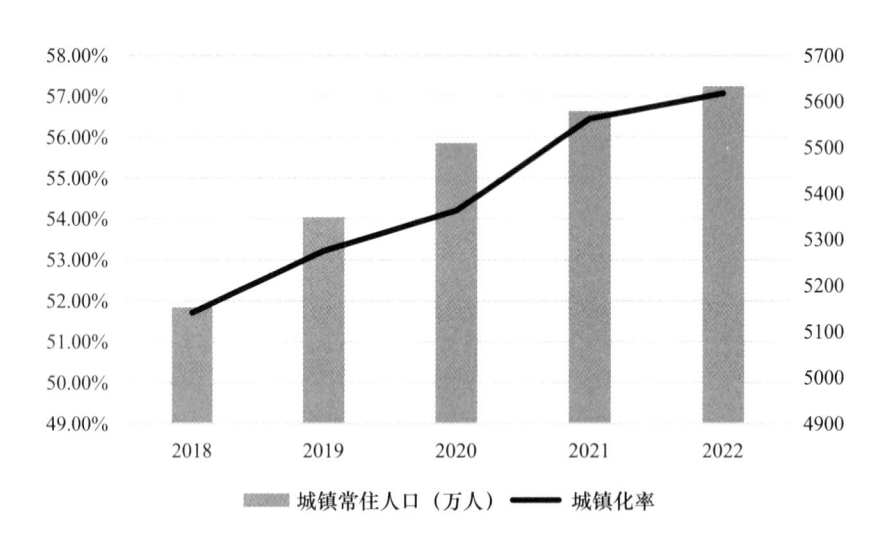

图14-2 2018—2022年河南省城镇常住人口

数据来源：河南统计年鉴。

7. 产业支撑体系初具规模

成立了预制菜专业委员会。2022 年 7 月，河南省食品工业协会公布了预制菜专业委员首批名单，共有 86 家单位，涵盖了河南预制菜产业科研、生产、流通、仓储、冷链物流、电商、产业园等产业链上下游企业、园区、高校及科研服务机构。

成立了河南省预制菜技术创新研究院。河南省预制菜技术创新研究院依托河南省一流本科专业食品科学与工程和食品质量与安全，由河南省农业农村厅、河南省工业和信息化厅、河南省商务厅、河南省食品工业协会和河南牧业经济学院联合组建而成。河南省预制菜技术创新研究院由朱蓓薇院士领头，主要针对架构预制菜新产品、预制菜工业化加工过程中关键控制点和风味高效还原技术研究；预制菜成套非标装备研究；解析预制菜加工中营养组分的保持，揭示"豫味"形成机理机制，增强预制菜的"豫味"感知记忆；预制菜食品安全在线监测和快速检测技术开发；预制菜包装保鲜与贮藏关键技术研究；预制菜加工标准和产品标准的研究等 7 大领域。截至目前，河南省预制菜技术创新研究院共承担企业横向研发项目 11 项，累计横向科研经费 1200 余万元，承担河南省重大专项高温肉制品加工关键技术研究及应用，获批经费 500 万元，完成科技成果转化 3 项，授权发明专利 7 项，实用新型专利 15 项，发表 SCI30 篇，其中 Top 顶刊 17 篇，国家自然基金项目 5 项。同时，河南省预制菜技术创新研究院具有完整科学的科研架构。

成立了河南现代预制菜行业学院。2022 年 11 月，河南省教育厅等十五部门联合发布 2022 年度河南省特色行业学院立项建设名单，河南牧业经济学院的现代预制菜行业学院是全国首家、目前唯一一所聚焦预制菜领域专业人才培养的行业学院。现代预制菜行业学院设立目标为，通过凝聚行业领军企业、研发有竞争力的"大单品"、搭建高层次研究平台、培养高水平行业专家、产出高质量科研成果、培育高水平行业人才，从而推动河南省预制菜行业的快速发展，为实现河南省 2025 年万亿级现代食品集群贡献力量。

## （二）存在的问题

当前，预制菜产业的发展方向和边界越发清晰，相关政策与规则亦不断细化。但随着预制菜消费场景的升级、行业竞争的加速，以及预制菜产品的消费者黏性降低等情况出现，行业也迎来了新的挑战。

1. 标准化程度较低，产品品质难以保证。标准化对预制菜产业发展起着重要支撑和引领作用。预制菜产业原料供应在农业端，后端在餐饮食品端，产业链供应链大，标准化程度较低，尚未出台国家统一标准，生产品质鱼龙混杂，甚至出现劣币驱逐良币现象，不仅容易造成食品安全事故，也不利于行业内企业的整合、协同和壮大，阻碍预制菜产业的健康发展。

其一，在农业农产品原料生产端，绝大多数预制菜产业企业不具备自建供应生产基地条件，尤其是一些种植类农产品原料采购的企业，多采取市场化采购、农户订单式采购或农民合作社合作等方式，从生产环境、生产条件、生产标准、生产技术等方面无法实现标准化，甚至一些预制菜生产企业没有品质标准意识，必将造成预制菜生产原料品质无法保证。其二，在食品加工端，虽然一般都是执行了食品生产与卫生标准，但缺少国家标准，强制性不够，保证了生产原料供应的品质化，却无法保证生产成品的品质化。其中70%的企业仍停留在作坊模式，这类企业的产品种类相对单一且同质化严重，设备工艺较落后、质量控制体系和管理制度不完善，无法对采购、生产、销售过程进行充分的监管，食品安全卫生难以保障。其三，预制菜能够解决消费者做菜的燃眉之急，而却难以复刻深受消费者追捧的"锅气"，因此对预制菜产业高质量发展而言，预制菜加工技术的发展与应用是关键。当下预制菜在味觉量化方面还未创建相关标准，消费者个人对食物感官具有差异性，预制菜作为工业量产的标准化食品，在食品美味与否方面并非能够满足所有人。且预制菜产业顺应了时代的发展，生产商为赢得市场，在菜品研发上不得不牺牲地方特色，顺应大众口味。相对于西方餐饮而言，中餐的食材、调味料与烹饪方式繁杂且差异较大，抛却保鲜剂的预制菜食材如何实现工业化标准，其调料的配比、保鲜、还原等步骤都将对消费者的产品体验具有直接影响。

2. 产业呈区域化、分散化和小规模特征。赛迪顾问消费经济研究中心发布的《2023中国预制菜企业竞争力百强研究》中，三全食品、双汇发展、九豫全、巴奴、千味央厨、雨轩、白象集团7家企业入围。从预制菜百强企业区域分布来看，东部地区、中部地区、西部地区及东北地区分布数量分别为62家、20家、14家和2家，其中东部地区预制菜企业占比为64%。在国内预制菜行业中上层发展中，河南企业并未占据核心位置，当下河南省内预制菜企业属于多而不大、繁而不精阶段，缺乏全国龙头企业和品牌打造。河南省目前上市的食品加工类企业众多，但预制菜企业9家龙头企业中，河南仅千味央厨1家企业上榜，整体发展水平相对落后，跟全国的龙头企业相比还有一定差距，产品的核心竞争力较弱。

河南预制菜产业虽孕育于省内的畜牧、农副产品加工、食品制造等上中游企业，但在各省辖市中分散分布，并未形成明显的集聚效应。预制菜产业具有广阔的市场空间，但进入门槛较低，长期以来发展不规范，加之近年来受疫情影响带来餐饮市场需求增长，而从传统农产品加工企业转型的预制菜生产企业占比较大，造成产业发展存在小、散、乱问题比较严重，企业规模普遍较小，缺乏产业龙头企业推动，造成产业从标准到技术升级缓慢。预制菜产品繁多、单品市场供应量少，造成产品规模化生产难以实现，从技术研发到设备生产都难以实现集约化、集成化，未形成成熟清晰的集群产业上下游链条，集群专业分工效应有待进一步提升。在市场需求与政策多重推动下，农业企业、农产品加工企业、餐饮及食品企业等纷纷上马，造成重复建设、品类雷同、同质竞争等问题。

3. 产业科技水平较低，高素质人才短缺。预制菜产业技术研发主要包括三个方面：农产品原材料生产研发技术、菜品加工生产环节技术研发、市场销售消费环节的技术研发。目前河南省预制菜产业技术研发不足，主要原因有：一是产业发展缺少龙头企业或金融资本投资支撑，二是预制菜产业链条长、环节多，单一产业企业无法进行全链条技术集成研发应用，三是产业还处于初期低水平发展阶段，各种科研机构研发水平与成果应用还处于初期阶段。

目前省内预制菜企业多数缺乏核心技术，主要以量取胜，简单粗放模仿的多，集约型自主创新少，在新产品架构及产品加工的关键技术攻关不够，缺乏与专业科研机构进行合作，自身产品核心竞争力不强。企业在供应链、资源配置和新兴服务平台等智能线上平台培育不足，研发中心和分析检验中心等线下平台发展滞后。预制菜产业是嫁接"一产"和"三产"的重要桥梁纽带，河南省预制菜产业重点挖掘本地"一产"优势资源，并对其进行预制菜加工，然后进行"三产"服务，现在的预制菜企业多数以外购农产品原料为主，预制菜产业带动"一产"发展程度有待进一步加强，融合创新发展的水平需进一步提升。河南省预制菜产业专业技术人才仍然短缺，截至目前，河南开设食品专业的本科高校高达20余所，但在人才培养方案中设计预制菜课程或中央厨房课程或开设预制菜培养方向的仅有河南牧业经济学院一所涉农高校开设，河南本土高校向行业输送的人才已不能满足本省行业的需求。

4. 河南特色菜系及独有品牌发掘不深。河南是中国烹饪文明的主要发祥地。河南作为中原文化的发源地和历史上的政治中心，其人口流动的多样性，饮食方面融合中原和周边菜系的特点，使得河南菜的烹饪风格和口味多样化，形成多元性和混合性的特点，具有独一无二的风味和口感。就目前而言，河南预制菜企业对河南本地特色美食的研制和推广程度有限，预制菜产业仍处在"有品类无品牌"的阶段。产品主要以迎合市场主流受欢迎产品为主，如酸菜鱼、狮子头、猪肚鸡、红烧肉、小酥肉、火锅丸类等大众菜品，缺乏产品多样化和独特性。影响产业科学、健康、持续发展。

预制菜作为新兴赛道，产业发展初期，企业为争夺市场份额，产品线杂乱无章，企业缺乏用"大单品"思路去开拓市场以带动企业快速成长，导致企业在发展过程中市场话语权和影响力不足。企业在产品研发时对河南饮食文化内涵挖掘程度不高，如胡辣汤、烩面、濮阳壮馍、洛阳牡丹燕菜、开封桶子鸡、道口烧鸡等开发力度较低，导致预制菜在消费者感知中，记忆点不深和风味不突出，未能在激烈的市场竞争中选好自身定位，"豫"味特色不足。

5. 消费者对预制菜的接受度有待提升。一方面，在消费者传统观念中，预制菜与工业制品画等号，其具有较长保质期以及在袋子或盒子中盛放的特点，让消费者对预制菜是否过量添加防腐剂产生担忧。而实际上，防腐剂并非预制菜的必须添加项，如罐头食品、冷冻食品一般无需加防腐剂，食品添加剂的使用同样依据产品加工、贮藏的要求进行添加。预制菜能够延长保质期也受益于其包装材料的更新迭代，预制菜在初次烹饪加工后进行严密的包装，阻隔氧气，抑制微生物的生长和繁殖，延长预制菜赏味期。另一方面，预制菜营养问题也是消费者重点关注领域。从预制菜原材料来看，荤食为预制菜主流食材，预制菜的蔬菜种类有限，缺乏绿叶蔬菜，主要以胡萝卜、土豆等储存时间长且不易变色的蔬菜为主。从食用方法来看，预制菜在食用前需经历二次加热，消费者认为此过程会使食物营养流失。事实上，预制菜中的碳水化合物、蛋白质、脂肪和矿物质等与新鲜蔬菜相比变化不大，新鲜蔬菜在家庭炒菜过程中营养物质同样会流失。当下消费者对预制菜的认知变化远不及预制菜技术的更新，如何扭转消费者对预制菜的传统认知也是预制菜厂商抢占市场份额亟待解决的问题。

# 三 河南省预制菜产业发展建议

## （一）建立健全标准体系

政府部门在做好顶层设计的同时，积极推进行业标准体系的建立和法律法规体系的健全，围绕预制菜产业链各个环节完善相应的生产标准。产业链上游制定适合预制菜加工的食材标准、种养技术规范，注重农产品的食用品质、营养品质等内在要求。产业链中游明确预制菜原料采收、保鲜和初加工技术规程和方法标准。产业链下游完善预制菜细分品类的产品标准、服务标准、质量评价及检测方法等。逐步形成层级恰当、结构合理、功能完整配套、界定明确的全产业链标准体系。以园区建设为载体，促进产业链上下游企业间凝聚共识，积极指导和支持在预制菜产业园区进行标准化示范项目的建设工作。

开展预制菜评价工作，建立动态的预制菜评价指标体系更新机制。选取有代表性的预制菜产业园和企业开展标准的应用示范。通过标准体系建设，保障预制菜产业的良好市场运行，淘汰产能，杜绝恶性竞争，引导行业健康有序可持续发展。加强预制菜质量评估及质量检测能力建设。建立产业链、供应链常态化质量安全评价制度，鼓励预制菜企业开展第三方质量检验测试和认证业务。积极引导重点预制菜企业自建实验室、中小预制菜企业合作共建"共享实验室"，提高企业品牌管理能力。推动预制菜食品追溯平台建设，采用"互联网+"智慧监管手段，实现产地准出、销地准入、产销衔接、全程可溯。深入推进食品工业企业诚信管理体系建设，加强食品生产企业档案监督管理，实现与省信用信息共享平台数据的共享共用。严格打压"黑作坊"和假冒伪劣商品，有效保障消费者权益，确保预制菜食品安全。

### （二）提升产业创新能力

政府应积极构建学校、企业、政府、产业园协作机制，聚集优质要素资源，瞄准产业需求，在人才培养、公共研发平台建设、关键核心技术攻坚、产业化应用、智能装备制造领域发挥各自优势，促进上、中、下游先进适用技术在市场端落地，以科技赋能强品质，提升市场核心竞争力。大力扶持行业骨干龙头企业、重点产业园联合科研机构成立预制菜行业研究院和技术创新联盟。引导和鼓励预制菜企业自主建设研发实验室、技术研发中心等。

企业作为经济核心微观主体，应以创新为核心，提升市场竞争力，借助河南的原料资源优势、科研优势和市场基础优势等，从特色菜入手，以网红产品为资本积累，积极研发特色菜系，为日后在市场中与同类企业形成差异化竞争、在细分领域抢占市场做准备。通过产品研发和技术创新，针对市场中口味群众基础大、地域特色突出的预制菜优势产品和市场空缺，向烹饪方式多样化、菜系多样化、消费场景多样化、消费人群多样化等方向发力，推出更多明星单品，满足消费者多场景、多口味、高品质、健康性等需求。传统美食承载着消费者的童年记忆，预制菜企业可将传统美味和现代餐饮相结合，将研发地域美食、风味小吃作为产品研发的方向。同时也要结合消费者当下对养生健康的追求，做到配料表清洁化，推出一些低油、低盐、低糖的产品，推出养生药膳预制菜，以及添加红豆、绿豆等粗粮产品的预制食品等。就产品使用场景而言，预制菜企业可开展家宴套餐、婚丧嫁娶、学生套餐等系列套餐产品的研发推广。就产品目标消费者而言，预制菜产品将覆盖更多人群需求。例如，目前市场上缺乏针对孕妇、哺乳期妇女和老年人等特殊人群的预制菜品。预制菜企业可以为这类特殊群体设计研发营养丰富、清淡可口甚至功能性强的菜品。

鼓励高校根据社会反馈对食品专业课程进行调整完善，及时满足市场新要求。建设教学实践基地和"产学研用金"平台，加强就业指导，提高人才针对性和实用性。拓宽人才引入渠道，建立预制菜行业人才数据库。鼓励和支持海内外高端食品研发人才及其团队来豫创业和转化项目成果。完善一站式人才服务，落实各项优惠政策和奖项荣誉，激发创新活力。

### （三）加强产业示范引领

一方面要大力培育示范企业。培育壮大产业发展中关键经营主体，重点培育成熟区域的市场主体，加快打造一批集约化、专业化、智能化生产水平高的龙头企业。鼓励龙头企业布局预制菜赛道，发挥龙头企业牵引作用，不断延链、补链、强链、优链、扶链和扩链，实现各类企业进行优势互补、强强联合、共生发展的生态化合作，形成链主企业＋配套企业＋服务环境的产业集群，实现产业聚集，农工商融合发展。加大对"头雁"企业培育力度，采用"一企一策"的方式培育壮大链主企业，提升重点预制菜企业在菜品研发、标准化生产、品牌营销等方面的水平。支持预制菜加工企业和产业链上下游配套企业建立产业联盟，实现协同发展，支持企业跨区域、跨行业整合。完善预制菜中小企业孵化体系，引导预制菜中小企业实现"专精特新"发展。另一方面要聚焦当地资源优势，走特色发展之路。比如信阳可实施"三产引领、二产赋能、一产提质"的"三二一"模式，通过做大做强"三产"信阳菜连锁模式，带动"二产"加工和"一产"原材料的供给。原阳可继续加大"二产"预制菜加工，积极开展内培外引，完善预制菜产业链。汝阳可聚焦红薯和香菇种植优势，建设生态预制菜产业园，开发生态预制菜。郑州以惠济区为核心，依托中原四季物流港的贸易和冷链优势，建立预制菜贸易中心和创新加工中心，通过打造国际食品（预制菜）贸易港，带动预制菜产业发展。支持各县市立足区位优势、资源禀赋和产业基础合理规划产业园区建设，避免产业园区项目一哄而上，盲目发展。推动全省各地立足自身资源禀赋，着力支持预制菜重点企业和园区发展，培育建设一批预制菜研发生产基地。

### （四）提升原材料供给水平

预制菜行业的发展离不开优质的原材料供给。近年来，原材料价格浮动严重，自然灾害的影响使得上游供应不稳定。原材料作为产业链最前端的链条，种类较杂管理难度大。原材料的品质状况和供应能力将影响产品最终的质量。要与农户、农业合作社等建立合作关系，确保原材料的稳定供应。同时，建立完善的采购计划和预测机制，根据市场需求合理安排采购量，避免供应和需求出现严重失衡。

预制菜的原材料质量直接影响产品的口感和营养价值。因此，提高原材料的质量和安全性至关重要。应加强与供应商的合作,共同制定质量标准和安全管理要求。加强检测和监管,确保原材料符合相关安全标准推广有机种植和绿色农业技术,减少农药和化肥的使用,提高食品的安全性和健康价值。针对不同类型的原材料,制定科学合理的采购和储存方式,确保原材料的新鲜度和品质。对于易腐的蔬菜类原材料,可以采用预冷、快速包装等措施延长保鲜期。对于肉类原材料,可以建立冷链物流体系,确保产品在运输和储存过程中温度的稳定和控制。应高标准建设绿色优质原料基地,在农作物生产过程中实现科学用药、优化施肥、种养循环、综合治理。构建粮食、果蔬、畜牧、水产、食用菌等种养产业集群,支持预制菜企业建设农业标准化生产基地。依据各地资源优势,积极打造黄淮海平原粮食安全产业带河南核心片区、黄河滩区沿线牛羊养殖优势区、京广铁路沿线生猪产业带,以及豫西南豫东生猪产业优势区。

### (五)提升冷链物流配送能力

目前,我国食品行业的冷链需求占冷链市场需求的比重高达90%。预制菜大多是经初加工后的食品,通常采用冷藏或者冷冻的方式保鲜,预制菜行业对冷链运输具有极高的依赖性。为保证食材的新鲜,食材对运输过程中的温度控制要求较高,且预制菜品类繁多,对于不同温区的包装技术、保藏技术以及冷链物流比传统的冷链物流有更高的要求。冷链运输技术在预制菜产业中具有非常重要的作用,关乎着预制菜发展的命脉。传统的冷链体系已无法满足当地企业对于产品配送的需求,流通瓶颈阻碍了企业的进一步发展。因此,提升冷链物流技术及配送能力是预制菜产业发展的重要保障。

政府应大力支持在预制菜生产企业及连锁餐饮企业中推广"原料基地+中央厨房+冷链配送"模式,支持加大冷链仓储设施建设力度,支持仓储冷链企业研发预制菜专用设备,完善自动化立体冷库、低温初加工、生产预冷、冷链加工配送中心和中央厨房等设施,培育一批预制菜仓储冷链物流龙头企业。提升冷链物流信息化、自动化、智能化、标准化程度。积极发展保鲜密封技术和冷链物流产业，构建以国家骨干冷链物流基地、公共型农产品冷链物流基础设施骨干网为主渠道的预制菜流通体系，打通上游原材料"最初一公里"至下游冷链配送"最后一公里"。

**（六）加快产业数字化升级**

预制菜产业产业链长、流程多、环节复杂，从供应管理到品质把控再到市场销售都存在管理困难问题。数字化能够从流量引入、场景链接、数字标准化等方面为传统行业插上互联网的翅膀。产业数字化、生产智能化、销售智慧化既是预制菜产业发展方向，也是必然趋势。因此，要着重实现预制菜从田园到舌尖全过程数字化管理。

加快预制菜企业数字化改造，加强大数据、云计算、工业区块链等技术的应用，培育预制菜智能生产应用场景。提升企业在采购、仓储、分拣、物流、中央厨房等方面的数字化供应链能力。分析老字号、地方特色、各大菜系、名店名厨的特色配料和加工生产过程的数据，运用现代食品工业技术手段分析各类菜肴原料，针对各类食材的不同特点运用不同的制作方法进行研发，通过中央厨房集中生产、科学包装，采用急速冷冻技术保存，保障菜品的新鲜度，形成一套精准算法和自运营机制，促进餐饮业按需生产、按需分配。推动关键生产工艺自动化，加大生产烹饪机器人、搬运机器人、分拣清洗机器人等智能后厨装备的研发力度。以科技赋能食品，创新预制菜品的口味、营养、外观、包装。提升企业的数字化整合能力和营销能力，实现原材料集中采购、生产柔性控制、市场需求分析、菜品口味调整、广告精准推送、企业电商销售等有机结合。

**（七）完善品牌营销体系**

随着人们生活水平的提高和健康饮食意识的增强，消费者对预制菜的品质和健康性等要求也越来越高,预制菜市场未来将呈现出多元化、差异化、特色化发展的趋势,品牌知名度高和拥有特色菜品的企业将更有优势。应充分发挥河南特色农产品优势,挖掘河南菜精髓特点,通过预制菜进一步擦亮河南餐饮名片,不断扩大河南饮食文化的影响力,打造全省食品产业新的增长点。

橘生淮南为橘,生于淮北则为枳,各地政府在预制菜产业发展过程中应紧密结合当地农业产业特色,立足当地资源禀赋,以区位优势为基础,建立特色产业园区,鼓励园区入驻企业向培育特色预制菜产品转型。研究推出具有中原文化特色的餐饮菜系,逐渐形成河南预制菜产品库,打造具有全国影响力的预制菜品牌。将地方传统民俗文化和历史文化融入品牌价值体系,强化文化赋能,讲好品牌故事。建立企业品牌营销策略网络,提高企业品牌影响力和美誉度。定位产业园区发展模式,在完善当地园区基础设施配套之上,明确园区发展是以打造统一品牌为主,还是构建完整预制菜产业链为目的。如打造统一品牌,需要引入同类型企业,以激发企业集聚效应带动当地产业发展为重点,若培育完整产业链条,则需注重预制菜产业链条中上游、中游和下游不同行业企业的发展。引进专业的营销推广平台,充分利用抖音、B 站、小红书、微博新媒介开展预制菜宣传营销活动,加大"味道河南"宣传推广。以终端市场开发为核心,积极开拓线上线下营销渠道,引导企业开拓全渠道融合的经营模式。大力扶植预制菜出口企业,鼓励企业在国外设立生产基地,拓展预制菜国际市场。

(执笔人:许艺凡　徐夏楠　李芳远)

**参考文献**

[1] 范慧敏:《预制菜市场分析》,《合作经济与科技》2023 年第 4 期。
[2] 鲁雨:《从"田间"到"餐桌"——预制菜产业发展探析》,《中国农村科技》2023 年第 5 期。

［3］李虎成、代娟、王永乐:《"烹"然心动的"预"菜盛宴》,《河南日报》2023年4月18日第9版。

［4］段伟朵、陈诗昂、贾永标、朱哲:《为生活预制"大餐"》,《河南日报》2023年4月11日第2版。

［5］许艺凡:《河南预制菜产业发展要迈五道坎儿》,《中国商界》2023年第12期。

［6］王小月:《预制菜市场火热 对传统中餐影响几何》,《中国消费者报》2022年8月12日第3版。

［7］李鹏:《河南融入新发展格局有优势》,《河南日报》2022年4月1日第4版。

# 河南省不动产投资信托基金（REITs）问题研究

**摘要**：近年来，我国基础设施投资增速大幅下降，基础设施建设资金不足、投融资体制机制不适应等问题凸显。2020年，我国提出了发行基础设施领域不动产投资信托基金（REITs），通过资产证券化的方式将符合条件的基础设施转化为可上市交易的金融产品，盘活基础设施存量资产，形成投资良性循环。截至2023年6月末，上市的基础设施REITs产品仅有28只，融资规模不超过1000亿元，对基础设施投资整体提升效果有限。本文通过分析我国基础设施REITs发行中存在的问题，结合实际，为河南发行基础设施REITs提供建议。

**关键词**：基础设施REITs　存在问题　发展建议

## 一　不动产投资信托基金发展现状

### （一）国际不动产投资信托基金发展状况

1. 国际发展概况

REITs诞生于20世纪60年代初资本市场发达的美国房地产投资领域，在很大程度上降低了房地产投资门槛，使中小投资者可以获得不动产市场交易等所带来的收益。自1960年以来，REITs以美国为起点，10年内逐渐覆盖荷兰、新西兰、中国台湾和澳大利亚等国家与地区。

20世纪70年代到80年代之间，REITs在北美、欧洲和亚洲地区出现。1993年巴西成为第一个采用REITs的南美洲国家。2006年REITs进入中东，被以色列和阿联酋的迪拜酋长国所采用。2013年，南非在非洲第一个采用REITs，2014年肯尼亚紧随其后。2021年，REITs在中国落地。目前世界上已有44个国家和地区推出REITs制度，REITs已经成为全球资本市场上成熟的金融产品。截至2022年底，全球REITs市场规模超过2万亿美元。不同国家或地区根据自身的法律、政策、环境和发展阶段等，形成了各具特色的REITs市场发展之路。但不论从发展历史、市场规模还是整体成熟度来看，美国仍遥遥领先其他主要国家和地区。

表15-1　世界各国及地区推出REITs的时间及标志性条令

| 序号 | 国家 | REITs推出时间 | 标志性法令 |
| --- | --- | --- | --- |
| 1 | 美国 | 1960 | Internal Revenue Code |
| 2 | 荷兰 | 1969 | Fiscale Beleggings Instelling |
| 3 | 波多黎各 | 1972 | Internal Revenue Code for a New Puerto Rico |
| 4 | 比利时 | 1990 | Belgian law of 4 December 1990 |
| 5 | 巴西 | 1993 | Federal Law 8.668/93 |
| 6 | 加拿大 | 1994 | Income Tax Act |
| 7 | 土耳其 | 1995 | Capital Markets Law No. 6362 |
| 8 | 新加坡 | 1999 | Property Fund Guidelines |
| 9 | 希腊 | 1999 | Law 2778/1999（REIC Law） |
| 10 | 日本 | 2000 | The Amendment to the Investment Trusts and Investment Corporations Law |
| 11 | 韩国 | 2001 | Real Estate Investment Company Act |
| 12 | 马来西亚 | 2002 | Guidelines on Property Trust Funds by the Securities Commission |
| 13 | 法国 | 2003 | Article 11 of the Finance Act for 2003 |
| 14 | 中国台湾 | 2003 | Real Estate Securitisation Act |

续表

| 序号 | 国家 | REITs 推出时间 | 标志性法令 |
| --- | --- | --- | --- |
| 15 | 中国香港 | 2003 | Code on Real Estate Investment Trusts by SFC |
| 16 | 保加利亚 | 2004 | Special Purpose Investment Companies Act (SPICA) |
| 17 | 墨西哥 | 2004 | Mexican Income Tax Law |
| 18 | 英国 | 2006 | Finance Act and subsequently issued regulations |
| 19 | 意大利 | 2006 | Law No. 296/2006 |
| 20 | 阿联酋 | 2006 | The Investment Trust Law No. 5 |
| 21 | 以色列 | 2006 | Sections 64A2 – 64A11 of the Israeli Tax Ordinance |
| 22 | 泰国 | 2007 | Tnusts for Transactions in the Capital Market Act BE 2550 |
| 23 | 德国 | 2007 | Real Estale Investment Trust Law |
| 24 | 立陶宛 | 2008 | Law on Collective Investment Undertakings |
| 25 | 巴基斯坦 | 2008 | REIT Regulatory Framework |
| 26 | 哥斯达黎加 | 2009 | The General Regulations af Fund Management Companies and Investment Funds |
| 27 | 菲律宾 | 2009 | Republic Act 9856 |
| 28 | 西班牙 | 2009 | Act 11/2009 |
| 29 | 荷兰 | 2009 | Ac 24.4.2009/299 |
| 30 | 匈牙利 | 2011 | Act on Real Estate Investment Companies |
| 31 | 爱尔兰 | 2013 | Finance Act 2013 |
| 32 | 肯尼亚 | 2013 | Legal Notice NO. 116 of June. 18. 2013 |
| 33 | 南非 | 2013 | The Amendment of the Tax Legislatlon and the JSE Listing Requirements |
| 34 | 智利 | 2014 | No. 20712 on Administration of Funds and Individual Funds Portfolio |
| 35 | 印度 | 2014 | SEBI (Real Estate Investment Trusts) Regulations |
| 36 | 越南 | 2015 | Techcom REIT IPO |

续表

| 序号 | 国家 | REITs 推出时间 | 标志性法令 |
|---|---|---|---|
| 37 | 巴林 | 2016 | The Real Estate Regulatory Law |
| 38 | 沙特阿拉伯 | 2016 | REITs Instructions by Board of thr Capital Market Authority (October 2016) |
| 39 | 阿曼 | 2018 | Decision No. 2/2018 by Capital Market Authority |
| 40 | 葡萄牙 | 2019 | Decree-Law no. 19/2019 |
| 41 | 斯里兰卡 | 2020 | SEC Act section 53 and 13/2020 |
| 42 | 中国大陆 | 2020 | 《公开募集基础设施证券投资基金指引（试行）》 |
| 43 | 澳大利亚 | n. a. | 时间跨度大，无明确起始法令出台时间 |
| 44 | 新西兰 | n. a. | 时间跨度大，无明确起始法令出台时间 |

数据来源：Nareit，EPRA Global REIT Survey 2017。

2. 美国 REITs 发展情况

美国 REITs 市场发展较为成熟，一直以来占据全球 REITs 市场的一半以上。截至 2020 年底，美国上市的 REITs 约有 238 只，涉及零售和购物中心、办公、公寓、酒店、物流和仓储、医疗保健、林地、户外广告牌等多种类型的不动产，市值规模达 1.3 万亿美元，占全球总市值的 65.9%，是全球第一大 REITs 市场。2021 年初，全美有 1.45 亿美国投资者通过退休金账户或其他投资基金的形式参与 REITs 股票的投资，参与度非常高。回顾历史，美国 REITs 市场发展可分为以下三个阶段。

（1）探索阶段：抵押型 REITs 快速膨胀与急剧萎缩。美国 REITs 在 1960—1968 年这段时期发展较为缓慢。1968 年美国 REITs 上市股权总市值约为 2 亿美元。1968 年后，出现了抵押型 REITs，之后五年内，市场规模迅速扩张，总资本增长到了 200 亿美元。但由于 20 世纪 70 年代中期经济"滞胀"的出现，造成商业地产严重供大于求，坏账集中出现，众多抵押型 REITs 宣告破产。美国 REITs 市场资本规模急速下降。随后，美国国通过了《1976 年税制改革法案》，更改了 REITs 强制派息比例，放开了 REITs 对于物业转售的限制，REITs 市场急速下降的趋势得到缓解。

（2）转型阶段：各项政策逐步完善和放开。1986 年，美国国会通过《1986 年税收改革法案》，赋予了 REITs 不动产控制权。由此，REITs 进入了快速成长期。美国政府在随后又颁布了几项关于 REITs 的重大法案。通过支持养老金配置 REITs、提高 REITs 经营灵活性、调整 REITs 强制派息比例、支持海外投资机构投资等，更进一步放松了对上市 REITs 的各项制约。REITs 产品的制度环境在实践中不断改善。

（3）爆发阶段：权益型 REITs 全方位发展。2000 年之后，REITs 在美国全面发展起来。从 1990 年起的 30 年间，美国 REITs 的上市股权总规模从 87.4 亿美元上升到 1 万亿美元，二级市场流动性也持续增强。根据《S&P 全球市场情报》显示，美国 REITs 在 2015 年日均交易 1.75 亿股，超过 2000 年的 10 倍。REITs 可投资范围也由传统地产拓展到了公路铁路、输变电系统、污水处理设施、天然气储存与运输管线、固定储气罐、通信网络、医疗健康中心、林场等基础设施及公共服务项目。经过近 60 年的发展演变，美国成为全球 REITs 市场的领导者和国际成熟 REITs 市场的最典型代表。

美国 REITs 市场的发展经验表明，REITs 是受投资者欢迎的重要类金融产品之一。美国 REITs 基础资产市场在制度建设、产品创新等方面对我国具有一定的参考和借鉴意义。一是美国 REITs 市场有效盘活了大量固定资产。从数据来看，2020 年美国 REITs 的存量市值占美国固定资产净存量的比重（存量资产盘活率）为 1.84%。按照这个比例，我国 REITs 市场规模预计将突破 2 万亿元。二是美国 REITs 市场在不同的发展阶段侧重不同的发展路径。在发展初期，REITs 的融资形式以新发基金为主，即挖掘不同资产进入 REITs 市场。当市场发展到一定阶段，行业壁垒逐步形成，就通过不断增发扩募形成良性循环。三是美国REITs底层资产类型丰富。美国REITs市场底层资产包括基础设施、住宅、零售、工业、医疗保健、自助仓储、数据中心、办公楼、特殊资产、住宿/度假村、林业、多元资产共12大板块。

**（二）我国不动产投资信托基金发展现状**

1. 我国REITs发展历程

与国外成熟的REITs市场相比，我国REITs市场起步较晚。主要分为以下三个阶段。

（1）萌芽探索阶段（2001至2019年初），REITs的研究论证逐步开展。1990年起我国部分地区就已经开展了具有REITs雏形的金融产品探索，如"三亚地产券"，通过预售地产开发后的销售权益集资开发建设，具备了现金流来自销售收入、破产隔离等基本制度安排，初步体现了REITs的部分特征。由于当时我国沿海各地出现了改革开放后的第一轮房地产开发热潮，土地资源价值显著提升，房地产项目增值较大，地方政府在城市建设和市政开发中，采取多种模式出让土地使用权，利用土地资源开展投融资活动，为早期发展具有REITs概念的金融产品提供了政策支持。2004年我国发布文件，明确提出积极探索资产证券化业务。2005年，商务部在全国商业地产调查报告中提出，打通国内REITs融资渠道，首次正式提出REITs的概念。之后，我国开始启动REITs市场建设推进工作，研究了银行间市场和交易所市场REITs试点工作，将北京、上海、天津、苏州以及海南等城市纳入试点范围。但随着2010年后房地产调控政策的不断收紧，REITs并未成功落地，研究方向也根据政策导向聚焦于租赁住房领域，但由于缺乏详细的操作规则和可行的实施路径，一直到2018年仍未有具体的租赁住房REITs产品面世。2016年，我国在PPP相关政策文件中，提出要共同推动不动产投资信托基金（REITs），进一步支持传统基础设施项目建设。这一文件将REITs正式定义为不动产信托投资基金，并将其与基础设施领域紧密连接。

(2) 试点培育阶段 (2019 年初至 2021 年底), 公募 REITs 从基础设施领域取得突破。2020 年 4 月底, 证监会、国家发展改革委联合发布了开展 REITs 试点的通知, 在现有法律框架下, 创新性地采取"公募基金+资产支持证券"模式, 正式启动基础设施 REITs 试点。相关部门构建和完善了相关支持政策, 不断激发市场参与热情。2021 年 6 月, 我国首批 9 个试点项目顺利上市, 项目底层资产包括产业园区、高速公路、仓储物流、污水处理等多种类型, 共募集资金 300 多亿元。试点项目的成功落地, 标志着我国公募 REITs 市场建设取得重大进展。随后发布 958 号文, 将试点区域扩展到了全国各地区。

(3) 常态化推进阶段 (2022 年初至今), 盘活存量资产, 扩大有效投资。2022 年以来, 在高效统筹疫情防控和实体经济恢复发展的背景下, 基础设施领域 REITs 政策频出。2022 年 5 月, 国务院办公厅明确要求进一步提高推荐、审核效率, 鼓励更多符合条件的基础设施 REITs 项目发行上市, 同时创新 REITs 市场发展机制, 建立健全扩募机制, 探索建立多层次基础设施 REITs 市场。9 月发文, 鼓励已上市的基础设施 REITs 通过扩募等方式筹集资金, 扩大已发行项目融资规模, 增强 REITs 融资能力。11 月发文, 支持民间投资项目参与基础设施领域不动产投资信托基金 (REITs) 试点, 提升民营企业积极性。2023 年 3 月, 国家发改委发布文件, 在项目前期培育、项目发行条件、申报推荐效率、专家和专业机构作用、资金回收使用以及项目及资产运营管理 6 个方面对基础设施 REITs 进行了进一步指引, 并将消费基础设施纳入公募基础设施 REITs 底层资产范围。证监会也印发文件, 推动扩募发行常态化, 扩大市场参与主体范围, 加强二级市场建设等, 进一步推进 REITs 常态化发行。

自 REITs 试点建设起, 我国共发布基础设施 REITs 相关政策文件 20 余个, 基础设施 REITs 项目发行区域范围不断扩大、资产类型不断拓宽, 项目申报要求不断完善、申报程序持续优化, 扩募规则制定落实,全链条监管机制持续构建。财政部、国家税务总局发布了基础设施REITs 税收优惠政策,沪深交易所发布了公开募集基础设施 REITs 两项适用指引以及收益分配有关事项。随着各项政策举措的不断落实,基础设施 REITs 的政策体系更趋完善。

2. 产品发行及运行情况

(1) 发行情况。截至 2023 年 6 月末,我国上市的基础设施 REITs 产品达 28 只,包括高速公路类型 7 只、清洁能源类型 3 只、生态环保类型 2 只、保障性租赁住房类型 4 只、仓储物流类型 3 只、产业园区类型 9 只。其中,华安张江产业园 REIT、博时招商蛇口产业园 REIT、红土创新盐田港仓储物流 REIT、和中金普洛斯仓储物流 REIT 作为首批 4 单扩募项目于 2023 年 6 月 16 日在沪深交易所上市,扩募后的总发行规模为 975.32 亿元,总市值为 871.62 亿元(含扩募份额)。已有 22 只基础设施 REITs 发放分红,累计分红 58.56 亿元。目前上市的基础设施 REITs 多为重点战略区域较为成熟的基础设施龙头项目,底层资产权属清晰、运营良好,在各领域均有示范作用,产品一经发行便受到资金大力追捧。随着国家对 REITs 的大力推进,REITs 常态化发行速度将明显加快。

(2) 运行情况。从二级市场上看,基础设施 REITs 具有以下特点。

一是基础设施 REITs 波动较为明显。自 2021 年 6 月首批试点发行至 2022 年底,市场经历了两轮大的上涨和下跌周期。第一轮周期是 2021 年 9 月至 2022 年 5 月,受增量资金驱动造成市场过热,REITs 指数上涨较快。2022 年 2 月,多只基础设施 REITs 发布公告提醒投资者基金价格超涨风险,REITs 指数出现下跌;第二轮周期是 2022 年 6 月至 2023 年 6 月,由于前期 REITs 的整体下跌给估值跌出了一定的空间,加上股票整体下跌使得基础设施 REITs 的价值再次显现,REITs 指数再次上涨。2022 年 9 月,由于 10 年期国债利率上行,提高了 REITs 估值分母端的基准利率,REITs 指数整体下跌。2023 年以来,市场在经历了

表15-2 我国已上市基础设施REITs基本情况

| 资产性质 | 资产类型 | 名称 | 上市日期/扩募发售起始日 | 发行规模（亿元） | 扩募规模（亿元） | 累计分红（亿元） |
|---|---|---|---|---|---|---|
| 特许经营权类 | 交通基础设施 | 平安广州交投广河高速公路REIT | 2021/6/21 | 91.14 | | 10.1 |
| | | 浙商证券沪杭甬高速REIT | 2021/6/21 | 43.60 | | 8.48 |
| | | 华夏越秀高速公路封闭式基础设施REIT | 2021/12/14 | 21.30 | | 1.89 |
| | | 华夏中国交建高速REIT | 2022/4/28 | 93.99 | | 3.44 |
| | | 国金中国铁建高速REIT | 2022/7/8 | 47.93 | | 3.86 |
| | | 华泰江苏交控REIT | 2022/11/15 | 30.54 | | 0.84 |
| | | 中金安徽交控REIT | 2022/11/22 | 108.8 | | 6.84 |
| | 能源基础设施 | 鹏华深圳能源REIT | 2022/7/26 | 35.38 | | 4.36 |
| | | 中航京能光伏REIT | 2023/3/29 | 29.34 | | 0 |
| | | 中信建投国家电投新能源REIT | 2023/3/29 | 78.4 | | 0 |
| | 生态环保 | 中航首钢绿能REIT | 2021/6/21 | 13.38 | | 3.05 |
| | | 富国首创水务REIT | 2021/6/21 | 18.50 | | 3.05 |

续表

| 资产性质 | 资产类型 | 名称 | 上市日期/扩募发售起始日 | 发行规模（亿元） | 扩募规模（亿元） | 累计分红（亿元） |
|---|---|---|---|---|---|---|
| 产权类 | 保障性租赁住房 | 华夏北京保障房REIT | 2022/8/31 | 12.55 | | 0.19 |
| | | 红土创新深圳人才安居REIT | 2022/8/31 | 12.42 | | 0.19 |
| | | 中金厦门安居保障性租赁住房REIT | 2022/8/31 | 13.00 | | 0.21 |
| | | 华夏基金华润有巢REITs | 2022/12/9 | 12.08 | | 0 |
| | 仓储物流 | 红土创新盐田港仓储物流REIT | 2021/6/21 2023/5/24 | 18.40 | 4.15 | 1.31 |
| | | 中金普洛斯仓储物流REIT | 2021/6/21 2023/5/25 | 58.35 | 18.53 | 4.17 |
| | | 嘉实京东仓储基础设施REIT | 2023/2/8 | 17.57 | | 0 |
| | 园区基础设施 | 博时招商蛇口产业园REIT | 2021/6/21 2023/5/24 | 20.79 | 12.44 | 1.38 |
| | | 华安张江产业园REIT | 2021/6/21 2023/5/25 | 14.95 | 15.53 | 1.15 |
| | | 东吴苏州工业园区产业园REIT | 2021/6/21 | 34.92 | | 2.52 |
| | | 建信中关村产业园REIT | 2021/12/17 | 28.80 | | 1.30 |
| | | 华夏合肥高新产业园REIT | 2022/10/10 | 15.33 | | 0.21 |
| | | 国泰君安临港创新产业园REIT | 2022/10/13 | 8.24 | | 0.13 |
| | | 国泰君安东久新经济REIT | 2022/10/14 | 15.18 | | 0.26 |
| | | 华夏和达高科REIT | 2022/12/27 | 14 | | 0 |
| | | 中金湖北科投光谷产业园REIT | 2023/6/30 | 15.75 | | 0 |

数据来源：Wind数据库。

两年的发展后出现了投资者行为趋同、缺乏增量资金等深层次的问题，再加上经济环境和项目基本面修复不及预期等因素的叠加，基础设施REITs市场持续下跌，有多只产品跌破发行价。

二是基础设施REITs整体流动性较弱。从市场表现和统计规律来看，基础设施REITs换手率与产品价格和预期密切相关，即在REITs上涨期或预期价格上涨时换手率上升，REITs下跌期或预期下跌时换手率下降。各基础设施REITs上市首日换手率极高，首批9只基础设施REITs解禁后换手率下降，基础设施REITs扩募后换手率上升。当前，伴随二级市场价格的持续下行，市场流动性问题更加凸显。换手率较低的原因，一方面是由于基础设施REITs发行后60%—70%的战略配售份额被锁定，导致市场流通盘较小。另一方面是现阶段投资者以机构为主且结构相对单一，增量资金不足，机构投资者行为趋同，更易形成市场"踩踏"。

三是基础设施REITs产品收益较好。一是底层资产运营相对稳定。根据已上市基础设施REITs披露的运营业绩报告，2022年受国内宏观经济低迷及疫情反复的影响，基础设施REITs承受了较大的运营压力，部分主体底层资产基本面不及预期，但整体运营情况仍维持较为稳定的态势，展现了良好的经营韧性。2023年以来，随着经济活跃度持续提升，基础设施REITs经营表现持续向好。除产业园区REITs经营情况因地区差异运营情况差别较大外，大部分资产实现稳中有升。二是分红情况良好。截至2023年6月底，已有23只基础设施REITs发放分红，累计分红58.93亿元。从分红率来看，部分产品已经具备长期配置价值。三是投资回报率相对较高。以高速公路为例，高速公路REITs的全周期IRR水平整体在6.6%—12.5%之间，明显高于监管规则中关于收益权类项目基金存续期IRR原则上不低于5%的要求。

四是基础设施REITs产品风险整体可控。已上市基础设施REITs产品手续基本合规，及时发布季度、半年度和年度报告，以及主要运营数据公告和管理人员变更公告等，定期披露产品的运营情况、业绩表现、人员更换、收益分配等，让市场投资者更加全面、及时地了解资产运营情况，形成了原始权益人、基金管理人、运营管理人等共同参与的项目运营管理机制，治理结构更加科学合理，防控运营风险能力较强。大多数基础设施REITs的发起人或原始权益人的主体信用评级均为AAA，主体信用良好。

基础设施REITs在我国上市不满三年，是一种新兴的投资产品，在产品发行上，由于项目准入要求较高，权益融资效率有限，发行规模受到较大限制。在二级市场上，投资者尚未对REITs定价的上下限形成一致预期，投资人多采取谨慎观望的态度，市场缺乏新资金流入，市场流动性较弱、流通规模较小。从美国等境外成熟REITs市场的发展历程来看，也曾经历在市场发展初期市值偏小和波动较大的阶段，但经过政策的不断调整和产品的持续创新，形成了全球最大的REITs市场。总的来看，我国基础设施REITs市场已初具规模，伴随市场扩容增类步伐加速、底层资产持续稳健运营、产品分红能力达到预期、市场投资者不断引入，基础设施REITs将不断提质扩量，二级市场波动也会逐渐向价值回归。

总的来看，我国基础设施REITs市场已初具规模，但与国外类似产品相比，金额过小。一是由于底层资产类型受到限制，项目准入要求较高，造成权益融资效率有限，发行规模受到较大限制。我国基础设施REITs预计到今年年底额度突破1000亿元，但是在基数较大的基础设施投资额中占比不足1%，对增加基础设施投资作用较小。二是当前参与基础设施REITs投资的投资者主要是证券公司和保险资产管理公司，并且由于设定了锁定期，导致二级市场上可供交易的份额少，流动性不足。三是REITs产品波动较为明显，投资者尚未对REITs定价的上下限形成一致预期。伴随国家相关政策的更新出台、底层资产的稳健持续运营和健康发展，二级市场波动较大问题将得到缓解。

## 二 河南省不动产投资信托基金发展现状及存在问题

### （一）发展现状

近年来，按照国家发展改革委和省委省政府安排，省发展改革委、河南证监局、省地方金融监管局会同各地各部门，稳步推进基础设施REITs试点。先后印发了《关于做好基础设施领域REITs试点项目申报工作的通知》《关于加强基础设施领域REITs试点项目库管理的通知》等文件，细化试点项目储备、入库和申报要求。积极发挥证券公司、基金公司、商业银行等优势，采取专题培训、座谈交流等多种方式，加强政策宣传，调动河南省有关行业主管部门、各级政府投资公司、行业龙头企业、开发区管理机构等积极性。组织各地发展改革部门、有关省属企业认真梳理筛选符合条件的基础设施存量项目，纳入全省基础设施REITs试点项目库。

截至2023年6月，河南省共有储备项目6个，拟发售基金总额105.62亿元，可盘活资产80多亿元。其中，园区基础设施2个，分别为郑州高新产业园区基础设施REIT、兴港投资产业园区基础设施REIT；市政基础设施1个，为中信建投开封金盛热力封闭式基础设施REIT；环保基础设施1个，为重庆康达环保污水处理封闭式基础设施REIT；仓储物流基础设施1个，为万邦物流冷链仓储物流基础设施REIT；能源基础设施项目1个，为嘉泽新能源风电封闭式基础设施REIT。详情如下表所示。其中，郑州高新产业园区基础设施REITs项目拟发行11.65亿元，已于2022年7月报送国家发展改革委，经国家发展改革委多轮辅导后，于2023年6月报送修改完善后的申报材料，预计今年年底可发行上市；开封金盛供热管网项目，单项材料已初步编制完成；兴港投资智能终端产业园区、康达环保污水处理、万邦物流冷链仓储、嘉泽新能源风电等4个项目正在编制申报材料。此外，龙门石窟、中裕燃气等项目正在开展准备工作。

表15-3　河南省REITs项目储备情况表（截至2023年6月）

| 序号 | 行业范围 | 项目名称 | 资产地点 | 原始权益人性质 | 拟发售基金总额（亿元） |
|---|---|---|---|---|---|
| 1 | 园区基础设施 | 郑州高新产业园区基础设施REIT | 郑州市 | 国企非上市公司 | 14.59 |
| 2 | 园区基础设施 | 兴港投资产业园区基础设施REIT | 航空港经济综合试验区 | 国企非上市公司 | 33.6 |
| 3 | 市政基础设施 | 中信建投开封金盛热力封闭式基础设施REIT | 开封市 | 民企非上市公司 | 12 |
| 4 | 环保基础设施 | 重庆康达环保污水处理封闭式基础设施REIT | 商丘市+濮阳市 | 民企上市公司 | 6.69 |
| 5 | 仓储物流基础设施 | 万邦物流冷链仓储物流基础设施REIT | 郑州市 | 民企非上市公司 | 24.83 |
| 6 | 能源基础设施 | 嘉泽新能源风电封闭式基础设施REIT | 开封市+周口市+商丘市+天津市 | 民企上市公司 | 13.91 |
| 合计 |  |  |  |  | 105.62 |

数据来源：河南省发展改革委官网。

## （二）存在的问题

1. 符合发行条件的优质资产稀缺。河南省基础设施资产虽然存量规模大，但整体来看，满足REITs发行条件的资产比重并不高。一是拥有优质资产的国有企业参与积极性不高。国有企业和各地政府投资公司持有大量高速公路、市政基础设施、保障性租赁住房等优质资产。部分大型国企简单地把REITs作为一种融资方式，在发债、贷款等融资相对便利且成本较低的情况下，企业拿出优质资产发行REITs的意愿较低。且用来REITs资产需要实现出表，对企业其他项目会产生一定影响。二是民营企业虽然积极性较高，但国家在 REITs 项目选择上坚持"优中选优"，对项目权属、审批手续、收益水平、资产规模等要求较高、审核较严，对民营资本发行 REITs 更为谨慎，资金实力要求较高，致使民营企业参与度较低。目前，已发行的 28 只基础设施 REITs 中有 24 只的原始权益人为国有企业。三是部分项目建成时间长，土地、规划、产权、经营权等手续完善涉及部门多，如资产在建设时已有银行贷款等外部融资，如果作为底层资产则外部融资需要予以偿还，导致部分资产难以整合，无法满足基础设施 REITs 申报条件。

2. 底层资产价值确定较为困难。在底层资产估值上，基础设施项目具有一定的公共属性，对于关系国计民生的基础设施项目，或是国有企业为配合地方政府招商引资、吸引人才而投建的产业园区和保障性租赁住房项目等，底层项目资产在其运营过程中的定价一定程度上会受到政府指导甚至限价，市场化程度相对较低，无法真实反映市场供求关系的变化、在估值方面无法准确地反映其市场价值。导致我国基础设施定价存在很大不确定性，又因为当前案例相对稀缺，因此在目前阶段仍未形成普遍适用的定价体系。且园区部分项目受宏观经济的波动及疫情影响较大，尤其是园区基础设施和高速公路基础设施项目，园区基础设施需要考虑园区出租率、空租期、租金水平及租金回收率等的变化，高速公路基础设施需要考虑历史车流量、历史经济数据、预测经济数据、新增道路、出行量带来的交通量改变等造成的底层资产估值的影响。

3. 项目发行审批上市周期较长。基础设施 REITs 采用"公募基金—资产支持证券—项目公司"三级结构，专业性较强，需要中介机构尽职调查后，帮助编制申报材料。按照国家要求，基础设施领域 REITs 业务申报由项目发起人向所在地省发展改革委提出并报送相关业务申请，省发展改革委按照规定出具专项意见。对于符合基础设施 REITs 申报要求的项目推荐至国家发展改革委，国家发展改革委将审批后符合条件的项目推荐至中国证监会，再由中国证监会、沪深证券交易所依法依规，并遵循市场化原则，独立履行注册、审核程序，自主决策。发行上市审核全流程涉及国家发改委、证监会、交易所、基金业协会等多个部门，跨部门沟通在一定程度上增加了项目的不确定性和沟通成本。从实践情况看，REITs项目发行上市审核的效率及可预期性仍有进一步提升的空间。

4. 对项目运营管理要求较高。长期以来，我国基础设施项目存在重建设、轻运营，管理体制机制不完善等问题。当前，我国基础设施领域REITs采用外部管理模式，由外聘的公募基金管理人执行基金管理、资产运营和物业管理等在内的所有职责，并承担主体责任。由于公募基金管理人在基础设施或不动产投资管理方面缺乏经验，因此，目前已发行的基础设施REITs基金管理人均采用委托符合条件的外部管理机构来负责进行底层资产的运营与管理，而这些符合条件的外部管理机构则均为原始权益人或其关联公司。考虑到原始权益人对于底层资产及后续用于扩募资产的储备经验，基金管理人实际上很难对底层资产的运营管理机构的绩效进行评估、考核甚至更换。在基础设施REITs特有的较为复杂的"公募基金+资产支持证券"结构下，还存在基础设施REITs持有人委托公募基金管理人进行公募基金投资及管理、公募基金管理人委托ABS管理人进行资产管理、托管人对公募REITs资金进行托管等。上述管理模式和复杂结构势必会带来更高的管理成本及税务成本、更大的道德风险、信息不对称风险及潜在的投资者利益冲突。

## 三 推进河南省基础设施REITs发展的路径

### （一）突出"三个重点"，梳理全省优质资产

按照国家政策要求，在河南省突出"三个重点"，以郑州、洛阳、开封、许昌等为重点城市，以相关省属国有企业和各地政府投资公司等为重点企业，以高速公路、供水供热供气等市政基础设施、城镇污水垃圾处理、园区基础设施、保障性租赁住房、清洁能源、旅游基础设施等为重点领域，持续梳理、摸排符合条件的项目，引导中介机构提前介入

进行辅导，及时纳入省级基础设施REITs项目库。统筹全省范围内各类基础设施资产，以同类集合互补、提升项目运营效益为目标，强化储备项目资产确权和优化整合，探索单个REITs项目资产由多个原始权益人共同持有的制度安排，充分发挥优质基础设施资产的集合规模效应，加快培育一批权属清晰、收益稳定、特色突出的优质基础设施REITs产品。建议各地市建立市级基础设施REITs项目意向库、储备库和发行库，实现市级项目库与省级项目库的动态对接、省级项目库与全国项目库的动态对接，及时更新项目库信息，形成"谋划一批、储备一批、发行一批"的滚动推进机制。

## （二）借鉴已有案例，抓住资产估值重点

借鉴国内已发行基础设施REITs项目，明确河南省不同类型底层资产估值重点。产业园区REITs重点关注短租租约占比较大，且存在部分标杆企业造成租金集中度较高的产业园区，可能出现的租户租约集中到期或大租户到期而未能续约，从而对经营收入及估值产生的实质性负面影响。此外，部分产业园区为了达成吸引优质企业入驻、产业规模集聚效应或者扶持产业孵化载体发展的目的，向园区租户提供诸如房租优惠、房租减免等优惠补贴政策，企业的实际租赁成本会小于园区的收入等问题。高速公路REITs重点关注高速公路剩余收费年限问题和疫情等突发公共事件对于估值的影响。根据《收费公路管理条例》，公路资产收费期限一般不超过30年，目前已上市高速公路REITs的基金存续年限一般均超过40年。随着高速公路的特许经营权到期，如果基金没有纳入新的基础设施项目，则该基础设施REITs将提前终止。因此对于高速公路REITs而言，需要储备充分的扩募新购入基础设施资产，以资产组合维持公募REITs的存续。清洁能源REITs重点考虑国际事件、经济周期、气候变化等长短期事件对预测及估值的影响，在进行可供分配金额测算时对影响因素开展敏感性分析。

### (三) 出台优惠政策，形成项目培育合力

参照北京、四川等地，出台支持基础设施 REITs 产业发展的政策措施。根据入库项目进展情况，分类做好跟踪服务和项目培育，建立由省发展改革委、河南省证监局、省地方金融监管局、省国资委、省税务局等省级部门参与的项目会商机制，指导原始权益人和中介机构落实项目入库、申报及发行工作，协调相关部门建立绿色通道、简化工作流程，围绕投资管理手续完善、产权证书办理、土地使用合规、资产转让条件确认等重要环节，合力解决项目推进过程中出现的问题。对于权属清晰、要件齐备、收益良好的储备项目，重点做好申报材料辅导，落实项目发行条件，尽快推荐国家审核。加强与国家发展改革委、中国证监会和沪深交易所的协调对接，提高项目发行落地效率，为河南省开展基础设施 REITs 工作提供示范借鉴。同时，建议国家根据 REITs 发展需要，制定 REITs 相关法律法规，对 REITs 的设立、募集、管理、融资、投资、估值、治理、信息披露、税收优惠、监督管理等方面，予以全面明确规定，提高对各方主体的行为约束和利益保护力度。

### (四) 培育服务机构，提高运营管理水平

推动成立河南省基础设施 REITs 产业联盟，培育和壮大基础设施 REITs 中介机构市场，集合投行、律所、会计师事务所、银行等专业机构力量，发挥行业协会的自律监管职能，为原始权益人提供优质专业中介服务。鼓励河南省符合条件的企业和机构通过新设、收购、参股等方式申请公募 REITs 基金管理人资质，鼓励基金管理人、ABS 管理人、会计师事务所、资产评估机构等机构做优做强，加快培育一批行业领先的基础设施 REITs 专业运营管理龙头企业。支持河南省国有企业通过引进优质运营团队、与优质基础设施运营机构合资合作等方式提高运营能力，提升基础设施 REITs 项目运营效率和服务水平。同时，支持河南省企业、金融机构与高等院校、研究机构开展合作，培养一批基础设施

REITs 产业发展急需人才。

**（五）加强宣传培训，打造成熟市场环境**

在发行人方面，建议政府相关部门组织证券监管和行业主管部门、交易所、中介机构赴地方政府和有关国有企业，通过召开业务培训会、项目对接会、专题调研会等多种方式，加强基础设施 REITs 政策解读和业务指导。建议通过前期补助等方式，对申报发行基础设施 REITs 的原始权益人在资金等方面给予支持，充分调动省属国有企业和各地政府投资公司参与积极性。在投资者方面，持续开展宣传教育工作，培育多样化投资者，定期举办研讨交流会、高频线上线下推送普适性信息资料，强化个人投资者教育；鼓励机构投资者利用产业端或金融端资源优势提高自身专业性，增强投资者对基础设施 REITs 产品的认识。同时，加强监督管理，严厉打击 REITs 投资中的违法违规行为。

（执笔人：李芳远　徐夏楠　许艺凡）

**参考文献**

[1] 张捷：《公募 REITs：基础设施融资新方式》，《宏观经济管理》2021 年第 8 期。

[2] 杨萍、杜月：《高质量发展时期的基础设施投融资体制机制改革》，《宏观经济管理》2020 年第 5 期。

[3] 孟明毅：《不动产信托投资基金的美国经验借鉴》，《经济与管理评论》2020 年第 1 期。

[4] 王秀云、王力、叶其楚等：《我国基础设施投融资体制机制创新研究——基于高质量发展视角》，《中央财经大学学报》2021 年第 12 期。

[5] 谢芳：《不动产投资信托基金风险控制研究》，硕士学位论文，中南财经政法大学，2020 年。

[6] 闫琰：《不动产投资信托基金的治理问题》，《清华金融评论》2020 年第 12 期。

［7］周小舟：《中国特色REITs市场的探索、实践及展望》，《证券市场导报》2022年第12期。

［8］赵庆国：《盘活存量资产扩大有效投资：地方政府该怎样用好用活REITs》，《中国经济导报》2023年1月10日第6版。

［9］柴洁：《基础设施REITs：充分发挥投资价值，助力经济高质量发展》，《中国经济导报》2023年7月11日第6版。

［10］姚琦、刘洪蛟：《我国公募REITs实践情况总结与思考》，《证券市场导报》2023年第2期。